D1619215

Ruth Werner · Olga Benario

Ruth Werner

Olga Benario

Die Geschichte eines tapferen Lebens

neues leben

Mit einem Interview mit Galip Iyitanir
und Fotos und Dokumenten aus dem Nachlaß
von Ruth Werner

ERSTES KAPITEL

1

Das Pflaster glänzte im Aprilregen. Die wenigen Bürger Münchens, die unterwegs waren, liefen mit gebeugten Schultern und gesenktem Kopf dicht an den Häuserfassaden entlang.

Als plötzlich Wind aufkam, der den Regen auf sie zutrieb, stellten sie sich zur Schonung der Feiertagsgarderobe in die überdachten Eingänge der geschlossenen Läden und blickten, eingehüllt in die Trostlosigkeit und Langeweile der frühen Sonntagnachmittagsstunde, auf die verödeten Straßen.

Da kam auf der Fahrbahn – nicht gerade in der Mitte, aber auch nicht ganz in der Nähe des Rinnsteins – ein Mädchen vorüber. Aufrecht, fröhlich und völlig unbekümmert schritt sie aus, als ob es keinen Regen gäbe, als ob sie ganz allein auf der Straße wäre und der Fahrdamm ihr gehöre. Ein neuer Windstoß sprühte ihr die Tropfen ins Gesicht; sie lächelte und hob den Kopf noch höher.

Ein Ehemann und eine Ehefrau – brave, fleißige, ein wenig in die Breite gegangene Geschäftsleute, die trotz zweier Regenschirme in einem Hauseingang standen – schauten wie alle anderen Wartenden auf dieses Mädchen.

Wieviel kann ein Auge mit einem Blick erfassen, wie viel ein Gehirn, selbst ein etwas kleingeratenes wie das unserer Geschäftsfrau, in Sekunden verarbeiten: Höchstens siebzehn Jahre ist sie alt, eine dürre Hopfenstange, wie die mal aussehen wird, wenn sie noch weiter wächst – was für ein Gang, die Riesenschritte und die schlenkernden Arme – dies Mädchen ist miserabel erzogen, schon so eine Unverschämtheit, mitten auf der Straße zu laufen und ein Gesicht dabei zu machen, als ob die Sonne scheinen tät – eine, die am Sonntag Lodenmantel und flache Schuhe trägt, färbt sich sicher nicht die Haare, obwohl es kaum zu glauben ist, daß so ein Pechschwarz echt sein soll. Und die Augen! Das war völlig unerwartet und gegen jede Ordnung: schwarzes Haar, und die Augen leuchten in klarstem Blau!

Dies alles bewog die Frau, einen Blick auf ihren Mann zu werfen. Wie vorausgesehen, beschäftigte auch er sich mit dem Mädchen: Sie gefiel ihm sehr, der schlanke Wuchs, der federnde, anmutige Gang, das länglichschmale Gesicht und vor allem ihre Fröhlichkeit.

Das Mädchen blickte, die wartenden Passanten gewahr werdend, auf das Ehepaar. Sie vergaß ihr Spiel mit dem Regen und sah die zwei unter Schirm und Dach belustigt an. Der Mann griff mit zweckloser Geste in die Gegend seines Schlipses, den der Regenmantel verbarg. Plötzlich sank die Hand herab, und das Lächeln erstarb. Die Frau folgte seinen Augen: Entrüstung malte sich in ihren Zügen.

Olga wußte sofort, worum es ging: Ihr Abzeichen hatte den beiden nicht gefallen. Und ihr Blick, zuerst verächtlich und dann voll triumphierender Stärke, empörte das Ehepaar noch mehr. Sie hörte im Vorübergehen die gehässige Stimme der Frau: »Die hat gewiß was Schlechtes vor.«

Olga wäre gerne vor die beiden hingetreten: Etwas Schlechtes? Jawohl, ich gehe jetzt zu einem, der ist für euch ein Verbrecher, seine Papiere sind gefälscht, und die Polizei sucht ihn. Doch sie setzte schweigend ihren Weg fort. So ist die Welt in allen Dingen geteilt, dachte sie. Eure Zeitungen nennen ihn einen Banditen, und für mich ist er ein Held. Mir klopft das Herz, wenn ich daran denke, daß er sich die Zeit nimmt, mich kennenzulernen.

Wie kann sie, falls der gemeinsame Freund Sepp noch nicht im Lokal ist, den Fremden finden? Durch das Abzeichen? Sie blieb mitten im Lauf stehen. Ein Illegaler, von der Polizei Verfolgter, trägt kein Abzeichen. Da hätte sie ihn durch ihre Dummheit womöglich noch verraten. Das Mädchen nahm den roten Stern mit Hammer und Sichel vom Mantelaufschlag.

Als Olga den Englischen Garten betrat, fiel der Regen nur noch in dünnen Tropfen, bis er allmählich versiegte. Sie traf keinen Menschen im nassen Park und genoß den Duft der feuchten Erde, der grünenden Flächen und der regenbeperlten Frühlingsblüten. Die gepflegten Wege verengten sich, kleine Rasenbüschel überwucherten mutwillig die einst scharfgestochenen Pfadsäume, und Wiesen mit wilden Blumen lösten die gezirkelten Beete ab. Vor einem Kirschbaum blieb Olga stehen. Seine weiße Blütenfülle leuchtete in eigenartiger Schönheit. Sie hatte noch nie ein so warmes, lebendiges, sich verströmendes Weiß gesehen. Ihr Blick fiel auf die schwere graue Himmelswand. Sie versuchte, sich diesen Baum umflutet von Sonnenschein vorzustellen. Dann überlegte sie sich, daß seine Leuchtkraft im hellen Licht der Sonne verblassen würde, daß gerade der graue Himmel ihn so lebendig und schön machte.

In der Nähe des Restaurants nahm der Park wieder ein geordnetes Aussehen an. Olga rümpfte die Nase über den zurechtgestutzten Buchsbaum. Er erinnerte sie an die Möbel daheim mit den verschnörkelten Ornamenten. Es tat ihr leid, daß sie gerade jetzt daran denken mußte. Der Gedanke an Zuhause beschwor die Atmosphäre des letzten Streites mit dem Vater herauf.

Als das Lokal durch die Bäume schimmerte, war Olga sicher, sie würde den Genossen Kurt auch ohne Sepps Hilfe erkennen; denn ein solcher Mensch ragt in jedem Fall aus der Masse der Spießer heraus, die am Sonntag Nachmittag im Café sitzen. Schon seine Kleidung wird anders sein; er trägt bestimmt keinen Schlips, sein ungezähmtes Haar fällt ihm in die Stirn, und das Feuer der Revolution brennt in seinen dunklen Augen.

Sepp stand breit und verläßlich im Türrahmen. Er führte sie durch die noch leere Gaststätte an den vor dem großen Fenster stehenden Tisch. Die Begrüßung war einfach.

»Das ist Olga – das ist Kurt.«

Olga war tief enttäuscht – vom vorbildlich gebundenen Schlips, von der einwandfreien Bügelfalte, den blankgeputzten Schuhen, dem ge-scheitelten Haar. Sie warf einen hilfesuchenden Blick auf den guten Kameraden Sepp in seiner kurzen Lederhose und den handgestrickten weißen Strümpfen.

Kurt erhob sich, schob einen Stuhl zurück, lud sie zum Sitzen ein, winkte dem Ober, bat sie, etwas zu bestellen und ließ sich über alle möglichen Kuchensorten aus, während sie ihn stumm, mit aufgerissenen Augen anblickte. Es war gut, daß er soviel redete und Sepp ihm antwortete. Gewohnt, sich mit unklaren Erlebnissen oder Gefühlen schnell und gründlich auseinanderzusetzen, begann Olga nachzudenken: Warum war sie enttäuscht von einem Menschen, dessen Taten sie bisher so bewundert hatte? Bloß, weil ihre verstiegenen Vorstellungen von seinem Äußeren nicht zutrafen? Minderte das seinen Wert? Im übrigen *mußte* der Genosse ja als Illegaler dem gewöhnlichen Bürger gleichen, es wäre ein Fehler gewesen, anders auszusehen.

Kurt war von dem Anblick des Mädchens ebenfalls überrascht. Sepp, den er noch aus der gemeinsamen Zeit im Jugendverband kannte, hatte ihm von Olga Benario erzählt.

Sie hatte die höhere Schule nicht beendet, weil sie im Beruf stehen, Geld verdienen und schnell unabhängig sein wollte. Sie war sechzehn Jahre alt und Mitglied der Kommunistischen Jugend. Kurt hatte den Kopf geschüttelt. »Die Schule nicht beendet? Andere reißen sich darum, eine gute Bildung zu haben. Etwas unbeständig, eure Kleine.« Sepp hatte gelächelt. »Wenn es sich nicht lohnen tät, wär's mir gleich gewesen, daß du sie triffst. Als Illegaler dürftest du das eh nicht.«

Aus irgendeinem Grunde hatte Kurt während dieser Unterhaltung an einen rundgesichtigen Backfisch mit blonden, abstehenden Zöpfen gedacht, vielleicht, weil für den Dreiundzwanzigjährigen, der über sein Alter gereift war, das sechzehnte Lebensjahr weit zurück lag. Nun saß dieses interessant aussehende Mädchen ihm gegenüber, ihre Augen befanden sich in gleicher Höhe mit den seinen und sahen ihn unverwandt an.

Olga war indessen zu dem Schluß gekommen, daß sie sich selbst die Enttäuschung über Kurt bereitet hatte. Sie nickte ihm zu, als ob sie ihn noch gar nicht begrüßt hätte, und sprach die ersten Worte: »So, nun erzähl uns.«

Kurt sah sie erstaunt an: »Wovon denn?«

Sie antwortete wie auf eine überflüssige Frage: »Halt von früher, wie alles war.«

Er verstand noch immer nicht. Sie wölbte die dunklen Augenbrauen und Sepp griff ein: »Sie möchte immer alles ganz genau wissen, am besten fängst du gleich bei deiner Geburt an.«

»Nein«, antwortete Olga, »mit der Freien Sozialistischen Jugend und mit allem über die Räterepublik.«

Sie bittet nicht, sie fordert, dachte Kurt, und statt zu antworten, fragte er: »Wie lange bist du denn schon Kommunistin?«

»Immer schon«, sagte Olga.

»Und wie bist du dazu gekommen?«

»Frag lieber die anderen, warum sie nicht dazu kommen; das ist's doch, was man nicht verstehen kann.«

Kurt fand ihre Antwort nicht sehr erschöpfend, doch er spürte ihr ungeduldiges Warten und begann zu erzählen, wie er kurz nach Gründung der Freien Sozialistischen Jugend begeistertes Mitglied wurde, bald darauf in die Partei eintrat und als Achtzehnjähriger, zur Zeit der Bayrischen Räterepublik, mit der Waffe in der Hand kämpfte.

Olga war damals erst elf Jahre alt gewesen, und nun hörte sie von jemand, der daran beteiligt war, über die Ereignisse des Frühjahrs 1919 in ihrer Heimatstadt.

Kurt sprach von den Tagen und Nächten des April, als es galt, die neugebildete revolutionäre Räteregierung vor dem Verrat der rechten Sozialdemokraten zu schützen und zugleich gegen die auf München zurückenden reaktionären Truppen zu verteidigen.

Der Auftrag der Partei lautete für Kurt und seine Gruppe, einen weißen Truppentransport, der am Münchener Ostbahnhof ankommen sollte, aufzuhalten. Es gelang den jungen Kommunisten, das Stellwerk zu erreichen und die Strecke durch Signale zu sperren. Eine Kette von feindlichen Truppentransportzügen blieb daraufhin vor den Toren Münchens stehen.

Der Kampf ging unermüdlich weiter, aber zu spät war es dem revolutionären Proletariat gelungen, die Macht zu übernehmen.

Die Truppen der Reaktion drangen in München ein, und Anfang

Mai siegte der gut ausgerüstete Gegner. Kurts Gruppe Jugendlicher legte erst die Waffen aus der Hand, als die Weißen bereits die ganze Stadt besetzt hielten. Ihre letzten Handgranaten warfen sie in die Unterkünfte der reaktionären Truppen.

Olgas Gesicht glühte, ihre Augen funkelten.

»Waren auch Mädchen dabei?«

»Bei unserer Gruppe nicht«, sagte er.

»Zu blöd«, antwortete sie, »und wie ist's weitergegangen?«

»Dann kam meine Verhaftung.«

Sie sah ihn mit so viel Bewunderung an, daß er der Ehrlichkeit halber hinzufügte: »Sie behielten mich nur kurz.«

»Aber wenn man drin ist, kommt es einem wahrscheinlich gar nicht kurz vor«, philosophierte Olga.

Kurt nickte, und beide schwiegen.

»Iß endlich deinen Kuchen auf!« sagte Sepp zu Olga.

Sie wunderte sich über den Ärger in seiner Stimme und nahm, ohne den Löffel zu gebrauchen, die Torte in die Hand. Sepp, der sich vom Gespräch ausgeschlossen fühlte, benutzte die erreichte Pause, um Kurt zu fragen, ob es bei der Bergtour für nächsten Sonntag bleibe. Die beiden Freunde redeten lebhaft und begeistert von ihrer Gipfelwanderung. Olga saß sprachlos vor Kränkung daneben. Kurt konnte die Wirkung ihrer Unterhaltung auf Olga nicht ermessen, aber Sepp wußte Bescheid.

Sie hielt es schließlich nicht mehr aus: »Was? Ihr wollt allein in die Berge – und dann noch meine Lieblingstour? Nehmt mich halt mit.« Ihre Hand lag auf Kurts Arm, ihre Augen flehten. Dann wandte sie sich Sepp zu: »Sag du's ihm doch, daß ich nie störe, daß ich genauso gut laufen kann wie ihr.« Sepp beeilte sich nicht, diese Tatsache zu bestätigen.

Kurt zögerte betreten. Er wollte dieses junge Menschenkind wiedersehen, sich noch mehr mit ihm unterhalten, aber seine Bergtour opfern wollte er nicht. Monatelang hatte er sich im voraus auf die Anstrengung des Kletterns und die Schönheit der Gipfel gefreut; der schweigsame, zähe Sepp, der jeden Pfad und jeden Gletscher kannte und nie müde wurde, war der einzig richtige Begleiter.

Olga genügte Kurts Zögern und Sepps Schweigen. Sie dachte einen

Augenblick daran, aufzustehen und fortzugehen, aber sie selber mochte schnell beleidigte Mädchen nicht. Man mußte gerecht sein: Sepp und Kurt kannten sich schon lange, es war verständlich, daß sie allein gehen wollten. Und doch war es ein Jammer, ein Mädchen zu sein, einen Jungen hätten sie bestimmt mitgenommen.

2

Olga traf Sepp in den nächsten Tagen bei Gruppenabenden und auf anderen Zusammenkünften, doch die Fahrt oder sein Freund wurden nicht erwähnt.

Kurt hatte die ganze Woche über viel zu tun. Auf dem Weg zu einer Verabredung blieb er vor den künstlerisch ausgestatteten Schaufenstern der Verlagsbuchhandlung Georg Müller stehen. Er seufzte; es ist schwer, ein leidenschaftlicher Bücherfreund zu sein und wenig Geld zu haben. In Berlin bezog er seine Literatur hauptsächlich von den Wagen mit antiquarischen Werken. Doch die Fenster lockten. Er betrat den Laden und sah sich der Verkäuferin gegenüber.

Es war Olga.

Überrascht von der Wärme der eigenen Freude, fragte er sie: »Willst du mit?«

Sie wußte sofort, daß er die Bergfahrt meinte. Die Genossen hatten sie am Sonntag umsonst bitten lassen; das war nicht so einfach zu verwinden. Sie legte schweigend die auf dem Ladentisch gestapelten Bücher in einen neuen, genauso ordentlichen Stapel. Kurt sah ihr die ablehnende Antwort an und sagte rasch: »Ich würde mich sehr freuen« – und als sie noch immer schwieg –, »bitte, glaub es mir.«

Wie sich ihr Gesicht in Sekunden verändern konnte. Sie gab ihm die Hand. »Dann komm ich.« –

Am Sonntag war strahlendes Wetter. Als sie aus dem Zug stiegen, schlug Kurt vor, den Inhalt von Olgas Rucksack ihm und Sepp zu überlassen, um ihr den anstrengenden Marsch so leicht wie möglich zu machen. »Ich bin nicht schwächer als ihr«, sagte sie gekränkt und lief den beiden davon.

Dort, wo das grüne Tal sich weitete und eine Brücke den kleinen Fluß überquerte, holten die Freunde sie ein. Olga ging leichtfüßig und schnell, es war nicht einfach, sich an ihrer Seite zu halten. Kurt fiel es schwer, sie nicht immerfort anzusehen, alles an ihr gefiel ihm; wie sie sich zur Quelle beugte, Blumen pflückte, lachte und sang. Er dachte daran, daß er ihr beinahe diesen Tag verwehrt hätte, und es kam ihm unverständlich vor. Er fürchtete, sie würde durch das zu rasche Steigen vorzeitig ermüden. Es war auch sinnlos, daß sie häufig stehenblieb, um Vergißmeinnicht zu pflücken, die verwelken würden, bevor sie zurückkämen. Aber er sagte nichts. Er merkte, daß er sich in der Farbe ihrer Augen geirrt hatte, sie war klarer und leuchtender als die der Blumen, die sie trug.

Sie steckte den Strauß in den Gürtel, hob einen runden Stein vom Flußrand auf und sagte: »Als ihr die Granaten in das Lager der weißen Truppen geworfen habt – wie groß war da die Entfernung? Zeig's mir mal.«

Er mußte den Granatenwurf vorführen, sie übte mit kräftiger Bewegung und beanstandete, daß im Kommunistischen Jugendverband zuwenig militärische Dinge gelehrt wurden. Man brauche solche Kenntnisse doch dringend für die Revolution. Obwohl Kurt sich selbst gerade mit dieser Seite des Klassenkampfes beschäftigte, antwortete er ihr, es sei zunächst wichtiger, den Marxismus kennenzulernen, und fragte, was sie denn schon gelesen habe.

»Regelmäßig ›Der Junge Bolschewik‹ und dann noch ›Das Kommunistische Manifest‹ und Lenin: ›Staat und Revolution‹.« Er stellte ihr Fragen über das Manifest. Sie antwortete ernsthaft und sachlich. Ihm gefiel, daß sie versuchte, die Dinge, die sie erfaßt hatte, mit eigenen Worten zu erklären. Doch diesem klugen, begabten Mädchen sollte man es nicht so leicht machen.

»Oberflächlich«, sagte er, »lies es noch mehrere Male, immer wirst du etwas Neues finden und das Alte besser verstehen.« Er wartete auf den trotzigen Gesichtsausdruck mit der vorgeschobenen Unterlippe, wie er ihn schon ein paar Mal an ihr gesehen hatte. Doch sie nickte nur und sagte: »Du hast recht, es ist noch oberflächlich.«

Die einfache Antwort rührte ihn.

»Du wirst ein guter Kommunist werden.«

»Ja«, erwiderte sie eifrig und mit kindlichem Ernst.

Als sich ein neues Landschaftspanorama eröffnete, blieb Kurt stehen, faßte sie leicht am Arm und begann ihr die Namen der verschiedenen Schluchten und Berge zu nennen. Sepp war erstaunt, daß sie sich alles erklären ließ, obwohl sie die Gegend genau kannte. Es geschah, wie er es bei einem Ausflug zu dritt gefürchtet hatte; das war keine Wanderung mit Kurt und keine mit Olga; er trottete als Außenseiter neben beiden her. Vielleicht wäre Sepp weniger ärgerlich gewesen, wenn es sich nicht gerade um Olga gehandelt hätte. Sie war keineswegs sein Eigentum, sie gehörte niemandem persönlich, aber sie gehörte zu seiner Gruppe des Kommunistischen Jugendverbandes und war allen immer der gleich gute Kamerad gewesen.

Er sah sie vor sich, wie sie, fünfzehnjährig, zu ihnen gekommen war. Damals, 1923, hatte die Regierung der Weimarer Republik den KJVD verboten. Die Münchener Ortsgruppe Schwabing traf sich heimlich in einer entlegenen Scheune, die verschlossen war. Die Jungen lösten ein Brett von der Wand, schlüpften in das verlassene Gebäude und zogen von innen das Brett wieder vor. Der Wind pfiff durch die Latten, sie saßen auf verrosteten Pflugteilen, auf umgestülpten Eimern und Futtertrögen. Sie waren fast alle arbeitslos; nur einer von ihnen besaß einen Mantel.

Als es am Scheunentor klopfte, schickten sie einen Genossen durch die verstellte Lücke in der Hinterwand hinaus, er sollte dann wie von ungefähr aufs Tor zukommen. Statt der erwarteten Polizei fand er ein Mädchen mit rabenschwarzen Zöpfen vor. Er erkundigte sich, was sie wolle, und rief die anderen herbei. Es stellte sich heraus, daß ein Parteigenosse, den sie alle kannten, das Mädchen hergeschickt hatte. Sie war bisher in einer kommunistischen Kindergruppe gewesen. Als die Jungen sie nach den Eltern fragten, zuckte sie mit den Schultern und sagte: »Eine Mutter hab ich nicht, mein Vater ist Sozialdemokrat und Rechtsanwalt – ich kann nichts dafür.« Die Jungen lachten, und sie lachte mit. Doch im Grunde empfand die Gruppe dieses Mädchen aus bürgerlichen Kreisen, das noch dazu mit einem SPD-Vater behaftet war, als störend. Wer die Armut kennt, wie diese Jungen, hat eine Abneigung gegen Menschen, die aus einer sorglosen, gesicherten Existenz kommen. Sie selbst waren rauh im Ton, es ging nicht immer fein bei ihnen zu, und wenn der Hunger sie plagte, wurden auch einmal Kartoffeln aus dem Acker und Früchte von den Bäumen geholt. Mit politischen Gegnern gab es mehr Prügeleien als Diskussionen. Zu den Gegnern gehörten nach ihrer Meinung nicht nur die Rechten, sondern auch Sozialdemokraten wie Olgas Vater. Doch nachdem sich das Mädchen genügend ausgewiesen hatte, konnte man sie nicht wegschicken.

»Da müssen wir halt in den sauren Apfel beißen«, flüsterte Sepp den Genossen zu, und sie nickten verstimmt.

Bei der ersten Zusammenkunft hörte Olga die anderen schweigend an, doch wenn es etwas zu lachen gab, stimmte sie unbefangen ein. Als es an die Verteilung der Arbeit ging, meldete sie sich sofort zum heimlichen Plakatekleben.

»Und was sagt der Herr Papa dazu?« fragte Sepp.

Alle lachten. »Das ist meine Sache.« Diesmal lachte sie nicht mit. Nachts erschien sie pünktlich am verabredeten Ort und blieb bis zum letzten Plakat dabei. Als beschlossen wurde, auch während der Illegalität die theoretische Ausbildung fortzusetzen, und ein alter Genosse sie zu unterrichten begann, stellte sich heraus, daß sie mehr wußte als die anderen. Sie besaß ja auch eine bessere Schulbildung. Aber sie gab sich nicht mit ihren Kenntnissen zufrieden, sie fragte viel und gab keine Ruhe, bis sie alles genau verstanden hatte. Die Jungen hielten nicht allzu viel von der Theorie, es lag nahe, ein Mädchen aus der Intelligenz, das mehr wußte und mehr sprach als die anderen, für überheblich zu halten. Doch es genügte zu beobachten, wie ihre Augen an dem Redner hingen, wie sie ernst und mit einfachen Worten diskutierte, um zu wissen, sie protzte nicht, ihr lag daran, zu lernen. Während der gemeinsamen Wanderungen war sie eine der Lustigsten. Bei der Rast sammelte sie eifrig mit Reisig und sprang tollkühn durch die Mitternachtslohe des Bergfeuers. Olga kannte viele Lieder und sang gerne, sie konnte ebenso gut fluchen wie die Jungen und beteiligte sich mit besonderer Freude an

Nr. *495.*

München am *14 Februar* 190*8*

Vor dem unterzeichneten Standesbeamten erschien heute, der Persönlichkeit
nach *nicht bekannt angelegter Plätz*
Markt *nun* kannt
der Rechtsanwalt Doctor Leo
Benario

wohnhaft in *München, Hopfenstraße 12*
israelitischer Religion, und zeigte an, daß von der
Susann Benario geborene
Guttmann seine Ehefrau
israelitischer Religion,

wohnhaft *bei ihm*

zu München *in seiner Wohnung*
am *zwölf*ten *Februar* des Jahres
tausend neunhundert *acht* *Vor*mittags
um *halben siebenviertel* Uhr ein *Mädchen*
geboren worden sei und daß das Kind *den* Vornamen
Olga
erhalten habe.

Vorgelesen, genehmigt und unterschrieben:
Dr Leo Benario

Der Standesbeamte.

Geburtsurkunde

jedem dummen Streich. Ihre weniger guten Eigenschaften fielen in der Gruppe nicht auf, weil die anderen die gleichen Fehler besaßen. Sie war vorlaut zu Erwachsenen, burschikos im äußeren Verhalten und von intoleranter Heftigkeit gegenüber allen, die nicht Kommunisten waren. Es gab jedoch eine Schwäche, deretwegen Olga von den Jungen aufgezogen wurde: Sie war unordentlich. Wenn auf Fahrten oder in Versammlungsräumen etwas liegenblieb, so gehörte es bestimmt ihr.

Sepp lächelte. Olga war allen ein Kamerad. Er selbst – politisch weiter und etwas älter als die anderen – stand ihr aus der Gruppe am nächsten.

Er wandte sich um, Kurt und Olga gingen nebeneinander den schmalen Pfad entlang. Sepp begann, mit der Spitze seiner schweren Schuhe einen Stein vor sich herzustoßen. Sie schienen gar nicht zu bemerken, wie groß der Abstand zu ihm geworden war.

Kurt lag daran, etwas aus Olgas Vergangenheit zu hören, ihn interessierte der gerade, konfliktlose Weg zum Kommunismus, den dieses halbe Kind gegangen war. Wo lagen die Quellen ihrer großen Begeisterung? Er fragte sie behutsam aus.

Olga erwähnte kurz ihre Mutter. Die Eltern lebten getrennt. Vom Vater sprach sie mit Liebe, Ungeduld, Achtung und Spott zugleich. »Er ist klug, gut und schrecklich anständig. Er führt mehr unbezahlte Prozesse für die Armen als bezahlte für die Reichen.«

»Da kannst du doch stolz auf ihn sein.«

»Ja und nein. Gestern hat's wieder Krach gegeben. Er war gut aufgelegt, weil er einen Prozeß gewonnen hatte, den ein Kleinbauer wegen Grenzstreitigkeiten mit einem Adligen führte.«

»Das ist auch ein ungewöhnlicher Sieg, warum der Krach?«

»Ich hab ihn auch beglückwünscht, und dann hat er mir strahlend erzählt: ›Dittbach – so heißt der Bauer – war mir ja so dankbar, Dittbach sagt, jetzt glaubt er wieder daran, daß es gute Menschen gibt, die nicht nur aufs Geld sehen.‹

Ich habe den Vater gefragt, was er dem Bauern geantwortet hat.

›Jaja, es gibt eben gute und schlechte Menschen unter den Armen grad so wie unter den Reichen‹, sagt mein SPD-Väterchen.

Da hab ich natürlich getobt und ihm gesagt: ›Es wäre besser für den

Bauern gewesen, er hätte seinen Prozeß verloren. Dann wäre er vielleicht für Klassenkampf statt für Klassenversöhnung zu haben gewesen.‹

Da ist der Vater aber böse geworden. Das sei typisch für uns, dem armen Bauern Schlechtes zu wünschen, nur damit er kommunistisch wird. Der Erfolg des Prozesses sei menschlich und politisch zu begrüßen. Durch solche Einzelsiege werde es gelingen, das Gefüge des kapitalistischen Systems zu erschüttern.

Da bin ich bald geplatzt, hab mich aber noch zusammengenommen und gesagt: ›Wenn man Einzelsiege richtig ausnutzt – ja, aber nicht, wenn man sie dazu benutzt, die Klassengegensätze zu verkleistern.‹«

»Wie hat das Gespräch geendet?« fragte Kurt. Olga zögerte mit der Antwort: »Ich bin rausgegangen und habe die Tür zugeknallt.«

»Ein kräftiges Überzeugungsargument.« Kurt lachte.

Olga dachte nach und erwiderte dann: »Merkwürdig, eigentlich ist gerade Vater daran schuld, daß ich Kommunist bin. Er hat mir schon, als ich noch viel jünger war, immer von den Prozessen erzählt und auch daraus zu lesen gegeben. Da hab ich gemerkt, wieviel Elend es gibt, wie viel Ungerechtigkeit und daß die Gesetze zwei Gesichter haben. Wer reich war, hat meistens recht bekommen. Der Vater hat mir auch erklärt, wie viel Arme überhaupt keine Prozesse führen können. So hab ich Klassenunterschiede und Klassengegensätze kennengelernt – und Lüge und Korruption und die Frage der Macht. Da hab ich angefangen, die Welt, so wie sie ist, zu hassen und hab gesucht, ob es vielleicht doch etwas Besseres gibt. Mein Vater hat sich zuerst über mich gefreut. Weißt du, meine Mutter war nämlich eine ehrgeizige Gesellschaftsdame, und da wollte er nicht, daß ich auch so werde. Er hat mich selbst zur sozialdemokratischen Kindergruppe geschickt, aber da war's nicht besonders interessant. Dann hab ich Else kennengelernt. Ihre Eltern wohnten damals in den Lauben, der Vater ist Metallarbeiter und Genosse. Jetzt sind sie ja aus München fort. Du kannst dir gar nicht denken, wie wohl ich mich bei denen gefühlt habe. Sie hatten ein wunderbares Familienleben und haben mich sozusagen politisch erzogen. Jedesmal, wenn ich nach Hause kam, gab es nur drei Satzanfänge bei mir: Elses Vater sagt ... Elses Mutter sagt ... Else sagt ... Das hat meinen Vater jedes Mal furchtbar aufgebracht. – Manchmal tut er mir ja leid, er ist einsam und oft bedrückt.«

Eine Herde Kühe kam ihnen entgegen. Sie mußten sich eng an die Felsen drängen, um die Tiere vorbeizulassen. Als das Glockengeläut verklang, nahm Olga das Gespräch wieder auf: »Es gibt zwei Hauptunterschiede zwischen Vater und mir – erstens den politischen und zweitens« – sie suchte nach Worten –, »es ist so: Im Winter ist Vater traurig, daß es Winter ist, und im Sommer ist er traurig, weil der Winter bald kommt. – Ich bin im Sommer froh, daß Sommer ist, und im Winter froh, daß der Sommer kommt – und den Winter find ich außerdem noch schön.«

Sie blieb plötzlich stehen, sah Kurt unsicher an und sagte: »Vielleicht findest du es nicht richtig, daß ein Kommunist so viel Freude am Leben hat, solange das noch nicht alles uns gehört?«

Kurt antwortete nicht, er war versunken in den Anblick des Mädchens, in ihre Art zu denken, zu sprechen, zu lachen. Sie aber glaubte, er fände sie selbstsüchtig, und wurde still.

Sie holten Sepp ein. Das langsame, gleichmäßige Steigen hörte auf, sie begannen, steil zu klettern. Sepp führte. Verärgert über die beiden und zugleich böse auf sich selbst, gab er sich keine Mühe, bequeme Wege zu finden. Alle drei mußten sich auf den schwierigen Abkürzungspfaden, die er wählte, anstrengen. Bald kletterten sie zwischen pflanzenlosem Geröll und beschatteten Schneemulden. Sie überquerten ein schräg abfallendes Plateau, das von kleinen Strömen aus unsichtbaren Quellen berieselt war, und standen plötzlich vor einem breiten Bergspalt.

Gezwungen, anzuhalten, warteten sie, bis ihr Atem ruhiger ging.

»Springst du?« fragte Sepp.

»Das ist doch heller Wahnsinn«, Kurt war ärgerlich, »wie führst du überhaupt?«

Olga legte ihren Rucksack ab. Jetzt wird es ihr doch zuviel, dachte Kurt, und wir haben noch den weiten Umweg wegen dieses Spaltes vor uns. Er blickte talwärts. Da hörte er plötzlich Steine rollen, spürte einen Windzug neben sich – und Olga stand drüben auf der anderen Seite.

»Schön war's«, rief sie, »kommt ihr auch?«

Sepp grinste.

Kurt brüllte: »Wie konntest du dich unterstehen – so was Verantwortungsloses – Ohrfeigen verdienst du!«

»Na gut«, sagte sie beschwichtigend, »ich komm zurück.«

»Halt!« schrie er mit Donnerstimme, biß die Zähne zusammen und sprang. Sepp warf die Rucksäcke hinüber und folgte als letzter.

»Du bist eine lächerliche Angeberin«, fuhr Kurt das Mädchen an. »Glaubst du, das imponiert mir – glaubst du, das ist was wert?«

»Nein«, sagte sie betroffen, »ich spring nur so gerne.«

»Olga gibt nicht an«, nahm Sepp sie in Schutz. »Sie ist sozusagen eine Fehlgeburt«, er errötete, »eine Mißgeburt«, er wurde noch röter, »das meine ich auch nicht – ihr fehlt etwas, was alle anderen Menschen bei ihrer Geburt mitkriegen: Angst, körperliche Furcht. – Manchmal stelle ich mir vor«, Sepp sah das Mädchen nachdenklich an, »sie steht auf einem Hügel, breitet die Arme aus und versucht zu fliegen.«

»Unsinn, alles Unsinn«, sagte Olga ärgerlich, »natürlich machen gefährliche Sachen Spaß, aber ich hab doch gewußt, daß ich's schaffe.«

Sie gingen zu dritt nebeneinander weiter. Olga sah Kurt von der Seite an. Er trug kurze Hosen, derbe Stiefel und hatte die Ärmel seines Leinenhemdes hochgekrempelt. Der Wind spielte mit seinem Haar, und je mehr sich sein Gesicht in der Sonne bräunte, desto heller wurden seine graublauen Augen, bis sie wie aus Silber schienen.

»Bist du noch böse?« fragte sie nach längerem Schweigen und hängte sich an seinen Arm. »Alles meine Schuld. Ich laß dich nicht los, bis du wieder lachst.« Er wartete mit seiner Antwort und sagte dann: »Unter diesen Umständen werde ich überhaupt nicht mehr lachen.« Sie sah ihn bittend an, begriff seine Worte, wurde rot und ging auf dem nun enger werdenden Pfad voran. Sie kletterten erneut steil bergan, bis sie den Gipfel erreichten.

Sommer und Herbst vergingen. Olga gehörte nun schon zu den Funktionären des Jugendverbandes und nahm auch an den Zusammenkünften des »Jugendringes« teil, in dem Mitglieder religiöser, sozialdemokratischer und kommunistischer Organisationen diskutierten. Diese Abende waren eine gute Schule. Sie lernte, daß manchmal Geduld statt Ungeduld die bessere Eigenschaft des Kommunisten ist und daß die Methode, den Gegner auszulachen, nicht hilft, daß die Diskussion ihn nur dann überzeugt, wenn man gründliche Kenntnisse auf möglichst vielen Gebieten besitzt.

Olga hatte Kurt nach dem Ausflug in die Berge nicht wiedergesehen. Sie las alle Bücher, die er ihr empfohlen hatte. Das Kommunistische Manifest nahm sie sich besonders gründlich vor. Sie las es nicht nur, sie nahm den Bleistift zur Hand, unterstrich und machte sich Notizen. »Bisher kannte ich es nur oberflächlich; über jeden Satz kann man eine halbe Stunde nachdenken«, sagte sie zum Vater, als er sie mit der Lektüre beschäftigt fand.

»Vieles ist darin überholt und heute gar nicht mehr anzuwenden«, antwortete er.

»Überholt? – Was denn?« fragte Olga. »Daß der Proletarier nichts als seine Ketten zu verlieren hat und eine Welt zu gewinnen? Oder die Erklärung der Produktionsverhältnisse der Ausbeutung? Das ist funkelnagelneu und jedes Wort zehnmal mehr wert als deine Prozeßakten, mit denen du ein paar Armen hilfst, aber keinen Deut an der Welt veränderst.«

Schon wieder begann der Streit.

Olga sehnte sich mehr denn je heraus aus der Enge der altmodischen Wohnung und der vornehmen Buchhandlung. Die Zeit von früh um neun bis abends sechs Uhr schien ihr vergeudet zu sein. Warum verwendete sie nicht wie Kurt jede Stunde des Tages für eine nützliche, revolutionäre Tätigkeit?

Sie hatte einen langen, herzlichen Brief von ihm bekommen. In ihrer Antwort schrieb sie, daß sie aus München fort wolle, und legte ihre

Gründe dar. Könne er ihr raten, wohin sie sich wenden solle und was politisch das wichtigste sei?

Olga war kein geduldiger Mensch. Als Tag um Tag ohne Brief von ihm verging, hätte sie am liebsten mit den Fäusten gegen die Wände geschlagen. Nachdem die Antwort wochenlang ausblieb, wurde sie stiller, und als sich die Monate ohne Nachricht aneinander reihten, schlich sich ein bitterer Ton in ihre Gespräche. Ein Schatten lag über ihrer Fröhlichkeit. Die Genossen bemerkten die Veränderung und begannen sich zu beklagen: Du bist nicht mehr die alte, bläst Trübsal, machst nicht mehr bei allem mit, schweigst einen ganzen Abend – was ist? Olga antwortete nicht. Als die anderen schon bei einem neuen Thema waren, sagte sie plötzlich: »Ihr habt recht.« An diesem Abend ging sie bedrückt nach Hause. Es stimmt, das Leben machte ihr nicht mehr die gleiche Freude.

Sie mußte einen Schlußstrich unter ihre Gedanken ziehen. Ob das mit Willenskraft gelänge? Dazu mußte man wissen, woher die schlechte Stimmung kam. Sie dachte zuviel daran, daß Kurt den Brief nicht beantwortet hatte. Aber wenn sie ehrlich war – sie dachte nicht nur an den Brief, sondern auch an anderes. Wie er ihr einmal ihre Zöpfe festgehalten, wie er die Riemen ihres Rucksacks weitergeschnallt, ihr die Hand gegeben, als sie einen brückenlosen Bach übersprangen. Jetzt war sie wieder mit den Gedanken bei ihm – ein schlechtes Zeichen für ihre Willenskraft.

Olga nahm sich zusammen, arbeitete viel gemeinsam mit der Gruppe und gab sich große Mühe, trübe Stimmungen zu überwinden. Sie freute sich sehr, als ein Genosse sagte: »Gut, daß alles bei dir wieder in Ordnung ist.«

Sie versuchte Geld zu sparen, denn ihren Plan, München zu verlassen, hatte sie nicht aufgegeben – auch ohne Kurts Hilfe würde sie es schaffen.

Olga lernte in dieser Zeit etwas Wichtiges. Wenn der Mensch begreift, daß er kein Recht darauf hat, seinen Kummer alle anderen spüren zu lassen, wenn er, statt sich der Traurigkeit hinzugeben, ihr keine Zeit zum Wuchern läßt, und vor allem, wenn er arbeitet und sich nicht von der Welt abschließt, dann nimmt das persönliche Schicksal im Verhältnis zu anderen Ereignissen normale Größe an.

Aus dieser Erkenntnis folgte eine zweite: Nicht andere bestimmen, ob man gekränkt und traurig ist, sondern der eigene Wille entscheidet. Wie man sich fühlt und wie das Leben verläuft, hängt viel mehr von einem selber ab, als sie bisher gewußt hatte.

Wochen später überfielen sie die gebändigten Gefühle noch einmal mit voller Kraft und zwangen sie, bewegungslos auf der Straße stehenzubleiben: Kurt kam ihr entgegen.

4

Zehn Monate waren vergangen. In der Erinnerung, die Kurt keinen Tag losgelassen hatte, war Olga ihm strahlend fröhlich erschienen. Nun enttäuschte ihn die verhaltene, ruhige Begrüßung. Doch wer wie sie tapfer geübt hatte, den Schmerz in die Schranken zu weisen, der kann auch den Tumult der Empfindungen verbergen, wenn ihm daran liegt.

Sie gingen stumm nebeneinanderher – so lange, daß es immer schwieriger wurde, mit dem Reden zu beginnen.

»Kannst du Skilaufen?« fragte er plötzlich.

Die Frage kam ihr nach dem langen beklommenen Schweigen so komisch vor, daß sie anfing zu lachen.

»Natürlich.«

»Wollen wir übers Wochenende mit Skiern in die Berge?«

»Kann man machen«, sagte sie nach kurzer Pause.

Bevor sie sich trennten, fügte sie hinzu: »Das Kommunistische Manifest habe ich jetzt gründlich gelesen.« –

Von allen Sportarten liebte Olga das Skilaufen am meisten: Schnee, Sonne und blauer Himmel; klare Luft, die jedes Geräusch in ferne Weiten trägt; berauschende Geschwindigkeit der Fahrten über den unberührten Schnee, stilles Gleiten auf schmalen Wegen durch den Tannenwald mit seinen weißbeladenen Zweigen.

Die erste Stunde kletterten sie ohne Aufenthalt; solange es bergauf ging, schwiegen sie.

An einem besonnten Hang, der den Blick auf Täler und Bergketten öffnete, rasteten sie. Kurt steckte die Skistöcke in den Schnee und lehnte die abgeschnallten Skier dagegen, so daß zwei schmale Liegen entstanden, auf denen sie sich ausruhten. Olga hatte die Augen geschlossen und ließ sich von der Sonne bescheinen. Kurt sah sie an. Sie erschien ihm mädchenhaft und verträumt. Er nahm einen der dunklen Zöpfe auf, die zu beiden Seiten ihrer Liege den Schnee berührten. Olga bewegte sich nicht. Kurt beugte sich zu ihr hinüber und flüsterte, wie Millionen Menschen zu tun pflegen: »Woran denkst du?«

Sie öffnete die Augen und war hellwach.

»Ich denke darüber nach, wie ich aus München fortkomme. Ich will einen weiteren Horizont, und ich will ausschließlich für die Partei arbeiten, nicht nur abends. – Meinen Brief, der das alles erklärt, hast du nicht beantwortet«, setzte sie nach einer kleinen Pause sachlich und ohne Vorwurf hinzu.

Kurt erhob sich und ging, durch die Wendung des Gesprächs enttäuscht, auf und ab, doch der weiche Schnee hinderte ihn, er blieb vor Olga stehen.

»Ich wollte erst eine Möglichkeit für dich schaffen, nach Berlin zu kommen.«

»Hast du sie?«

»Ja.«

Sie sprang auf: »Wirklich?« Sie schüttelte ihn vor Freude.

»Ich habe mit der Partei gesprochen – aber wird der Vater dich lassen?«

»Ich rück einfach aus.«

»Man muß nicht unbedingt den für sich selbstbequemsten Weg gehen, wenn er andere verletzt.«

Olga schob die Unterlippe vor. War es nicht für eine Revolutionärin richtig, ja selbstverständlich, das bürgerliche Elternhaus gegen den Willen des Vaters zu verlassen?

Nein, Kurt fand es durchaus nicht nötig, daß ihr Vater, bloß weil er kein Kommunist war, so tief gekränkt würde. Er schlug vor, mit ihr zu gehen und dem Vater von der Arbeit, die sie in Berlin beginnen sollte, zu erzählen.

»Aber Vater wird dann denken, daß du ...«

»Daß ich's tue, weil ich mit dir sein möchte – da hätte er recht«, vollendete Kurt ihren Satz.

Olga senkte den Kopf.

Kurt ging einen Schritt auf sie zu. Doch sie lief schon zu den Skiern, schnallte die Bindungen fest und sauste den Abhang bis zur nächsten Steigung hinunter. Als sie später auf ebener Fläche nebeneinander durch den Schnee glitten, hatte Olga viele Fragen über ihr zukünftiges Leben in Berlin, über ihre berufliche Arbeit und den Kommunistischen Jugendverband in der Hauptstadt. Sie war Feuer und Flamme für den neuen Plan, bis Kurt schließlich fragte: »Spielt es eigentlich eine Rolle, daß *ich* dort bin?«

»Ja«, sagte sie, »aber ich wäre auch ohne dich nach Berlin gegangen.«

Sie sah, daß er gekränkt war.

Der Weg führte in Kurven aufwärts; als der Wald sich lichtete, sahen sie in der Ebene ein Dorf liegen.

Olga blieb stehen. »Ist das schön!«

»Es wird dir fehlen«, sagte er, die Straßen des Berliner Arbeiterbezirks Neukölln vor Augen.

»Das andere fehlt mir mehr«, sagte sie und dachte an ihre zukünftige Arbeit – und auch an ihre Sehnsucht nach Kurt.

»Schwimmen wirst du können, rund um Berlin liegen viele Seen.« Kurt lächelte, so oft hatte er sich vorgestellt, wie sie zusammen hinausfahren würden.

Während des schwierigsten Teils des Aufstiegs veränderte sich das Wetter. Dichte Wolkenwände verdeckten die Sonne. Nebliger Dunst umhüllte die Berge.

Olga und Kurt verliefen sich.

Als die Dunkelheit anbrach, waren beide sehr müde. Sie wußten nicht, wo sie waren, und glaubten nicht mehr daran, daß sie die Hütte zum Übernachten finden würden. Sie trafen keinen Menschen und waren der Erschöpfung nahe. Kurt fragte sich, wie das Mädchen die Anstrengung aushielt. Sie schwieg und lief stetig weiter. Es war kälter geworden, der klebrige Schnee vereiste. Das Laufen in der Dunkelheit wurde immer schwieriger. Kurt machte sich schwere Vorwürfe über seinen Leichtsinn. Olga kannte das Gebirge und mußte ebenfalls wissen, daß sie sich in Lebensgefahr befanden. Während der nächsten zwei Stunden blieben sie häufig stehen. Die Kälte trieb sie weiter, sie tasteten sich mit den Skistöcken voran. Die letzten Streichhölzer waren verbraucht. Als sie eine Mulde überquerten, stieß Olga plötzlich gegen eine Mauer. Sie standen vor der gesuchten Hütte.

Olga lachte und sagte: »Ich hätte auch keinen Schritt mehr weitergekonnt.«

Sie ahnte nicht, wie ihre Worte ihn bewegten. Solange es keinen Ausweg gab, war kein Wort der Klage oder Furcht über ihre Lippen gekommen. Und nun, wo sie alles hinter sich hatte, war die ernste Gefahr, die große Anstrengung mit dem bescheidenen, ehrlichen Eingeständnis ihrer Erschöpfung abgetan.

In der Hütte brannte kein Licht mehr, und sie klopften lange, ehe jemand öffnete. Die mürrische Wirtin zeigte ihnen die eiskalte Kammer mit den Holzpritschen, Strohsäcken und kratzigen Pferdedecken. Beim Schein einer kleinen Kerze, die auf dem Fenstersims stand, aßen sie von den Vorräten aus dem Rucksack, dann legten sie sich nieder.

Olga lag ganz still, er wußte nicht, ob sie noch wach war. Da sagte sie: »Unser Leben muß schön werden.«

Er streckte seine Hand aus, und sie griff danach.

ZWEITES KAPITEL

1

Ilga sah zum Fenster des fahrenden Zuges hinaus und summte im Takt der Räder: »Aber der Wagen, der rollt ... aber der Wagen, der rollt.«

Als die Dämmerung den Tag verschleierte und die Nacht den Schleier zum dunklen Tuche webte, schaute sie noch immer durch die blinden Scheiben. Wohin sie auch blickte, sah sie die weite, erregende Zukunft vor sich.

Aber der Wagen, der rollt ... in die Zukunft – in den Kommunismus.

Als der Zug hielt, stieg ein junger Mensch ein, dem ein gebückter alter Mann noch lange winkte. Olga tat das Herz weh. Die Zukunft verschwand, die Vergangenheit stand auf: das altmodische große Zimmer mit dem schweren schwarzen Tisch in der Mitte; die Suppe ist aufgetragen, aber der Vater setzt sich nicht. Das Licht des Kandelabers fällt auf seinen runden, fast kahlen Kopf, auf die untersetzte, kleine Gestalt. Olga kann den Ausdruck der guten, traurigen Augen hinter den Brillengläsern nicht erkennen, und sie will es auch gar nicht.

»Ich lasse dich nicht so jung aus dem Haus, was hast du in Berlin zu suchen. Die Schule nicht beendet und jetzt deine Lehre nicht abgeschlossen – was soll aus dir werden? Nie wirst du so dein Brot verdienen.«

»Ich werde schon«, sagte sie, »keinen Pfennig nehm ich von dir.«

Die Suppe wurde kalt, bevor er schließlich nachgab, weil ihm nichts anderes übrigblieb, weil er wußte, Olga würde sonst ohne seine Erlaubnis gehen. Er wußte auch, wie sein Leben ohne Olga aussehen wird: kein Ärger, keine Aufregung, kein Zank mehr. Kein Leben, kein Lachen und keine Fröhlichkeit. Grau in grau werden die Tage verstreichen mit einer einzigen menschlichen Sehnsucht: Olga.

Sie kannte die Gefühle des Vaters, und es tat ihr weh, an ihn zu denken. Doch als der Zug sich wieder in Bewegung setzte, sang es von neuem in ihrem Herzen: Aber der Wagen, der rollt ...

Kurt sah sich noch einmal im Zimmer um.

Auf viereinhalb mal vier Meter Raum standen zwei Betten, eine alt-modische Kommode mit Aufsatz, ein Tisch, zwei Stühle und ein Hocker. Mehr hatte nicht Platz. Hier sollte Olga mit ihm leben. Er sah sie vor sich auf der Frühlingswanderung, wie sie Blumen pflückte, im Winter, wie sie den Abhang auf Skiern hinuntersauste, und in der geräumigen Wohnung des Vaters, als sie die Arme ausbreitete und rief: »Versteh doch, mir ist es hier zu eng!« Gewiß, sie fühlte sich im winzigen Haus von Elses Eltern wohl; ihre Münchener Freunde waren Arbeiterjungen, sie ging auf Fahrt mit der KJ und aß unterwegs wie die

Olga im KJV, um 1926

anderen einen trockenen Kanten Brot mit einer Tomate dazu; sie zog in vieler Hinsicht das spartanische Leben dem Luxus vor, aber bei alldem spielte ein gut Teil Romantik mit. Im Alltagsleben, zu zweit in einem vollgestellten Zimmer, würde sich die Romantik nicht halten.

Eine Uhr schlug, Kurt schloß die Tür ab. Auf der Straße begann er zu rennen und sprang aufs Trittbrett der bereits fahrenden Bahn. Der

Schaffner sah ihn strafend an, sagte aber nichts. Der Wagen war überfüllt wie jeden Morgen vor Beginn der Arbeitszeit. Kurt blickte sich um. Er kannte die Atmosphäre in den frühen Straßenbahnen. Da stießen nicht nur die Menschen bei jeder Kurve aneinander – viel schlimmer waren die Zusammenstöße der schlechten Laune. Dabei schien die Sonne, und kein Wölkchen stand am blauen Himmel des Maitages.

Kurt schüttelte sich beim Aussteigen. Er rannte die Treppe des Anhalter Bahnhofs hinauf, ging ungeduldig den Bahnsteig entlang und blieb, als der Frühzug aus München einlief, neben der Lokomotive stehen.

Sekunden später stand Olga ihm gegenüber – lebhaft und frisch, unberührt von einer schlaflosen Nacht auf der harten Bank der dritten Klasse.

Als sie den Bahnhof verließen, zögerte Kurt. Er wollte nicht, daß ihr erster Eindruck in Berlin das Innere einer Straßenbahn wäre. Doch Olga hatte schon entschieden. Sie stiegen in den überfüllten Wagen. Es gelang ihnen mit Mühe, das Gepäck auf der Plattform unterzubringen. Olga musterte interessiert die Menschen. Als sie Kurts Blick spürte, lächelte sie und sagte nur das eine Wort: »Flieder.« Der ganze Wagen war von Blumenduft erfüllt. Die jungen Mädchen trugen lila Büsche im Arm. Dem Fahrer steckte eine Dolde im Mützenschild, und sogar die strengblickende Dame neben Olga war nicht ohne Strauß. Sie trug ihn in steifes Papier gewickelt wie einen Regenschirm. Ein kleiner Junge zog geschickt, ohne daß die alte Dame es bemerkte, Sternchen aus den Dolden, steckte sie sich einzeln zwischen die Lippen und saugte den süßen Nektar aus. Olga lachte den Jungen an, er lächelte in fröhlichem Einverständnis zurück.

Was für eine prächtige Straßenbahn das ist, dachte Kurt.

Sie fuhren bis ins Herz von Neukölln. Kinder spielten auf den Gehsteigen Murmeln, Kreisel und Hopse, Bolle-Jungen trugen Milch aus. Frauen mit Umschlagtüchern gingen in kleine Läden einkaufen, Straßenhändler boten Frühgemüse feil, ein Lumpenhändler zog mit seinem Hund einen quietschenden Handwagen.

Vor einem Haus in der Weserstraße setzte Kurt den Koffer ab. (Olga hatte darauf bestanden, eins der beiden Gepäckstücke selbst zu tragen.)

Im abgenutzten Treppenflur bröckelte die dunkle Farbe von den Wänden. Die Fenster zwischen den Stockwerken gaben den Blick auf die Hinterhöfe frei.

Sie stiegen bis unters Dach. Auf dem blankgeputzten Türschild stand: Fritz Winter. Kurt trat in den schmalen Flur, öffnete zwei Türen rechter Hand und sagte rasch: »Stube, Küche – das ist die ganze Herrlichkeit.«

Olga ging durchs Zimmer bis zu dem winzigen Balkon, blickte zum Himmel hinauf, der ihr sehr nahe schien, und zur Straße, die tief unten lag. Sie trat ins Zimmer zurück, betrachtete die zwei hintereinanderstehenden Bücherreihen auf der Kommode und nahm das Bild Lenins in die Hände. Kurt führte sie noch einmal auf den Balkon: »In dieser Straße wohnen hauptsächlich Arbeiter. Am ersten Mai hängt alles voll roter Fahnen.«

»Es ist schön hier«, sagte Olga. »Ich danke dir.«

Nun erst begrüßten sie sich – leidenschaftlich und froh. –

Als sie später Olgas Koffer auspackten, lächelte Kurt über die Einfachheit ihrer Kleidung. Da gab es keine Spitzenwäsche, keinen Lippenstift, keinen Puder oder Parfüm. Nach dem Auspacken verkündete Olga, daß ein Einkauf nötig sei, und rannte, bevor er Näheres fragen konnte, die Treppe hinunter. Sie kehrte mit einer großen, funkelnden Zinkwanne zurück, stellte den Zuber in die Küche und füllte ihn mit kaltem Wasser. Als sie nach dem Bad das Zimmer betrat, glühte ihre Haut vor Wärme und Gesundheit.

Kurt sah sie an und blickte sich um. Dieselben schweren Vorhänge, dasselbe verschnörkelte tiefbraune Tapetenmuster, dieselbe olivgrüne Samtdecke, und doch war's ein ganz anderer Raum – ein viel schönerer.

Olga schob den freien Stuhl zwischen die spielenden Sonnenflecke an der Balkontür und fragte, ob sie gleich mit der Berufsarbeit und auch mit der im Kommunistischen Jugendverband beginnen könne.

Er erklärte ihr, daß seine illegale Arbeit getrennt von ihrer Tätigkeit verlaufen werde; die KJ wisse schon Bescheid, sie könne sich sofort dort melden. Allerdings seien noch einige ernste Dinge über ihr Zusammensein zu besprechen.

»Fang schon an«, sagte sie und wippte mit dem Stuhl, als er zögernd schwieg.

»Wovor hast du denn Angst?« fragte sie.

»Angst? – Ich möchte dich nicht überfordern. Du weißt, ich kann dich nicht offiziell heiraten. Ich lebe unter fremdem Namen in Berlin – und überhaupt bei meiner Arbeit.«

»Ich will dich ja gar nicht heiraten«, sagte sie verwundert.

»Meine Papiere bei der Polizei sind auf Karl Tess ausgestellt. Du müßtest Olga Tess heißen, ist dir das recht?« fragte er. »Ich bin bei anderen Genossen in Neukölln unter meinem richtigen Namen gemeldet – wenn die Polizei dort nach mir fragt, haben die Genossen genügend Zeit, mich hier zu warnen, und dann muß ich vielleicht plötzlich fort.«

»Natürlich«, sagte sie. »Aber warum siehst du denn so betrübt aus – noch haben sie dich doch nicht.«

Kurt ärgerte sich. Bis gestern hatte sie trotz Aktivität im Jugendverband ein behütetes Leben beim Vater geführt, nun akzeptierte sie all die ungewohnten Dinge mit einer Selbstverständlichkeit, die ihm auf Oberflächlichkeit und Unreife zu beruhen schien.

»Ich komme vielleicht morgen schon ins Gefängnis und du mit«, sagte er, um sie aus ihrer Sorglosigkeit aufzuscheuchen.

»Das wußte ich doch, bevor ich herkam«, antwortete sie. »Erklär mir genau, wie ich mich verhalten soll.« Er gab ihr Ratschläge – sie hörte aufmerksam zu und wiederholte alles, was er sagte.

3

Die Läden in der Weserstraße waren bereits geschlossen. Die Frau aus dem Milchladen stand mit der Frau aus dem gegenüberliegenden Gemüsegeschäft und der Frau des Drogisten zusammen in der Haustür. Sie trafen sich oft, und daher wußte jede nicht nur über die Ereignisse im eigenen Haus, sondern auch über die in den zwei anderen Häusern Bescheid. Eine Tür öffnete sich, Olga kam heraus, bot den drei Frauen freundlich einen guten Abend und ging in Richtung Innstraße davon.

»Bei wem wohnt denn das Mädchen mit den schwarzen Zöpfen?«
fragte die Gemüsefrau.

»Kein Mädchen – ist schon verheiratet«, antwortete die Frau aus dem
Milchladen. »In Winters Wohnung.«

Die drei Frauen wußten, daß der Tischler Fritz Winter nach langer
Erwerbslosigkeit Arbeit bei Verwandten in Zeuthen angenommen hatte
und nun auch dort mit seiner blondhaarigen, resoluten Frau wohnte.

»Die holt sich jeden Tag früh einen halben Liter Milch – aussehen
tut sie wie ein blankgeputztes Fenster«, fuhr die Milchfrau fort.

»Gemüse ißt sie roh«, berichtete die Händlerin aus dem Obstge-
schäft. »Kommt in den Laden, kauft Karotten und beißt auch gleich in
eine rein.«

Die Drogistin erzählte lachend: »Bei mir wollte sie 'ne Bürste.
›Wofür?‹ frag ich. ›Zum Körperschrubben‹, sagt sie. Ich gab ihr eine.
›Nicht kräftig genug‹, sagt sie, gibt sie mir zurück und nimmt eine här-
tere. – Seife wollte sie auch. ›Lavendel, Veilchen, Mandel‹, frag ich. Sie
sieht mich an, als ob ich Pferdemist empfehle, und sagt: ›Eine, die nach
gar nichts riecht.‹ Aber« – die Frau zog das »aber« in die Länge und
holte Luft – »zehn Minuten später kommt ihr Mann. ›Ein Stück Seife
bitte.‹ – Ich lege ihm die gleiche vor wie seiner Frau, er riecht daran und
legt sie wieder weg. ›Haben Sie keine mit Duft?‹ Er nahm die Flieder-
seife und auch noch Parfüm.

»Welche Seife benutzt sie denn nun?« fragte die Milchfrau.

»Ihr habt keine Nase«, sagte die Drogistin verächtlich, »Flieder«.

Olga hatte während des Gesprächs der drei Frauen die Ganghofer-
straße durchquert und war in die Zietenstraße eingebogen. Vor der
Kneipe in Nummer 29 blieb sie stehen. Es war ein kleines Lokal, das
sich kaum aus der Fassade der umliegenden Arbeiterhäuser heraushob.
Sie trat ein. Durch die Fenster fiel mattes Licht. Der Wirt, ein kräftiger Mann mit hängendem Schnurrbart und dunklen Augen, stand an
der Theke. »KJ hinten«, sagte er und wies mit dem Daumen auf eine
Tür. Olga zögerte. Sie sah sich aufmerksam in der anspruchslosen
Kneipe um, die wie Hunderte andere Berliner Lokale aussah. Dann ging
sie auf den Wirt zu und gab ihm die Hand.

»Die Jungens haben mir schon erzählt«, sagte er, »du bist die Olga. – Ich heiß Wilhelm.«

Wie so oft, wenn Olga eine Sache wichtig erschien, vergaß sie alles, was nicht zu dieser Frage gehörte: »Hat hier wirklich die Kommunistische Jugendinternationale getagt?«

Ein Blick in ihr gespanntes Gesicht genügte Wilhelm, er nickte. »Dort im Hinterzimmer ist sie gegründet worden.«

»Und Karl Liebknecht war auch manchmal hier? Wo hat er gesessen?« »Auf einem Stuhl.«

Olga stutzte. »Recht hast du«, sagte sie nach einer Sekunde Zögern und begann zu lachen. Wilhelm lachte mit. »Willkommen in Berlin, Mädchen«, sagte er, und die Freundschaft war geschlossen.

Wilhelm Müllers Kneipe war, solange die Genossen denken konnten, Treffpunkt und zweite Heimat der revolutionären Arbeiter Neuköllns. Wilhelm wußte genau, welches Schicksal er damit gewählt hatte. Gab es Haussuchungen, dann trafen sie sein Lokal zuerst; schlug die Polizei bei Demonstrationen auf die Kommunisten ein, transportierten die Kameraden die Verwundeten in sein Lokal, wo sich schon Arbeitersamariter in Bereitschaft hielten.

Wilhelm wußte auch, daß es ihm stets schlechter gehen würde als anderen Kneipenbesitzern. Verschärfte sich die Erwerbslosigkeit, so traf es die Einnahme aller Lokale in der Arbeitergegend, aber da die Kommunisten als erste aus den Betrieben entlassen und als letzte oder überhaupt nicht wieder eingestellt wurden, spürte das Lokal Müller die wirtschaftliche Not noch härter als andere. Wilhelm betrachtete seine Gäste auch gar nicht als Kundschaft; es waren doch alles seine Genossen, und wer kein Geld für ein Bier übrig hatte, der kam trotzdem.

Reichte es bei Wilhelm einmal nicht für die Miete, oder fehlte im Winter das Geld für Licht und Heizung, dann ließ er die Gäste wissen, wie es stand. Die Groschen sammelten sich auf dem Tisch, und wenn der Wirt zur Theke zurückging, um den Bierhahn aufzudrehen, dann sagte irgendeiner: »Laß man, Wilhelm – kein Bier, bis du die Miete zusammen hast.«

Wilhelm empfing ein »festes Einkommen«, doch das war sehr klein. Es hing mit seinem guten Herzen und seiner Liebe für die Jugend zusammen.

Eine Arbeiterin in der Nachbarschaft war an Tuberkulose gestorben. Sie hinterließ drei Mädchen im Alter von achtzehn, fünfzehn und zehn Jahren. Die Jüngste wurde von der »Fürsorge« in ein Waisenhaus gesteckt und starb dort später. Der Fünfzehnjährigen wollte die Fürsorge eine Dienstmädchenstelle vermitteln, die Älteste arbeitete in einer Fabrik. Die Trennung von der Kleinen zerriß den beiden Mädchen das Herz, und sie beschlossen, daß wenigstens sie beide zusammenbleiben wollten. Wilhelm Müller hörte davon! Er bot ihnen Unterkunft an, und für die Jüngere wurde ebenfalls Fabrikarbeit gefunden. Erna und Marie waren stolze Mädchen. Sie bestanden darauf, ihre Miete zu zahlen, die sorgfältig Woche um Woche in eine von drei weißen Schachteln zurückgelegt wurde. Die beiden anderen, ursprünglich mit Nähgarn gefüllt, beherbergten das Geld für Essen, Licht und Heizung. Für Kleidung und anderes gab es kein Schächtelchen, weil vom kargen Verdienst der beiden nichts mehr zum Aufteilen übrigblieb. Wurden Kleidung und Schuhsohlen benötigt, so mußte das Geld aus der Schachtel »Licht und Heizung« genommen werden. Dann blieb die Stube kalt, und die Mädel saßen nach Feierabend unten in der Schänke, so nah wie möglich unter der Hängelampe. Dort verschlangen sie Bücher aus der Volksbibliothek. Wenn jemand sie ansprach, legten sie einen Bierdeckel als Lesezeichen zwischen die Seiten und hoben abwesend den Blick. Doch am Sonntagvormittag gingen sie ohne Bücher ins Lokal. Da kamen die Bauarbeiter für einen Frühschoppen zu Wilhelm Müller und sangen. Wilhelm liebte die Musik; Volkslieder, revolutionäre Kampfgesänge und lustige Berliner Schlager wurden vom Wirt und von seiner Kundschaft gesungen. Die beiden Mädchen fielen mit ihren hellen Stimmen ein.

Befanden sich in der Gruppe der Bauarbeiter gelegentlich ein paar Neue, kam es vor, daß sie versuchten, mit den Mädchen anzubändeln. Dann wurden sie von ihren Kameraden wie von einem Dutzend strenger Väter unmißverständlich zurückgewiesen. Doch Erna und Marie bekamen nicht nur Gesang zu hören. In Wilhelms Kneipe wurden viele

Ereignisse besprochen: ein Selbstmord in der Wohnung nebenan, Arbeitslosigkeit, neue Steuern, Verdienst, Familiensorgen, eine Verhaftung, Streiks und Demonstrationen. Es kam immer öfter vor, daß Erna oder die zarte Marie etwas dazu zu sagen hatten.

Als Olga im Frühjahr 1925 das erste Mal zu Wilhelm Müller kam, waren Erna und Marie schon älter und beide Mitglied der Partei, doch die Atmosphäre des Lokals war dieselbe geblieben.

Wie für viele andere wurde für Olga das Hinterzimmer bei Wilhelm Müller zur Erziehungsstätte, zum Ort der unvergeßlichen Freundschaft mit den Genossen. Hier leistete Olga ihre erste politische Arbeit in Berlin, hier war die Fahne untergebracht, die sie manches Mal bei Demonstrationen tragen sollte. Hier entstanden die Flugblätter, deren Texte sie mit entwarf. Hier befand sich auch der alte Abziehapparat.

Olga kam bei ihrem ersten Besuch im Hinterzimmer zu spät, weil man sie ungenau informiert hatte – es blieb das einzige Mal, denn sie war ein sehr pünktlicher Mensch. –

»Ich glaube, ich habe alles falsch gemacht«, sagte sie nach der Rückkehr von der Versammlung zu Kurt. »Viel zuviel geredet, schließlich bin ich doch unerfahren hier, geschimpft hab ich auch.«

»Wen du so ausgesehen hast wie jetzt, waren bestimmt alle begeistert.« Kurt streichelte ihr die glühenden Wangen.

»Ich spreche von einer Sache, die mir wichtig ist«, erwiderte sie ärgerlich.

»Ich auch«, sagte Kurt. »Ich will dir sagen, warum du soviel geredet hast – weil du dreimal so gut vorbereitet warst wie die anderen, weil du alles ernst und gründlich nimmst.« –

Um dieselbe Zeit gingen fünf Jugendliche gemeinsam von der Versammlung nach Hause.

»Hübsch ist sie auch noch«, sagte der erste in der Reihe.

»Man gewöhnt sich an Hübsche und an Häßliche«, bemerkte der zweite, »aber so ein Temperament, sie hat die ganze Versammlung umgekrempelt.«

»Und trotzdem kein überflüssiges Wort, alles hatte Hand und Fuß«, sagte der dritte.

»Die politischen Kenntnisse!« sagte der vierte und stieß den schweigenden fünften an: »Na, Kieler, wie hat sie dir gefallen?«

Der Angeredete, ein schmaler, hoch aufgeschossener Junge, fuhr zusammen. »Wer? – Was?«

Die anderen lachten. »Die neue Genossin, du Fisch«, sagte der vierte.

»Kann ich euch nicht sagen, hab sie mir nicht weiter angesehn.«

Für Sekunden fiel der Schein einer Laterne auf sein blasses Gesicht und die sandfarbenen Haare. –

Der Kieler zündete kein Licht im Zimmer an. Die Wirtin hatte ihn nicht kommen hören, und gerade jetzt wollte er niemandem begegnen. Er hängte sein Hemd über den Stuhl, wusch sich in der rostigen Emailleschüssel und ging, jeden Lärm vermeidend, ins Bett, ohne das schmutzige Wasser in den Eimer zu gießen.

Er lag bewegungslos, mit geschlossenen Augen, die Hände hinter dem schmalen Kopf verschränkt.

Sie war verspätet ins KJ-Zimmer gekommen und entschuldigte sich, man habe ihr eine falsche Zeit angegeben. Das Referat über die internationale Lage war bereits zur Hälfte vorüber; er hatte bisher unaufmerksam zugehört und achtete nun überhaupt nicht mehr auf das, was gesagt wurde. Den anderen ging es wohl ähnlich.

Blaue Augen, schwarze Haare und eine hohe Stirn; ein schöngeschwungener Mund, eine kräftige, längliche Nase – ihr Aussehen allein bewog ihn nicht, immer wieder hinüberzublicken. Ihn fesselte die Lebendigkeit ihres Gesichtes; der rasche Wechsel des Ausdrucks von Heiterkeit zu Ernst, von Ungeduld zu Verständnis, von Sachlichkeit zu Begeisterung.

Niemand sprach zur Diskussion, weil alle schlecht vorbereitet waren und schlecht zugehört hatten; das neue Mädchen hemmte vielleicht auch die Schüchternen. Es herrschte peinliche Stille, bis der Referent endlich sagte: »Wenn keiner mehr eine Bemerkung hat ...«, da meldete sie sich zu Wort. Sie sprach vom Unabhängigkeitskampf der Rifkabylen gegen die französischen Truppen in Marokko; vom Aufstand in China mit einer Million Streikenden; vom Todesurteil gegen sieben Genossen im reaktionären Bulgarien. Ihre Kenntnisse waren nicht größer als die des Referenten, doch ihr ganzes Wesen verschmolz mit dem, was sie sagte, und ein bewegtes Bild vom internationalen Kampf der Unterdrückten entstand. Als sie schwieg, erschien es ihm merkwürdig, daß er noch immer im Hinterzimmer der kleinen Kneipe saß.

Olga war eigentlich ein altmodischer Name – wie herzlich sie lachen konnte.

4

»Nicht so schnell, Genossen«, bat Olga ihre Gruppe, die aus dreißig Mitgliedern bestand und sie zum Leiter wählen wollte. »Ich bin erst ein paar Wochen hier, es gibt so viele Probleme, mit denen ich noch nicht bekannt bin. Laßt mir ein wenig Zeit.«

»Wir haben keine Zeit – du wirst es schon schaffen – wir helfen alle«, antworteten sie.

Am liebsten beriet sie sich mit dem schwarzen Paul. Niemand wußte mehr, ob der gelernte Dreher so genannt wurde, weil er nach häufigen Maßregelungen auf der schwarzen Liste der Unternehmer stand oder weil sein Haar und seine Augen so dunkel waren. Mit der Adlernase und dem braunen Gesicht sah er einem Zigeuner ähnlich.

An einem heißen Sommertag, der mit seiner klaren Sonne zum Hinausfahren lockte, wollte Olga den schwarzen Paul sprechen. Sie überquerte die Höfe und kletterte zum vierten Stock.

»Paul ist am Bahnhof«, sagte seine Mutter, forderte Olga aber nicht auf, einzutreten. Als sie sich zum Gehen wandte, versperrte ihr Max, der die Treppe heraufkam, den Weg und zog sie in die Küche. Der Zwölfjährige sah ganz anders aus als sein älterer Bruder. Er hatte weiches blondes Haar und helle Augen. Wahrscheinlich ist er dem im Kriege gebliebenen Vater ähnlich, dachte Olga.

Die Mutter nahm dem Jungen die Jacke ab und machte den Küchentisch für seine Schularbeiten frei. Er packte die Hefte aus und legte zwanzig Pfennig auf den Tisch. Sie bürstete seine Jacke; silberne Fischschuppen fielen auf den abgetretenen Fußboden der Küche.

»Kann ich fünf Pfennig haben?« Max erhoffte sich durch Olgas Anwesenheit eine günstige Antwort.

Die Mutter fuhr heftig mit der Bürste hin und her. »Wenn Paul kein Kommunist wäre, brauchte der nicht nachmittags Fisch auszunehmen. – Ich hab gehungert, damit Paul in die Lehre konnte – was Ordentliches wurde«, sagte sie zu Olga.

»Und er ist Kommunist, damit Mütter nicht mehr zu hungern brauchen«, sagte Olga.

Da ließ die Mutter die Bürste sinken und antwortete leise: »Ich bin ja auch gar nicht dagegen – nur das Leben ist so schwer.«

Olga ging zum Görlitzer Bahnhof.

Als sie die Halle betrat, kam ein Strom Reisender die Treppe herunter. Paul war nicht allein, der Kieler stand neben ihm. Sie hatten Olga den Rücken zugewandt und verbeugten sich vor zwei Damen mit Koffern, aber die Damen trugen ihr Gepäck allein. Der Kieler ging auf einen alten Herrn zu ... Olga verließ das Gebäude, ohne die beiden zu begrüßen.

Auf einer Bank an der Seite des Bahnhofs saß Hilde. Sie hielt einen in Zeitungspapier gewickelten Napf im Schoß. »Warum so böse?« rief sie Olga an und nahm einen zweiten Löffel aus der Markttasche, als sie hörte, daß nicht nur ihr Freund Paul, sondern auch der Kieler da war.

»Mir geht alles zu langsam, Hilde, dreimal soviel müßte man tun.«

»Wenn nur alle so viel täten wie du – dann wären wir schon weiter.«

Hildes breitflächiges, breites Gesicht war Olga zugewandt.

Paul kam allein aus der Halle.

»Der Kieler will nicht, hat keinen Hunger.«

»Daß ich nicht lache – ein Kleinbürger ist er, zu stolz, von 'ner Frau was anzunehmen – ich hol ihn.«

»Bring ihn in einem Stück«, rief Paul ihr nach. Hilde war bekannt für ihre Judokünste, sie hatte schon manchen Gegner damit lahmgelegt.

»Der Kieler ist am schlimmsten dran«, sagte Paul zu Olga.

»Warum blieb er nicht in Kiel?«

»Ist von zu Hause weg, weil der Vater ihn ›Faulenzer‹ geschimpft hat. Ist doch nicht seine Schuld, wenn er keine Arbeit findet, und Unterstützung kriegt er als einer von außerhalb auch nicht.«

Hilde umspannte eisern den dünnen Oberarm des Kielers, der ausreißen wollte, als er Olga erblickte.

Während die beiden Jungen aus dem Napf aßen, besprach Olga mit ihnen eine Aktion gegen die Überstundenarbeit der Lehrlinge einer Maschinenfabrik. Paul kannte trotz seiner Arbeitslosigkeit die Verhältnisse in vielen Neuköllner Betrieben und war beliebt bei den jungen Arbeitern.

Kurz bevor Olga gehen mußte, weil ihre Mittagspause vorüber war, erklang in der Ferne ein eigentümlicher, langsam sich nähernder Lärm. Die vier blickten die Straße entlang. Ein Dutzend Jungen mit fettigen, verbeulten Hüten und über den Nacken hängenden Haaren marschierte im Gänsemarsch am Rinnstein entlang. Sie trugen Kochtöpfe um den Bauch gebunden und grölten unflätige Lieder, die sie mit wüster Topfmusik begleiteten.

Hilde seufzte. »Das ist die wilde Clique ›Schlangenblut‹, vorn der erste ist ›Natter‹, ihr Anführer. Hoffnungslos für uns«, erklärte sie Olga.

»Ich glaube nicht an Hoffnungslose, schon gar nicht unter Arbeiterjungen«, sagte Paul. »Ihr Rabaukentum ist auch eine Art Protest gegen das Elend, aber es ist schwer, mit ihnen was anzufangen – sie lehnen jeden Gedanken an Politik ab.«

»Vielleicht besuchen wir sie mal«, sagte Hilde, »ihre Lokale sind ›Der Hammer‹ und ›Der blaue Affe‹.«

Die Gruppe zog lärmend an der Bank vorüber.

»Ich hab auch schon daran gedacht«, sagte Paul.

»Ich geh mit«, sagte der Kieler.

»Ich komm natürlich auch«, sagte Hilde.

»Mich müßt ihr unter allen Umständen mitnehmen«, sagte Olga.

»Nein« – Paul schüttelte den Kopf.

»Als Leiter der Gruppe kann ich das ja wohl entscheiden.«

»Und wir können ja wohl darüber abstimmen lassen.«

Schon vor Pauls Antwort wußte Olga, daß sie etwas Dummes gesagt hatte. Zum ersten Mal hing eine Wolke der Mißstimmung zwischen ihr und den Genossen. »Du willst bei allem dabeisein – das ist eine glatte Verzettelung. Du mußt lernen zu unterscheiden, wo deine Anwesenheit nötig ist und wo nicht«, fuhr Paul fort.

»Richtig«, sagte Olga, »gut, daß du mir das sagst.«

»Warum warst du so scharf mit ihr?« fragte Hilde, nachdem Olga losgerannt war, um die Mittagspause nicht zu überschreiten. »Es ist doch besser so, als sich vor brenzligen Sachen zu drücken, und wie sie gleich ihren falschen Zungenschlag eingesehen hat, ist doch gut.«

»Ich glaube, man kann viel von ihr erwarten, grade deshalb muß sie schnell lernen.«

Hilde nickte. »Die Gefahr der Verzettelung besteht ... Wann schläft sie eigentlich – tagsüber ist sie bei der russischen Handelsvertretung, abends in der KJ, und obendrein lernt sie noch Russisch und Stenographie.«

Paul lachte. »Von ihrer Arbeit bei der HV schwärmt sie. Viele der russischen Genossen haben die Revolution mitgemacht, und das imponiert ihr natürlich. Außerdem findet sie den Ton dort wunderbar und den Charakter der Genossen. Sie sagt, daß sie sehr gutherzig sind und die Ruhe weghaben; aber wenn's drauf ankommt, sind es stählerne Bolschewisten. Das sagte sie: ›Stählerne Bolschewisten.‹ – Komisch, wenn so was von Olga kommt, klingt es gar nicht abgegriffen.«

Weil alles an ihr echt ist – dachte der Kieler.

»Aber ich glaube, manchmal fällt es ihr auch schwer, daß sie nie Zeit für sich selber hat.« Hilde wischte die Löffel ab und packte den leeren Napf ein. »Sie bot mir und Paul an, das Faltboot von ihrem Freund zu benutzen, weil sie ja doch nie dazu kämen, und dabei sah sie so betrübt aus – sie tat mir richtig leid.«

Der Kieler trug nichts zur Unterhaltung bei. Einen Freund ... Natürlich hat sie einen Freund. Merkwürdig, daß Tatsachen, die man so gut wie bestimmt weiß, derart schmerzen können, wenn sie bestätigt werden. –

Als Olga an diesem Tag von der Arbeit kam, wartete Kurt schon ungeduldig auf sie. Obwohl es mit der Stenographie noch haperte, war sie zu allen anderen Beschäftigungen noch seine Sekretärin geworden. Davon erzählte sie den KJ-Freunden nichts, da sie Kurt wegen seiner Illegalität kaum erwähnte. Sonst hätte sie auch von dieser Arbeit mit Freude gesprochen.

Sie wußte nun, daß Kurt auch am mitteldeutschen Aufstand beteiligt gewesen war, und lernte viel bei der Niederschrift seiner Erfahrungen. Die Beschreibung der Möglichkeit von Partisanenaktionen während der Revolution, zum Beispiel im Thüringer Wald mit seinen Tälern, Höhen und Schluchten, die Taktik des Überfalls nach Absperrung von Straßen, Eisenbahnlinien und Viadukten fesselten sie derart, daß er sein Diktat unterbrechen und ihr Unterricht in der Partisanentaktik geben mußte.

Manchmal mußte er sie daran erinnern, daß sie sich im Jahre 1925 befanden und die Eroberung der Macht nicht sofort erwartet wurde.

Dann kehrte sie mit einem Seufzer zum Diktat zurück.

Kurts Gedankenreichtum, seine Logik und sein flüssiger Stil beeindruckten sie. Doch es gab erneut Stockungen, wenn sie etwas politisch nicht begriff oder mit einer Schlußfolgerung, einer Redewendung nicht einverstanden war. Dann brachte sie es nicht über sich, weiterzuschreiben, und sie diskutierten leidenschaftlich.

5

Der Kieler hatte eine bescheidene Einnahmequelle entdeckt. Er ging mit Müllschippe und Eimer durch die Straßen und sammelte für einen Gärtner Pferdemist. Die Bierkutscherpferde waren die einträglichsten, aber auch die Bolle-Milchwagen mit ihren kleinen Pferden ließ er sich nicht entgehen. Bald kannte er die verschiedenen Kutscher und auch die Bolle-Jungen auf ihren schmalen Sitzen an der Rückwand des Wagens. Kurz vor den Ecken, noch bevor das Gefährt hielt, sprangen sie ab und bimmelten kräftig mit der Glocke. Die Hausfrauen strömten herbei, der Bolle-Junge füllte ihnen Milch in die Kannen. Als der Kieler eines Tages beim Zusammenkehren war, hörte er Geschrei und sah, wie ein schnauzbärtiger Kutscher seinen Bolle-Jungen verprügelte. Die Frauen empörten sich über den rohen Menschen, der behauptete, der Junge sei frech geworden. Der Kieler unterhielt sich mit dem schmächtigen Vierzehnjährigen, stellte seinen wohlgefüllten Eimer in einen Hausflur und rief sofort Olga an. Unterwegs traf er den Genossen »Bümeck«. Er nahm ihn mit ins Lokal Müller, wo Olga bald eintraf.

Sie beschlossen, die Gruppe »Hansa« im Bezirk Moabit des Jugend-verbandes zu benachrichtigen, in deren Bereich sich Bolles Zentralhof befand. Dort gab es eine kleine Zelle der Kommunistischen Jugend. Die Gruppe »Hansa« stellte sofort eine vierseitige Betriebszeitung, die »Bolle-Bimmel«, her, die am anderen Morgen vor dem Bolle-Hof verteilt wurde. Mittags, als die Wagen aus der ganzen Stadt zurückkehrten, fand eine Protestversammlung statt. Am folgenden Tag betrat kein einziger Bolle-Junge den Hof, bis der Kutscher für immer von dort verschwunden war.

Verschwunden waren allerdings auch Eimer und Schippe aus dem Hausflur, wo der Kieler sie abgestellt hatte, und da er sie dem Gärtner nicht ersetzen konnte, war es mit diesem Verdienst zu Ende.

Als sich der Kieler und Bümeck später mit Olga trafen, sagte sie: »Bei solchen Sachen kommt es drauf an, sofort dazusein – kein langes Dis-kutieren und Fragen und Warten, sondern Handeln.«

Sie wandte sich an Bümeck: »Und du alter Schwarzseher hast wieder mal nicht glauben wollen, daß der Jugendverband Erfolg haben würde.«

»Und du begeisterst dich an Winzigkeiten – verlierst die Proportion; guck dir mal an, wie viel KJler wir unter den Bolle-Jungen haben – so gut wie keine.«

»Eben darum! Deshalb ist ja die Sache für uns so wichtig. Die wissen jetzt, daß ihnen die KJ geholfen hat. – Auf Wiedersehen.«

Olga lief fort und nahm den Kieler mit. Bümeck blieb auf der Straße stehen und rieb sich mit dem Zeigefinger den langen Nasenrücken.

Olga sah den Kieler schuldbewußt an. »Nicht grade schön von uns, aber ich habe weg gemußt, ehe er antworten konnte. Ich hätte sonst dem Trübetümpel eine gelangt. Wie kann er nur so sein, und noch dazu bei seinem schönen Beruf.«

Bümeck war Schornsteinbauer. Olga fand es herrlich, daß er in fünf-zig Meter Höhe herumkletterte, sich den Wind um die Nase wehen ließ, und das Häusermeer unter sich erblickte. Bümeck war dünn und blaß, und alles hing bei ihm nach unten, die Nasenspitze, die Mundwinkel, die Schultern. Er sah gar nicht nach seinem Beruf aus. In der KJ arbei-tete er fleißig. Seinen Spitznamen hatte er auf einer Funktionärver-sammlung erhalten, die schon länger zurücklag.

Auf Sitzungen fragte er stets zuerst, ob die Post von der Bezirksleitung vorliege. War das nicht der Fall, regte er sich auf: »Wie soll man ohne Anleitung arbeiten?«, bis Olga einmal antwortete: »Mein lieber Bümeck, nur solche, die nichts im Kopf haben, sind ohne Papierchen mit Anleitung verloren.«

»Was ist ein Bümeck?« fragten die anderen.

»Abkürzung von Bürokrat und Meckerer«, sagte sie.

Seitdem nannten ihn alle so.

Der Kieler brachte Olga, nachdem sie sich so plötzlich von Bümeck getrennt hatten, bis zur Ecke ihrer Straße. Bis zum Haus durfte wegen Kurts Illegalität niemand mit ihr gehen. Nur einer der Genossen kannte ihren Freund persönlich.

Olga drehte sich um und sah den Kieler mit gesenktem Kopf die Straße entlanglaufen. Vor einem Papiergeschäft blieb er stehen. Sie war sicher, er würde sich nicht nach ihr umdrehen, obwohl er sie oft genug ansah, wenn er sich für unbeobachtet hielt. Sie kannte ihn nun schon ein paar Monate, aber sie wußte weniger von ihm als von den anderen. Er war zurückhaltend, und wenn er einmal zum Sprechen ansetzte, schien es, als ob er eine Last Steine von der Brust wälzen mußte, bevor die Stimme ihm gehorchte. Dabei nahm er großen Anteil an Gesprächen und Ereignissen. Sie hatte sich angewöhnt, die kaum merkbare Widerspiegelung dieser Anteilnahme von seinem Gesicht zu lesen.

Während Olga ihr Haus betrat, kam der Kieler mit einem Zeichenblock aus dem Papiergeschäft. Ein leichtsinniger Einkauf für den Arbeitslosen.

Bisher hatten ihn Porträts nicht interessiert; ein See im Abendlicht, ein bunter Blumenstrauß, ein weidenumstandener Uferpfad waren seine Motive gewesen. Nun lag ein dickes Buch über Porträtmalerei, das er aus der Volksbibliothek entliehen hatte, vor ihm, und er entwarf ein Bild von Olga. Er malte lange, heftete das Blatt mit einem Reißnagel an die Wand, betrachtete ihre Züge und begann von neuem zu zeichnen. Das, was er ausdrücken wollte, fehlte: ihre Leidenschaftlichkeit, ihr Fröhlichsein; Olga, wie sie ihn anblickte, um zu sehen, ob sie einer Meinung waren; Olga im Zusammensein mit anderen, Olga, wie sie ausgesehen hatte, als sie mit Werner sprach ...

Werner arbeitete im Metallwarenbetrieb Zürn & Glienecke. Der Kieler hatte sich mit dem sechzehnjährigen Lehrling angefreundet – vielleicht, weil es dem hungernden Arbeitslosen guttat, daß jemand zu ihm aufsah, von ihm lernen wollte. Aber die Freundschaft war erst zustande gekommen, nachdem Olga mit Werner geredet hatte.

Werners Vater, Buchhalter von Beruf, fand es ganz richtig, daß Lehrlinge fünfzehn Pfennig die Stunde verdienten und den Achtstundentag überschritten; auch gegen Prügel vom Meister hatte er nichts einzuwenden. »Das erzieht sie zu tüchtigen Kerlen«, behauptete er. Werner hatte ohne des Vaters Wissen schon ein paar Mal die KJ-Veranstaltungen besucht, aber er war nicht warm geworden. Er konnte den langen politischen Diskussionen nicht folgen, und niemand kümmerte sich um ihn. Der romantisch veranlagte Junge hatte sich etwas anderes unter der Vorbereitung der Revolution vorgestellt. An einem Abend war Werner in Schlips und steifem Kragen erschienen, während die anderen KJler offene Hemden trugen. Als Olga, die referieren wollte, eintrat, hörte sie eine ironische Bemerkung über den »Stehkragen-Proleten«, sah Werners blutübergossenes Gesicht und nahm ihn sofort in Schutz. Wurde man durch ein offenes Hemd zum Kommunisten – durch einen Schlips zum Kleinbürger? War Werner der Spießer, oder waren es jene, die ihn kritisierten? Dann ging sie zu ihrem eigentlichen Thema über: »Die Gründung von KJ-Zellen in den Betrieben«. Sogar wenn sie über die Alltagsaufgaben sprach, gelang es ihr, die anderen mitzureißen. Die jungen Genossen fühlten plötzlich: ihre Arbeit war unaufschiebbar wichtig.

Der Kieler sah sich nach Werner um, der den Blick des Älteren spürte und ihm zulächelte.

Nach der Versammlung ging der Kieler zu ihm. »Hat es dir gefallen heute?«

Werner nickte und sagte dann: »Die Zitate, die sie von Lenin gebracht hat, passen genau auf unseren Betrieb.«

Olga gesellte sich zu ihnen, fragte Werner über seine Arbeit aus und machte ihm den Vorschlag, unter Anleitung vom Kieler eine KJ-Zelle in seinem Betrieb aufzubauen. Werner verließ die Versammlung, fest entschlossen, diesen Auftrag durchzuführen.

Als der Kieler das erste Mal Bilder von Olga malte, existierte bereits eine sieben Mann starke Zelle in Werners Betrieb.

»Das alles erreicht ein hübsches Mädchen«, hatte Paul kürzlich zum Kieler gesagt.

»Nein«, hatte er geantwortet, »das alles erreicht eine gute Kommunistin.«

Während des Malens war der Kieler ein glücklicher Mensch. Er fühlte, was der Dichter bei seinen Versen, der Musiker bei seinen Melodien, der Schauspieler beim Klang seiner Worte empfindet. Er gestaltete – war Schöpfer von Schönheit, lebte in einer reichen, beschwingten Welt.

Nachdem er den Pinsel weggelegt hatte, betrachtete er bedrückt die durchlöcherten Sohlen seiner Schuhe und fragte sich, ob sie den geplanten KJ-Landsonntag überdauern würden.

6

Hilde, der schwarze Paul, Werner, der Kieler, Olga und eine Reihe anderer Jugendlicher hatten sich am Sonnabend Nachmittag am Bahnhof versammelt. Sie unterhielten sich vergnügt; sie waren meistens fröhlich, wenn sie gemeinsam etwas unternahmen, und sie liebten die »Landsonntage« auf den Dörfern. Paul schloß Wetten ab, ob die »Natter« wirklich kommen würde. Nach wochenlanger Diskussion mit der wilden Clique, die oft in Streit und Anrempeleien ausgeartet war, hatte die Natter beschlossen, »sich den Laden mal zu beriechen«.

Plötzlich trat Stille ein, die Gruppe rückte enger zusammen.

Natter kam hereingeschlurft.

Sein Musikinstrument, den Kochtopf, hatte er zu Hause gelassen; die lange Mähne war geschnitten, der Junge sah ganz manierlich aus.

Noch am Sonnabend gingen sie von Hof zu Hof, und mancher Bauer ließ die Hunde auf sie los. Dort, wo sie nur Knechte und Mägde antrafen, kam es zu einer Unterhaltung. Abends wollten sie ein Fußballspiel mit der Dorfjugend veranstalten und auf dem Platz, wo die Bänke unter den alten Linden standen, Gedichte vortragen, singen und tanzen. Doch nach Feierabend war das Dorf wie ausgestorben. Sie erfuhren, daß im Nachbardorf ein Rummel stattfand, und wanderten dorthin. Schon von weitem hörten sie schrille Musik. Die Hauptattraktion war das Karussell mit fünfundzwanzig Sitzen – die Fahrt für zehn Pfennig. Die Musik spielte so laut, daß man sich nicht unterhalten konnte; es gelang den Genossen aus der Stadt nicht, die Aufmerksamkeit der Jugendlichen zu gewinnen. »Ich hat's«, sagte Olga plötzlich, ging zu dem dickbäuchigen, heiseren Karussellbesitzer und redete ihn mit größter Liebenswürdigkeit an. Er wunderte sich über die Bitte des Mädchens, aber sie war so fröhlich und hübsch – er willigte ein. Olga überreichte ihm zwei Mark fünfzig, das Karussell beendete seine Runde, die Musik verstummte. Die Genossen gruppierten sich um Olga, ein Sprechchor ertönte:

Ihr schafft das Brot und lebt in Not –

Zwölf Stunden Fron – acht Stunden Lohn –

Wir erzählen euch jetzt – wie sich's ändern läßt.

Die Dorfjugend strömte zur neuen Attraktion herbei, und Olga begann zu sprechen: »Liebe Freunde, wie viel Geld habt ihr in der Tasche? Reicht es für Bier und Bockwurst? Habt ihr euch mal ausgerechnet, wie lange ihr arbeiten müßt, um euch so einfaches Essen zu kaufen?« Olga sprach zwei Karussellrunden lang. Die ersten Klänge der wieder anlaufenden Musik begleiteten ihre letzten Worte. Bevor die Jugend sich wieder dem Rummel zuwandte, wurden achtzehn »Junge Garde« verkauft.

Olga liebte keine falschen Ruhmesblätter und erzählte den Genossen, daß der Gedanke mit dem Karussell nicht von ihr stamme. Sie hatte in der Biographie eines sowjetischen Genossen gelesen, wie die Bolschewiki auf den Marktplätzen der Dörfer zu Publikum gekommen waren. Einer von ihnen hatte mitten im dicksten Menschengewimmel plötzlich geschrien: »Hilfe, ich bin bestohlen worden!« Und wenn genügend Menschen dem Klagenden zuhörten, fingen seine Kameraden an, eine Versammlung abzuhalten.

»Eine marxistische Methode konkret den Umständen entsprechend abgewandelt«, bemerkte Paul; die anderen lachten über ihren Theoretiker mit den stets passenden Zitaten.

Als sie den Rummel verließen, hatten sie noch kein Abendbrot gegessen und konnten sich ebenso wenig wie die Landjugend Bockwürste leisten. Sie legten ihren Besitz zusammen, es ergaben sich 98 Pfennige. Olga, die einzige Finanzkräftige, hatte ihr Vermögen dem Karussellbesitzer vermacht. Sie waren sehr hungrig.

Hilde und der schwarze Paul wurden beauftragt, beim Kaufmann ein Pfund Reis zu holen. Verschlafen schimpfend, machte er ihnen zu so später Stunde noch »hintenrum« auf. An den Bäumen der Chausseen träumten Äpfel ihrer Reife entgegen. Also gab es Apfelreis zum Abendbrot.

Das war eigentlich alles – ein Tag wie viele andere mit Schwierigkeiten und Not, mit Erfolgen und Fröhlichsein, ein wunderbarer Tag, so schön, daß er Olga auf dem Strohlager in der Scheune nicht einschlafen ließ.

Der Weg von Hof zu Hof, der Streit zwischen ihr und dem schwarzen Paul, ob man einen auf Zubeißen abgerichteten Hund durch furchtloses Anstarren in den Ruhestand hypnotisieren kann. Und die Probe aufs Exempel: Ein braun und weiß geflecktes, großes Biest vom wütenden Bauern von der Kette gelassen. Die anderen Genossen sind schon ans Tor geflüchtet. Sie selbst bleibt stehen – sie kennt die Macht ihres Blicks, den sie, ohne mit der Wimper zu zucken, auf das Tier richtet. Doch der Hund bemerkt die Macht nicht. Mit entblößtem Gebiß und gefährlichem Knurren stürzt er auf sie zu. Hilde rast vom Tor heran, in Sekunden entscheidend, welcher Judogriff bei Hunden mit gefletschten Zähnen angebracht ist. Doch da trifft ein Steinwurf des Kielers das Tier in der Seite. Bevor der mit einer Mistgabel bewaffnete Bauer und der nicht minder wütende Hund auf die Genossen losgehen, sind sie bereits hinter dem Tor.

Und am Abend:

Das Lagerfeuer – im Hintergrund der dunkle Kiefernwald, die Gesichter der Freunde und Genossen, vom flackernden Feuerschein erhellt. Ein Lied nach dem anderen stimmten sie an, um den Hunger fortzusingen, bis der Reis endlich gar war. Das nachdenkliche Gesicht des Anführers der wilden Clique, der vielleicht zum ersten Mal in seinem Leben auf einer Fahrt still war und anderen zuhörte. Das Gelächter über Bümeck, als er zum sternklaren Himmel aufsah und sagte: »Ich fürchte, es regnet heute nacht.« Wie herrlich der Reis schmeckte, wie vergnügt sie waren, wie gut sie sich alle verstanden, wie viel sie lachten.

7

Der Kieler hatte den Mund voll hölzerner Stifte. Während er mit sicheren Schlägen die Sohle festklopfte, sprach ihn sein Nachbar an. Dreimal mußte er fragen, was der pfiffig aussehende rothaarige Junge gesagt hatte; die Hämmer der anderen machten zuviel Lärm. Doch die Nachfrage lohnte sich nicht. Es war dasselbe alte Thema: »Was gibt es heute zu essen?«

Der Kieler hatte seine Stifte verbraucht und hätte den Mund auftun können, er hob nur die Schultern: Was gab es schon im Erwerbslosenheim zu essen!

»Der verdammte Hebammenfraß«, fluchte der Rothaarige, als sie den Raum der Kindl-Brauerei betraten. »Wenn nicht Sago – dann Grieß.«

Auch die Mädel, die jeden Vormittag Badehosen nähten, um sich ein Taschengeld und dieses Essen zu verdienen, fluchten. Sie wußten alle, daß die angepriesene städtische Wohlfahrtshilfe eine Ausnutzung ihrer Lage bedeutete. Sie wurden weit unter Tarif bezahlt und schadeten damit den Schustern und Näherinnen. Aber ein paar Stunden satt sein ist besser als hungern, und etwas Geld ist besser als gar kein Geld, dachten viele.

Der Kieler, der jede Gelegenheit ausnutzte, um mit den Jugendlichen zu diskutieren, blickte nach dem Brötchen. Groß und goldbraun glänzend lag es neben dem Emailleteller. Er griff danach, preßte es mundgerecht zusammen, und das Brötchen verwandelte sich in einen feuchten Klumpen.

Er hielt es dem Rothaarigen unter die Nase, und da gerade »Puten-schlund«, der Heimleiter, in der Nähe war, sagte er laut: »Guck mal – Betrug wie der ganze Laden hier: schönes Äußeres und nichts dahin-ter.« In solchen Situationen war er gar nicht mundfaul.

Er häufte den Löffel voll Brei und legte ihn auf den Teller zurück. »Fleischeinlage«, trompetete er und schob mit großer Sorgfalt eine Made auf den zerbeulten Tellerrand. Die anderen wurden unruhig.

Heimleiter Putenschlund, der seinen Spitznamen dem langen, dünnen Hals mit dem äußerst beweglichen Adamsapfel verdankte, reagierte zunächst nicht. Er war SPD-Funktionär mit Neigung nach rechts. Wer eignete sich auch besser zum Auflegen reformistischer Pflä-sterchen! Der Kieler, der Rothaarige und zwei weitere Genossen legten ihre Löffel stumm beiseite. Die anderen folgten. Ein Summen ging durch den Saal.

»Aber liebe Freunde«, begann Putenschlund, und sein Adamsapfel tat einen bemerkenswerten Sprung, »was gibt es denn?«

Das genügte: Die Löffel klapperten mit ohrenbetäubendem Lärm auf dem Geschirr. Die Jugendlichen verlangten von Putenschlund eine Er-klärung wegen des ungenießbaren Essens.

»Ver-samm-lung ... Ver-samm-lung«, ertönte es im Sprechchor durch den Raum. Putenschlund mußte nachgeben, doch er verlangte, daß die drei ihm bekannten Kommunisten wegen Ruhestörung den Saal verlie-ßen. Die anderen protestierten, aber die drei waren einverstanden. Sie rannten zum Erwerbslosenheim in der Richardstraße und berichteten, was vorgefallen war. Auch hier gab es Klagen über das Essen. Ohne viel Worte wurden im Hof liegende Sperrholzplatten an Leisten befestigt und Losungen darauf gemalt:

»Wir fordern menschenwürdiges Essen!« – »Wir wollen keine Lohn-drücker sein!« – »Gegen die Notstandsarbeit!«

Manche Nachrichten reisen schnell. An den Stempelstellen hörte man von den Losungen, der Kieler hatte Olga und andere Funktionäre des Verbandes benachrichtigt. »Unbedingt die Stimmung ausnutzen und zum Rathaus«, sagte Olga, die sich sofort von der Arbeit freigemacht hatte. Gruppen Jugendlicher kamen zur Richardstraße, auch die von der

Kindl-Brauerei trafen ein. Die Demonstranten formierten sich und marschierten zum Neuköllner Rathaus. Der für Jugendfragen verantwortliche Stadtrat erschien aufgeregt am Portal und rief mit erhobenen Händen: »Aber meine Herren ... am helllichten Tage ...« Und die Herren in den abgewetzten Jacken und schiefgetretenen Schuhen stellen ihre Forderungen.

An diesem Abend unterhielten sich Olga, Paul und der Kieler noch lange. Was würde man durch diese spontane Demonstration erreichen? Versprochen hatte der Stadtrat eine ganze Menge. War es nicht großartig gewesen?

»Aber doch nicht spontan«, widersprach Olga. »Vorbereitet durch unsere Diskussionen mit den Erwerbslosen, durch ihre Not, durch das eklige Essen.«

»Eine reif gewordene, revolutionäre Situation«, warf Paul ein.

Sie lachten über die Anwendung einer klassischen Formulierung für eine im Grunde so kleine Sache. Und doch hatte Paul recht. Es war ein Stück Arbeitergeschichte, das sie mitgeschaffen hatten.

Olga sprach abends mit Kurt darüber und freute sich sehr, als er sagte: »Wichtig erscheint mir, daß ihr verstanden habt, die Empörung der meist unpolitischen Jungen in eine politische Bahn zu lenken und zum richtigen Zeitpunkt eine Aktion zu organisieren.«

Am nächsten Tag ging der Kieler mit den zwei Genossen um die Mittagszeit wieder in das Erwerbslosenheim Kindl-Brauerei.

Überall lachende Gesichter und gute Stimmung: »Mann, fallt nicht um, es gibt Königsberger Klops und Quetschkartoffeln.«

Da sichtete Putenschlund die drei. Diesmal färbte sich sein Adamsapfel rot, und sein zitternder Finger wies zur Tür. »Raus, oder ich zeige Sie wegen Hausfriedensbruch an!«

An den Tischen wurde getuschelt.

»Wartet draußen!«

Sie warteten. Fünf Minuten vergingen. Dann öffnete sich ein Fenster. »Solidaritätsaktion«, sagte der pfiffige Rothaarige, schnalzte mit der Zunge und reichte eine gehäufte Schüssel des guten Essens sowie drei Löffel hinaus.

»Vielleicht machst du morgen bei der Demonstration im Lustgarten mit«, sagte der Kieler.

»Vielleicht«, erwiderte der Rothaarige.

8

Die Jung-Spartakus-Kinder waren schon versammelt. Ihre weißen Blusen und roten Tücher leuchteten vor Sauberkeit. Sie fanden sich stets so pünktlich ein, weil sie es liebten, die Demonstration der Partei und Jugend anzuführen. Sobald die Reihen sich zu formieren begannen, liefen sie schnell zusammen und stellten sich als erste auf. Dann blickten sie zum Ordner der KJ, und sobald er das Zeichen gab, hob ihr junger Kapellmeister den Stab, die Trommeln spielten einen Wirbel, die Schalmeienkapelle der KJ fiel ein – sie begannen mit dem Lied vom »Kleinen Trompeter«. Fenster wurden aufgestoßen, Menschen sammelten sich am Rand der Straße, und den Kindern wurde das Herz weit.

Diese Proletarierkinder kannten die Armut, sie kannten Stunden der Hilflosigkeit, der Angst, der Tränen und der Verzagtheit – aber nie spürten sie ähnliches auf der gemeinsamen Demonstration, obwohl es dort oft gefährlich für sie war. Demonstrationen bedeuteten Stärke und Zusammengehörigkeitsgefühl. Deshalb schlug der Tambour so laut, blies der Trompeter so stolz, sangen die Kinderstimmen so schön.

In der ersten Reihe standen Käthe, Max und Lisa. Max, der Bruder vom schwarzen Paul, trug die Fahne. Der Kieler, der Kinder liebte, unterhielt sich mit ihnen.

Die Jugend und die Parteigenossen waren noch nicht angetreten, sie standen in Gruppen zusammen und diskutierten.

»Olga kommt«, sagte Max.

Das Durcheinander der hellen Stimmen verstummte. Alle sahen Olga entgegen, und der Kieler fühlte, was diese Kinder dachten. Es lag in ihren Blicken, in dem plötzlichen Schweigen:

Sie wollten einmal selbst so werden wie die Großen in der KJ; so reden können, sich gegen die verfluchte Polizei wehren, schlagfertig, lustig und stark wie Helden sein. Die KJ – das waren viele. Unter den vielen gibt es den einzelnen, der dieses Bild für die Kinder besonders stark verkörpert. Und das war Olga. Die Mädel trachteten danach, so wie Olga zu werden, die Jungen wünschten sich, ebensolche Eigenschaften wie sie zu besitzen.

Olga blieb vor der ersten Reihe stehen.

»Was ist los, Käthe?«

»Hast du gleich gemerkt, daß Käthe schlechte Laune hat«, sagte Max. Käthe spielte stumm mit ihrer Zopfschleife.

»Sie hat 'ne Funktion aufgebrummt bekommen, soll Agitator machen, und das kann sie nicht, hat Angst davor – hätt ich auch«, erklärte Lisa die Lage.

»Ich hab auch immer erst Angst, wenn ich was Neues machen soll«, sagte Olga.

»Seht ihr«, Käthe war erleichtert, »sogar Olga – ich geh hin und sag's ihnen, daß ichs nicht kann, sollen sie jemand anders nehmen.«

»Ich versuche es trotzdem, wenn auch mit Angst«, sagte Olga. »Zuerst unterhalte ich mich mit möglichst vielen Genossen, die was von der Sache verstehen – wir beide werden uns auch mal so unterhalten –, und allmählich wird man sicherer und gewöhnt sich dran.«

»Ja, und kaum kann man's und ist daran gewöhnt, dann kommt die Leitung und verlangt noch mehr«, klagte die Zwölfjährige, »so ist mir's ergangen.«

Olga sagte lächelnd: »Ja, so ist das, kaum kannst du das eine wirklich gut und sicher, sollst du noch mehr leisten ... Und so wächst du, so wird ein Führer der Pioniere und später der Arbeiterklasse aus dir. Wunderbar ist das. Ich gratuliere zur neuen Funktion, Käthe.«

»Ich auch«, sagte Max.

»Ich natürlich auch«, sagte Lisa.

Olga sah sich um – die diskutierenden Gruppen lösten sich auf. »Kinder«, sagte sie, »ich muß euch bitten, heute in der Mitte des Zuges zu gehen. Ihr wißt doch – unsere letzten Demonstrationen ...«

»Wir haben keine Angst«, sagte Max und streckte seine Stupsnase entschlossen in die Luft, »laß uns hier, wir laufen nicht vor der Schupo davon – wir schwören's!«

»Das weiß ich schon«, erwiderte Olga und streichelte ihm die Wange. Max war bei der Demonstration zu Ehren eines erschossenen Arbeiters dabeigewesen, als sie Konrad Blenkle, den Vorsitzenden des Jugendverbandes, verhafteten.

An dieser Demonstration, die einem Toten das letzte Geleit gab, hatten sich Tausende beteiligt. Der junge Arbeiter war während einer Ansammlung Erwerbsloser auf offener Straße von der Polizei erschossen worden.

Viele Kränze wurden im Zug getragen; die Inschriften auf den Schleifen stammten von den Kumpeln des Ermordeten: »Du hattest Hunger und wolltest es sagen, bekamst statt Brot Kugeln in den Magen«, – »Statt Brot gab dir die Sipo einen Schuß«, – »Du starbst für uns, wir rächen dich«. Kaum hatten sich die Reihen formiert, stürmte die Polizei dazwischen, riß die Tücher, mit denen die Kränze noch bedeckt waren, fort und verlangte die Entfernung der Schleifen. Die Demonstranten weigerten sich, die Schleifen herzugeben. Der Begräbniszug befand sich in der Nähe einer im Bau befindlichen Untergrundbahnlinie; Holzpfähle und Eisenrohre wurden zur Verteidigung aus den Schächten geholt, und diesmal wagte die Schupo nicht zu schießen. Die Kränze wurden unbeschädigt auf das Grab gelegt. Nur Konrad Blenkle, der am Grab gesprochen hatte, wurde kurz vor der Auflösung des Zuges verhaftet.

Da war Max neben seinem großen Bruder gegangen. Olga und der Kieler hatten den Kleinen beobachtet.

Ein Polizist sprang auf Konrad zu und drehte ihm den Arm auf dem Rücken um.

Max schluckte und biß die Zähne zusammen.

Konrad wandte sich den marschierenden Genossen zu: »Rot Front!«

Der Polizist schob den Arm noch höher – Konrad rief, während er sich vor Schmerz krümmte: »Rot Front!«

Max ballte die Fäuste und wischte sich mit dem nach Fisch stinkenden Jackenärmel den Schweiß vom Gesicht.

Der Bruder legte Max die Hand auf die Schulter.

Der Polizist hob die Faust und schlug dem Verhafteten ins Gesicht.

Konrad wandte sich zum drittenmal zur Demonstration: »Rot Front!«
Das Blut lief ihm von der Stirn. –

Diese Demonstration war den Genossen und auch dem Polizisten
noch frisch in Erinnerung. Heute ging es zum Lustgarten; Ernst Thälmann sollte sprechen. Olga führte die Kinder zur Mitte und ging selbst
nach vorn. Der Kieler und der schwarze Paul versuchten, sie davon zu
überzeugen, daß es auch für sie besser sei, nicht in der ersten Reihe zu
marschieren. Aber wenn es um gefährliche Dinge ging, ließ Olga sich
nicht beiseite schieben, und als Hilde neben sie trat, gaben die Jungen
auf.

In der vordersten Reihe standen nun Olga, Hilde, der Kieler und der
schwarze Paul. Dem Kieler schlug das Herz, weil er das erste Mal die
Fahne tragen durfte. Diese Fahne war etwas Besonders. Sowjetische
Freunde hatten sie geschenkt, sie gehörte der Gruppe »Liebknecht«.

Die KJ war in Neukölln, dem zweitgrößten Arbeiterbezirk Berlins,
so stark, daß sie sich in einzelne Gruppen aufgeteilt hatte. Sie hießen:
Gruppe Marx, Lenin, Liebknecht, Luxemburg, Mehring, Leviné, Budjonny und Dsershinski. Alle anderen beneideten die Gruppe Liebknecht
um diese Fahne, und die Genossen hüteten sie wie ihren Augapfel. Der
schwarze Paul trug das große Banner des KJVD Neukölln. Hilde trug
keine Fahne und Olga auch nicht. Sie wollten die Hände frei haben.
Nicht weit von der ersten Reihe entfernt stand der »lange Hans«, Führer
der SAJ-Opposition, die den Weg zur KJ gewählt hatte. Der Kieler sah
Olga an; sie lächelte. Der Übertritt dieser Gruppe war zum großen Teil
ihr Verdienst. Wie dringlich hatte sie immer wieder die KJ-Genossen
aufgefordert, mit der SAJ zu diskutieren, statt sie »Sozialfaschisten« zu
beschimpfen. Es waren Arbeiterjungen, die man gewinnen mußte. Wie
oft hatte sie selbst auf Versammlungen der SAJ gesprochen und sich
manche Stunde mit dem langen Hans unterhalten. Der Kieler war
immer dabeigewesen – überall, wo es gefährlich für Olga werden konnte,
war er an ihrer Seite.

Als der lange Hans die Fahne der SAJ entrollte, blickten viele Augen
auf den blassen Jungen mit dem verbundenen Kopf. Kommunistengeg-
ner hatten ihn aus Rache für seinen Übertritt nachts überfallen und

schwer mißhandelt. Hinter ihm stand seine alte Gruppe in SAJ-Hemden.

Während die Demonstranten den Schritt beschleunigten, steckte Hilde ihre rechte Hand in die Windjackentasche und fühlte nach dem langen Nagel. Noch unter dem Eindruck der letzten Demonstration war bereits das erste Lied, das sie anstimmten, eine Kampfansage: »Bei Leuna sind viele gefallen – bei Leuna floß Arbeiterblut –« Da flitzte schon der erste Lastwagen aus der Nebenstraße. Die Polizisten saßen, wie aus Blei gegossen, mit heruntergelassenen Sturmriemen und aufgestellten Gewehren bewegungslos Rücken an Rücken.

Dann näherte sich die berittene Polizei. Vor der ersten Reihe zügelte sie die Pferde und versuchte, die Demonstranten mit gezogenen Säbeln und seitlich tänzelnden Pferden von der Straße auf den Bürgersteig zu drängen. Doch der singende Zug marschierte, ohne auszuweichen, vorwärts.

»Euer Sohn ist von der Schupo erschossen –«

Für Sekunden wurde es still, nur die Hufe der Pferde und die Schritte der Marschierenden hallten auf dem Straßenpflaster. Dann brauste es, wie von einer einzigen, riesigen Stimme zum Himmel geschleudert:

»Aber Schupo, wir schwören dir Rache für vergossenes Arbeiterblut!«

Blaß und aufs äußerste gereizt, hielten die Berittenen ihre Tiere im Zaum. Ein glänzender, brauner Pferdeleib bedrängte Hilde. Olga, die neben ihr ging, sah zu dem Reiter auf. Der Kieler blickte sie an, gebannt von der Stärke des Hasses in ihren funkelnden Augen. Der Polizist kniff die Lippen zusammen. Er richtete sich auf und griff nach der Fahne, die der schwarze Paul trug. Paul schwenkte die Fahne blitzschnell zu Boden.

»Bluthunde, Mörder«, schrie Olga und trat auf den Berittenen zu. Hilde hatte bereits die Hand aus der Jackentasche gezogen – »Tut mir leid«, sagte sie zu dem Pferd, »es muß sein« – und bohrte den Nagel in den Schenkel des Tieres. Das Pferd bäumte sich auf, der Reiter rutschte nach hinten ab. Die erste Reihe der KJ begann zu lachen, die SAJ-Gruppe nahm das Gelächter auf – der ganze Zug lachte. Die Schupos in den Lastkraftwagen sprangen auf die seitlich heruntergelassenen Trittbretter und fegten, mit den Gummiknüppeln Prügel austeilend, den

Zug entlang bis zur ersten Reihe. Paul hatte die Fahne in drei Teile zerlegt und rasch nach hinten gegeben. Der Kieler wandte den Kopf und sah sie zu seiner Beruhigung bereits wieder aus der Mitte des Zuges wehen. Der Rothaarige aus dem Erwerbslosenheim ging dicht bei der Fahne und winkte ihm zu. Diese Sekunde Unaufmerksamkeit kostete den Kieler viel. Er spürte einen Ruck in den Händen und wußte, daß es um seine sowjetische Fahne ging. Es gelang ihm nicht, den Schupo abzuschütteln, ein zweiter kam hinzu, der Kieler fühlte kaum die auf ihn niederprasselnden Schläge, er wußte nur eins: Ich darf die Fahne nicht hergeben. Die Fahne und der Kieler wurden wie ein zusammengewachsenes Stück auf ein Polizeiauto geworfen. Als er zu sich kam und den Kopf heben konnte, umringte die KJ bereits den Lastwagen in dichtem Gedränge. Es hagelte Gummiknüppelschläge. Der Kieler war nur von einem einzigen Polizisten bewacht. Hilde sprang aufs Trittbrett, packte den Schupo am Koppel und zerrte ihn aufs Straßenpflaster. Olga griff zur gleichen Zeit nach dem Kieler und zog ihn herunter. Er landete kopfüber im Rinnstein, neben ihm lag der Schupo.

Als der Kieler die Augen öffnete, befand er sich bereits in der Mitte des Zuges; seine Arme lagen um Hildes und Olgas Schultern, die Mädchen hielten seine schlaffen Hände fest umklammert.

»Die Fahne«, schrie er.

Werner, der vor ihnen marschierte, drehte sich um und öffnete Windjacke und Hemd. Die Buchstaben der Fahne glänzten golden. Hilde trug jetzt ein Tuch um die strohblonden Haare, und der Kieler entdeckte auf dem eigenen Kopf einen Hut statt der blauen Schirmmütze.

Als sie den Lustgarten erreichten, marschierten in der ersten Reihe: Olga, Hilde, der Kieler und Paul.

Die Fahnen flatterten im Wind.

9

»Behalt die Ruhe – über dreißig von uns sind im Saal«, sagte Paul, bevor er mit Olga und dem Kieler die Kammersäle betrat.

»Natürlich bin ich ruhig, mach nicht so ein Theater«, erwiderte Olga.

Alle Plätze waren vom Jung-Stahlhelm besetzt. Ein Genosse informierte Olga: Der Gegner hatte verabredet, auf dieser Versammlung, die überall angekündigt worden war, den Kommunisten, der sprechen würde, nicht anzupöbeln, auch nicht hinterher zu verprügeln, sondern einfach auszulachen. Der Kieler sah sich die vordere Reihe an. Dort saßen die schlimmsten Typen: der brutale Schläger, der hochnäsige Faschist.

Ein Stahlhelmer sprach zuerst.

Die Kommunisten unterbrachen ihn nicht.

Als Olga das Podium betrat, ging ein Raunen durch den Saal – es war ihnen völlig unerwartet, daß ein Mädchen kam.

Wollten die Kommunisten sie verhöhnen?

»Lacht um so lauter«, wurde als Parole ausgegeben.

Olga stand allein auf der Bühne; sie sprach frei. Der Kieler hatte die Hände in den Hosentaschen zu Fäusten geballt. Bei der kleinsten Beleidigung würde er losschlagen.

Die erste Bank begann mit dem Gelächter. Olga hörte auf zu reden. Der Kieler sprang hoch – Paul drückte ihn mit Gewalt in den Sitz zurück. Olga schwieg, blickte verächtlich auf die erste Reihe und redete, als es wieder möglich wurde, weiter. Sie setzen noch einige Male zum Lachen an. Olga wartete jedes Mal ruhig ab – schließlich ließ man sie reden. Als sie geendet hatte, blieb es still im Saal.

»Gut«, sagte der schwarze Paul hinterher, »ausgezeichnet, Mädchen.«

Der Kieler blieb stumm, er war noch immer sehr erregt.

»Was heißt hier gut?« bemerkte Bümeck. »Es bringt einem zum Bewußtsein, daß der Stahlhelm zahlenmäßig viel stärker ist als wir.«

Olga knirschte mit den Zähnen: »Das hab ich gewußt! Genau das mußtest du ja sagen. Warum bist du eigentlich bei uns?«

»Du verträgst die Wahrheit nicht«, erwiderte Bümeck. »Ich bin Kommunist, aber ich liebe nicht die übertriebenen Propagandaverzerrungen. Ich blicke den nackten Tatsachen ins Gesicht, und die sehen so aus, daß wir nicht, wie ihr zu glauben beliebt, eine machtvolle Gruppe sind, sondern nur ein Häufchen. Die SAJ und jede einzelne der reaktionären Organisationen ist uns überlegen.«

Er zählte tatsächlich den genauen Mitgliederbestand der Verbände auf. Als es still blieb, wandte er sich an Olga: »Jetzt hast du keine Antwort parat.«

Doch Olga schwieg, um innerlich langsam bis zehn zu zählen und damit eine voreilige Tat zu vermeiden. Der Kieler schwieg, weil er Olga beobachtete. Paul wollte antworten, doch da sagte Olga unerwartet mitleidig:

»Armer Bümeck, was für ein leeres Leben du hast. Du bist ja gar nicht davon überzeugt, daß wir siegen werden. Steckst deine Nase zwischen die Zettelchen voller Zahlen, stellst fest, wir haben weniger Mitglieder als andere. Ich kann dir noch viel mehr solcher Zahlen nennen: wieviel Kanonen die anderen haben, wieviel Polizei, wieviel Armeen. Und doch wirst du einmal auf alle deine Schornsteine die rote Fahne setzen; aber nur, wenn du diese unwürdige Hoffnungslosigkeit aufgibst. Sonst müssen wir jemand anderen dazu aussuchen.«

»Nehmt mich«, sagte Bümeck erschrocken.

10

Olga erzählte Kurt von allen Ereignissen, die sie beschäftigten, und er hatte seine Freude an ihrer Entwicklung, derer sie sich selbst gar nicht bewußt wurde.

Unter seinem Einfluß hatte sie in Berlin nicht nur die Zöpfe, die Reformkleider und die Kernseife abgeschafft, sondern auch die Tendenz zum Sektierertum. Früher war sie der Meinung gewesen, daß ein anständiges KJ-Mitglied nicht rauchen, nicht trinken und nicht tanzen dürfe. Kurt hatte ihr erklärt, wie sich viele KJ-Mitglieder durch derartige Ansichten etwas Besseres zu sein dünkten und von der übrigen Arbeiterjugend absonderten. Olga hatte es noch immer lieber, wenn Jugendliche weder rauchten noch tranken und ihre Abende nicht so häufig auf dem Tanzboden verbrachten. Doch sie mußte zugeben, daß Kurt recht hatte. Deshalb ließ sie auch Schlips und Kragen Werners gelten, fand den richtigen Ton zur SAJ, organisierte die Arbeit mit den »wilden« Cliquen, verstand es, eindrucksvoll zu den Stahlhelmern zu sprechen und in der Jugendsektion der sozialdemokratisch geleiteten Gewerkschaft mitzuarbeiten.

Nicht nur Kurt beeinflußte sie. Olga war überall begierig, dazuzulernen. Der schwarze Paul, der sechzehnjährige Werner und viele andere junge Genossen gaben ihr die Verbindung zu den Ereignissen in den Betrieben, der Kieler informierte sie über die Stimmung und die Diskussionen unter den Erwerbslosen, und Hilde, die in der Karosseriefabrik Gaubschat arbeitete, über die Probleme der Mädchen. Diese Dinge allein befähigten Olga aber noch nicht zu der klaren Anleitung, die sie den anderen gab.

»Unsere Schulungen sind wie die Nähte am Stiefel«, sagte sie einmal zu der jungen Erika, die in der Schuhfabrik Reh & Prädel Lehrling war und sich nicht zutraute, einen Kursus für Funktionäre zu besuchen. »Sie machen aus den einzelnen Teilen, wie du weißt, ein Stück und geben der Sache erst ihren richtigen Halt.«

Olga nahm an vielen Schulungen teil – in Brieselang, in Altenhof am Werbellinsee, in Zossen, Bärenklau und Ützdorf. Sie war mit größter Aufmerksamkeit dabei, wenn Konrad Blenkle, Frida Rubiner und Eva Altmann über dialektischen Materialismus, Geschichte der Arbeiterbewegung und Politische Ökonomie sprachen.

Auf einer der ersten Schulungen hörte sie eine Lektion von Hermann Duncker über das Kommunistische Manifest, und als sie nach Hause zurückkam, sagte sie zu Kurt: »Ich dachte, ich kenne es ganz genau – aber wenn Hermann spricht, ist es wie eine neue Offenbarung. So lehren zu können! Bei ihm gibt es keine Trennung zwischen Wissen und Leben.«

In den Pausen und nach den Lektionen tobten sich die jungen Teilnehmer gründlich aus. Einmal, als nach einer kalten Oktoberwoche die Sonne wärmend schien, löste sich die frühe Eisdecke auf dem nahe gelegenen See. Die Jungen beschlossen in ihrem Übermut, baden zu gehen. Doch sie waren es nicht gewohnt, zu Hause allmorgendlich in eine mit kaltem Wasser gefüllte Zinkwanne zu stiegen, und so war es Olga, die als erste ins eisige Wasser sprang.

Bevor sie die Lektion fortsetzten, machten sie einen Dauerlauf durch den Wald, wärmten sich mit heißem schwarzem Kornkaffee und stillten den Hunger mit Schmalzbroten.

Olgas Bedürfnis nach frischer Luft war, sobald sie die Großstadt verließ, unersättlich. Abends überredete sie Hilde und Erika trotz Kälte und Dämmerung noch zu einem Spaziergang. Der Kieler kam auch mit. Ihn brauchte sie nicht zu überreden. Hilde hatte sich nur zögernd entschlossen, sie war bei den letzten Seiten des Buches von Alexandra Kollontay: »Wege der Liebe«, das sich mit den Beziehungen der Geschlechter in der Zeit nach der Revolution beschäftigte. Das Buch wurde viel in der KJ gelesen, und Olga war begeistert von seinem Inhalt.

Sie wandte sich, wie viele junge Genossen, gegen die Ehe, weil sie diesen Begriff mit allem Schlechten verband, das die bürgerliche Gesellschaftsordnung ihm zugefügt hatte: die Abhängigkeit der Frau vom Mann; die Verlogenheit vieler Ehen; das spießige Nebeneinander; die Gleichgültigkeit; die Ausweglosigkeit einer unglücklichen Ehe für die ökonomisch abhängige Frau; die menschenunwürdige Rolle des Mädchens mit dem unehelichen Kind. Dies führte dazu, daß viele fortschrittliche junge Menschen es vorzogen, ohne feste Bindung mit ihrem Partner zusammenzuleben.

Auf dem Abendspaziergang, als sie über solche Probleme sprachen, fragte Hilde: »Du bist doch auch schon ziemlich lange mit deinem Freund zusammen, wollt ihr nicht offiziell heiraten?«

»Nein, so ist es besser«, sagte Olga, »wir wollen nur dadurch gebunden sein, daß wir uns gern haben, und nicht durch eine Fessel. Wir wollen die Freiheit haben, uns zu trennen, wenn wir es für richtig halten.«

»Würdest du bei ihm bleiben, auch wenn er mal 'ne andere hat?«

»Wenn er die andere mehr liebt, natürlich nicht. Dann muß er es mir ehrlich sagen und soll mit ihr leben. Ich habe kein Recht, ihn zurückzuhalten.«

Er kann eine andere gar nicht lieber haben, dachte der Kieler, der neben Olga ging.

»Aber wenn so was nun mal bei ihm vorkommt, bloß so zwischendurch, meine ich, wärst du da nicht eifersüchtig?«

»Wenn ich's wäre, müßte ich es bekämpfen. Eifersucht ist eine spießbürgerliche Eigenschaft.«

Dann bin ich zu hundert Prozent Spießbürger, dachte der Kieler erschrocken.

»Und wie ist's mit dir, wenn du mal 'nen Seitensprung machst?« fragte Hilde hartnäckig weiter.

»Ich hab die gleichen Rechte wie er«, erwiderte Olga, ohne zu zögern. »Aber ich bin gar nicht dafür, wie's manche machen, mal hier, mal da probieren – das ist ekelhaft und oberflächlich.«

»Die erste vernünftige Bemerkung von dir zu diesem Thema«, sagte Hilde.

Erika, die jüngste unter ihnen, hatte in der einsetzenden Dunkelheit Hilde und den Kieler untergehakt. Sie war ein hübsches, rundliches Mädchen mit lockigem Haar und kleinem Mund, den sie nun zum ersten Mal während des Spazierganges öffnete: »Ich will völlig frei sein, mein Körper gehört mir; ich verschenke ihn, wie es mir paßt und wann es mir paßt, von mir aus jede Woche einem anderen. Ihr seid alle sentimentale Spießer.«

Olga stellte sich vor Erika und zwang damit die Freunde, stehenzubleiben. »So – ist das nur Theorie, oder hast du auch schon mit der Praxis begonnen, du Göre?«

Erika stammelte: »Nun ja, so richtig noch nicht, aber« – ihre Stimme gewann an Festigkeit – »geküßt habe ich mindestens schon zwanzig.« Sie konnte die bösen Gesichter von Olga und Hilde in der Dunkelheit nicht erkennen, sonst wäre sie auf sechs heruntergegangen.

»Ich habe Lust, dich überzulegen und dir den Popo voll zu hauen«, sagte Hilde.

»Mir ist auch danach«, sagte Olga.

»Nein«, warf der Kieler ein, »sprecht mit ihr.«

»Weißt du, wer sich mit jungen Menschen von deiner Sorte befaßt hat?« fragte Olga. »Lenin, jawohl, da staunst du – Lenin ganz persönlich.

Er sagt, es sei verständlich, daß man Abscheu empfindet vor dem Verfall, dem Schmutz der bürgerlichen Ehe, und es sei richtig, daß die

Jugend dagegen rebelliert, aber der Ausweg sei nicht, jetzt als junger Mensch ein zügelloses sexuelles Leben zu führen und allen Wünschen sofort nachzugeben, gerade das sei nicht revolutionär und fortschrittlich. ›Eine Erweiterung des bürgerlichen Bordells‹ nennt es Lenin. Und er verwirft die angeblich kommunistische Theorie, das Bedürfnis nach Liebe und die Erfüllung der körperlichen Wünsche seien so belanglos und einfach wie das Trinken eines Glases Wasser.

Diese Theorie richte viel Schaden unter der Jugend an, sagt er, sie sei ganz unmarxistisch, und im übrigen würde ein Mensch normalerweise auch nicht Wasser aus einem Glas trinken, dessen Rand fettig ist von vielen Lippen.«

Olga schwieg.

»Wenn du Lenin unter die Augen gekommen wärst!« sagte Hilde.

Erika war dem Weinen nahe.

»Na, Kieler äußre du mal was als Mann.« Hilde berührte den Jungen am Ellbogen.

»Weißt du, Eri«, sagte der Kieler leise, »so 'n Kuß ist ja kein Verbrechen, aber zwanzig Verschiedene küssen und dann noch weitergehen wollen, wie du es vorhast, das ist ein Verbrechen gegen dich selbst. Du glaubst, die Jungen halten dich damit für modern und fortschrittlich, aber in Wirklichkeit hören sie auf, dich zu achten, du wirfst dich weg, machst dich billig und versäumst etwas so Kostbares im Leben, das Zusammengehen von Zärtlichkeit und Liebe mit den körperlichen Wünschen.«

Der Kieler schwieg.

»Und wie stehst du zum Heiraten?« fragte Hilde.

»Ich bin für eine feste Ehe – ich heirate aber nur in einem Fall: Wenn ich die bekomme, die ich will, und wenn sie mich ebenso liebt. Dann gibt's keine Probleme von Trennung und Seitensprüngen – ich bleibe ihr mein Leben lang treu.«

»Ach, du Jungchen«, sagte Hilde mütterlich.

Sie schwiegen; es war dunkel, und sie liefen tastenden Schrittes, um die holprigen Kiefernwurzeln im Sandpfad zu meiden.

Schließlich sagte Hilde: »Ich bin auch nicht ganz einverstanden mit dir, Olga. Frei sein, um sich trennen zu können, falls die Liebe aufhört, und Seitensprünge nicht allzu ernst nehmen – das ist alles Quatsch. Dir hätte Lenin auch was zu erzählen. Ich bin für feste Ehe; es braucht doch deshalb noch keine bürgerliche Ehe mit all ihren Schlechtigkeiten zu sein. Kann man nicht 'ne fortschrittliche, moralisch gute Ehe führen?«

»Dazu braucht man nicht aufs Standesamt zu gehen und sich ewig zu binden – zur fortschrittlichen Ehe gehört eben, daß man sich trennen kann, wenn man sich nicht mehr liebt«, warf Olga ein, »alles andre ist Sklaverei.«

»Und wenn die Liebe bei einem aufhört und beim anderen nicht?«

»Ich würde mich nie an jemandem hängen, der mich nicht mehr liebt, das ist es ja gerade, da muß man sich trennen können.«

»So, und wie ist's mit 'ner Familiengründung und mit Kindern? Mein Paul und ich, wir werden richtig heiraten, und dann eine beständige Ehe führen. Du hast von Anfang an 'ne bessere Einstellung, wenn du dir sagst: Wir gehören jetzt fürs Leben zusammen, das ist eine ernste und schwerwiegende Entscheidung, und wir müssen darauf achten, daß alles gut bleibt zwischen uns; kommen mal Streit oder Schwierigkeiten, dann ist es besser zu wissen: Die müssen wir überwinden, als sich zu sagen: Na, dann trennen wir uns eben, wir sind ja nicht verheiratet. Das finde ich oberflächlich. Außerdem kennst du doch die Männer. Mein Zigeuner wird öfter mal angehimmelt, und manchmal guckt er ganz schön zurück; aber wichtiger ist ihm eine haltbare, vernünftige Ehe, deshalb gehen seine Gedanken erst gar nicht so weit, daß er ernsthaft an andere denkt. Aber wenn er sich sagen würde, so 'nen Seitensprung ist nichts weiter, ich will mal das Vergnügen mit 'ner anderen haben, vielleicht macht's da doch noch mehr Spaß, oder zum mindesten ist es 'ne Abwechslung – dann passiert's eben auch leichter. Außerdem wollen Paul und ich Kinder, und die sollen beides haben: Vater und Mutter.«

Dünner, wäßriger Schnee begann zu fallen. Die vier kehrten zur Jugendherberge zurück.

11

Früh am Morgen war der Kieler, wie jeden Sonnabend, bei einem Großkaufmann Teppiche klopfen gewesen. Das Dienstmädchen steckte ihm gelegentlich außer der Mark Verdienst etwas Eßbares zu, und er war damit einverstanden. Sollte sie die Herrschaft ruhig ärmer machen, die hatte sowieso unverdiente Fettlebe. An diesem Tag jedoch erschien die »gnädige Frau« selbst. Gnädige Frau! Auch er titulierte sie so, damit er seine Teppichklopferei einmal in der Woche nicht verliere. Sie blickte ihn von oben bis unten an, ging in die Speisekammer und griff nach dem Kuchenteller: Baumkuchenspitzen, Pücklertorte und Sahnebaisers waren kunstvoll aufgeschichtet. Sie drehte den Teller vorsichtig herum – er konnte es durch die geöffnete Tür genau beobachten –, stellte ihn wieder fort, nahm zwei verschrumpelte Pfannkuchen von einer Untertasse und ließ sie »dem Mann« einpacken. Er sagte »Danke schön!« und wußte schon, während er sie in die Jackentasche steckte, daß er sich damit mehr schadete als durch einen Tag ohne Essen. Auf der Straße biß er die Zähne zusammen und nahm sich vor: Bei der Revolution knalle ich das Weib persönlich nieder, aber vorher sag ich ihr noch, weshalb. Dann mußte er lachen. »Die Gnädige« glaubte, sie habe eine gute Tat vollbracht und »der Mann« sei voll Dankbarkeit.

Den ganzen Tag über blieb er bedrückt, und gerade am Abend dieses Tages kam Olga ihn überraschend das erste Mal besuchen.

Das Bett war ohne Bezug. Auf einer Schnur, die vom Nagel, an dem der Schlüssel zur Hoftoilette hing, bis zum Fensterkreuz reichte, baumelten tropfende Strümpfe mit großen Löchern. Auf dem Fensterbrett lagen die verschrumpelten Pfannkuchen.

Sie waren das Schlimmste! – Nicht für Olga – für ihn.

Olga spürte, daß er sich seiner Umgebung schämte. »Du bist doch kein Kleinbürger, daß dich das verlegen macht«, sagte sie und wies mit ihrer schmalen Hand durchs Zimmer. In anderer Verfassung hätte er ihr zugestimmt, aber monatelange Armut und ein Tag wie heute lassen die Haut dünn werden. Plötzlich haßte er sie und dachte: Du hast gut reden, hast nie gehungert, dein Vater schwimmt im Geld, du verdienst gut, du hattest es nie nötig, in solch kleinbürgerliche Verlegenheit zu geraten. – Zur gleichen Zeit wußte er, wie absurd und lächerlich seine Gedanken waren.

Olga merkte, daß sie ihn verletzt hatte, und fuhr fort: »Ich habe eine große Bitte an dich, hoffentlich ist sie dir nicht unbequem.«

Olga hatte eine Bitte! Die Pfannkuchen schienen weniger verschrumpelt, die Löcher in den Strümpfen wurden winzig.

»Sepp kommt«, sagte sie, »Sepp aus München. Er ist Kurts und mein bester Freund. Bei uns kann er nicht wohnen; in ein Hotel soll er aus verschiedenen Gründen auch nicht – würdest du ihn hier aufnehmen?«

Der Kieler lachte laut: »Hier?«

Er machte eine Handbewegung ähnlich der ihren, die das verrostete Bettgestell mit Strohsack und den wackligen Tisch einschloß.

Olga begann ärgerlich zu werden.

»Was ist denn los mit dir, warum denn nicht? Bettwäsche und Bett besorgen wir. – Was wird deine Wirtin sagen?«

»Die wird sich mächtig freuen, ich schulde ihr sowieso schon zwei Monate Miete.«

»Er muß vierzehn Tage bleiben, und die Wirtin wird die Miete bekommen – nicht um dir zu helfen, sondern um sie zu besänftigen, damit sie ihn aufnimmt.«

»Um die Miete braucht ihr euch nicht zu kümmern.«

»Wir tun das ja nicht um deinetwillen. Sepps Besuch ist eine Parteiangelegenheit.«

Ihr Ton war grob; das beruhigte ihn.

Im Weggehen fiel ihr Blick auf die Wand zwischen den Fenstern. Er ballte die Fäuste, daran hatte er überhaupt nicht mehr gedacht. Dort hing ein Bild von Olga. Sie drehte den Kopf sofort zur Seite, aber seine Bitterkeit und Demütigung hatten ihre Grenzen erreicht.

»Na, wie gefällt es dir? Da staunst du, was für ein Genie ich bin«, sagte er mit harter Stimme. »Natürlich hab ich wie alle Künstler geschmeichelt: Die Nase ist viel länger, das Gesicht knochiger, männlicher.«

Sie wurde rot, und er sah sie zum ersten Mal verlegen. Olga wollte ihn nicht unter dem Eindruck lassen, daß sie gekränkt sei, und zögerte, fortzugehen. Sie standen nebeneinander und sahen auf das Bild.

Er fühlte die Frische und Sauberkeit ihrer Haut. Ihre geschwungenen Wimpern, die Rundung der Wange, das lockige, kurze Haar waren ihm ganz nahe. Verzweiflung, Wut und Hoffnungslosigkeit schüttelten ihn.

Bevor sie ihn zurückstoßen konnte, hatte er sie schon von selbst losgelassen. Als er allein war, warf er die Arme über den Tisch und schluchzte. Am nächsten Morgen packte er leise seine Koffer. Die Uhr, das Konfirmationsgeschenk der Eltern, legte er auf den Tisch, riß ein Stück unbedruckter Umrandung der »Roten Fahne« ab und schrieb darauf: »Statt Miete.« Als er das Papier unter die Uhr schob, klopfte es. Er schrak zusammen. Lieber hätte er die Wirtin nicht mehr gesehen.

Es war Olga.

»Was ist denn hier los?« fragte sie.

Er war unfähig, zu antworten.

Dann sagte er heiser: »Du erwartest natürlich eine Entschuldigung, bevor ich verschwinde, die kannst du haben.«

Da wurde sie bitterböse: »Verdammt noch mal, hör auf mit dem Unsinn. Du hast einen Parteiauftrag erhalten, wir rechnen damit, daß der Genosse hier wohnen kann; das ist wichtig, und du reißt wegen irgendwelcher persönlicher Bauchschmerzen aus.« Sie sah ihn an: »Ich muß offen sagen, ich bin enttäuscht von dir – wegen heute!«

»Der Genosse kann ja das Zimmer allein haben, wenn ich weg bin.«

»Nein, du sollst mit ihm wohnen – darauf kommt es an.«

»Dann bleib ich die vierzehn Tage.«

»Gut.« Sie packte ein paar Laken aus, setzte sich, stützte das Kinn in die Hände und sagte: »Ich bin immer für Klarheit. Das war natürlich schlecht gestern; daß du dich so wenig zusammennehmen kannst!«

Er zuckte zusammen.

»Und nun«, fuhr sie fort, »vergessen wir's beide.«

Er schüttelte heftig den Kopf. »Nie kann ich es vergessen – das ganze Leben wird es mich brennen. Olga, ich schwöre dir, bisher hab ich Mädchen gegenüber ...«

Sie unterbrach ihn. »Das weiß ich, ohne daß du es sagst, deshalb ist es nun erledigt – Schluß.« Sie sah ihm ins blasse, gequälte Gesicht und sagte in ganz anderem Ton: »Paß mal auf, Fritz« – er hatte schon beinahe seinen richtigen Namen vergessen –, »wen ich dich für unmoralisch halten würde, wenn das typisch für dich wäre, dann würden wir in der nächsten KJ-Versammlung darüber sprechen, und es ginge schlecht für dich aus. Aber man muß sich doch die Menschen ansehen. Für mich bist du ein guter Genosse, ein grundanständiger Kerl, klug, tapfer und stolz – heute so wie vorgestern. Ich weiß, daß so was nie wieder passieren wird. Du bist körperlich herunter, lebst in großer Not, und da sind dir gestern die Nerven durchgegangen. Du hättest mich ebenso gut anbrüllen oder ohrfeigen können.«

Sie merkte, daß er sie nicht verstand.

»Jawohl – die Ohrfeige hätte ich verdient. Es war brutal und gedankenlos, hier so ohne Anmeldung hereinzuplatzen. Gib mir die Hand, vergessen wir's. Bleib in Berlin, du bist doch tüchtig in der KJ, und Arbeit findest du zu Hause auch nicht. Sei mir nicht mehr böse ... Und dann hab ich noch eine große Bitte: Schenkst du mir das Bild? Mir gefällt's, auch wenn's geschmeichelt ist.« Jetzt lachte sie ihr ansteckendes, fröhliches Lachen. Und in all seinem Jammer lachte er mit, wenn es auch dadurch noch schwerer war, die Tränen zurückzuhalten.

12

Seit der Essen-Revolte im Erwerbslosenheim war dem Kieler dort der Zutritt versagt worden. Ein Genosse verschaffte ihm und Paul für ein paar Wochen Arbeit bei der Berliner Straßenreinigung. Als er eines Abends, noch im Anzug des Straßenkehrers, nach Hause kam, war das zweite Bett in seinem Zimmer aufgeschlagen, und darunter stand ein Köfferchen. An dem Nagel mit dem Schlüssel zur Toilette hing ein grünes Hütchen mit Rasierpinsel im Band, so wie es die reaktionären Junker trugen. Später kam Sepp, und ihre erste Unterhaltung drehte sich um dieses Hütchen, das für den Kieler ein faschistisches Symbol war. Doch Sepp vertrat den Standpunkt, daß der Bayer seine Volkstracht

66

tragen solle, auch wenn sich die Faschisten erlaubten, sie für ihre Blut-, Boden- und Rassentheorie auszunutzen. Es sei falsch, einfach davor zurückzuweichen.

Das war ihr einziger Streit. Sepp und der Kieler verstanden sich gut, besonders, wenn sie über Olga sprachen oder den Zeitpunkt der Revolution in die möglichst nahe Zukunft verlegten. Nach vierzehn Tagen nahmen sie herzlich Abschied voneinander.

Olga schlug vor, das Bett im Raum zu lassen und den langen Hans dort vorübergehend unterzubringen. Seine Eltern – alte Sozialdemokraten – hatten ihn wegen seines Übertritts zur kommunistischen Bewegung zu Hause hinausgeworfen. So wirkte sich die Tragik der gespaltenen Arbeiterklasse bis in die Familien aus.

Sehr schwer hatte es auch Werner, der Werkzeugmacher. Sein Vater hielt die Mitgliedschaft des Sohnes in der KJ für eine große Schande, fast jeden Abend gab es Streit. Der Kieler war daher sehr erstaunt, als Paul ihm vorschlug, nach Feierabend bei Werner Plakate zu malen.

»Ausgerechnet bei Werner?«

»Der Alte ist nicht da, und in Werners Wohnung gibt es einen so langen, schmalen Flur, ideal zum Transparentemalen.«

Sie gingen gemeinsam dorthin; da die Mutter auch abwesend war, erleichterten sie zunächst die Speisekammer um Brot und Eier. Dann rollten sie ihr Material aus, das wie ein dünner roter Läufer den Flur bedeckte, und malten mit großen Buchstaben: »Heraus zur Feier des 7. November, des Tages der Großen Russischen Revolution«. Daß der Spirituslack, den sie benutzten, bis auf die Holzdielen durchdrang und sich mit keinem Mittel entfernen ließ, bemerkten sie zu spät.

Werners Vater entdeckte es sofort beim Betreten der Wohnung. In seiner Wut zerfetzte er dem Jungen das Mitgliedsbuch des KJVD. Es war nur dem Einschreiten der Mutter zu verdanken, daß Werner, der am 7. November Geburtstag hatte, sich ein paar Freunde einladen durfte. Natürlich waren Olga, der schwarze Paul, Hilde und der Kieler dabei.

In Neukölln hatte eine Festveranstaltung zu Ehren der Revolution stattgefunden, die von Gegnern gestört worden war. Daher kamen die

Gäste und das Geburtstagskind mit zerrissener Kleidung und Kratzern im Gesicht zu spät zu Kaffee und Kuchen.

Um die Buchstaben im Flur: »Heraus zum 7. November«, machten sie vorsichtig einen Bogen.

Nicht nur die Gegner, auch die Polizei hatte sich – wie üblich bei solchen Gelegenheiten – gegen die Kommunisten gewandt. Werners Vater aber tobte: »Bestimmt ist es eure Schuld, unsere Polizei schlägt nicht einfach zu, für nichts und wieder nichts hast du keine Prügel bekommen.«

»Du kennst ja unsere Schupo sehr genau«, sagte der Sohn, während er sich die Klinge des Küchenmessers auf die Beule an der Stirn drückte.

»So«, sagte der Vater, »jetzt werde ich euch zeigen, wie man sich ordentlich und höflich benimmt.«

Er ging auf die Straße, wo noch immer starke Polizeistreifen patrouillierten. Oben standen die Geburtstagsgäste am Fenster und verfolgten die Ereignisse. Der Vater trat an einen Polizisten heran und zog den Hut.

»Sagen Sie mal, Herr Wachtmeister, was ist denn hier los?«

»Weitergehen!« brüllte der Polizist.

»Aber, Herr Wachtmeister, ich frage ja nur ...«

Bevor der Vater die erhobene Hand mit dem Gummiknüppel sah, rollte seine schwarze Melone in den Rinnstein, wo sie zwischen Pferdeäpfeln und welkendem Laub liegenblieb.

Oben am Fenster standen die jungen Genossen. Der Vater hörte schon auf der Treppe das Gelächter.

13

Olga war zum Agitations- und Propagandaleiter im Neuköllner Bezirk gewählt worden.

Bei einer der Schulungen im Frühjahr 1926, für die sie in dieser Funktion verantwortlich war, kamen der Kieler und ein anderer Genosse erheblich zu spät. Olga, die – wie viele pünktliche Menschen – sich über die Unpünktlichkeit anderer besonders ärgerte, fand scharfe Worte. Sie hörte hinterher, daß die beiden Arbeitslosen die Strecke von zwanzig Kilometern aus Berlin heraus zu Fuß zurückgelegt hatten, und entschuldigte sich in ihrer entwaffnenden, ehrlichen Art für ihre unüberlegte Schärfe. Der Kieler war betroffen, als der andere Genosse kritisierte, sie sei intolerant und heftig; ihre Grobheit ergäbe sich aus ihrer Überheblichkeit, auch ihr Draufgängertum sei wenig schön.

Olga war sehr beliebt, und der große Aufschwung in der Neuköllner KJ seit 1925 wurde zu Recht mit auf ihre ausgezeichnete Arbeit zurückgeführt. Wodurch entstand das Urteil dieses Genossen? Olga, die der Partei so treu ergeben war und das Äußerste von sich selbst verlangte, konnte über laue und stumpfe Genossen in helle Wut geraten und dabei gelegentlich übers Ziel hinausschießen. Sie haßte feige, gleichgültige und oberflächliche Menschen. Sie war ganz besonders empört, wenn sich solche Eigenschaften bei den Genossen fanden. Selbst noch jung, dachte sie nicht immer über die Zusammenhänge nach, die den Menschen zu dem gemacht hatten, was er war, und besaß nicht die Geduld, daran zu glauben, daß ein solcher Mensch sich ändern könne. Doch Olgas Schärfe Genossen gegenüber, die wenig leisteten, war keine Überheblichkeit. Gerade sie hatte das beste Verhältnis zu einfachen Genossen. Mit welcher Geduld und Herzlichkeit erklärte sie ihnen alles. Sie erkannte die Qualitäten anderer an und bemühte sich darum, daß sich alle entfalteten und mitarbeiteten.

Olga war zu klug, als daß sie sich ihrer Wirkung auf andere nicht bewußt gewesen wäre. Dazu kam ihre rasche Entwicklung als Funktionär der KJ und die Tatsache, daß sie den meisten an Wissen und Fähigkeiten überlegen war. Diese Dinge hätten leicht zur Quelle von Überheblichkeit werden können, aber das ausgezeichnete Kollektiv, die feste Kameradschaft mit vielen wertvollen jungen Menschen und ihre Ehrlichkeit sich selbst gegenüber bewahrten sie davor. Auch die Not und Armut unter den Genossen veranlaßten sie zur Bescheidenheit. Sie hatte nicht so schwere Zeiten durchgemacht wie die anderen und nie gehungert. Sie litt nicht persönlich unter dem Gespenst der Arbeitslosigkeit. Sie hatte alle Möglichkeiten des Lernens und der guten körperlichen

Entwicklung besessen, die den anderen fehlten. Das steigerte ihre Hochachtung vor den jungen Arbeitern, vor ihrem Klassenbewußtsein, ihrer Opferbereitschaft und ihrer Fröhlichkeit. Olga erkannte in völliger Klarheit die Rolle der Arbeiterklasse bei der Revolution und im zukünftigen sozialistischen Staat. Das half ihr trotz ihres Selbstbewußtseins und ihrer Sicherheit im Auftreten, bescheiden zu bleiben.

»Was man so alles von Menschen lernt«, hatte sie einmal, nachdem sie erst kurze Zeit in Berlin war, zu Kurt gesagt, »wenn der schwarze Paul von seiner Jugend oder von den Streiks erzählt, komme ich mir klein vor.« Die Kleinheit, die sie mit Daumen und Zeigefinger andeutete, entsprach der eines Fingerhuts. »Und als ich ihn kennenlernte, hatte ich zuerst geglaubt, weil er so viele Witze macht und dauernd mit politischen Zitaten kommt, über die man dann lacht, er sei oberflächlich. Dabei war ich es, war es mein Urteil über ihn. – Und die süße Erika, mit den braunen Kulleraugen. Ich habe gedacht, weil sie rumknutscht und ich das gar nicht schätze, es stecke nichts hinter ihr. Jetzt wollte man sie bei Reh & Prädel rausschmeißen, nicht etwa wegen Knutscherei, sondern wegen einer Rede, die sie den Lehrlingen gehalten hat. Danach war ein solcher Aufruhr, solche Stimmung, daß die Lehrlinge in Streik treten wollten. Jeder wollte Eris Rede haben, aber sie hatte, nachdem der Meister einem Mädel verbieten wollte, zur kranken Mutter nach Hause zu gehen, die Rede frei gesprochen. Wir haben gleich Flugblätter zum Protest gegen ihre Entlassung abgezogen. Und als sich sämtliche Lehrlinge weigerten, weiterzuarbeiten, machte man die Kündigung rückgängig. – Oder nimm den Kieler. Weil er so farblos aussieht – alles ist an ihm wie Sand: die Haare, die Augen, die Gesichtsfarbe –, und weil er so still und ernst ist, habe ich ihn zuerst übersehen; dabei ist er ein wertvoller Junge. Als ob immer die, die gut reden können und äußerlich was hermachen, die Besten sind.« –

Olga war nicht überheblich, aber die Kritik an ihrem Draufgängertum war nicht ganz unberechtigt. Sollte sie am Abend referieren, und es fand eine zweite Versammlung statt, auf der mit Provokationen der Gegner gerechnet wurde, gehörte sehr viel Überredungskunst dazu, daß sie ihre Pflicht auf der ersten Versammlung erfüllte, statt zur zweiten zu gehen.

Sie war tief gekränkt, wenn sie irgendwo nicht dabeisein durfte, weil es den Jungen zu gefährlich schien. Aus der Zeit der bewaffneten Kämpfe waren noch Gewehre vorhanden, die aus Sicherheitsgründen an eine andere Stelle gebracht werden sollten. Ein paar lang aufgeschossene Genossen – im Besitz von Mänteln, um die Gewehre darunter zu verstecken – wurden zum Transport bestimmt. Olga hörte davon und wollte durchaus mitmachen. Sie bettelte: »Ich bin auch lang, warum darf es wieder mal kein Mädchen sein?«

»Sei doch vernünftig«, sagte der verantwortliche Genosse, einer der wenigen, der auch Kurt kannte. »Nimm mal an, du wirst mit den Gewehren verhaftet. Natürlich macht die Polente bei dir Haussuchung und freut sich, deinen Freund gleich mit zu erwischen, nach dem sie schon lange schnüffelt.«

Doch Olga bat so lange, bis man sie am Transport teilnehmen ließ.

Die Kommunistische Partei hatte zur Agitation gegen die Kriegsgefahr eine kleine Litfaßsäule auf dem Hermannplatz aufgestellt. Gegner warfen die Säule nach Anbruch der Dunkelheit regelmäßig um, bis die KJ auf Bitten der Partei Nachtwachen einrichtete. Aber sie konnten sich nicht mit bloßen Händen gegen die mit Schlagringen ausgerüsteten Provokateure wehren. So bewaffneten sie sich mit den von einer Bank ausgegebenen Sparbüchsen aus Stahlblech. Die Sparbüchsen waren bei den Genossen sowieso immer leer, nun kamen sie, wenn auch anders als vom Hersteller beabsichtigt, in Gebrauch. Um die Gegner am Umwerfen der Säule zu hindern, saß nachts ein Genosse mit angezogenen Knien in der Säule. Olga, die wegen ihrer langen Beine von dem unbequemen Dienst befreit werden sollte, bestand darauf, sich ebenfalls zu beteiligen. Sie schoß vielleicht, wie bei den Gewehren, einmal übers Ziel, doch sie schonte sich nie; gerade deshalb wurde sie geachtet.

Die Kritik der wenigen an ihrem Draufgängertum war ihr – kurz nach dem Ende der Sommerferien – zu Ohren gekommen.

Wie immer, wenn sie etwas beschäftigt, beriet sie sich mit Kurt: »Sag mal, bin ich zu derb, zu barsch, zu sehr ein Draufgänger?«

Schlank und anmutig, die Haut vom Urlaub an der See goldbraun getönt, stand sie vor ihm.

»Natürlich bist du ein Draufgänger«, sagte er und lachte. »Ich brauche bloß an vorige Woche zu denken.«

Sie lagen am einsamen Strand auf der Fehmarninsel und stritten sich über irgend etwas. Olga sprang schließlich auf. »Prügeln könnt ich dich!«

»Versuch's doch.« Und schon stürzte sie, im Zorn noch hübscher als sonst, auf ihn los. Es gab einen richtigen Kampf; er mußte sich sehr anstrengen, bis sie mit geknebelten Armen im Sande lag und als Lösegeld zugeben sollte, daß sie die Schwächere sei. Sie tat es nicht, und er wußte, sie würde es nicht tun, auch wenn er sie Stunden festhielte.

Wie glücklich waren sie im Urlaub. Die Arbeit hatte beide das ganze Jahr über so sehr in Anspruch genommen, daß sie sich selten in Ruhe sprechen und noch seltener gemeinsam etwas unternehmen konnten. Hinzu kam, daß Kurt viel unterwegs war. Manchmal sahen sie sich wochenlang nicht. Im Spätsommer 1926 hatten sie nun Faltboot und Zelt

genommen und waren auf die Fehmarninsel gegenüber der dänischen Küste gefahren. Wie genossen sie alles! Ohne Arbeit und ohne Verantwortung! Schwimmen, paddeln, wandern, im heißen Sand liegen, Muscheln sammeln, durch kleine, verschlafene Dörfer schlendern, nachts den Mond und die Sterne anschauen, im Zelt dem Wellenschlag des Meeres lauschen.

Sie lagen in der tiefen Mulde einer Düne.

»Träumst du?« fragte Kurt.

»Ja, ich träume. Ich möchte immer in der Natur leben.«

»In den Bergen?«

»Nein – an einem kleinen See mit Bäumen und Schilf und einer grünen Wiese.«

Er strich ihr übers Haar, berührt von ihrer Sanftheit in diesen Tagen. Er hatte Olga noch nie weinen sehen und befragte sie erschüttert, als er Tränen in ihren Augen sah.

»Nichts«, antwortete sie, »die Stille und das Meer sind so schön!«

Gegen Ende des Urlaubs änderte sich das Wetter. Ein scharfer Wind kam auf, das bleifarbene Meer warf weiße Schaumkronen ans Ufer. Olga war wie ausgewechselt. Sie bestand darauf, in einem Fischkutter mit hinauszufahren; je mehr es stürmte, desto ausgelassener wurde sie.

»Verteufelte Hexe«, sagte der eine Bootsmann zum anderen, während Olga jauchzend die Wassertropfen aus dem wehenden Haar schüttelte. Kurt lächelte stolz, als gäbe es kein höheres Lob für sein Mädchen.

»Mein schönster Tag hier«, sagte sie. –

Anfang September kehrten sie nach Berlin zurück. Sie lebten schon lange nicht mehr in ihrer ersten Wohnung bei Fritz Winter. Kurt mußte als Illegaler häufig sein Quartier wechseln, und Olga zog mit ihm. Es tat ihr weh, die erste gemeinsame Wohnung im vierten Stock zu verlassen, aber sie war anpassungsfähig und lebte sich überall rasch ein. Von der Weserstraße zogen sie zu Genossen in die Roseggerstraße. Nach viermaligem Wohnungswechsel erhielten sie endlich ein Leerzimmer in der Innstraße. Olga hing nicht an Äußerlichkeiten, doch es gelang ihr, durch ein paar geschmackvolle Kleinigkeiten aus jedem der Zimmer ein wirkliches Heim zu machen, und sie war glücklich, daß sie sich nun zum ersten Mal ein paar eigene Möbel anschaffen konnten. Bisher bestand ihr Hauptbesitz aus großen Kisten, die unter einer Decke verborgen in der Ecke jeder neuen Wohnung aufgestellt wurden. Hierein verpackten sie bei den Umzügen ihre Bücher. Zuerst war es nur eine Kiste gewesen, dann zwei, und nun stellten sie fest, beim nächsten Umzug würden sie wohl sechs Kisten benötigen. Sie besaßen ungefähr achthundert Bände. Neben der politischen Literatur lasen beide besonders gern Reisebeschreibungen, und sie träumten davon, gemeinsam andere Länder zu besuchen. Außer den Büchern gab es einzelne Stücke, die jeden Umzug mitmachten. Kurt liebte die holländische Tabakdose, die Olga ihm geschenkt hatte, und sie verpackte jedes Mal sorgfältig das Relief eines Reiters, ein Geschenk von Kurt. Ihr gefiel die Kraft des Reiters auf dem sich bäumenden Pferd, sie wäre brennend gern selbst einmal geritten.

Von den Bannern des KJV Neukölln liebte sie besonders das mit dem Namen Budjonnys. Wenn es im Winde flatterte, stellte sie sich seine galoppierende Reiterarmee vor.

Während des Gesprächs über die Kritik an Olga saßen sie beide vor dem großen Schreibtisch, den sie sich für zwei Personen eingerichtet hatten, und Kurt sagte, sich von den Urlaubserinnerungen lösend:

»Aber eines ist wahr, du mußt lernen, deine Handlungen vorher abzuwägen. Schau mal, die Sache mit den Gewehren – daß du durchaus dabeisein wolltest, war unüberlegt, eben blindes Draufgängertum, das mich und meine Arbeit unnötig gefährdet hat. Echter Mut dagegen beruht auf überlegtem Handeln.«

»Ich verstehe«, sagte Olga, »jetzt finde ich das mit den Gewehren auch unreif von mir, aber ich glaube trotzdem – wenn es darauf ankommt, habe ich Mut.«

»Sicherlich, aber Mut für eine kurze Aktion, für die einzelne gefährliche Tat ist nur die erste Stufe von Tapferkeit; die höhere Stufe ist der unbeugsame Mut, den man in schwieriger Lage immer wieder neu zeigt.«

»Zum Beispiel im Gefängnis?«

»Ja.«

Kurz nach Olgas Rückkehr vom Urlaub erzählte Hilde ihr strahlend: »Paul hat Arbeit – nun ist er wieder mein alter, vergnügter Junge.«

»Ich hab gestaunt, wie vergnügt er selbst während der Arbeitslosigkeit war.«

»Nicht immer«, sagte Hilde, »das gibt's gar nicht – einen echten Arbeiter, der ein vergnügter Erwerbsloser ist, selbst wenn er Geld hätte, wäre das nicht so. Die Untätigkeit ist schlimm, dabei kriegt jeder einen Knacks. Und das Komische – er hat ja immer seine politische Arbeit geleistet –, jetzt, wo er tagsüber im Betrieb ist – und die lassen ihre Proleten ganz schön schuften –, da hat er dreimal soviel Energie für die KJ übrig wie vorher, wo er den ganzen Tag nichts zu tun hatte. Erst die Arbeit gibt dir das Mark in die Knochen.«

Olga sah Hilde an und dachte, wie tapfer sie sind, keine Klage, solange die Arbeitslosigkeit dauerte, erst an der Freude jetzt merkt man, wie schlimm es gewesen ist.

Aber Hilde hatte noch nicht fertig erzählt: »Nun haßt er doch die Kapitalisten und die Ausbeutung wie die Sünde – sie sind ja auch Sünde –, aber trotzdem schwärmt er von seiner Arbeit, weil er eben gerne arbeitet und seinen Beruf liebt. Bloß weiter möchte er, eine Fachschulausbildung haben – der Grips langt ja dazu, und was für Ideen er hat, wie man die Arbeit verbessern könnte, da murkst er den ganzen Abend mit rum, und dann wandert's in den Papierkorb, weil er's ja nicht den Kapitalisten in den Rachen stecken möchte.«

»Und wann heiratet ihr?«

»In ein paar Wochen. Du solltest jetzt mal Schwiegermutter sehen. Fünf Jahre jünger sieht sie aus. Wenn wir beide verdienen, können wir sie mit unterstützen, und sie spricht davon, Max auf die Mittelschule zu schicken. Der Kleine sagt, das beste an Pauls Arbeit ist, daß er jetzt weniger Katzenköpfe von der Mutter kriegt.«

Olga lachte. »Und der Kieler?« fragte sie.

»Er malt, er träumt, er hungert, er arbeitet tüchtig politisch. Ich glaube, er sollte aus Berlin weg.«

Obwohl sie nie davon gesprochen hatten, verstanden sie sich.

»Was soll ich machen?« Olga seufzte.

Damals, als er von Berlin fortwollte, hatte sie ihn gebeten zu bleiben, weil er sonst die Scham über den Vorfall in seiner Wohnung nie überwunden hätte.

Nun waren Monate verstrichen. Sie hatten kameradschaftlich, wie andere Genossen auch, zusammen gearbeitet, er konnte sicher sein, daß sie ihn schätzte. Wie lange wollte er sich noch quälen? –

Olga hatte seit einiger Zeit die höchste Funktion im Unterbezirk inne: Sie war politischer Leiter. Auch Paul sowie der Kieler gehörten zur Leitung, und im Herbst 1926 gab es mehr denn je für sie zu tun. Die Kampagne für die Enteignung der deutschen Fürsten hatte ihren Höhepunkt erreicht, die Reichskonferenz der arbeitenden Jugend, die im Dezember stattfinden sollte, mußte vorbereitet werden.

Anton Saefkow, der in der Expedition der »Jungen Garde« arbeitete, erläuterte, während er die Zeitung in große Bündel aufteilte, die Vorbereitungen zur Jugendkonferenz. Olga besprach mit den Neuköllner Funktionären die Texte der Handzettel für die verschiedenen Betriebe. Am schnellsten wäre es gegangen, Olga hätte sie entworfen, aber es war ein Zeichen ihrer wachsenden Reife, daß sie weniger selbst ausführte, sich die Genossen aufmerksam anschaute und dann den einen oder anderen aufforderte: »Mach mal den Text, denk drüber nach und bring ihn mir.«

Die KJ ging in die Betriebe: zu Reh & Prädel, zur Karosseriefabrik Gaubschat, zu den Nationalen Registrierkassen und anderen Fabriken, in denen Jugendliche beschäftigt waren. Sie stellten sich nicht als Kommunisten vor, sondern als Gewerkschaftsmitglieder, die sie ja waren, sonst hätte der meist sozialdemokratische Betriebsrat sie sofort hinausgeworfen. Dann beriefen sie fliegende Versammlungen mit den Lehrlingen ein, die aufgefordert wurden, Delegierte zur Reichskonferenz zu wählen. Besonders erfolgreich war die Lehrlingsversammlung im Nationalen Registrierkassenwerk, wo Paul die Organisation in die Hand genommen hatte. Als er Olga davon berichtete, hörte auch Hilde zu. Kaum war er zu Ende, fragte sie: »Wollen wir es Olga erzählen?«

Paul sagte lachend: »Nun mußt du schon, sonst vergeht sie vor Neugier.«

»Paul und ich, das heißt hauptsächlich ich, haben noch 'ne kleine Parteiarbeit übernommen.«

»Ausbildung eines neuen Kaders sozusagen«, ergänzte Paul.

»In sechs Monaten wird er das Licht der Welt erblicken.«

»Wunderbar«, sagte Olga, »Hilde, du kriegst 'nen Kuß.«

»Ich auch?« fragte Paul.

»Du auch. – Wie ich mich für euch freue!« –

Als Olga spätabends nach Hause kam, war Kurt noch nicht da. Sie setzte sich an den Schreibtisch, um seinen letzten Artikel, den sie noch im Stenogrammblock hatte, zu übertragen. Auf dem Schreibtisch herrschte ständig Unordnung. Räumte einer von ihnen die Tischplatte auf, so begann Minuten später das Durcheinander von neuem: Broschüren, Bücher, Flugblätter, Lexika, angefangene Artikel, Nachrichten füreinander – es war kaum möglich, alles ordentlich zu halten. Obwohl Olgas Sachen auf der rechten und Kurts auf der linken liegen sollten, kam auch diese Zweiteilung durcheinander, weil Olga ihm viel half und er sie bei ihrer Arbeit beriet. Dazu brauchte der eine dies, der andere jenes.

Es klingelte, und Olga dachte: Endlich, er muß seinen Schlüssel vergessen haben.

Es war nicht Kurt, es waren zwei Beamte, die sie verhafteten.

14

Äußerlich blieb Olga ruhig, doch sie war wie betäubt. Die Polizei hatte mit dieser Erschütterung gerechnet; Olga wurde sofort nach Einlieferung ins Untersuchungsgefängnis zum Verhör gebracht. Damit tat man ihr einen großen Dienst. Sobald sie dem untersetzten, dickschädligen Polizeibeamten, der sie mit Kasernenhofstimme anbrüllte, gegenüberstand, war sie hellwach und so klug, so furchtlos und gesammelt wie stets, wenn es zu kämpfen galt. Aus den Fragen entnahm sie, daß Kurt ebenfalls verhaftet war und es in der Hauptsache um ihn ging.

Sie wurde noch oft zum Verhör geholt, und jedes Mal endete es mit dem Wutgebrüll des Beamten über diese achtzehnjährige Kommunistin, deren Ruhe niemand brechen konnte.

Sie trug schwer an der Einzelhaft. Ein Jahr zuvor war sie bei einem Krankenhausaufenthalt von vierzehn Tagen ungeduldig und auch unbeherrscht gewesen. Damals fand sie die Langeweile – das Gebundensein – unerträglich. Jeder Tag länger liegen war ihr wie eine Strafe erschienen, und sie hatte mit ihrem ungestümen Willen den Krankenschwestern das Leben schwergemacht. Im Gefängnis waren die furchtbare Langeweile und der bleierne Verlauf der Zeit viel schlimmer, aber weil sie die Haft als einen Teil des Kampfes mit dem Gegner betrachtete, entwickelte sie täglich neue Kräfte und gab nicht nach.

Es kam Nachricht vom Vater aus München. Er wolle sich um ihre Freilassung bemühen und, falls ein Prozeß stattfinden sollte, als ihr Verteidiger nach Berlin kommen. Olga dachte mit Liebe und ein wenig Wehmut an den Vater. Doch sein Angebot, ihr im Gefängnis zu helfen, lehnte sie ab. Sie wollte keine Freilassung auf gute Beziehungen hin, und als Verteidiger wünschte sie den Vater auch nicht, weil sie auf eine SPD-Verteidigung keinen Wert legte.

Die Neuköllner Genossen erreichten mit viel Mühe, daß einer von ihnen Olga besuchen durfte. Der Kieler, der sich sonst nie vordrängte, setzte alles daran, daß er dazu ausersehen wurde. Sie hatten Geld gesammelt, und nun stand er, nach Übergabe des großen Lebensmittelpakets an den Wachtmeister, in der Besuchszelle. Er hatte sich jeden Satz genau überlegt, mit dem er Olga ermuntern und aufrichten wollte; doch als sie auf der anderen Seite der Barriere stand und ihn ansah, wußte er, daß sie, obwohl blaß und dünn geworden, keinerlei Aufmunterung bedurfte. Ihre vielen Fragen ließen ihm gar nicht Zeit, die zurechtgelegten Sätze vorzubringen. Zum Schluß sagte er noch rasch: »Unten ist ein Paket für dich. Von uns allen zusammen; ich hab's eingekauft. ›Besorg das Allerbeste‹, haben sie gesagt. Sie lassen tausendmal grüßen und sind stolz auf dich. Hilde läßt sagen, auch Schwiegermutter hat was zugesteuert und auch Max, der hat zwei Nachmittage Fische für dich geschuppt und vierzig Pfennig gestiftet.«

»Danke ihnen allen«, flüsterte Olga mit belegter Stimme.

Sie erhielt die Gaben an demselben Tage, und als Lachsschinken, Ananas, Käse in Silberpapier und teures Konfekt vor ihr lagen, da hätte sie weinen mögen. – Sie sah den Kieler in seinen zerrissenen Schuhen und in der abgetragenen Jacke den feinen Laden betreten. Während die Verkäuferin im weißen Häubchen ihn mißtrauisch betrachtete, wies er mit seiner abgemagerten Hand auf die schönsten Dinge, die er selbst nie im Leben gekostet hatte. Er nahm sie nach Hause, verschnürte das Paket und aß seine trockenen Schrippen. – Alle hatten sie Geld für diesen Luxus gegeben, das ihnen nun für lebensnotwendige Dinge fehlte. Sie saß mit glücklichem Lächeln und feuchten Augen in ihrer Zelle. Das Herz tat ihr weh, wenn sie an die Opfer der Genossen dachte für Dinge, die sie gar nicht unbedingt brauchte. Aber sie hatten ihr etwas viel Kostbareres geschenkt als Essen und Trinken: die Solidarität! Wie hell war es in der Zelle geworden, wie viel leichter das Leben, wie stark ihr Wille zum Widerstand.

Nachts konnte sie nicht schlafen. Sie dachte an den Besuch des Kielers, und plötzlich erschrak sie. In der Freude hatte sie zuvor eine seiner Mitteilungen gar nicht richtig erfaßt.

Der schwarze Paul hatte in seinem Betrieb für die Konferenz der Jungarbeiter geworben und war wegen »kommunistischer Agitation« entlassen worden.

Olga erinnerte sich an die glückstrahlende Hilde, die ein Kind erwartete. Das bedeutete auch für sie Entlassung oder zum mindesten Aussetzen ohne Verdienst. Wie sah die Zukunft für die junge Familie aus? Sie hatten sich noch kaum etwas anschaffen können, jedes Babyjäckchen, jedes Stück Seife würde zum Problem werden. Die Miete, die Gasrechnung, ein Paar neue Sohlen unter den Schuhen würden Hunger bedeuten.

Und wenn man sich überlegte, wie es dazu gekommen war: Wenn Paul nicht Kommunist wäre, wenn er den Mund gehalten hätte, dann stände er noch in Arbeit. Paul und Hilde hatten gewußt, was ihm geschehen konnte, und er hatte trotzdem als Genosse gehandelt. Das sind die wahren Helden, dachte sie, die Namenlosen, die so große Opfer bringen, die Heiligen der Arbeiterklasse. – Sie brannte darauf, herauszukommen und noch viel, viel mehr zu leisten als zuvor.

15

Der Kieler ging einen Tag, nachdem er Olga besucht hatte, ins Karl-Liebknecht-Haus der Partei, um dort etwas von ihr auszurichten.

Er mußte sich wohl in der Tür geirrt haben, niemand antwortete auf sein Klopfen; er drückte die Klinke herunter, öffnete einen Spalt breit und sah ein rothaariges Mädchen vor einer Schreibmaschine sitzen. Sie arbeitete nicht, sondern weinte vor sich hin. Sein erster Gedanke war, lautlos zu verschwinden, weil er weinende Mädchen nicht vertrug, aber dann erschien ihm dies zu feige, und er fragte:»Ist dir schlecht?«, damit sie überhaupt wußte, es war jemand im Zimmer. Die Tür hatte er angelehnt gelassen.

»Nein«, sagte sie und schluchzte weiter. Dabei sind ihre roten Löckchen und ihre Stupsnase eigentlich lustig, stellte er fest. Sie konnte kaum älter als sechzehn Jahre sein.

Während das Mädchen weiter ins Taschentuch weinte und er von einem Bein aufs andere trat, stand plötzlich eine zweite Genossin im Zimmer. Sie war klein und zart und ungefähr zehn Jahre älter als der Kieler, der sich nun erleichtert davonmachen wollte. Doch sie sagte kurz: »Du bleibst.«

Der Kieler begriff, daß sie annahm, er sei schuld an den Tränen des Mädchens und wurde rot. Dies verstärkte den Verdacht der Genossin.

»Setz dich«, sagte sie, und er gehorchte.

Sie hatte kurze schwarze Haare, und es beeindruckte ihn, daß sie, obwohl klein und zierlich, so energisch war. Er hoffte, das weinende Mädchen würde die Angelegenheit schleunigst klären, aber sie schluchzte nur weiter. Da ging die andere Genossin zu ihr hin und sagte: »Putz dir die Nase.« Das Mädchen putzte sich die Nase.

»Wisch dir die Augen.«

Sie wischte.

»Hör auf zu weinen.«

Sie wurde still.

»Wie heißt du?«

»Lene.«

»Nun erzähl, was passiert ist.«

Der Kieler stellte fest, daß das verheulte Kind große haselnußbraune Augen hatte.

Sie begann zu reden: »Ich hab was zu schreiben bekommen, ein Genosse hat es mir diktiert, ich bin neu hier, und es ist so schlechtes

Deutsch.« Ein Schluchzer folgte: »Lauter Fehler, so kann ich's nicht abschreiben.«

»Wahrscheinlich hat's der Genosse nicht besser in der Schule gelernt«, sagte die ältere Genossin.

»Der Genosse ist so ein Klassenkämpfer!« Lene hob die kleine Faust in die Luft. »Gerade deshalb möchte ich's nicht so falsch abschreiben.«

»Das ist doch kein Grund zum Heulen, verbessere einfach die Fehler.«

»Das ist es ja, ich merke alles, was falsch ist, aber ich kann's doch selber nicht besser – ich kann überhaupt nichts, ich werde nie was lernen, nie 'ne tüchtige Genossin sein – ich bin viel zu dumm.«

Die Tränen flossen wieder reichlich.

»So«, sagte die Genossin, »jetzt setzen wir uns zusammen hin und korrigieren, und dann gehst du sofort zur Abendschule, lernst Stil und Grammatik. Zu Hause liest du abends Gottfried Keller, Lessing und Goethe.«

»Sone bürgerlichen Schriftsteller?«

Die Genossin lachte. »Wenn wir soviel könnten, wie die im kleinen Finger hatten« – dann sagte sie, den Kieler bemerkend: »Entschuldige, es ist in Ordnung; wolltest du noch was?«

»Ja«, sagte der Kieler mit ungewohnter Lebhaftigkeit, »ich will zuhören, wie du verbesserst, und will auch zur Abendschule und Goethe lesen, ich schreibe mindestens soviel falsch wie Lene.«

»Nun heul bloß nicht auch noch«, sagte die Genossin, »setz dich mit her.« Sie verbesserten das Manuskript gemeinsam. Es war eine wunderbare Viertelstunde für die beiden jungen Genossen.

»Du hast bestimmt die hohe Schule besucht«, sagte Lene.

»Eine Dorfschule in Ostpreußen – mein Vater war Schmied, aber ich hab die Zähne zusammengebissen und gelernt. – Was wolltest du eigentlich im Haus, kann ich dir helfen?« fragte sie zum Kieler gewandt.

Doch bevor der Kieler aus dem Zimmer ging, um den richtigen Genossen aufzusuchen, begann er ganz unvermittelt unter dem Eindruck des gestrigen Tages und weil ihm diese Genossin so sehr gefiel, von Olga zu sprechen, von ihrer Arbeit, ihrem Mut, ihrem guten Verhalten im Gefängnis.

»So möchte ich auch werden«, sagte Lene, deren Tränen getrocknet waren.

»Dann fang sofort die Abendschule an«, erwiderte die andere Genossin.

»Darf ich wissen, wie du heißt?« fragte der Kieler, nun wieder mit der gewohnten leisen, schüchternen Stimme, die ältere Genossin.

»Sabo«, sagte sie.

Erst sehr viel später erfuhr er, daß ihr richtiger Name Elise Ewert war.

Eine Viertelstunde hatte die Unterhaltung gedauert, aber auch spätere große Ereignisse löschten niemals die Erinnerung daran aus.

16

Am 2. Oktober war Olga verhaftet worden. Am 2. Dezember entließ man sie überraschend. Sie stand plötzlich im hellen Licht der Straße, die ihr unendlich lang und weit erschien. Die Freiheit nahm so heftig von ihr Besitz, daß sie den ganzen Weg bis zur Innstraße zu Fuß lief und erst, als sie die Treppe hinaufgehen wollte, merkte, es war zuviel gewesen. Vor der Wohnungstür blieb sie erschöpft stehen. Plötzlich dünkte es sie unmöglich, den Raum zu betreten, der ihr gemeinsames Heim mit Kurt gewesen war.

Sechzig Tage Gefängnis lagen hinter ihr. Wie lange würden sie ihn behalten? Die doppelte, dreifache, zehnfache Zeit? Konnte sie auch nur einmal frei atmen, wenn sie an sein Leben in der Zelle dachte? Und er war nicht der einzige. Fünftausend politische Gefangene gab es – alles Menschen, die keine Verbrechen begangen, sondern für das Gute, Richtige gekämpft hatten.

Olga sah sich um.

Der Schreibtisch war zum ersten Mal, seit sie in dieser Wohnung lebte, aufgeräumt. Das hatte die Polizei besorgt. Alle Artikel Kurts, ihre Stenogrammblöcke und viele Bücher waren verschwunden. Olga legte sich aufs Bett. Sie zog die Decke über den Kopf, um nicht Kurts Hausschuhe, sein Taschenmesser, seinen Federhalter zu sehen. Viel zuwenig Zeit hatten sie füreinander gehabt. Entweder war er unterwegs, oder sie war beschäftigt gewesen.

Wie ging es ihm? Was tat er jetzt? Saß er auf dem Bett, obwohl das tagsüber nicht erlaubt war, und starrte aufs Fenstergitter, oder lief er frierend von Zellenwand zu Zellenwand?

Olga schloß die Augen. Sie wollte nichts hören, niemanden sehen, an nichts denken und am liebsten nicht mehr aufstehen. Sie wunderte sich nicht einmal über ihren Zustand der Mutlosigkeit, den es noch nie bei ihr gegeben hatte. Sie warf sich unruhig hin und her, bis das traurige Dahindämmern die Grenze zwischen Wachsein und Schlaf verwischte.

Auf der Straße pfiff es. Die kurze Melodie weckte Olga sofort. Sie war noch immer in derselben bedrückten Stimmung. Schwindlig vor Elend öffnete sie das Fenster. Der schwarze Paul, Hilde, Werner, der Kieler und andere standen unten. Sie winkten und riefen.

Wie oft hatte sich Olga in der Zelle die erste Begegnung mit den Freunden ausgemalt, jetzt fürchtete sie sich davor. Es sprach nun nichts mehr dagegen, daß die Genossen sie hier oben besuchten; die Wohnung war nicht mehr illegal.

»Kommt herauf.«

Sie waren oben, bevor sich Olga die Haare gekämmt und das Gesicht abgetrocknet hatte, nahmen sie in die Arme, küßten sie und sprachen vor Freude laut durcheinander. Einer sei zufällig unten vorbeigekommen und habe bemerkt, daß ihr Fenster geöffnet war. Warum habe sie nicht den Tag ihrer Entlassung mitgeteilt? Alle hätten sie abgeholt. Sie stellten Blumen in die beiden Zahnputzgläser und grüne Tannenzweige in die Vase.

Hilde unterbrach das Satzgewirr: »Kinder, ich hab 'ne Idee; wie wär's, wenn wir alle zusammen in den Ufa-Palast zum Donkosaken-Film gingen?« Die »Idee« Hildes hatten sie bereits unten verabredet, um Olga am ersten Abend das Alleinsein zu erleichtern. So nickten sie zum Einverständnis, und da sie vorher ihren Barbesitz aufgeteilt hatten, war auch jeder mit genügend Eintrittsgeld versehen. Als sie im Ufa-Palast saßen und der amerikanische Film »Die Donkosaken« über die Leinwand ging, klatschten sie bei den vereinzelt gelungenen Szenen Beifall, bei den Verdrehungen der Wahrheit, den vielen provokatorischen Lügen protestierten sie laut. Olga machte ihren Gefühlen derart Luft, daß sie Gefahr lief, erneut verhaftet zu werden.

Als sie nachts ihr Zimmer betrat, hielt sie den Kopf hoch. Vor dem Einschlafen dachte sie an Kurt, und dann lächelte sie. »Freunde, wie gut, daß ihr kamt.«

Ein paar Tage später stellte sie energisch den zweiten Stuhl vom Schreibtisch beiseite und richtete sich darauf ein, allein zu leben.

An einem freien Abend kam der Kieler sie besuchen. Er sah noch blasser aus als sonst und ließ sich auch nicht durch einen schwarzen Kaffee ermuntern.

Der Vater habe Arbeit für ihn in Kiel gefunden, vielleicht sei es überhaupt besser, aus Berlin fortzugehen, aber dürfe er seine Funktion aufgeben?

»In Kiel gibt es bestimmt auch viel politisch zu tun – uns wirst du fehlen«, sagte Olga.

Er hob den Blick und sah sie dankbar an.

»Ich werde dich nie vergessen.«

Es ist besser, du vergißt mich, dachte sie, nahm seine Hand und sagte: »Alles, alles Gute; brauchst du die KJ Berlin, so sind wir für dich da.«

Als er die Treppe hinunterging, spürte er noch den Druck ihrer trockenen, warmen Hände, sah ihr herzliches Lächeln und dachte: Warum gehe ich fort? Wenn ich sie nur aus der Ferne sehe, nur mit anderen sprechen höre, ist es ein gelebter Tag. Bin ich wahnsinnig, das aufzugeben? Warum? Warum? Warum? – Weil ich es nicht mehr aushalten kann.

Olga half bei den letzten Vorbereitungen zur Konferenz der Jungarbeiter, die für den 12. Dezember 1926 einberufen war und nahm selbst an der Konferenz teil. Im neuen Jahr begannen die Arbeiten zum Reichsjugendtag der KJ, der Ostern 1927 in Hamburg stattfinden sollte. Es gelang, über dreihundert Jugendliche aus Neukölln zur großen Demonstration nach Hamburg zu schicken.

Wie einfach das klingt. Und dennoch – es war ein großer Erfolg. Wieviel Arbeit verbarg sich dahinter; wie viel Jugendliche versagten sich die Margarine zum Brot, und wie viel Sammlungen waren durchgeführt worden, um die Fahrt zu finanzieren. Den ganzen Februar und März hindurch hatten sie auf den Höfen der Berliner Mietskasernen gesungen und im Sprechchor um »Sechser« und »Groschen« gebeten. Wenn sich die Fenster öffneten und die ins Papier gewickelten Münzen aufs Pflaster fielen, wurde den Sängern warm ums Herz.

Olga hatte in der Funktion des politischen Leiters andere Aufgaben als Geld zu sammeln, aber die Beschaffung von Mitteln war im KJVD so dringend, daß sie sich auch darüber Gedanken machen mußte. Die KJ kämpfte mit nie ermüdender Zähigkeit um finanzielle Unterstützung durch die Partei. Nicht, weil sie ein Recht auf diese Unterstützung geltend machen konnte – bei der Partei ging es ja selbst knapp genug her –, aber die erwachsenen Genossen hatten doch ein paar Pfennige mehr als die Jugendlichen, und die Partei war die stärkere Organisation. Sie kämpften nicht nur um Pfennige, sondern auch um Material, um Papier und Bücher, um alles, was sie für die Agitation brauchten – und der erfolgreichste Kämpfer in Neukölln war Olga. Die Lage gestaltete sich schwierig, weil die KJ bei der Partei sowieso schon Schulden hatte. Der Kassierer lief, sobald er Olga erblickt hatte, böse hinter ihr her, und sie entwischte ihm geschickt. Ging sie aber, statt bei seinem Anblick zu verschwinden, entschlossen und zugleich mit ihrem bezauberndsten Lächeln auf ihn zu, dann ergriff er die Flucht, wohl wissend, daß sie trotz der Schulden mit neuen Bitten um Unterstützung kam. Doch sie hatte die längeren und die jüngeren Beine. Sie holte ihn ein und wandte alle Künste an, die sie besaß, um den Kassierer zu erweichen. Es gelang ihr stets – deshalb war er ja ausgerückt, weil er schon wußte, wie es enden würde. Sie benutzte auch die Zusammenkünfte der Parteifunktionäre, an denen sie als politischer Leiter des Unterbezirks teilnahm, um den Punkt »Finanzielle Unterstützung der KJ« auf die Tagesordnung zu setzen. Sie sprach beredt und mit Engelszungen. Es kam vor, daß sie nichts erreichte. Der nächste und übernächste Punkt der Tagesordnung war schon vorüber, da meldete sich Olga plötzlich wieder zu Wort: »Genossen, gestattet mir, noch auf einen Punkt zurückzugreifen, den ihr etwas oberflächlich behandelt habt ...«, und schon brachte sie neue, stichhaltige Gründe vor, warum die Partei diese Veranstaltung der KJ finanzieren müsse. Sie sprach so lange, bis die andren, nur um Ruhe zu haben, endlich nachgaben. –

In diesem Jahr leistete der Kommunistische Jugendverband eine gute Arbeit in den Betrieben, wo die verschärfte Ausbeutung durch Rationalisierung auf Kosten der Arbeiter viele Jugendstreiks zur Folge hatte. Olga war eng mit diesen Aktionen verbunden, man hatte sie in die Bezirksleitung der KJ Berlin gewählt, und sie war nun mit für die Agitation und Propaganda in der gesamten Hauptstadt verantwortlich. Kurt, mit dem sie früher stets alles Schwierige beraten hatte, fehlte ihr sehr.

17

Den ganzen Tag über war Olga voll Unruhe gewesen. Früh hatte sie heimlich durch das Eisengitter eines Gartens gelangt und ein paar grünende Zweige abgebrochen. Während der Arbeit standen die zarten Blätter in einer altmodischen Vase neben der Schreibmaschine. Auf dem Nachhauseweg setzte sie sich in ein kleines Parkrondell auf eine Steinbank, sah dem sprühenden Perlenfall des Brunnens zu und verfolgte die geschickten Bewegungen eines kleinen Jungen, der sich aus Kiefernrinde ein Boot schnitzte. Wenn das Messer auf zuviel Widerstand stieß, ließ der Junge ermattet die Arme sinken. Dann preßte er die Lippen zusammen und schnitzte weiter.

Bald würde alles in Grün gehüllt sein und der Flieder blühen wie vor drei Jahren, als sie nach Berlin gekommen war.

Anfang Mai wollte man Kurt, der nun schon achtzehn Monate im Gefängnis saß, den Prozeß machen; so lange hatte die Staatsanwaltschaft ihn absichtlich verzögert. Im Mai fanden die Reichstagswahlen statt, und dieser Prozeß sollte eins der vielen niederträchtigen Mittel sein, mit denen man die Kommunistische Partei in den Augen der Wähler verunglimpfen wollte. Für sie und Kurt würde die lange Ungewißheit der Untersuchungshaft der Gewißheit der langen Strafe weichen.

Fünftausend politische Gefangene!

Hatte die Arbeiterklasse keine Mittel, etwas für sie zu erreichen? Die »Rote Hilfe« unterstützte die Familien, stellte Verteidiger; aber wie konte man alle Menschen aufrütteln, ihnen klarmachen, wie viele in den Gefängnissen saßen, bloß weil sie Kommunisten waren?

Der Junge hatte sein Boot in den äußeren Wasserring des Brunnens gesetzt, und alle, die das Werden des Schiffchens miterlebt hatten, das Liebespaar, die alte Frau, die Mutter mit dem Kind im Wagen, der einarmige Mann, betrachteten voll Interesse seine erste Fahrt.

Nur Olga sah nicht zu. Sie hielt die Augen geschlossen – sie war bei Kurt.

Wie glücklich er sie anschaute, als sie ihn das erste Mal besuchen durfte. Die Erlaubnis kam völlig überraschend, denn Olga war, wenn auch auf freien Fuß gesetzt, eine Mitangeklagte in Kurts Prozeß, und es war ganz ungewöhnlich, daß man zwei Angeklagte miteinander sprechen ließ.

Sie interessierte sich für die Gründe, die zu dieser Erlaubnis geführt hatten, und fand bald heraus, daß Untersuchungsrichter Vogt, der den Fall bearbeitete, glaubte, besonders klug gehandelt zu haben. Sie durfte sich mit Kurt unterhalten, aber nicht im großen Besucherraum des Gefängnisses, sondern in der kleinen Vernehmungszelle neben Vogts Arbeitszimmer. Aus den Gesprächen, die er abhören ließ, hoffte er, belastendes Material gegen die Angeklagten zu erhalten.

Olga hatte sich so genau wie möglich über Vogt informiert und dabei in der »Roten Fahne« einen Kommentar von Wilhelm Pieck über diesen Herrn gefunden. Er schrieb, daß Vogt, ein fanatischer Kommunistenfresser, vom Oberreichsanwalt dazu ausersehen war, Belastungsmaterial für Kommunistenprozesse zusammenzutragen.

»Diese Aufgabe erfüllt er mit Eifer, aber offenbar auch in Überanstrengung seiner geistigen Kräfte«, hatte Genosse Pieck festgestellt.

Olga mußte lachen. Wenn Vogt durch Abhören ihrer Gespräche mit Kurt Material zu erhalten hoffte, so hatte er auch diesmal seine geistigen Kräfte überanstrengt.

Wie langsam ihr beim ersten Besuch die Zeit im Warteraum des Gerichtsgebäudes Moabit verstrichen war, bis sie Kurt vom danebenliegenden Gefängnis herübergeführt hatten! Sie wußte damals noch nicht, daß ein unterirdischer Gang das Gefängnis mit dem Gericht verband und zwanzig Türen in die Zimmer der zwanzig Untersuchungsrichter führten, neben denen die Vernehmungszellen lagen.

Endlich hatte ein Beamter sie aufgerufen. Sie betrat das Zimmer von Untersuchungsrichter Vogt. Er sah sie durchdringend an, und sie starrte ebenso durchdringend zurück. Als sie die Vernehmungszelle betrat, stand Kurt bereits hinter der Barriere. Er war blaß, und sein Gesicht war von der Gefängniskost aufgedunsen.

Olga reichte ihm beide Hände.

»Verboten«, schnarrte eine Stimme in der Ecke. Da erst hatte sie den Beamten bemerkt. –

Die Sonne war gewandert; Olga rückte mit geschlossenen Augen ein Stück weiter auf der Bank im Rondell, bis die Strahlen wieder ihr Gesicht wärmten.

Ein paar Ausrufe wurden laut, eine Bewegung erfaßte die Menschen, die sich durch die gemeinsame Beobachtung des kleinen Bootes verbunden fühlten. Das Schiffchen war untergegangen. Der Junge erklomm den Rand des Brunnens und fiel beim Griff nach seinem Spielzeug ins seichte Wasser. Alle Umsitzenden beteiligten sich an der langwierigen Unterhaltung, wie eine Erkältung in diesem Fall und im allgemeinen zu vermeiden sei. Olga öffnete die Augen, hörte den Nichtigkeiten zu und dachte, keiner von ihnen weiß etwas von Moabit, und wenn sie es wüßten, empfänden sie nichts dabei – aufrütteln müßte man sie.

Die Sonne verschwand hinter einer Wolke. Olga verließ das Rondell und ging langsamer als sonst nach Hause.

Abends bei Beginn der Dunkelheit kam ein Genosse sie besuchen. Alfred hatte rötlichblondes, dünnes Haar, lustige hellblaue Augen und einen schmächtigen Körper. Sie sprachen eine Stunde. Beim Abschied gaben sie sich etwas länger die Hand als üblich.

Nachdem sich die Tür hinter Alfred geschlossen hatte, tanzte Olga durch das Zimmer. Dann blieb sie stehen, streckte beide Arme in die Luft und sah so glücklich aus, als ob Kurt vor ihr stünde. Sie ließ die Arme sinken und holte Papier und Bleistift aus dem gemeinsamen Schreibtisch. Kein Draufgängertum, Olga, alles bis in die letzte Einzelheit überlegen!

Alfred ging indessen die Treppe hinunter und lächelte. Sie war die Richtige. Mit ihr konnte man Pferde und noch Besseres stehlen gehen. Während der nächsten Abende besuchte er sechs weitere junge Genossen, die einander nicht kannten. Er sagte zu jedem von ihnen zunächst nur drei Sätze: Die Partei braucht dich zu einer Sache, die vielleicht schlecht ausgeht. Machst du mit? Ist deine Familie versorgt, falls du dafür ins Gefängnis wanderst?

Die Genossen sagten zu. Niemand fragte nach Einzelheiten. Es waren alles Arbeiter und Kommunisten, zutiefst davon überzeugt, daß die Partei sie nicht ohne politischen Sinn, ohne wichtiges Ziel der unbekannten Gefahr aussetzte. Sie glaubten ebenso fest daran, als sie erfuhren, daß jeder von ihnen eine Waffe erhalten würde. –

Am sechsten April 1928 war Olga abends mit den Jugendfunktionären Neuköllns im Hinterzimmer bei Wilhelm Müller zusammen. Morgen wollten sie gemeinsam zum Jugendverbandstag nach Chemnitz fahren, den sie in wochenlanger Arbeit mit vorbereitet hatten. Die letzten Direktiven wurden durchgesprochen.

»Bis morgen früh«, verabschiedeten sie sich voneinander.

»Alles Gute in Chemnitz«, rief ihnen Wilhelm nach, »schade, daß *wir* nicht mehr jung sind.«

»Du *bist* jung«, sagte Olga eifrig, »hier drinnen«, und legte sich die Hand aufs Herz.

Am nächsten Morgen warteten die anderen vergeblich auf Olga, die sonst stets pünktlich war. Schließlich stiegen sie auf das Lastauto. Vielleicht würde Olga mit dem Zug nachkommen, oder sie fuhr nicht mit ihrer alten Gruppe, sondern mit der Bezirksleitung. Doch Olga kam nicht.

Am 10. April fuhren sie nach Hause zurück.

»Sie muß krank sein«, sagte Werner besorgt.

Der schwarze Paul wußte sofort, von wem er sprach.

»Wir gehen morgen zusammen hin«, schlug Werner vor.

»Ich gehe schon mittags allein«, sagte Paul, »du kannst doch erst nach Feierabend.«

Bei Olga öffnete ihm niemand.

Ich muß die Bezirksleitung informieren, dachte Paul. Auf dem Weg traf er Eri mit Käthe, der Olga einmal Mut zur Übernahme einer Funktion als junger Pionier gegeben hatte. Käthe war vierzehn Jahre alt und arbeitete seit dem 1. April als Laufmädchen bei einer Konfektionsfirma. Die drei blieben an der Straßenecke stehen und berieten über Olga. Die dünne, ständig frierende Käthe zog Paul und Eri zur Sonnenseite hinüber, wo der Zeitungskiosk Schutz vor dem Wind bot.

»Paß auf, Döskopp«, rief ein Junge auf einem Dreirad Käthe zu und bremste scharf.

»Selber Döskopp, kannst ja klingeln.«

»Doofe Trine!«

»Dämlicher Affe!«

Die Zeitungsfrau nahm dem Jungen einen großen Stoß »BZ am Mittag« ab. Seine Antwort hörte Käthe nicht mehr, sie starrte auf die Zeitung, riß sie der Frau aus der Hand und schrie auf. Eri, Käthe und Paul lasen mit ihr die erste Seite, und die Zeilen tanzten ihnen vor den Augen:

Mit Waffengewalt aus Moabit befreit – Untersuchungsgefangener entführt – die zwanzigjährige Olga Benario – heute um neun Uhr früh – Kommunistenüberfall im Zimmer des Untersuchungsrichters – Wild-West-Pistolen-Szene – in äußerst verwegener Weise durchgeführt – erregte enormes Aufsehen – in der Berliner Kriminalgeschichte einzigartig.

Die drei lasen, sie jubelten, sie strahlten, sie umarmten sich. »Unsere Olga ... Mensch, unsere Olga!«

18

Am 11. April frühmorgens befand sich der Untersuchungsgefangene Kurt auf seinem Tagesspaziergang von dreißig Minuten. Als Gefangener in Einzelhaft lief er unter Aufsicht eines Wachtmeisters allein seine Runden auf dem öden Hof. Neunmal im Karree – zehnmal im Karree – elfmal im Karree. Olga war über Ostern nicht gekommen. Ihr letzter

Besuch lag längere Zeit zurück. Inzwischen war ihm auf Wegen, die nur die Partei kannte, ein Kassiber zugegangen, der ihn auf den Versuch seiner Befreiung vorbereitete. Als Termin war angegeben worden: Wenn Olga eine Apfelsine bei sich trägt.

Dreizehnmal im Karree – mach dir keine Hoffnung, der Plan ist zu toll, vierzehnmal im Karree – mach dir keine Hoffnung, fünfzehntes Karree – mach dir keine ...

Der Wachtmeister rief: »Los, rein zum Untersuchungsrichter!«

Kurt sah entrüstet auf. Zehn kostbare Minuten wollten sie ihm von der kurzen Zeit an der frischen Luft stehlen. Sein Protest wurde mit gleichgültigem Schulterzucken beantwortet. Man führte ihn in die Zelle zurück. Dort wartete schon ein Wachtmeister, um ihn zum Untersuchungsrichter zu begleiten.

Während Kurt den unterirdischen Korridor vom Gefängnis zum Gerichtsgebäude entlangging, hatten sich sieben Besucher im Warteraum eingefunden. Sie trugen Papierchen bei sich, die bekundeten, daß Herr Sowieso »als Zeuge« in Sachen Sowieso zum Untersuchungsrichter Vogt bestellt war.

Drei der sieben Männer, darunter Genosse Alfred, saßen auf einer Bank, die anderen auf Stühlen. Im menschenleeren Korridor war ihnen ein achter Besucher begegnet, ein schlankes Mädchen mit Baskenmütze auf dem schwarzen Haar und einem geflochtenen Körbchen im Arm. Die Tür des Wartezimmers stand offen; Alfred konnte das Mädchen sehen; es stand vor der Tür des Untersuchungsrichters und sah gleichgültig durch Alfred hindurch.

Ihre Vorschläge waren ausgezeichnet, dachte er, auch neun Uhr früh als Zeitpunkt, wenn es noch leer im Gebäude ist, weil die verantwortlichen Mitarbeiter erst später kommen.

Er hatte Mühe, ein Lachen zu unterdrücken. Schönen Dank, Herr Untersuchungsrichter, daß Sie so oberschlau waren, die Zusammenkünfte des Genossen Kurt mit seiner Olga ins Gerichtsgebäude zu verlegen. Sie erleichtern uns unser Vorhaben enorm.

Alfred blickte seine sechs Genossen an: Der eine las Zeitung, der zweite rauchte, der dritte sah zum Fenster hinaus, der vierte schlief. Einer schien den anderen nicht zu kennen. Vor einer halben Stunde hatten sie sich vom Löwendenkmal aus in eine Lokal begeben, um die letzten Einzelheiten zu besprechen. Am schwierigsten war es gewesen, die Genossen davon zu überzeugen, daß die Waffen ungeladen bleiben müßten, daß nur das Überraschungsmoment eine Rolle spielen dürfe, daß geladene Waffen, selbst wen man sie nicht benutzte, den politischen Erfolg der Befreiungsaktion schmälern würden. Sie hatten keinen Terror- oder Racheakt vor. Ihr Ziel war nicht, auf Wachtmeister zu schießen, sondern es galt durch die Befreiung eines politischen Gefangenen die Arbeiterklasse aufzurütteln.

Alfred und die sechs Genossen waren nicht zum ersten Mal in dem Gebäude, sie hatten sich zuvor genau orientiert. Sie kannten Korridore, Treppen und unbewachte Nebenausgänge, die von Besuchern nicht benutzt wurden. –

Kurt betrat durch den unterirdischen Gang das Zimmer Vogts. Zu seiner Überraschung war der Untersuchungsrichter nicht anwesend. Gerichtsschreiber Schmidt empfing ihn und wies ihn in die nebenan liegende Vernehmungszelle: »Ihre Braut kommt.«

Kurt schlug das Herz. Er stellte sich hinter die Barriere, die das Besuchszimmer in zwei Hälften teilte und zwang sich, ruhig stehenzubleiben. Mach dir keine Hoffnung – mach dir keine Hoffnung! Oberwachtmeister Neckin saß zwei Schritt entfernt von ihm.

Alfred beobachtete vom Warteraum aus, wie sich die Tür zum Zimmer des Untersuchungsrichters öffnete und Olga hereingerufen wurde. Er sah auf die Uhr.

Zwei Minuten nach neun. Olga betrat die Sprechzelle. Sie trug das Kleid mit den weiten Ärmeln und der schmalen Borte um den Hals, das ihr so gut stand, und begrüßte Kurt mit strahlendem Lächeln. Er sah sie voller Spannung an und biß die Zähne vor Enttäuschung zusammen.

Aus!

Es wurde heute nichts, so ruhig und entspannt konnte selbst Olga bei einem derartigen Unterfangen nicht aussehen.

92

Sie schob sich die Baskenmütze zurecht und bot Neckin einen schönen guten Morgen. Wie sie zu flirten verstand, wie kokett sie den Beamten ansah! Olga lächelte noch immer, griff in die Handtasche und wandte sich an den Polizisten:

»Bitt schön, Herr Justizoberwachtmeister, darf ich meinem Verlobten eine Apfelsine geben? Schauen's, es ist nichts drin versteckt, ich mach sie auch auf.«

Sie schälte die Frucht mit ruhiger Hand und hielt dabei einen kleinen Vortrag über die Bedeutung der Vitaminkost im Frühjahr.

Während des Schälens beobachtete sie ihre Armbanduhr: neun Uhr fünf ... In derselben Sekunde erhob sich Alfred, klopfte an Vogts Zimmertür und betrat nach einem kräftigen »Herein« den Raum. Die Tür ließ er offen. Alfred verwickelte den Gerichtsschreiber Schmidt höflich und ein wenig langatmig ins Gespräch, bis die anderen sechs ihm gefolgt waren und die Tür hinter sich geschlossen hatten. Erst als alle sieben im Raum waren, veränderte sich Schmidts bisher gleichgültiger Beamtenblick. Er stützte die dicken, kurzen Hände auf den Schreibtisch und erhob sich. Zu spät! – Bevor er das Alarmsignal geben konnte, richteten sich drei Pistolenläufe auf seine Brust und ein gewaltiges »Hände hoch!« nahm ihm jede Kraft zur Tat.

Im gleichen Augenblick zog Olga den Revolver und bedrohte Neckin. Kurt setzte über die Barriere, sie faßten sich an den Händen und rannten durch den Nebenraum in den anliegenden Korridor. Die Genossen betraten die Zelle und drängten Neckin, der das gellende Alarmsignal gab, in die Ecke. Sekunden später befand sich das ganze Gerichtsgebäude in tosendem Aufruhr. Überall brüllte und pfiff es. Das Echo in den Gängen war so stark, daß niemand wußte, wo der Lärm angefangen hatte. Die Beamten liefen in rasendem Tempo die Korridore entlang, stolperten übereinander und liefen sich auf den Treppen um. Niemals hatte es in der Geschichte des ehrwürdigen Gerichtsgebäudes einen solchen Tumult gegeben. Die sechs Genossen rannten, sobald Kurt und Olga genügend Abstand gewonnen hatten, auf einen Wink Alfreds zu den verschiedenen Ausgängen. Während Alfred als letzter auf den Flur trat, hatte sich ein Gerichtsbeamter genügend gefaßt, um das zwischen Korridor und Ausgang befindliche Scheren-gitter zuzuziehen.

»Halt, Mann!« rief Alfred. »Ich muß da noch durch.«

Der erregte Wachtmeister warf einen Blick auf den Herrn mit Hut, dunklem Mantel und Aktentasche.

»Aufmachen!« befahl Alfred mit einer Stimme wie Napoleon, und Befehl ist Befehl – der Wachtmeister zog das Gitter zurück, Alfred lüf-tete dankend seinen Hut und verschwand.

Nur einer der sechs Genossen konnte nicht entkommen, die Beam-ten hatten im Gebäude seine Verfolgung aufgenommen.

Alfred stellte draußen fest, daß der Wagen, mit dem Olga und Kurt fliehen sollten, nicht mehr am Standort war, und entfernte sich beru-higt durch einige Nebenstraßen. Währenddessen saß Olga – zum ersten Mal blaß und unruhig – allein im Auto. Auf der Flucht durch die Kor-ridore war sie von Kurt getrennt worden. Das Auto konnte nicht länger warten, es wäre sinnlos, die Verhaftung herauszufordern. Der Genosse Fahrer hatte den Auftrag, sich sofort zu entfernen.

Kurt war inzwischen durch einen der drei vorhandenen Nebeneingän-ge in die Rathenower Straße entkommen. Er wußte nicht, wo das Auto stand. Nun befand er sich ohne Papiere, ohne einen Pfennig Geld und ohne eine Unterkunft außerhalb der Gefängnismauern.

Wenn der Polizeiapparat im Gerichtsgebäude nicht den Kopf verlo-ren hätte, wäre es ein leichtes gewesen, Kurt durch Streifen wiederein-zufangen, aber niemand kam darauf, Streifen auszuschicken. Im Gebäu-de selbst rannte noch lange alles durcheinander, während Kurt, in den belebten Straßen untertauchend, sich zu Genossen durchschlug.

Die Befreiung war das Gesprächsthema von ganz Berlin – alle Zeitun-gen berichteten in riesigen Schlagzeilen darüber, und die Arbeiter jubelten. So herzlich und einmütig hatten sie sich lange nicht gefreut.

Die Neuköllner KJ redete von nichts anderem. Sobald die Zeitungen im Bezirk erschienen, waren sie ausverkauft.

»Berlin, den 12.4. Die Berliner politische Polizei traf sofort alle Maß-nahmen zur Ergreifung des Entführten ... Justizoberwachtmeister

Nr. 100 — 10 Pfennig — 15 Pfennig

B.Z. am Mittag

Berliner Zeitung — 51. Jahrgang

Berlin — Mittwoch — 11. April 1922

Mit Waffengewalt aus Moabit befreit

Untersuchungs-Gefangener Redakteur Braun entführt

Kommunistenüberfall im Zimmer des Untersuchungsrichters

Wegen Hochverrats

Seit 1½ Jahren in Untersuchungshaft

Amerika sendet 50 Millionen Dollar

Eigener Funkspruch

Wildwest-Pistolen-Szene

Wie der Ueberfall ausgeführt wurde

"Hände hoch"

Im Erdgeschoß von Moabit

Verfolgung eingeleitet

Protest Japans in Moskau

Wegen Unterstützung der roten Verschwörung

Eigene Drahtung

Tokio, 11. April

Marx und Wirth

Spitzenkandidaten des Zentrums

Köln, 11. April

Neckin sieht sehr blaß aus. Schmidt drückte man den Pistolenlauf so wuchtig auf den Kopf, daß ein rotes Mal blieb ... Bisher gibt es noch keine Spur von den Entkommenen. Sämtliche Polizeistationen in Berlin, alle Grenzstationen im Reich sind alarmiert ...«

»13.4. Mitteilungen aus Kreisen des Publikums, nach denen sich der geflüchtete Häftling und seine Braut in Berlin verborgen halten, haben sich als falsch erwiesen ... Ein großes Aufgebot von Beamten ist unterwegs ... Allen Fingerzeigen wurde nachgegangen ... Es wurde keine greifbare Spur gefunden ...«

»14.4. Das Polizeipräsidium hat alle Hilfsmittel der modernen Kriminalistik angewandt, um die Verfolgung der Flüchtigen durchzuführen. Sie sind wie vom Erdboden verschwunden.«

Wie vom Erdboden verschwunden – das waren sie für die Schar ihrer wütenden Verfolger. Dafür sorgten die Berliner Arbeiter, die ihre gefährdeten Genossen verbargen und schützten. Olga und Kurt wohnten getrennt; alle paar Tage wechselten sie das Quartier. Dutzende wußten um ihren Aufenthalt, aber auch als Fotografien an allen Litfaßsäulen erschienen und fünftausend Mark Belohnung für ihre Ergreifung oder Mitteilungen über sie ausgesetzt wurden, fand sich keiner, der sie verriet. Fünftausend Mark – das war weit mehr, als der Arbeiter in einem Jahr verdiente.

In allen Kinos wurden Olgas und Kurts Bilder gezeigt, und jedes Mal brauste in den Arbeiterbezirken der Beifall durch den Saal.

An den Litfaßsäulen blieben die Fahndungsplakate nicht lange hängen. Schon früh am Morgen war die KJ in allen Bezirken auf den Beinen. Es schien ein Wettbewerb ausgebrochen, wem es gelänge, die Plakate am schnellsten und geschicktesten zu beseitigen. Die vom Prenzlauer Berg benutzten hauptsächlich ihre Hausschlüssel, um die Bilder zu zerfetzen. Die Neuköllner klebten breite Streifen darüber mit dem Aufdruck: »Der größte Schuft im ganzen Land ist und bleibt der Denunziant!« In Schöneberg schlich man den Klebern lautlos hinterher, löste die noch frischen Plakate von den Säulen und lieferte sie stoßweise bei der Berliner Bezirksleitung ab.

Käthe lief frühmorgens den Kottbuser Damm herunter, bog in die Oranienstraße ein und ging weiter bis zu ihrer Firma in der Jerusalemer Straße. In der Hand hielt sie ihre Nagelfeile. Bei der ersten Litfaßsäule blickte sie scheu nach rechts und links. Das Herz schlug ihr laut, obwohl die eigene Tat klein erschien im Vergleich zu der Olgas, die vom Plakat auf sie schaute. Sie holte tief Atem, und schon hingen die Papierfetzen des Steckbriefs herunter. »Richtig, Mädel«, sagte die Stimme eines Arbeiters hinter ihr. Bald sah sich Käthe gar nicht mehr um, ein Plakat nach dem anderen verschwand von den Säulen. Sie ärgerte sich, wenn der Steckbrief so hoch geklebt war, daß sie ihn nicht erreichen konnte, und nahm sich vor, während des Nachhausewegs in der Mittagspause die Säulen auf der andern Straßenseite zu bearbeiten. Atemlos, in letzter Minute vor Arbeitsbeginn, kam das Laufmädchen in den Betrieb und wurde sofort in die Kochstraße geschickt, ein Modellkleid abzuholen. »Beeil dich«, schärfte ihr der Botenmeister ein. Sie beeilte sich. Mit dem Modellkleid über dem Arm trat sie den Weg zurück zur Firma an. Olgas Steckbrief-Plakat war auch im Zeitungsviertel schon zum größten Teil abgerissen. Doch hier an der einen Ecke hing es noch. Auf Zehenspitzen konnte Käthe es erreichen. Die Nagelfeile trat in Aktion. Da erklang eine Stimme hinter ihr: »Was machen Sie denn da?«

Käthe fuhr herum.

»Kommen Sie mit!«

Blaß vor Schreck lief sie neben dem Polizisten her, der sie aufs Revier brachte. Ein Glück, daß sie zusammen mit Max das Buch »Wie verteidigt sich der Proletarier« von Felix Halle gelesen hatte. »Schweigen, nichts aussagen«, stand dort immer wieder.

Auf dem Revier wurde sie so angeschrien wie noch nie in ihrem Leben. Sie erschrak furchtbar. Doch als auf den Wortschwall der Beschimpfungen die Frage nach Namen und Adresse folgte, preßte sie das Modellkleid fest an die Brust und schwieg. Es dauerte nur eine Minute, bis man die Monatskarte für die Straßenbahn gefunden hatte und beides wußte. Sie wurde freigelassen, der Strafbescheid von sechzig Mark – das war mehr als ein Monatsgehalt – ging ihr später zu.

Bei ihrer Firma angekommen, mußte sie neue Beschimpfungen über sich ergehen lassen. Was fiel ihr ein, so lange unterwegs zu bummeln, und warum war das Modellkleid so zerdrückt?

Doch sie trug solchen Ausdruck von Abwesenheit im noch blassen Gesicht, daß die Schimpfenden von ihr abließen. »Das neue Laufmädchen scheint nicht alle Tassen im Schrank zu haben«, sagte der Botenmeister zum Pförtner.

Olga, dachte Käthe, für den Kommunismus und für dich hab ich's gemacht. Max, wenn du's wüßtest, du würdest zufrieden mit mir sein.

Aber Max war, als dies geschah, weit fort. Er weilte als deutscher Delegierter auf der Internationalen Kinderkonferenz in Paris. Alle Sprachen wurden um ihn her gesprochen, soviel Fremdes stürmte auf ihn ein, Kinder aller Länder versuchten, sich mit ihm zu unterhalten. Er stand ein wenig verloren mit seiner Gruppe an einer Omnibushaltestelle. Ein alter Mann mit schwarzer Baskenmütze und einer riesig langen Weißbrotstange unter dem Arm las wartend die Zeitung, und auf der Titelseite – Max verschlug es den Atem – war das Bild von Olga. Er zupfte den alten Herrn am Ärmel und begann aufgeregt mit ihm zu sprechen. Der Weißbärtige schüttelte den Kopf über den fremdsprachigen Wortschwall. Ein Dolmetscher kam dem kleinen Blondschopf zu Hilfe. Der Omnibus hielt; die Kinder und auch der Alte ließen ihn weiterfahren. Sie lauschten der Geschichte von Olga, und Max wurde Mittelpunkt und Held, weil er die Olga, dieses wunderbare Mädchen, kannte.

Olga und Kurt lebten namenlos und isoliert – sie durften aus den kleinen Hinterzimmern und Dachkammern nicht hinaus ins Freie –, und doch erreichten sie die Begeisterung und die Solidarität, die diese Tat unter der Arbeiterschaft ausgelöst hatte.

Tausende von Polizeibeamten suchten die beiden. Ein Dutzend Mal am Tag bekamen die Kriminalbeamten in Zivilkleidung, die vor Kurts und Olgas früherer Wohnung standen, von alten Arbeitern, frechen kleinen Lehrlingen und Müttern mit Säuglingen zu hören: »Da könnt ihr lange warten, die erwischt ihr nicht!«

Nachdem bekannt wurde, daß die Waffen, mit denen die Kommunisten den Wachtmeistern gedroht hatten, ungeladen gewesen waren, freuten sich sogar die Pazifisten über die Befreiung. Hoffentlich gelingt es der Polizei nicht, ihre fünftausend Mark loszuwerden, schrieb ihre Presse. Demokratisch gesinnte Bürger, denen die Ungerechtigkeit der Inhaftierung Tausender politisch links Stehender und das Wachsen der faschistischen Gefahr nicht zusagten, gaben ihrer Sympathie in Schreiben an die Partei Ausdruck.

Schließlich erschien in einem bürgerlichen demokratischen Blatt als Antwort auf die wüsten Beschimpfungen der Rechtspresse ein gemessener Artikel des Rechtsanwalts Dr. Benario, in dem er betonte, daß er von solch einer Aktion Abstand nehme, auch wenn es sich um die eigene Tochter handle, aber andererseits seien nicht Verbrecher am Werke gewesen, sondern übermütige Jugendliche.

Olga las den Artikel des Vaters. Sie war lange nicht zu Hause gewesen. Nun war es gänzlich ungewiß, wann sie ihn wiedersehen würde. Und doch – beim ersten Treffen gäbe es sofort wieder Streit.

»Du warst doch in Berlin – kanntest du sie?« fragte ein Matrose den Schiffsheizer.

»Berlin ist groß – wie soll er sie grad getroffen haben«, sagte der Maschinist.

»Na, weil er doch auch Kommunist ist.«

Der Schiffsheizer wischte sich mit dem grauen Taschentuch über die Stirn.

Olga, meine Olga, ich habe so versucht, dich zu vergessen – aber du läßt es nicht zu. – Wie sie sich alle freuen werden in der KJ.

Der Kieler antwortete lächelnd: »Ob ich sie kannte oder nicht – sie ist ein prächtiges Mädel!«

Für Kurt bedeutete in der noch immer begrenzten Freiheit alles Erfüllung: der Blick auf den Hof aus einem Fenster ohne Gitter, der Blumenstrauß im Zimmer, das frische Obst in der Schale, die Bücher zum Lesen, die Stimmen der Genossen, bei denen er wohnte. Fragten sie ihn nach seinen Wünschen, schüttelte er den Kopf. Nur einmal sagte er: »Olga sehen.«

Es war gegen die Regeln der Sicherheit, und die Genossen hätten es nicht tun dürfen ...

Als Kurt wieder das Quartier wechselte und den fremden Raum im fremden Haus betrat, stand Olga am Fenster.

Was bedeutete es, daß sie nur die wenigen Stunden der Dunkelheit zusammen sein durften, daß eine Zukunft voll Ungewißheit und Gefahr vor ihnen lag. Nur die Gegenwart zählte.

DRITTES KAPITEL

1

Der Zug hielt an der Grenze.

Der Rotarmist, ein kräftiger Bauernjunge aus der Ukraine – gleichmütig freundlich und nicht leicht aus der Fassung zu bringen –, legte die breite, sommersprossige Hand um den Ledergurt, der den Uniformkittel zusammenhielt. Seine Augen blickten lange in dieselbe Richtung, Röte überzog sein Gesicht, und die hellen Wimpern senkten sich. Dieses Mädchen am Abteilfenster sah ihn unentwegt an.

Sie hatte jedoch gar nichts Freches oder Unverschämtes an sich, dazu sah sie zu glücklich aus. Ihm wurde heiß in der Uniform.

Als der Zug anfuhr, beugte sich Olga aus dem Fenster und winkte ihrem ersten Rotarmisten zu, bis Gebäude ihr die Sicht versperrten. Dann begann sie zu singen: »Aber der Wagen, der rollt – in die Zukunft – in den Kommunismus.«

Sie zogen in das Haus, in dem die Mitarbeiter der Kommunistischen Jugendinternationale wohnten. Nachdem Kurt die Koffer in den Fahrstuhl geschoben hatte, stiegen noch so viele Menschen ein, daß es kaum mehr gelang, die Gleittüren zu schließen. In diesem Gedränge erklang eine helle Stimme, die den einen italienisch, den anderen spanisch, den dritten russisch und den vierten dänisch begrüßte. Als Olga mit Kurt deutsch sprach, ertönte ein freundliches »Guten Tag – Rot Front«. Zwei runde schwarze Augen in einem kleinen, runden Gesicht sahen Olga vergnügt an. Der Fahrstuhl leerte sich, die Lustige mit der hellen Stimme stieg ebenfalls im vierten Stock aus. Ihr langer, dicker Zopf, fast zu schwer für die kleine Figur, war ebenso schwarz wie ihre Augen. Und weil sich die Mädchen gegenseitig gefielen, blieben sie im Gang stehen, während Kurt die Koffer in das Zimmer schleppte.

»Du bist aber ein Sprachgenie«, sagte Olga.

Das Mädchen erwiderte lachend: »Ich kann nur Deutsch und Russisch und dann noch Armenisch, weil ich von dort bin. Aber die Komsomolzen der KJI lernen alle Begrüßungen, damit sich jeder hier gleich zu Hause fühlt. Wir haben einen Türken, der kann zwanzig verschiedene ›Guten Morgen‹.«

Nein – sie wohne nicht hier, aber sie arbeite bei der KJI und lebe mit Mutter und Schwester in der Nähe. Da sie Deutsch könne, würde sie Olga gern helfen, sich zurechtzufinden.

»Drei Tage sprechen wir deutsch und dann russisch – eisern nur russisch«, sagte Olga.

»Es gibt hier Deutsche, die können nach sechs Monaten erst ein paar Sätze.«

»Traurig!« –

Olga stand mit Kurt in dem schmalen Zimmer. Die Koffer lagen zwischen den Betten, es roch dumpf und ungelüftet. Der Blick fiel durch ein Fenster, auf dem der Regen Streifen hinterlassen hatte, in den Hof. Kurt und Olga hielten sich an den Händen.

»Frei« – Kurts Stimme war heiser. »Zum ersten Mal frei!«

Später, als sie die Koffer auspackten und begannen, sich einzurichten, sagte Kurt: »Ich habe eine Überraschung für dich.«

Sie quälte ihn mit Fragen – aber er ließ sie raten, bis sie vor Ungeduld anfing, böse zu werden.

»Ich soll ein paar Wochen zur Erholung ans Schwarze Meer, und du darfst mit.«

Er sah das Glimmen der Freude in ihren Augen. Durch die Sowjetunion reisen, am heißen Strand liegen, im Meer schwimmen, nach der langen Trennung mit Kurt allein sein! Sie hatte in diesem Jahr noch keinen Urlaub gehabt, in den ersten Frühlingswochen, die sie so liebte, hielt sie sich – Gefangene der Illegalität – in Hinterzimmern verborgen, bis die Flucht in die Sowjetunion gelang.

»Können wir gleich los?« fragte sie in kindlicher Erwartung und holte tief Luft, als ob sie bereits die von den Wellen herangetragene Brise atme. Aber Kurt sollte erst vierzehn Tage zum Ausruhen und zu Untersuchungen ins Krankenhaus – die Haft hatte Spuren hinterlassen.

»Das ist gut so für dich«, sagte sie, »und ich kann mich inzwischen an den Ablauf des Lebens hier gewöhnen; vom Urlaub komme ich dann schon in ein vertrautes Leben zurück.«

Kurt strich ihr übers Haar. Sie stellt sich in Sekunden um, und immer gleich bejahend – auch darin das Gegenteil von einem Spießer, der sich nicht ohne Lamentieren von seiner Umgebung, seinen Gewohnheiten oder einmal gefaßten Plänen löst.

Sie wohnten im Seitenflügel des vierten Stocks, und wieder einmal mußte Olga einen häßlichen Raum – diesmal war es ein langgestrecktes, schlauchähnliches Zimmer – in ein Heim verwandeln. Noch an demselben Abend entstand aus den zwei Betten eine rechtwinklige Sitzgelegenheit, das Waschbecken und der Schrank verschwanden hinter einem Vorhang; ein paar bunte Tücher und Bilder gaben dem Raum Wärme und Wohnlichkeit. –

Olga hatte sich selbst und die neue Umgebung falsch eingeschätzt. Es blieb keine Zeit für das allmähliche Sichgewöhnen; das Leben stürmte auf sie ein, und da Olga den Sturm liebte, genoß sie diese ersten bewegten Tage mit ihren unerwarteten Anforderungen und tiefen Eindrücken. Sie hatte bei ihrer Ankunft nicht gewußt, daß ihre Befreiungstat auch in der Sowjetunion bekannt war. Es überraschte sie, als sie gebeten wurde, auf einer Tagung davon zu sprechen.

Zu ihrer ersten Versammlung in Moskau – es war eine Zusammenkunft des Komsomolaktivs der Stadt – kam Olga wie auf der ersten Versammlung des KJVD in Berlin durch eine falsche Information zu spät. Mali, das Mädchen mit dem langen Zopf, begleitete sie. Der Saal war voll besetzt, der Redner sprach bereits. Ein paar Jugendliche rückten auf einer Bank zusammen, um den Nachzüglern Platz zu machen.

Mali bemühte sich zu übersetzen. Olga hörte der Rede mit gespannter Aufmerksamkeit zu. Jedesmal, wenn sie ein paar Worte verstanden hatte, stieß sie Mali an und flüsterte aufgeregt: »Ist mir klar – nichts sagen, hab's begriffen.«

Erst als der Inhalt komplizierter wurde, konzentrierte sie sich auf die Übersetzung.

Sie hatte schon in Deutschland vieles von den riesigen Aufgaben der Sowjetunion, vom Übergang des Agrarlandes zum Industrieland, von der Kollektivierung der Landwirtschaft gewußt; sie hatte die Vorbereitung des ersten Fünfjahrplanes verfolgt. Aber nun saß sie zwischen jenen, auf deren Schultern diese Arbeit lag. Was brachten sie mit, um so ungeheuer viel zu leisten? Ihre Fäuste und den Willen, ein Ziel, an das sie mit glühender Begeisterung glaubten, zu erreichen.

Olga wollte sofort jedes Problem kennenlernen.

»Genauer«, forderte sie ungeduldig. »Du läßt aus, du sagst alles so kurz, er spricht viel länger.« Sie wies auf den Redner. »Hat er das wirklich so gesagt? – Aufs Dorf gehen, den Kampf gegen die Kulaken aufnehmen – der Dorfarmut helfen? – Nicht ein bißchen ausführlicher?

Was war das? – Jeder Komsomolze soll einen Analphabeten lesen und schreiben lehren – nicht gruppenweise? – Doch? – Schreib dir's auf – erklär mir's hinterher«, sie zog an Malis Zopf wie an einem Glockenseil.

»Kampf dem Bürokratismus im Staatsapparat? Was sagt er konkret darüber?

Mali beschwerte sich. So könne man überhaupt nicht übersetzen – sie mache die Menschen verrückt. Olga sah das sofort ein, streichelte Malis Schulter und fragte zwei Minuten später schon wieder: »Ist der Leningrader Komsomol euch also voraus? – Nein? – Aber dann hast du nicht genau übersetzt.«

Ein Raunen begann in ihrer Nähe.

»Siehst du«, flüsterte Mali, »du störst alle.«

Das Gemurmel ergriff die Bank hinter ihnen. Die zwei Jugendlichen neben Olga standen auf und verschwanden. Ein Genosse trat in die Tür und winkte; anscheinend sollten sie aus dem Saal gewiesen werden. Während der Redner die letzten Worte sprach, ging Olga betroffen mit Mali hinaus.

Sekunden später stand sie auf der Tribüne, und eine Stimme sagte neben ihr:

»Ich habe eine besondere Überraschung für euch, die deutsche Komsomolzin Olga Benario, über deren mutige Befreiungstat ...«

Im Bruchteil eines Atemzuges waren sie alle aufgesprungen, die mageren Körper in den schlechtsitzenden Jacken strafften sich, die Gesichter strahlten, und das Klatschen schien den Raum zu sprengen.

Olga stand fassungslos mit gesenktem Kopf vor den Genossen, noch immer brauste es durch den Saal.

Vielleicht waren die Berichte hier übertrieben angekommen, es gab doch gerade hier in diesem Land tausendmal größere Dinge als ihre kleine Einzeltat – sie mußte das richtig stellen.

Drei, vier, fünf Minuten – noch immer klatschten sie.

Olga hob den Kopf.

Für diese Jugend stand sie hier als Teil des deutschen Verbandes, der, verfolgt und unterdrückt, für den Kommunismus kämpfte. War es nicht schön, daß die russischen Komsomolzen, von deren eigenen großen Sorgen und Problemen sie soeben gehört hatte, sich derart dafür begeistern konnten, daß ein deutsches Mädchen unter den Augen der reaktionären Polizei einen Gefangenen befreit hatte?

Olga hielt keine lange Rede. Was sie sagte, kam aus tiefstem Herzen. Die Genossen stürmten auf die Bühne, umarmten und küßten sie.

Nach dieser Versammlung konnten Olga und Mali sich nicht gleich trennen.

»Mach Kaffee«, bat Olga, als sie ihr Zimmer erreicht hatten.

Mali schüttelte den Kopf: »*Du* bist doch hier die Hausfrau.«

Olga riß die Augen auf: »Ich Hausfrau? – Eigentlich hast du recht, aber weißt du, dir liegt das mehr. Ich mahle, und du brühst auf.«

Doch mitten im Drehen stellte sie die Mühle beiseite, setzte sich mit untergeschlagenen Beinen aufs Sofa und fragte, den Mund voll billiger saurer Bonbons, die sie am zweiten Tag in Moskau entdeckt hatte: »Was kann denn der Komsomol praktisch tun, um die Lebensmittelversorgung ...«

Mali wehrte sich: »Wozu brauchst du eigentlich Kaffee – du bist so schon viel zu lebendig, diskutierst, als ob du morgen ein Referat über die Arbeit des Komsomol halten sollst.«

Olga sah sie vorwurfsvoll an. »Mir wirbelt alles im Kopf herum. Sie verpflichten sich, Analphabeten zu lehren, selbst Agronomen, Ingenieure, Ärzte zu werden, in den Fabriken zu arbeiten, auf dem Lande zu helfen. Ich will das ›Wie‹ genau wissen und alles möglichst schnell verstehen.«

»Lobenswert, aber in dem Tempo, da bist du bald am Ende.«

»Nein, gerade dabei lebe ich.«

»Hör mal, den Kaffee mahlst du selbst.«

»Wunderbar, so eine wie dich brauche ich«, erwiderte Olga.

Sie griff gehorsam zur Mühle, während sich Mali den Arbeitsplan ansah. »Viermal sollst du in dieser Woche sprechen – ist das nicht ein bißchen zuviel?«

»Wie kann ich nein sagen?«

2

Auf allen Versammlungen war es das gleiche. Überall wurden Olga Begeisterung und Verehrung entgegengebracht. Mali hatte mit ihrer eigenen Arbeit zu tun und begleitete Olga erst wieder, als sie den »Elektrosawod« besuchte. Sie blieben lange dort, denn Olga beließ es nicht einfach bei dem, was sie zu sagen hatte, sondern sprach mit den jungen Arbeitern über ihren Betrieb, stellte Fragen und ließ sich die Antworten genau übersetzen.

»Jetzt eine Bank und frische Luft«, sagte Mali, als sie endlich ins Freie traten. »Du siehst auch tüchtig müde aus.«

»Ja, merkwürdig, wie mich das Redenhalten anstrengt; in Deutschland war's dasselbe, ich fühle mich hinterher immer wie erledigt.«

Sie hakte die Freundin unter.

»Vielleicht ist es auch nicht merkwürdig. Ich glaube, wenn man Achtung vor den Menschen hat, dann gibt man jedes Mal sein Bestes, und das strengt an. Hundert Augenpaare folgen dir – hundert Gehirne und Herzen warten auf das, was du zu sagen hast. Wie kann man die Gelegenheit, als Kommunist zu sprechen, mit Routine oder Phrasen vorbeigehen lassen? Und wenn du willst, daß der Funke zündet, dann mußt du die Flamme sein – dabei verbrennt ein Stück von dir.«

Mali drückte Olgas Arm.

»Und wie sie dir zuhören! Weißt du, was mir am besten gefällt? – Daß all die Ehrungen dir nicht den Kopf verdrehen. So – jetzt nehme ich dich erst mal mit zum Gorkipark – da ruhen wir uns aus.«

Olga dachte an den Englischen Garten in München.

»Ist er auch nicht zu parkig? Ich habe echte Natur lieber.«

Mali lachte. »Es ist unser Kulturpark und gerade eröffnet. So etwas haben wir noch nie gehabt.«

Gleich hinter dem Eingang leuchtete ein riesiges buntes Blumenrondell, große Rasenflächen wechselten mit schattigen Baumgruppen, gerade lange Alleen durchschnitten das Grün. Auf den Bänken saßen Lesende mit Büchern aus der Parkbibliothek. Auf einem großen freien Platz, umgeben von grünen Büschen, standen Dutzende von Schachtischen; an jedem Tisch saßen Spieler, und schweigende Zuschauer spielten in Gedanken mit. Kinder hörten einem Geschichtenerzähler zu, große Plakate gaben Vorträge, Kino- und Theatervorführungen im Park bekannt.

»Wenn ich mal schlechte Stimmung habe, fahre ich hierher, dann vergeht sie«, sagte Mali. »Es gibt Tage, da kommen mehr als hunderttausend, viele von ihnen konnten vor zehn Jahren noch nicht lesen; Theater und Vorträge haben sie überhaupt nicht gekannt.«

»Der Park ist prächtig«, sagte Olga.

Auf der Suche nach einer Bank entdeckte sie einen Schießstand und ging sofort darauf zu. Von zwanzig Schüssen trafen vierzehn ins Schwarze. Als ihr Geld verbraucht war, borgte sie sich welches von Mali. Beim fünfzigsten Schuß erinnerte Mali die Freundin: »Du warst doch eben noch müde.«

»Vorbei«, sagte Olga.

Als sie endlich eine leere Bank gefunden hatten, kam Olga noch einmal auf den »Elektrosawod« zu sprechen: »Erhöhung der Produktion, Stoßbrigaden, Wettbewerbe – wieviel ich noch über so wichtige Dinge zu lernen habe.« Sie seufzte.

»Ich staune, wie rasch du lernst.«

»Antworte russisch«, sagte Olga. Ihre Unterhaltung wurde kompliziert, weil jedes zweite Wort auf deutsch und russisch gesagt werden mußte. Sowenig dies Olgas Temperament entsprach – sie hielt durch bis zum Schluß. Dann sagte sie, die lange Allee hinunterblickend, auf deutsch: »Weißt du, ich möchte rennen.«

»Gut – einverstanden, aber dann schon um die Wette.«

»Das wäre nicht gerecht, wo meine Beine doppelt so lang sind wie deine. – Vielleicht mit Vorgabe für dich?«

Doch dazu war Mali zu stolz. Der kleine Teich war das Ziel. Olga kam zuerst an; aber Mali hielt sich wacker, ihr dicker Zopf flog hin und her, sie rannte mit verblüffender Schnelligkeit und Anmut. Am Teich hielten sie einen Augenblick inne und schlenderten dann den Sandweg am Moskwafluß entlang. Als sie die Leninberge erreichten, setzten sie sich an den Rand einer Wiese.

»Du hast's gut«, sagte Olga.

»Nanu – wieso?«

»Du bist nicht so groß und schlaksig und häßlich.«

»Was? Hab ich richtig gehört?«

»Ja.«

»Wiederhol's.«

»Einmal genügt's.«

»So ein Unsinn, und noch dazu von dir.«

»Monatelang denke ich nicht an so was, und dann ärgert's mich plötzlich. Und wie du hier so angeflogen kamst – klein, zierlich, anmutig –, sonst merk ich's draußen fast nie, aber in Zimmern, da komm ich mir oft zu eckig und zu lang vor.«

Mali war sprachlos.

»Ich habe nicht gewußt, daß du so entsetzlich dumm sein kannst«, sagte sie schließlich. »Jedenfalls habe ich selten jemanden getroffen, den ich so gern angucke wie dich. Überhaupt, was für eine Litanei – das will ich nicht wieder von dir hören. – Wie alt bist du eigentlich?«

»Zwanzig«, antwortete Olga seufzend. »Ich weiß selbst nicht, was heute mit mir los ist. Weißt du, ich stehe mit so vielen Genossen ausgezeichnet, überall hab ich Freunde, aber ein Heim, wo ich mich richtig wohl gefühlt habe, das hab ich nur kurze Zeit in München gekannt – bei einer Arbeiterfamilie in der Laubenkolonie. Zu Hause hatte ich's nicht, und unsere Berliner Zimmer mußten wir oft wechseln.

»Olga, wenn du mich besuchen willst, wir würden uns sehr freuen. Der Mutter hab ich schon von dir erzählt.«

»Und Kurt kommt mit.«

»Natürlich – dadurch, daß ich dich immer allein sehe und du so ein selbständiger, ausgefüllter Mensch bist, hab ich nicht an ihn gedacht.«

»Viele Genossen scheinen anzunehmen, selbständige Mädchen brauchen keinen zum Lieben – sie reservieren das für abhängige Nurhausfrauentypen. Bloß weil ich in den achtzehn Monaten, die er saß, nicht gejammert habe, weil ich das Lachen nicht verlernt hab, glaubten die Genossen, die Trennung war leicht für mich.«

»Olga, ich weiß natürlich, daß du ihn liebst – hast ihn dir ja sogar aus dem Gefängnis geholt.«

»Das war Liebe und Parteiauftrag zugleich.«

»Was für eine Mischung.« Mali lachte.

»Manchmal ist's schwierig, zu entscheiden, wie man mischen soll. Da fordert die Partei; aber da fordern auch private Wünsche, und beides stimmt nicht überein.«

Mali, die sich lang ausgestreckt hatte, stützte sich auf den Ellbogen und sah Olga an.

»Gerade bei dir hab ich gedacht, du kennst solche Konflikte gar nicht – stellst die Partei immer voran.«

»Tu ich auch, aber nimm mal folgendes: Kurt rechnet damit, daß wir zusammen in Urlaub gehen, und der Komsomol hat ein ganzes Redeprogramm für mich vorgesehen.«

»Das kann doch vier Wochen warten. Du hast dich so auf die Ferien gefreut.«

»Aber dem Komsomol scheint gerade jetzt daran zu liegen, und ich möchte nicht so kurze Zeit nach meiner Ankunft um Urlaub bitten.«

Der Fluß schimmerte durch die Bäume. Ein Specht hämmerte am rötlichen Kiefernstamm. Finken flogen mit zarten Federchen im Schnabel zum Nestbau. Die Mädchen lagen im Gras, die Hände unter dem Kopf verschränkt, den Blick auf die ziehenden Wolken gerichtet.

»Was liebst du an Kurt am meisten?«

»Seinen Mut, seine Taten – ich darf sie dir nicht erzählen. Und heute, nach jahrelanger Illegalität und Einzelhaft, braucht es nur ein Wort der Partei, und er tut dasselbe noch mal und noch mehr. Für mich ist er ein

Held; als ich ihn das erste Mal getroffen habe, war das ausschlaggebend.«

»Ich möchte ihn näher kennenlernen.«

»Er ist sehr klug; ich habe viel von ihm gelernt.«

»Das klingt alles so unpersönlich. Mein Mischa ist der Klügste und Beste und Stärkste, aber ob ich von ihm lerne, hab ich mir noch gar nicht überlegt. Und wenn alle nur Helden lieben könnten, dann würde es eine Menge Junggesellen geben.«

Olga lachte. »Vielleicht brauchen wir auch Verschiedenes. Für mich ist sehr wichtig, daß ich von ihm lernen kann.«

Sie schwiegen. Mali träumte vor sich hin, Olga hielt die Lider gesenkt; sie bewegte kaum die Lippen, als sie wieder sprach.

»Ich war erst siebzehn Jahre alt. Wir trafen uns das drittemal und gingen mit Skiern auf eine Tour. Abends haben wir uns verlaufen. Ich war den ganzen Tag über sehr glücklich gewesen. Es ist ziemlich gefährlich, im Dunkeln auf Skiern den Weg zu verlieren, und wir waren beide völlig erschöpft. Aber weißt du, Gefahren bestehen, seine fünf Sinne benutzen und fest an einen Ausweg glauben, das berauscht mich, macht mich noch glücklicher.

Als wir die Hütte fanden, wußten wir schon, daß wir immer zusammenbleiben würden. Ich tat so, als ob es ganz natürlich für mich war, in einem Raum mit ihm zu übernachten. Ich wollte nicht, daß er ein zartbesaitetes Mädchen in mir sah; das wäre mir spießig und kleinbürgerlich vorgekommen. Ich benahm mich so, als ob alles Folgende eine Selbstverständlichkeit wäre. – Später, als er schon schlief, kamen mir die Tränen. – Vor ihm weine ich nicht.

Warum ich dir das erzähle? – Nie hab ich davon gesprochen. Wehe tadelst du Kurt – ich selbst war dran schuld. Ich hatte falsche Vorstellungen vom Fortschrittlichsein.«

»Weißt du, Olga, damit, daß man das Alte, Schlechte ablehnt und etwas Neues, Revolutionäres dafür hinsetzen will, ist man noch nicht gegen Fehler sicher. Wahrscheinlich haben viele bei euch im Jugendverband, wenn es um Fragen der Beziehungen zwischen Jungen und Mädel ging, die gleichen Fehler wie wir gemacht – die Freiheit falsch verstanden.«

Olga hatte sich hingesetzt, sie nickte. Mali flocht sich den beim Rennen gelösten Zopf. Der Himmel war jetzt wolkenlos. Ein Kahn zog flußaufwärts. Das kräftige Hacken des Spechtes war laut zu hören.

»Ich liebe Spechte«, sagte Olga, »sie haben so etwas energisch-piratenhaftes an sich – und ihre schönen Farben.«

»Ich hab die Meisen lieber – Mischa nennt mich manchmal seine Meise.«

Olga lachte. »Beides paßt, du bist die Meise – ich bin der Specht.«

»Aber Mischa sagt, du hast etwas von einem jungen Falken an dir.«

»Dein Mischa hätte Biologe statt Ingenieur werden sollen.«

»Sobald wir ein Zimmer bekommen, heiraten wir, dann kommst du zu uns. Aber du weißt ja, wie es mit Zimmern ist. Du mußt mich schon vorher besuchen. Vater lebt nicht mehr. Siehst du, er war auch ein Held.«

»Erzähl mir.«

»Vater war Mitbegründer der Kommunistischen Partei und nach der Revolution Bezirksparteisekretär. Im Bürgerkrieg wurden die Eltern, als die Weißen unsere Stadt nahmen, verhaftet. Dreizehn Jahre war ich damals alt. Mutter saß in der Nebenzelle, als man Vater zum Erschießen führte.«

»Mali, darf ich euch wirklich besuchen – deine Mutter kennenlernen?«

»Natürlich, sie freut sich drauf.«

3

Die nächsten Tage vergingen mit so viel Erlebnissen und Eindrücken daß Olga nicht dazu kam, Malis Mutter zu besuchen.

Die Komsomolleitung war von der großen Wirkung Olgas auf den Versammlungen der Jugendlichen überrascht. Sie wurde so oft gebeten zu sprechen, daß sie bereits ohne feste Tätigkeit angespannt arbeitete.

»Fang den Russischunterricht lieber erst an, wenn du mit Kurt vom Urlaub zurück bist – es wird sonst zuviel«, hatte Mali ihr geraten.

Nein, sie wollte gleich beginnen, mit der Begründung, daß man in vierzehn Tagen schon viel lernen könne.

Mali freute sich, wie unbekümmert Olga trotz ihrer noch geringen Sprachkenntnisse jede Möglichkeit zum Reden wahrnahm. Kinder, Straßenreiniger, Verkäuferinnen, der Postbote, niemand war vor Olgas Kauderwelsch sicher. Einige Tage nach ihrer Ankunft machte sie sich selbständig, um »allein in Moskau zurechtzukommen«.

Sie klammerte sich geschickt an eine der Menschentrauben, die aus der überfüllten Straßenbahn hingen, und entwickelte eine besondere Technik, um mit der Fußspitze das Trittbrett zu erwischen.

»Ich hatte ja ein schlechtes Gewissen, nur so zum Vergnügen umherzufahren und einem Menschen mit Ziel den Platz wegzunehmen, aber du kannst mich abfragen, jetzt kenne ich Moskau«, sagte sie abends zu Mali.

Bald darauf war sie noch einmal einen ganzen Tag verschwunden und erklärte Mali hinterher: »Ich wollte genau studieren, wie die Revolution, der bewaffnete Aufstand, vor sich gegangen ist – nun hab ich mir die Kampfplätze angesehen, aber die Strategie ist mir nicht immer klar, da muß ich noch mal mit Kurt hin.«

Wenn Olga ins Hospital ging, begrüßte Kurt sie mit der Ungeduld des Bettlägerigen, der sich nicht krank fühlt, und begann sofort vom Urlaub zu sprechen. Was sie alles gemeinsam unternehmen wollten, wie schön es sein würde!

Sie nickte mechanisch und redete von etwas ganz andrem. »Ich wußte nicht, wie schwer sie es in den Betrieben haben. Die Organisation klappt nicht, Rohmaterial, Maschinen, gelernte Arbeiter fehlen, der Transport funktioniert nicht – und was sie trotzdem schaffen.«

Sie sprach lebhaft, leidenschaftlich bewegt und von den großen Sorgen des Landes und von den Qualitäten der Menschen, die sie bewältigten.

Kurz bevor Kurt entlassen werden sollte, wurde Olga zur Leitung der KJI gebeten. Als sie nach Hause zurückkehrte – mehrere Stufen der Treppe auf einmal nehmend, weil ihr der Fahrstuhl zu passiv erschien – , wartete Mali nicht wie verabredet auf sie. Auch die Nachbarzimmer im vierten Stock waren leer. Olga wußte, wo sie die anderen suchen mußte.

In der Kaffeeküche hing der Wasserdampf in Schwaden über dem Herd, während eine nie endende Unterhaltung im Gange war, welche Art der Kaffeezubereitung als beste anerkannt werden sollte. Der Chinese sprach nicht mit, weil er Tee vorzog, der Türke verachtete die europäischen Methoden, die beiden Südamerikaner waren sich nicht mit dem Türken einig, und die Italiener hatten wieder andere Vorschläge.

»Da arbeiten wir ohne Unstimmigkeiten in der KJI«, stellte der Genosse aus Finnland bekümmert fest, »aber in der Küche streiten wir uns.«

Olga lachte mit den anderen und äußerte ihre Meinung: »Wir brauchen keine internationale Lösung zu finden, jeder kocht nach seinem nationalen Rezept.« Ein »Oppositioneller« hob den Finger. »So werden hier die schwerwiegendsten Probleme ganz oberflächlich entschieden – und sie arbeitet nicht mal bei uns.«

»Doch!« sagte Olga. »Doch!« sagte sie noch einmal und strahlte. »Heute ist es beschlossen worden.«

Beeindruckt von ihrer Freude schlugen die Genossen vor, den Kaffee zur Feier des Tages bei Olga zu trinken. So kam es, daß sich schon beim ersten Treffen in ihrem Zimmer viele Nationen zusammenfanden.

Eine lebhafte, vielsprachige Unterhaltung begann. Nach wenigen Minuten ging es darum, welches Land dem bewaffneten Aufstand am nächsten sei. Einer übersetzte für den anderen, und jeder glaubte voll Optimismus, daß sein Land als erstes der Sowjetunion folgen würde.

»Wir«, sagte der junge Chinese, »wir besitzen ja schon ein Sowjetgebiet. Tschiang Kai-schek hält es umzingelt. Ein Stück Land kann man zwar blockieren, aber nicht die Kraft der Revolution.«

Olga wollte alles viel genauer wissen. Sie holte ihren treuen Begleiter, den Atlas, hervor, die feingliedrige Hand des Chinesen führte den Bleistift: Das waren die Gebiete, hier stand Tschiang Kai-schek.

»Wieso umzingelt?« fragte Olga. »Hier ist doch ein Tal – der Fluß und die Berge machen es schwierig für den Gegner, könnten eure Truppen nicht diese Enge zum Ausbruch benutzen?« Sie erkundigte sich nach der Truppenstärke, der Art der Bewaffnung und der militärischen Ausbildung der Soldaten.

Ihre Augen funkelten. »In China müßte man sein!«

»Du bist doch eben erst in Moskau angekommen, und vor fünf Minuten hast du dich wer weiß wie auf deine Arbeit gefreut«, sagte Mali.

»Ja, aber hier ist das Wichtigste schon geschafft.«

Der Genosse aus Südamerika sprang vom breiten Fensterbrett, das ihm als Sitz gedient hatte.

»Hast du schon einmal vom langen Marsch in Brasilien gehört?« – Mali übersetzte: »Sie weiß nicht viel davon.« – »Schon seit zwei Jahren zieht eine Truppe aufständischer Soldaten durchs Land, sie ruft zur Freiheit auf, zum Kampf gegen die korrupte Regierung. Sie heißt ›die unbesiegbare Kolonne‹ oder nach ihrem Anführer ›Kolonne Prestes‹.«

»Wie stark ist sie?« Olga blätterte im Atlas.

»Das weiß ich nicht, aber man sagt, daß selbst die zehnfache Übermacht der Regierungstruppen sie nicht besiegen konnte – ihr Anführer wird ›Ritter der Hoffnung‹ genannt.«

Olga und der Genosse saßen – den Atlas auf den Knien – gemeinsam auf dem Fensterbrett.

»Wo sind sie entlanggezogen? Hier im großen Flachland – wie konnten sie sich dort gegen zehnfache Übermacht verteidigen – unmöglich!«

»Tatsache.«

»In Brasilien müßte man sein.« Olga seufzte.

»In Frankreich müßte man sein«, sagte ein junger Genosse, »wir haben eine militante Arbeiterklasse – wir haben –.«

Es klopfte an die Tür, Malis Freund Mischa trat mit zwei Kameraden ein. Mali legte ihnen als einzige übriggebliebene Sitzgelegenheit Kissen auf den Fußboden, und gleich nach den Begrüßungen begannen sie mit Olga ein Gespräch über Deutschland.

Die Freunde Mischas waren Georgier, und es überraschte Olga, wie gut die Genossen orientiert waren. Doch dann kam die Frage, die sie noch oft hören sollte und die ihr jedes Mal weh tat: »Wann seid ihr soweit? Warum wartet ihr so lange? Marx und Engels waren die Euren, ihr habt eine klassenbewußte und kluge Arbeiterschaft, ihr seid ein industrielles Land, es würde uns alles so erleichtern, wenn auch bei euch mit den Kapitalisten Schluß gemacht wird.«

Olga erklärte das Unglück der deutschen Arbeiterklasse, die fehlende Einheit, die verhängnisvolle Rolle der Sozialdemokratie. Doch dann begann sie zu fragen, wie es in Grusinien aussehe.

Die Genossen erzählten.

Olga riß weit die Augen auf – wie in der Kindheit, wenn sie Neues gelernt oder Wundern zugehört hatte. Wunder waren für sie die Berichte vom Beginn des Sozialismus in den entfernten Teilen des Landes.

Mali beobachtete Olga, die mit den Georgiern so intensiv diskutierte, daß die andern ihre Unterhaltung unterbrachen. Sie schwiegen, bis Mali in Olgas Tonfall sagte: »In Georgien müßte man sein.«

»Ja«, erwiderte Olga ernsthaft.

Gelächter beendete das Gespräch. Der italienische Genosse stimmte ein Lied an – eine Melodie, die sie alle kannten. Sie sangen zusammen, und dann sangen sie einzeln – jeder ein Lied aus seiner Heimat.

Mischas tiefer Baß begleitete Mali. Sie hatte ein Lied gewählt, das der Vater während der Zarenzeit aus der Verbannung mitgebracht hatte: »Bim-bom, slyschen zwon kandalnij ...«

Man hört die Fesseln klirren,
man hört sie hier, man hört sie dort,
unser Genosse wird abgeführt ...

»Ich möchte es lernen«, bat Olga.

Mali war aufgestanden, um Wein einzuschenken, den die Georgier mitgebracht hatten. Mischa sang das Lied allein, Olga las ihm die Worte von den Lippen und summte leise mit.

»Bim-bom, slyschen zwon ...« – sie merkte nicht, daß sich die Tür öffnete.

Kurt hatte sich auf die Überraschung gefreut. Er hatte im Krankenhaus so lange gebeten, bis sie ihn einen Tag eher entließen. Auf dem Heimweg spürte er, des Gehens ungewohnt, Schwäche in den Knien, aber er besorgte unter viel Mühe noch eine Flasche Wein, mit der er seine Rückkehr zu Olga feiern wollte. Nun zeigte es sich, daß Olga ihr Fest mit dem Wein anderer feierte. Ihre Augen hingen an diesem hübschen Jungen mit den blühenden Farben und der breiten Brust;

das war natürlich ganz etwas anderes als ein blasser Krankenhaus-Ent-
lassener.

Kurt – selbst ein talentierter Gastgeber, der es liebte, Feste zu veranstalten – sah grimmig aus, als Olga ihn endlich bemerkte. Mali schenkte auch ihm ein, während die Genossen weiter Lieder sangen.

Die Gäste blieben nicht mehr lange.

Kurt goß Wein in Olgas Glas. Er hätte sich geschämt, seine Eifer-
sucht zu äußern, und war selbst erstaunt über seine Empfindlichkeit, die
nicht zu ihren Beziehungen paßte. Vielleicht wäre er bei längerem
Nachdenken darauf gekommen, daß es sich nicht um diese einzelne
Sache handelte, sondern daß Olgas Erzählungen über ihr erfülltes
Leben ihn bereits im Krankenhaus verletzt hatten. Er war schon damals
nicht das Gefühl losgeworden, daß sie wenig auf seine Wünsche, sein
Leben einging und eigentlich ganz gut ohne ihn auskam.

Doch gelang es ihm auch jetzt, seinen Ärger hinunterzuschlucken, er
dachte an die Zukunft, hob sein Glas und sagte: »Auf unseren Urlaub!«

Olga erschrak. Sie konnte jetzt keinen Urlaub nehmen – sie hätte natürlich davon sprechen müssen, als der Arbeitsplan endgültig festgelegt
worden war, doch sie hatte den Komsomol nicht darum bitten wollen.
Kurt und sie waren gewohnt, auf persönliche Dinge zu verzichten, wenn
es um die Arbeit ging, er würde sie auch diesmal verstehen – für sie war
es ja ebenfalls ein Opfer.

Als Olga ihr Glas nicht hob, stellte er seines hart auf den Tisch
zurück.

»Was ist nun wieder los?« fragte er mit scharfer Stimme.

Sie erklärte es ihm, doch er verhielt sich nicht wie erwartet. Sein
mühsam zurückgehaltener Ärger ließ sich nicht mehr eindämmen, er
wurde laut und heftig.

Seine Wünsche zählten wohl gar nicht mehr, waren sie nicht lange
genug durch die Haft getrennt gewesen? War es zuviel verlangt, einmal
gemeinsam auszuspannen? Oder lag ihr nichts daran? Vielleicht hatte
der Sänger mit dem Lockenkopf, dem sie so zugetan war, mit ihrer Entscheidung zu tun? Dann gäbe es natürlich genug hübsche Mädchen ...
Im übrigen verlange er einfach von ihr ...

116

Olga starrte ihn an, und Kurt verstummte.

Es war ein dummes, unerfreuliches Gespräch, wie sie es noch nie geführt hatten.

Einen Augenblick lang war Olga klar, daß gerade sein Zustand zeige, wie er sie brauche, wie wichtig es für ihn sei, daß sie mitfahre, doch dann ergriff sie der Zorn über seinen Ton.

»Ich komme nicht mit«, sagte sie, »du hast nichts zu verlangen.«

Drei Tage später fuhr er allein; sie blieb unruhig und unzufrieden mit sich selber in der Hauptstadt zurück.

Auch Mali war nicht mit ihr einverstanden. »Warum hast du selbst entschieden, wenn du unsicher warst? Hättest du es doch mit der Leitung besprochen. Es gibt Fälle, wo auch die Arbeit einmal hintenanstehen muß.« –

Olga schrieb herzliche Briefe an Kurt. Als er zurückkam, nahm sie sich ein paar Tage frei. Sie fuhren in ein Dorf, nicht weit von Moskau. Sie hatten sich lieb, und alles schien wieder gut.

4

Olga war in das Zentralkomitee des KJVD gewählt worden.

Trotz der neuen und fremdartigen Erlebnisse, die in der Sowjetunion auf sie einstürmten, verfolgte sie täglich die Ereignisse in Deutschland. Wenn sie die »Rote Fahne« las, so begann sie – wie in Berlin – mit dem kleingedruckten Parteikalender auf der Rückseite:

Montag: Treffen aller Funktionäre des Unterbezirks Neukölln, 20 Uhr, Lokal Müller;

Dienstag: Gruppenversammlung;

Mittwoch: Roter Frontkämpferbund-Zusammenkunft ...

Keine Erinnerung und kein Ereignis verursachten ihr so viel Heimweh wie diese Zeilen. Sie ließ die Zeitung sinken. Deutschland, wann sehe ich dich wieder? Dann warf sie energisch den Kopf zurück: Ach was, einmal wird der Wagen auch wieder in diese Richtung rollen.

Olga war närrisch vor Freude, als sie eines Tages außerhalb Moskaus unerwartet auf Bümeck stieß.

Es war ein Sommertag, wie sie viele in Moskau erlebt hatte. Der Morgen begann mit klarem, heißem Wetter, und die Mädel der Zimmerflucht im vierten Stock – die älteste war dreiundzwanzig Jahre alt – beschlossen, vor der Arbeitszeit gemeinsam schwimmen zu gehen. Arm in Arm zogen sie den Boulevard entlang, übermütig, schon bevor sie zum Schwimmstadion kamen, und noch ausgelassener, als sie erfrischt und mit gelösten Gliedern wieder Arm in Arm zurückwanderten.

In Moskau fand gerade eine Woche der Verkehrserziehung statt. An allen Ecken waren Stricke gezogen, um die Bevölkerung an das richtige Überqueren der Straße zu gewöhnen. Aber die deutschen Mädel, die sehr wohl Bescheid wußten, liefen lachend quer über den Damm. Der Milizionär rief sie zurück, erklärte ihnen geduldig den Sinn der Strick und sagte abschließend: »Drei Rubel Strafe.«

Die Mädel, die einen Kreis um ihn gebildet hatten, schüttelten lachend die Köpfe: »Wir verstehen nichts!«

»Drei Rubel«, wiederholte er und nahm die Scheine zur Unterstützung seiner Erklärung aus der Tasche.

Passanten waren indessen bei dem Milizionär stehengeblieben und begannen, die Sache in die Hand zu nehmen.

»Inostranez – Fremde – sie verstehen doch unsere Stricke und unsere Sprache nicht, Sie dürfen ihnen daher keine Strafe geben.«

Der Milizionär war mit dem Urteil des Publikums einverstanden. Die Mädel liefen lachend weiter. Er sah ihnen nach und bemerkte, wie eine von ihnen zwei alte Omnibusfahrscheine fallen ließ.

»Bürgerin«, rief er, »Fremde«, verbesserte er sich rasch und wies auf den Papierkorb. Die Verkehrserziehungswoche war mit einer Reinlichkeitswoche verbunden. In ihrem Übermut blieben die fünf Mädel stehen, ohne sich zu rühren. Jede von ihnen hatte die Absicht, die Fahrscheine aufzuheben, aber man wollte zunächst einmal sehen, wie sich der Milizionär – ein hübscher Kerl und so jung wie sie – verhielt. Er sah sie zweifelnd an, versuchte nicht noch einmal, zu überzeugen, sondern sagte ruhig: »Wenn Sie nicht wollen, muß ich es tun« und beugte sich nieder. Da schämten sich die fünf derart, daß sie sich nun alle zu gleicher Zeit bückten und mit den Köpfen aneinander stießen. Der Milizionär entschuldigte sich, die Mädchen entschuldigten sich, das Gelächter der Passanten, des Milizionärs und der Mädchen erfüllte die Straße.

Sie gingen vom Schwimmen direkt zur Arbeit. Olga, die sich hauptsächlich mit Problemen der Ausbeutung der Jugendlichen in den westlichen Ländern beschäftigte, setzte sich an den Entwurf eines Artikels über Jugendstreiks in Deutschland. Mali kam herein und blickte ihr über die Schulter.

»Lieber zehn Aktionen als eine Scheibe«, sagte Olga seufzend.

»Die Aktion kannst du haben – wir sollen zum ›Chimswod‹.«

Der Ausbau dieses chemischen Betriebes im Moskauer Bezirk Frunse gehörte zu den Schwerpunkten des ersten Fünfjahrplans. Eine Gruppe Jugendgenossen der KJI leistete hier ihre »Subotniks«. Am Kiewer Bahnhof waren Ziegelsteine eingetroffen, die schnellstens abgeladen werden mußten, weil die leeren Waggons gebraucht wurden. Olgas Komsomolzengruppe beschloß, sofort zu helfen und die eigene Berufsarbeit am nächsten Tag nachzuholen.

Der Betrieb lag außerhalb der Häuserviertel. Sie mußten die »Roten Wiesen« überqueren, die weder rot noch Wiesen waren, sondern bei Trockenheit eine Sandwüste und im Frühjahr, wenn die Moskwa anschwoll, ein Sumpf mit Wasserlachen.

Die sowjetischen Bauarbeiter begrüßten die deutschen Komsomolzen voll Freude. Die Eisenbahnwaggons kamen gerade auf dem Nebengleis vom Bahnhof zum Betrieb gerollt. Eine Kette für den Ziegelsteintransport wurde gebildet. Neben Olga stand ein Komsomolze mit schräggestellten dunklen Augen, neben ihm eine ältere Frau in grauem Kopftuch; ihr folgten Gerda, ein Mädel vom vierten Stock, ein Junge mit dem bunten Mützchen der Tataren, ein alter Arbeiter, der wie ein Bauer aussah, und dann – ja, dann ließ Olga ihren Stein fallen, rannte aus der Reihe und umarmte den nächsten, denn das war Bümeck; umarmte ihn, weil er ein Stück Neukölln, ein Stück KJ, ein Stück Heimat war, und hatte alle seine schlechten Eigenschaften vergessen. Bümeck selbst drückte das Mädel ans Herz, er sah gar nicht mehr wie ein Bürokrat und Meckerer aus. Sie verabredeten sich für den Abend.

Der Junge mit den schmalen Augen stimmte ein Lied an; die Steine wanderten mit großer Schnelligkeit von Hand zu Hand. Olga liebte diesen Bau; alle, die hier arbeiteten, hatten es schwer. Viele Jugendliche waren nicht in Moskau zu Hause, sie lebten am Arbeitsplatz in primitiven Baracken, die nur notdürftig Regen und Wind abhielten. Wenn die Deutschen von der KJI sie vorsichtig fragten, ob man helfen solle, die Behausung ein wenig schöner zu gestalten, so antworteten sie mit leuchtenden Augen: »Helft lieber unserem Bau.« Und dieses »unser« war der Inhalt ihres Lebens.

Die ältere Frau mit dem grauen Kopftuch sang nicht mit.

»Mütterchen, was brummst du?« fragte der Junge, der als erster gesungen hatte.

»Was soll ich nicht brummen, früher gehungert und jetzt gehungert – nichts hat sich geändert.«

»Doch«, sagte der Junge, »viel hat sich geändert. Jetzt wissen wir, wofür wir hungern, und wissen, daß es bald anders wird.« Er hielt den Ziegelstein auf der flachen, ausgestreckten Hand. »Sieh ihn dir an, Muttchen, ein Stein, der mehr wert ist als Gold, ein sozialistischer Ziegelstein.«

Olga sah dem Stein nach, der durch viele Hände ging. Sie mußte an eine Unterhaltung mit Malis Freund denken. Olga mochte den lebhaften und klugen Genossen gern. Zu Beginn ihrer Bekanntschaft hatte Mischa sie gefragt: »Fühlst du dich wohl bei uns – entspricht die Sowjetunion deinen Vorstellungen?«

»Von der ersten Sekunde an hab ich mich glücklich bei euch gefühlt«, hatte sie geantwortet.

Die ersten Sekunden – das war der Torbogen an der Grenze gewesen mit der Inschrift: »Proletarier aller Länder, vereinigt euch!« und der junge Rotarmist vor dem Abteilfenster. Dann die Ankunft in Moskau. Kurt war einige Tage zuvor gefahren und sollte sie abholen. Aber er war nicht da, und so folgte sie der Menschenmenge bis zum Platz vor dem Bahnhof. Auf dem freien Gelände lagerten reisende Bauern zwischen Bündeln und Säcken so dicht beieinander, als ob sie alle zu einer Gruppe mit demselben Reiseziel gehörten. Einige hatten die Bastschuhe ausgezogen und als Kissen unter den Kopf gelegt. Sie schliefen schnarchend, mit offenem Mund. Die meisten trugen trotz der Frühlingswärme Pelzmützen. Ein dichter Bart bedeckte die Wangen und die breite Brust. Sie bemerkte das Grau der Fußlappen, die geflickten Joppen und die in Zotteln hängenden Haare. Als ihr jemand auf die Schulter tippte, durchfuhr es sie mit blitzartiger Freude. Doch es war nicht Kurt – ein Bauer trat vor sie hin, der gleich ihr mit dem Menschenstrom vom Bahnsteig gekommen war.

»Bürgerin«, sprach er sie an. Seine weiteren Worte verstand sie nicht. Er hob die buschigen Augenbrauen, ein milder Blick aus seinen hellen Augen traf sie, bevor er den unförmigen Sack von der Schulter nahm und fragte, woher sie komme.

Das verstand sie.

»Deutschland, ja – ja«, wiederholte er langsam und nickte. »Wohin wollen Sie denn jetzt gehen?«

»Ich werde abgeholt«, sagte sie ein wenig nervös, »ich warte und warte.«

»Das ist schlecht – das tut mir leid. Wie lange stehen Sie schon hier?«

»Zehn Minuten.«

Er lächelte nachsichtig. »Achje – achje, was sind denn zehn Minuten in einem langen Leben?«

Bevor sie genügend russische Worte fand, um dem Philosophen zu antworten, hatte ein Alter aus der Gruppe der lagernden Bauern ihn angerufen; er setzte sich zu den anderen in den Straßenstaub, öffnete seinen Sack und holte einen dicken schwarzen Stock heraus. Er klopfte mehrmals damit gegen die Laterne, die seinem Nachbar zuvor als Rückenstütze gedient hatte. Nun zog er die Rinde vom Stock, und erst als er kräftig mit den Zähnen daran herumzerrte, erkannte Olga, daß es ein getrockneter Fisch war.

Nach dem Essen erhob er sich, kam wieder auf Olga zu und redete mit überlauter Stimme, um ihren Mangel an Sprachkenntnissen wettzumachen.

Sie entnahm seinen Worten, daß er vier Tage gereist war, um Kalinin etwas zu fragen.

Plötzlich gehörte für Olga alles wieder zusammen: der Torbogen an der Grenze mit den Worten »Proletarier aller Länder, vereinigt euch!«, Sichel, Hammer und Stern an dem Koppel des Rotarmisten und dieser Bauer, der nach Moskau gefahren kam, um etwas im Büro des früheren Bauernjungen und jetzigen Vorsitzenden des allrussischen Exekutivkomitees, Kalinin, zu besprechen.

Sie hätte brennend gern seine Fragen gewußt, doch Kurt war endlich erschienen; er konnte das Auto – eine Seltenheit, die man ihm für Olgas Ankunft zur Verfügung gestellt hatte – nicht warten lassen. Die Räder des Wagens waren vielfach geflickt, die Polster speckig vor Alter, das eine Fenster ließ sich nicht schließen, das andere nicht öffnen.

Mischa hatte sie aus ihren Gedanken aufgeschreckt und noch einmal gefragt: »Dann ist also alles so, wie du es dir vorgestellt hast?« Und sie hatte ihm offen mit »nein« geantwortet.

»Was ist denn anders?« wollte er wissen.

»Wenn deutsche Delegationen aus der Sowjetunion zurückgekommen sind, dann haben sie so berichtet, als ob bei euch Milch und Honig fließen.«

»Und was stellst du nun selbst fest?«

»Es fließt weder das eine noch das andere.«

Mischa lachte. Dann wurde er ernst. »Eure Delegationen sollen so berichten, wie es ist. Schwer, sehr schwer! Erst wer das weiß, kann beurteilen, wie groß unsere Erfolge sind. Die Zusammenhänge sollten sie erklären: Übernimm die Macht mit fünfundsiebzig Prozent Analphabeten, übernimm ein Land fast ohne Fabriken und mit einer rückständigen Landwirtschaft, eingekreist von kapitalistischen Ländern, die hetzen, stören und provozieren, und dann schaffe, was wir geschaffen haben.«

Mischa stand vor ihr, reckte sich zu voller Größe auf, streckte die Arme gegen die Zimmerdecke und rief: »Komme du in zwanzig Jahren her und sieh dich um: Wohnhäuser mit zehn Stockwerken, Kindergärtchen in jeder Straße, Flugzeuge, daß du die Sterne nicht mehr sehen kannst. Und unsere Analphabeten? Selbst mit der Laterne – nein, Laternen sind dann schon veraltet –, mit dem schönsten elektrischen Licht wirst du keinen mehr finden; aber Studierte in Hülle und Fülle. Und das Geheimnis, wie wir das alles schaffen werden? Das Geheimnis sind die Menschen. Sie begannen die Revolution, weil sie Lenins Worten: ›Friede und Brot‹ glaubten. Und sie werden die Revolution vollenden, weil sie an den Kommunismus glauben.« –

Olga lächelte und sah sich auf der Baustelle um. Der Arbeiter mit dem Ziegelstein, der ihm mehr wert war als Gold, vielleicht ein künftiger Studierter, und auch die Söhne der vergrämten Frau, die nicht mitsingen wollte ...

Die Uhr schlug acht, als Olgas Trupp nach Hause zurückkehrte. Der Abend in Moskau dehnte sich besonders während der hellen Sommernächte lange aus. Um elf Uhr abends besuchte man sich noch gegenseitig. Auf den Straßen war bis Mitternacht Betrieb, und auch die Geschäfte schlossen spät. Bümeck würde später kommen, sie wollte ihn festlich bewirten, obwohl die Möglichkeiten dazu bescheiden waren.

Olga ging, um den Weg abzukürzen, durch eine kleine Nebenstraße, in der geduckte, verwitterte Holzhäuser fast wie auf dem Lande nebeneinander standen. An der Ecke lief ihr ein Mädchen vor die Füße, ein strohblondes, kleines Ding mit fest geflochtenen Zöpfen und grünlichen Augen. Auch die Kinder spielten länger auf den Straßen, als Olga es von Berlin her kannte. Sie lächelte dem Mädchen auf ihre fröhliche Art zu und ging weiter. Doch plötzlich war sie von einem Dutzend Kinder umringt. Sie hielten sich an den Händen, tanzten um Olga herum und baten: »Tante, spiel ein bißchen mit uns.«

Erwartungsvoll, mit rührendem Vertrauen sahen die Kinder zu ihr auf. Olga blieb stehen, dachte einen Augenblick nach und sang: »Ziehe durch, ziehe durch, durch die goldne Brücke ...«

Die Kinder hörten erstaunt zu. »Ausländerin«, flüsterte ein kleiner Junge. Dann summte der eine und der andere mit, und schon sangen sie alle die Melodie. Ein Junge und ein Mädel bildeten mit ihren kurzen Ärmchen die Brücke. Olga mußte sich tief bücken, um Hand in Hand mit den anderen Kindern darunter hindurchzuziehen.

Nachdenklich und still winkte sie den Kindern zu, bevor sie in die Twerskaja einbog, die auch am späten Abend noch derart belebt war, als ob eine Demonstration stattfände. Gruppen Jugendlicher zogen, die ganze Breite des Fahrdamms einnehmend, die Hauptstraße entlang und wichen geschickt den Autobussen aus. Einer spielte Ziehharmonika, gelegentlich lösten sich die Reihen auf, um zu tanzen, und Olga konnte sich nicht satt sehen an der Vielfalt der Gesichter; alle Völkerschaften des Landes schienen vertreten zu sein. Sie fand das Straßenbild ungleich anziehender als in Deutschland. Bei uns zu Hause ist der Unterschied in der Kleidung zehnfach größer, dachte sie, da hat man alles, von höchster Eleganz bis zu Lumpen, aber nicht so viele verschiedenartige, interessante Gesichter, ein so buntes, pulsierendes Leben.

Als Olga zurückkam, stand Bümeck schon vor der Tür.

Als erstes erzählte er ihr, daß Genosse Philipp, der bei der Befreiungsaktion für Kurt verhaftet worden war, seine Strafe abgebüßt habe.

Olga strahlte. »Also, das ist ausgezeichnet – wie geht es ihm? Wer hilft ihm? Er war doch Fleischergeselle, sein Chef hat ihn wohl nicht wieder eingestellt?«

»Da irrst du dich«, sagte Bümeck. »Der Alte ist ein Geschäftsmann, er hat ihm sogar seine Filiale in der Münzstraße als Leiter übergeben.«

»Verstehe ich nicht.«

»Kaum stand Philipp hinterm Ladentisch, bildete sich eine Schlange bis auf die Straße, alles Arbeiterfrauen. Die wollten nur noch bei ihm ihre Koteletts und Buletten kaufen – sozusagen Solidaritätsaktion. Der Umsatz war doll.«

Olga freute sich von ganzem Herzen.

Dann erzählte Bümeck, daß er als Spezialist in die Sowjetunion gekommen sei.

»Siehst du«, sagte er ein wenig vorwurfsvoll, »und du hast immer geglaubt, ich sei so ein lauter Kommunist. Allerdings gibt es hier viele Schwierigkeiten, von denen ich vorher nichts wußte.«

»Richtig«, sagte Olga, »welche meinst du?«

»Zum Beispiel heute; du hast es nicht bemerkt, aber links an der Seite stand eine kostbare Maschine. In der ganzen SU haben sie vielleicht ein halbes Dutzend davon. Aber dort steht sie ohne jeden Schutz. Drei Tage ist sie im Regen naß geworden, und die anderen verstanden nicht einmal, warum ich mich aufgeregt habe. Heute war sie wieder ohne Bedeckung in Staub und Dreck. Und das Werkzeug! Sie lassen's auf den Boden fallen, der Bohrer bricht ab, sie lachen und werfen ihn weg. Sie haben auch nicht den Anfang einer Idee, wie man Werkzeug handhabt oder die Arbeit organisiert.«

Das klingt nach dem alten Bümeck, dachte Olga und fragte: »Wer ist *sie*?«

»Na, die Arbeiter.«

»Und wer sind die Arbeiter? Begreifst du denn nicht, daß viele von ihnen gestern noch Bauern mit dem Holzpflug waren? Wenn du unter hundert drei Dutzend findest, die lesen können, hast du Glück. Das sind doch keine Facharbeiter, wie wir sie kennen. Deshalb ist es so wichtig, ihnen alles zu zeigen und zu erklären und nicht nur mechanisch eure eigene Arbeit zu leisten. Die meisten haben noch nie im Leben eine Maschine bedient. Das ist das Erbe der Zustände vor der Revolution.«

»Ich habe mit ihrer Ausbildung nichts zu tun, ich brauche mich nur um den Schornstein zu kümmern.«

Olga begann wütend zu werden, aber sie beherrschte sich: »Wo Menschen sind, haben Kommunisten mit Menschen zu tun – wenn du weggehst, wer baut dann die Schornsteine, wenn du die anderen nicht anlernst?«

»Ich zeig's ihnen ja«, sagte Bümeck besänftigend.

»Na, und sonst?« fragte Olga.

»Na, und sonst – ich bin ja Genosse, aber die anderen Spezialisten sind unzufrieden.«

»Warum?«

»Nicht mal Bier gibt's. Neulich haben wir Krach gemacht, und was brachten sie uns? Limonade! Das hat uns gereicht.«

Olga kochte, doch Bümeck, in seine Schilderung versunken, merkte nichts davon.

»Und überhaupt das Essen!«

»Ja, nicht wahr«, sagte Olga, »keine Bockwurst.«

»So ist's«, fiel er ihr ins Wort, zufrieden, daß sie einer Meinung mit ihm war, »diese ewigen Kohl- oder Rübensuppen und dann glauben sie, es ist ein Fest für uns, wenn sie einen Klacks Sahne hineintun und sagen ganz stolz: ›So was bekommt der Arbeiter im kapitalistischen Deutschland wohl nicht?‹«

»Und was hast du geantwortet?«

»So was haben wir in Deutschland noch und noch.«

Olga ballte die Fäuste und schrie: »Verfluchter deutscher Spießer, dummer, überheblicher Kleinbürger, Bier und Bockwurst fehlen, natürlich läßt es sich in solchem Land nicht leben. Weißt du, daß sie selber hungern, damit ihr genug kriegt und nicht wegrennt, weil sie euch beim Aufbau brauchen? Ihr habt warme Decken, warme Stuben, Extraessen – auf ihre Kosten! Nach Bier jammern, die Menschen kränken und beleidigen, die Opfer bringen und Helden sind – und die Umwälzung einer Welt nicht sehen. Pfui Teufel! Scher dich raus, oder ...«

Bümeck war blaß geworden. Er sah Olga ins flammende Gesicht und ging.

»Solche deutschen Genossen sind Ausnahmen«, beruhigten Mischa und Mali, die gerade in dem Moment, als Bümeck zur Tür hinausrannte, vorbeikamen, die aufgeregte Olga.

»Sie selbst macht zehn Bümecks wett«, sagte Mischa später zu Mali.

»Zehn Gute machen keinen Schlechten wett«, erwiderte Mali, »aber ihn rausschmeißen ist auch keine Erziehung – sie ist manchmal ein Hitzkopf.«

»Nanu, du kritisierst deine geliebte Olga?«

»Darin liegt doch kein Widerspruch: jemanden lieb haben und ihn kritisieren.«

5

In Deutschland war Olga nicht vergessen. Ihre Akte lag an einem Augustmorgen auf dem Schreibtisch eines höheren Polizeibeamten.

Die Münchener Polizei hatte diese Akte angelegt und »gefährliche Kommunistin« hinter den Namen der damals Siebzehnjährigen gesetzt. Während Olgas Haft in Berlin war die Akte gewachsen, obwohl Olga nichts ausgesagt hatte. Im April 1928 kam der Bericht über die Entführung des Gefangenen hinzu und im Mai das Verfahren gegen Kurt in

Abwesenheit der Beschuldigten. Das Reichsgericht klagte auch Olga wegen »Vorbereitung zum Hochverrat« an, weil ihr Stenogrammblock Artikel von Kurt enthielt. Während des Prozesses gegen die beiden Angeklagten, »zur Zeit unbekannten Aufenthaltes«, ergab sich, daß ein Teil der Straftaten Olga Benarios vor Vollendung ihres achtzehnten Lebensjahres begangen worden war, doch das Gericht stellte fest, die Angeklagte trage dennoch die volle strafrechtliche Verantwortung, da von verschiedenen Seiten ihre überdurchschnittliche Reife und Intelligenz hervorgehoben worden sei; dies gehe auch aus bei den Akten sich befindenden Briefen hervor.

Der Beamte blätterte um bis zur nächsten, noch unbeschriebenen Seite.

In Moskau herrschte Ende August das gleiche sommerliche Wetter wie in Berlin. Die Fenster auf dem Gang vor dem Kolonnensaal des Gewerkschaftshauses waren geöffnet; lang anhaltendes Klatschen drang auf die Straße. Laut und stürmisch hallte es bis auf den Theaterplatz und verscheuchte die Spatzen bei der Futtersuche.

Olga Benario, Gastdelegierte auf dem V. Kongreß der Kommunistischen Jugendinternationale, war ins Präsidium gewählt worden. Sie schritt den schmalen Gang zwischen den Stühlen entlang der Tribüne zu. Wie feierlich war der in Licht getauchte große Saal; die hellen Marmorsäulen, der dunkelrote Samt, die goldenen Ornamente, die schweren, vielkerzigen Kronleuchter. Ebenso feierlich, nur viel jünger als der Saal, wirkten die Menschen: kommunistische Jugend, Angehörige von vierzig Nationen, weitgereist in das einzige Land, das dem Kongreß Gastfreundschaft gewährte.

Olga hörte ihr Herz klopfen.

Bei der ersten Tagung der KJI, 1919, als noch der Bürgerkrieg in der Sowjetunion tobte, hatten sich Delegierte aus vierzehn Ländern in Berlin in der Arbeiterkneipe Wilhelm Müllers getroffen. Vor drei Jahren war Olga als Siebzehnjährige das erste Mal zu Wilhelm Müller ins Lokal gekommen mit der ehrfürchtigen Frage nach dieser Tagung der Kommunistischen Jugendinternationale – es war kaum zu fassen, daß sie nun selbst dabei war.

Mein schönster Tag, dachte sie.

»Heute ist ein Festtag für jeden Jugendgenossen«, begann der Redner seine Ansprache, und der Glanz dieses Tages lag auf allen Gesichtern.

Die Delegierten erhoben sich. Auf dem Podium standen Offiziere der roten Kavalleriedivision »Budjonny«, deren Pate die Kommunistische Jugendinternationale war.

»Die zehnte Kavalleriedivision KJI rapportiert unserer Ablösung, der jungen kommunistischen Generation, vertreten durch den V. Weltkongreß der KJI, daß die Division ihre letzte Etappe der Ausbildung zu sowjetischen Kommandeuren beginnt.«

»Das 55. Kavallerieregiment grüßt ihren Chef, den deutschen Kommunistischen Jugendverband.«

Während der weiteren Begrüßungen blieb Olgas Blick an dem Vertreter des Patenregimentes hängen. Er hatte dunkle Haare, war tief braungebrannt und lächelte.

Budjonnys Truppe hatte an den Feldzügen gegen die konterrevolutionären Generäle Denikin und Wrangel teilgenommen. Soldaten des Befreiungskampfes – Soldaten, die dem letzten Krieg ein Ende bereitet hatten, weil sie Kriege und ihre Urheber haßten!

»... Die Greuel und das Elend, welche der imperialistische Krieg heraufbeschworen hat, beginnen bereits aus dem Gedächtnis der jungen Generation zu schwinden. Doch am Horizont steigt schon wieder eine drohende Wolke herauf, die uns große Gefahr verkündet, die Gefahr eines neuen imperialistischen Krieges.«

Im Saal war es still.

Das wird die Hauptarbeit sein – für jeden Genossen in jedem Land –, die Gefahr dieses Krieges abwenden, dachte Olga.

»Wacht auf, Verdammte dieser Erde ...«, im vielsprachigen Chor brauste es durch den Saal. Mit zwölf Jahren hatte sie die Internationale das erste Mal gesungen, mit vierzehn Jahren zum ersten Mal im Kommunistischen Manifest gelesen: Proletarier aller Länder, vereinigt euch!

Jetzt konnte sie nicht mitsingen – die Erregung war zu groß. In langen Reihen saßen die Genossen vor ihr; braune, schwarze, weiße, gelbe Gesichter – wie viel Gefühl in einem Herzen Platz hat –, sie liebte jeden einzelnen der Genossen, mit denen sie gemeinsam eine bessere, glückliche Welt für alle schaffen wollte.

»... erkämpft das Menschenrecht.«

Als der Berliner Polizeibeamte seine Arbeit beendet hatte, lag Olgas Akte zuunterst im großen Stoß. Auf der bisher unbeschriebenen weißen Seite stand: »Agentin Moskaus.«

6

Kurt nahm an mehren Lehrgängen außerhalb Moskaus teil, und Olga besuchte an freien Abenden häufig Malis Familie. Die Mutter war eine kluge, warmherzige Frau, Olga fühlte sich sehr wohl in ihrem Heim. Beim ersten Besuch war der Mutter das deutsche Mädchen im Vergleich mit den eigenen zierlichen Töchtern zuwenig weiblich erschienen. Olgas oft drastische Sprache, ihre unsentimentale Art, die spartanisch-sportliche Kleidung und ihre offensichtliche Interessenlosigkeit an hausfraulichen Verrichtungen verstärkten diesen Eindruck.

Als Olga das nächste Mal kam, trug die Mutter, die eine schöne Frau war, einen farbigen Schal um die Schultern. Olgas Blick blieb daran haften.

»Nein, wie mir der gefällt«, sagte sie impulsiv, »so etwas Schönes.«

Die Mutter gab ihr den Schal in die Hand.

»Eine herrliche Farbzusammenstellung und so elegant.« Olga legte ihn Mali um die Schultern und schlug die Hände zusammen.

»Du siehst auch prächtig damit aus!«

Mali versuchte, ihn Olga umzubinden – sie wehrte sich: »Ich weiß schon, ich bin nicht der Typ.«

Der Schal lag auf ihren Schultern, der blaue Ton paßte genau zu ihren Augen.

»Reizend siehst du damit aus.«

»Aber ich kann ihn nicht tragen – alles wirklich Elegante mißlingt an mir. Bei euch sitzt dieser Schal, bei mir hängt er nach drei Minuten schief, und bestimmt löst sich der Knoten. Bei mir sind nur Rock und Bluse sicher, die sind wie meine zweite Haut.«

»Natürlich stehen dir Rock und Bluse bei deiner schlanken Figur und sportlichen Art, aber das brauchst du doch nicht dauernd zu tragen. – Wie hübsch siehst du in deinem weißen Sommerkleid mit dem roten Gürtel aus.«

»Wirklich?« Olga freute sich wie ein Kind.

»Nimm ihn«, sagte die Mutter, »aber trag ihn auch.«

Es wurde ein wunderschöner Abend. Die Mädchen lasen russische Gedichte, bis die Dunkelheit die Zeilen verwischte.

Mali trug die Verse mit ihrer schönen, klaren Stimme vor.

Olga liebte Puschkin, die Lyrik Lermontows und vor allem Majakowski, dessen flammende, revolutionäre Verse mit der Leidenschaftlichkeit ihres eigenen Gefühls verschmolzen. Sie saß auf dem Sofa, den Kopf an die teppichbespannte Wand gelehnt, und lauschte mit geschlossenen Augen.

Dann rezitierte sie selbst Heine, Goethe, Herwegh und Weinert.

»Der Vater konnte auch viele Gedichte auswendig«, sagte Mali leise.

Da sprach die Mutter von ihm, von seiner Lustigkeit, seinem Mut, den gemeinsamen Erlebnissen in der Illegalität. Es war, als würde er jeden Augenblick hereinkommen, um mit ihnen zu lachen.

Olga konnte gar nicht genug über die illegale Arbeit hören, und die Mutter tat etwas, das besonderen Gelegenheiten vorbehalten war – sie öffnete das Päckchen seiner Briefe. Manche Zeile war nur der Mutter verständlich. Sie hatten ihre eigene Sprache gehabt, und kein Zensurbeamter hatte etwas damit anfangen können, wenn in dem Brief aus der Verbannung stand: »Schick mir ein Gebetbuch, hundert Tropfen Medizin und meine Brille.« Nur die Mutter hatte gewußt, welches Buch mit der Bibel gemeint war, daß er dringend Geld für andere Genossen benötigte und daß nur die »Brille« echt war.

Als Olga zu später Stunde heimging, schloß die Mutter das Mädchen fest in die Arme und rückte dabei mit sanfter Hand unmerklich den verrutschten Schal gerade.

Am nächsten Morgen klopfte es früh an der Tür. Gerda vom vierten Stock stand vor Olga. »Na endlich – wir haben dich überall gesucht – du sollst nach Tambow fahren.«

»Ich?« Olga wurde rot vor Freude. »Ich nach Tambow?«
Gerda nickte.

»Wirklich?« fragte Olga noch einmal – dann drückte sie die Genossin an sich.

»Spar dir deine Kräfte, in Tambow wirst du sie brauchen können.«
Drei Tage später saß Olga in der Uniform des roten Kavallerieregiments auf einem Rappen und stob über die Stoppelfelder der Ukraine. Neben ihr ritt der dunkelhaarige Offizier, den sie während des Kongresses der KJI auf der Bühne gesehen hatte. Als er in Richtung Tambow umkehren wollte, sah sie so enttäuscht aus, daß er dem Pferd noch einmal die Sporen gab. Bei ihrer Rückkehr ins Lager hingen die Blicke des ganzen Regiments an dem Mädchen.

Für Olga war der Besuch des Patenregiments ein großes Ereignis. Sie lebte während dieser Tage wie die Soldaten. Man hatte ihr für die Nacht einen frischen Strohsack zur Verfügung gestellt, der so stramm gestopft war, daß sie von seiner gewölbten Mitte immer wieder zur Seite rollte, bis sie schließlich dicht an der Bettkante einschlief. Am Morgen weckten Trompetenklänge sie in aller Frühe, aber wieviel Zeit zum Anziehen zur Verfügung stand, hatte ihr niemand gesagt. Sie beeilte sich sehr, um dem KJVD nicht durch Unpünktlichkeit Schande zu machen, aber sie hatte noch nie Fußlappen getragen. Reiten, Schießen, Fallschirmspringen vom Turm und Lastwagenfahren hatte sie bei der Ossoawiachim (Organisation, die unserer »Gesellschaft für Sport und Technik« entspricht), deren begeistertes Mitglied sie war, gelernt, aber ihr das Fußlappenwickeln beizubringen, hatte man versäumt. Sie wickelte dreimal neu, und immer wieder verrutschten sie. Ein Glück, daß die Männer sich rasieren mußten. Erst beim viertenmal drückten die Lappen nicht mehr in den Schaftstiefeln.

Nach dem Frühstück durfte sie bei den Manövern dabeisein, dann brachte man das Pferd.

Nachmittags führte das Regime großartige Reiterspiele vor, und abends saßen die Soldaten beim Lagerfeuer zusammen. Sie erzählten von ihrer Ausbildung und der Geschichte des Regiments Budjonny, von den Kämpfen gegen die Weißen während des Bürgerkrieges. Sie freuten sich über Olgas intensives Interesse und staunten über ihre fachkundigen Bemerkungen. Dann begann Olga zu sprechen: vom deutschen Jugendverband, vom Wimpel der Gruppe »Budjonny«, den sie oft betrachtet hatte, ohne zu ahnen, daß ihr einmal solch Glück zuteil werden würde wie heute. Als sie geendet hatte, kamen viele Fragen, darunter die eine, die Olga schon kannte. Ein Soldat mit breiten Schultern und roter Narbe auf der Stirn stellte sie: »Warum habt ihr in Deutschland noch nicht die Macht? Es gibt doch so viele Arbeiter und so wenig Kapitalisten. Wann seid ihr soweit?«

Als Olga von Tambow zurückkam, lag ein Brief auf dem Tisch – Kurt war zwei Tage in Moskau gewesen. Sie hatte ihn verpaßt. Das bedrückte sie, denn er war viel fort auf Schulungen; sie sahen sich zu selten. Er fehlte Olga trotz ihrer ausgefüllten Tage, und wenn er in die Stadt zurückkehrte, war die Kostbarkeit der ersten Augenblicke die Sehnsucht wert, die sie gehabt hatten. Doch fast jedes Mal gab es im Laufe des Zusammenseins kleine Unstimmigkeiten. Kurt schob sie auf die vielen Trennungen, die ihnen nicht guttaten. Er fand Olga zu sehr mit ihren eigenen Angelegenheiten beschäftigt. Sie hatte den Eindruck, daß er empfindlich war und leicht heftig wurde. Doch weder der eine noch der andere sprach seine Gedanken aus. Der Abschied rückte so schnell heran – bei der Trennung war man sich wieder gut, und während jeder allein lebte, vergaß er im Verlangen nach dem andren die Schwierigkeiten.

Sommer und Herbst vergingen. Als der Winter kam, konnte Olga bereits gut Russisch sprechen.

»Bei uns sind Sommer und Winter gleich schön«, hatte Mali einmal gesagt, als Olga vom Moskauer August mit Spaziergängen in den Leninbergen, dem täglichen Schwimmen und den Bootsfahrten auf der Moskwa während der hellen Nächte schwärmte.

Die Kälte setzte mit unerwarteter Heftigkeit ein. Die Fenster wurden bis auf eine kleine Öffnung zur Lüftung eingekittet, die Temperatur sank auf zwanzig Grad unter Null, doch der Himmel war klar und der trockene Frost viel angenehmer als die Nässe eines grauen Novembertages in Berlin.

Die ärmlichen kleinen Holzhäuser in den Moskauer Nebengassen verwandelten sich unter dem hohen Schneeschmuck in verträumte Hütten aus alten Märchen.

Am besten gefiel Olga an den winterlichen Straßen, daß sie beinahe so belebt wie im Sommer waren. Die Kinder – vom Kopf bis zu den Füßen eingemummelt – sahen wie Bällchen aus; sie hopsten mit glänzenden Augen und roten Bäckchen den ganzen Tag im Schnee umher. Sie bauten Schneeburgen und Schneehöhlen, buken Schneekuchen und konstruierten Schneeautos.

Im Winter kam Kurt für einige Tage in die Stadt. Olga holte ihn vom Bahnhof ab. Er sah sich suchend um, bis sie in Schaffelljacke, Kopftuch und Filzstiefeln auf ihn zukam. Seine Winter-Olga gefiel ihm sehr, und sie zogen fröhlich heim zum »Schlauch«. Kaum hatten sie sich die ersten Neuigkeiten erzählt, erschienen Mali, Mischa und andere Freunde, um sie mit viel Lärm und Gelächter zum gemeinsamen Schlittschuhlauf im Gorkipark zu überreden.

Musik und ein funkelndes Lichtermeer begrüßten sie.

Kurt hielt Olgas Hand in der seinen; er spürte durch den dicken Fausthandschuh hindurch ihre Unruhe. Schon hatte sie sich niedergebeugt und die Schlittschuhe angeschnallt. Er wußte, daß er nun nicht säumen durfte, oder sie würde bebend vor Ungeduld allein davonjagen. Die Treppe, die vom Rondell – dem Blumenbeet des Sommers – auf die Allee zuführte, war in einen steilen Eisabhang verwandelt worden.

»Warte«, rief Mischa, »Pistole«, und das Wort klang wie ein Startschuß. Die eingehakte Reihe ging in die Knie; das rechte Bein mit dem Schlittschuh waagerecht in die Luft gestreckt, sausten sie den Abhang hinunter, erhoben sich und rasten mit dem gewonnenen Schwung auf der Allee davon. Nach fünfhundert Metern Fahrt stießen sie auf den kleinen Teich, den sie in kühnem Bogen nahmen, um auf einer parallellaufenden Eisallee zurückzukehren. So liefen sie in pausenlosem Rundlauf über die gegossenen Wege des Parks. Die kalte Luft zauberte wunderbare Farbe auf ihre Wangen, und die Freude am Sport spiegelte sich in ihren Zügen. Die Musik, die Lichter und Tausende junger Menschen – ebenso berauscht von Fröhlichkeit wie sie – verwandelten die Abende auf dem Eis in ausgelassene Feste.

Später, als sie müde wurden, machten sie beim Blumenrondell halt, das im Winter Eisfläche für Tanzpaare war. Sie schauten den Figuren-läufern zu und blieben lange beim Platz der Anfänger stehen, wo sich hauptsächlich Kinder tummelten. Als sie Licht in den Verwaltungsräu-men bemerkten, zogen sie dorthin und riefen im Sprechchor nach Betti, bis sich die Tür öffnete und die junge Direktorin des Parks, die mit den Mädchen vom vierten Stock befreundet war, sie hereinrief.

Bei Betti gab es heißen Tee und viele Geschichten über den Park, auf den sie sehr stolz war, weil er den Menschen so viel Freude gab. Zwölftausend Schlittschuhläufer waren an diesem Abend auf dem Eise! Nachdem sie von der Auswahl der Stücke für das Theater des Parks ge-sprochen hatte, fragte sie, ob Olga sich schon »Kabale und Liebe« im Wachtangow-Theater angesehen habe. Die anderen lachten, und Mali erklärte: »Ein wunder Punkt.«

Olga ging sehr viel ins Theater. Meistens kam sie ganz begeistert von der Aufführung, von den Schauspielern und auch von den Zuhörern, die in großer Versunkenheit das Gebotene aufnahmen, nach Hause zurück, aber die Aufführung von »Kabale und Liebe« hatte ihr gar nicht gefallen.

»Die Inszenierung kommt mir so gewollt radikal und überklug vor – damit wird sie weder Schiller noch dem Stück gerecht.« Diese Auffüh-rung beschäftigte sie so sehr, daß sie noch andre Jugendgenossen gebe-ten hatte, sie sich anzusehen, und nun waren sie dabei, zu viert eine Kritik für die »Komsomolskaja Prawda« zu schreiben.

»Bloß Hugo ist dagegen, daß wir sie veröffentlichen, er findet die Aufführung eine Glanzleistung«, sagte Gerda.

»Warum soll er nicht?« warf Kurt ein. »Die Geschmäcker sind ver-schieden.«

»Das ist es nicht bei Hugo«, sagte Olga, »er ist einer von denen, die glauben, die Parteidisziplin erfordere, daß man alles fehlerlos findet. In seinen Augen kann kein Betrieb, kein Institut, keine Zeitung, kein Theater, kein Mensch in der Sowjetunion etwas falsch machen – damit schadet er mehr, als er nutzt, die andern lachen ihn aus. Und das ist ein Jammer, weil er sich aufopfert für die Partei.«

134

Gerda lachte. »Olga, erzähl doch mal, was gestern passiert ist.«

»Erzähl du.«

»Nein, du.«

»Also, wir gehen zu dritt auf der Straße, Gerda, Hugo und ich. Hugo hat sich die ›Prawda‹ gekauft und fängt vor Eifer auf der Straße zu lesen an, obwohl ihm die Hände bald dabei abfrieren. Wir kommen an so einem schwarzen Kessel vorbei, in dem der Teer zur Straßenausbesserung kocht. Drum herum wärmen sich Besprisorniki (eltern- und heimatlose, vagabundierende Kinder aus der Zeit des Bürgerkrieges). Da kommt so ein dünnes, schmutziges Bürschchen von vielleicht zwölf Jahren auf uns zu und bettelt: ›Onkelchen, gib mir die Zeitung.‹ Er läuft neben uns her und fragt immer wieder danach. Hugo ist sehr gerührt und sagt zu mir: ›Ist das nicht ein leuchtendes Beispiel für die Stärke des Kommunismus, ein Kind, hungrig und in Lumpen, bettelt nicht um Brot, sondern um die Zeitung. Es möchte lernen und wissen.‹ – ›Idiot‹, sage ich nur, und Gerda lacht ihn einfach aus. Wir bleiben alle drei stehen und sehen dem Jungen nach. Der rennt zum Teertopf zurück, reißt die Zeitung in Streifen, schüttet ein paar Krümel Tabak rein und dreht sich eine Zigarette.«

Die anderen lachten.

»Eine gute Lektion für Hugo«, sagte Betti. »Aber weißt du, was mich in diesem Moment beschäftigt? – Deutschland. Was ist bloß bei euch los? Ich komme nicht mehr mit«

»In Deutschland bauen sie Panzerkreuzer – mit Zustimmung der Sozialdemokratie«, sagte Kurt.

»Zehn Jahre nach dem Weltkrieg«, warf Mali ein.

»Und wieviel Jahre vor dem nächsten?« fragte Betti.

»Wie kannst du so etwas aussprechen«, erwiderte Mali.

»Er kommt nicht – er darf nicht kommen«, sagte Olga.

Und vor Sekunden waren sie noch so fröhlich gewesen.

Olga verfolgte die Berliner Ereignisse vom Frühjahr 1929 mit großer Erregung.

Der Polizeipräsident der Hauptstadt, Mitglied der SPD, hatte die Erste-Mai-Demonstration verboten.

»Das lassen sich die Berliner Arbeiter bestimmt nicht gefallen – ihr werdet es sehen«, sagte Olga zu Kurt und Mali. »Sie demonstrieren trotzdem – und unsere Neuköllner vorneweg.«

Während Olga mit der frohen Menschenmenge über den Roten Platz demonstrierte, wehrten sich die Berliner Arbeiter mit den Fäusten gegen ein riesiges Polizeiaufgebot. Das Neuköllner Arbeiterviertel um die Zietenstraße war von der Außenwelt abgeriegelt, doch aus den Häusern hingen rote Fahnen, und der Polizei gelang es nicht, die Demonstranten von der Straße zu vertreiben. Auch der kleine Balkon vor dem Zimmer, in dem Olga

Olga Benario, etwa 1930

zuerst in Neukölln gewohnt hatte, stand im Fahnenschmuck des Ersten Mai.

Obwohl niemand aus dem Stadtteil herausgelassen wurde, drang die Kunde vom blutigen Terror der Polizei in anderen Bezirken nach Neukölln, und in den Abendstunden begannen die erbitterten Arbeiter, das Pflaster aufzureißen, um Barrikaden damit zu errichten. Die Sipo schoß von der Straßenkreuzung her mit Maschinengewehren – es gab Tote und Verletzte –, doch die Arbeiter wichen nicht. Sie fällten Bäume und rollten große Rohre vom U-Bahn-Bau heran, um die Barrikaden zu verstärken.

Abends lag das Viertel im Dunkeln, die Bevölkerung zündete zur Unterstützung der kämpfenden Arbeiter kein Licht in den Wohnungen an, und die Polizei wagte es nicht, in die nachtschwarzen Straßen vorzudringen. Auch im Bezirk Wedding verteidigten sich die Arbeiter hinter Barrikaden.

Olga saß am Rundfunk; sie diskutierte die Ereignisse mit jedem, der die Verhältnisse in Deutschland kannte.

»Der erste offene revolutionäre Kampf seit 1923«, sagte sie voller Jubel und wartete stündlich darauf, daß die KPD und die gesamte Organisation des Roten Frontkämpferbundes den Aufstand organisiert unterstützten. Sie wollte unter allen Umständen sofort nach Deutschland zurück und war empört, als andere ihre Meinung nicht teilten und sogar Kurt die Lage zurückhaltender beurteilte. – Die Entscheidung der Partei gab den anderen recht.

Im Sommer, kurz bevor sie – dies Jahr gemeinsam – mit Kurt in Urlaub ging, las sie die Rede, die Thälmann auf dem Weddinger Parteitag gehalten hatte. Er sagte, daß die Partei, obwohl sie volle Solidarität mit den Barrikadenkämpfern empfand, nicht dem Ruf nach dem bewaffneten Aufstand nachgeben konnte, weil alle objektiven Voraussetzungen dafür fehlten, weil keine akute revolutionäre Situation gegeben war. Olga las seine ganze Rede aufmerksam und erkannte, was dazu gehörte, die Formen der revolutionären Bewegung und die Machtverhältnisse richtig einzuschätzen. Nun wurde ihr klar, wie vorschnell und oberflächlich sie die Lage beurteilt hatte.

Olga und Kurt verbrachten ihren Urlaub an der Schwarzmeerküste in der Nähe von Jalta.

In den ersten Tagen unternahmen sie nicht viel. Wenn sie aus dem weißen Hauptgebäude des Erholungsheims in die glühende Sonne traten, ließen sie sich schlaff vor Hitze auf eine der Steinbänke im Garten nieder, knackten Sonnenblumenkerne, aßen riesige saftige Melonenscheiben oder süße dunkle Weintrauben.

Die Palmen hinter den Bänken standen bewegungslos in staubbedecktem Immergrün. Das Gras, verfilzt und leblos wie schlecht gekämmtes Haar, erstreckte sich mausgrau zu beiden Seiten des Kiesweges; nur das Blumenbeet – ein buntes Mosaik, das Emblem des Fünfjahrplans darstellend und vom Gärtner täglich liebevoll bewässert – leuchtete in feuchter Frische. Ein Handtuch um die Schultern gelegt, schlenderten sie beide zum Meer hinunter, das blau den hellen Strand begrenzte und sich irgendwo in der Ferne mit dem Himmel zu vereinen schien. Der Boden war so heiß, daß es an den bloßen Füßen schmerzte. Sie blieben stundenlang im Wasser und lagen mit geschlossenen Augen im Schatten einer Mauer im Sand. Abends saßen sie mit anderen Gästen im Freilichtkino unter den Sternen, und bevor sie schlafen gingen, besuchten sie noch einmal das Meer.

Als sich die nachklingende Moskauer Müdigkeit gelegt hatte, wurde Olga unternehmungslustig. Die neuen Menschen, die fremdartige Architektur, die örtliche Kunst, die unbekannte Landschaft lockten. Zum Erstaunen der anderen Gäste, die in der Hitze nicht viel wanderten, begannen Kurt und Olga die Umgebung zu erforschen und ihre Touren immer weiter auszudehnen. Gegen Ende des Urlaubs begaben sie sich auf einen Ausflug in die Berge.

Vom langen Marsch in der glühenden Sonne müde geworden, setzten sie sich in einer kleinen Ortschaft in ein schattiges Gartenlokal und bestellten Wein. Es war eine seltene, besonders gute Sorte. Bevor Olga trank, hielt sie das Glas gegen das Licht, weil ihr die leuchtende Farbe so gut gefiel. Nachdem sie den ersten Zug getan hatte, seufzte sie vor Wohlbehagen. Sie war tief braungebrannt, gelöst und glücklich. Kurt war jedes Mal von neuem bewegt und erstaunt, wie sie aufblühte, wenn sie in der Natur lebte, wie jede Landschaft, jeder Baum, jede Blume sie entzückte.

Das Lokal war fast leer – am Nebentisch saßen drei Grusinier, die den gleichen Wein tranken. Ihre Gesichter waren beinahe so schwarz wie ihre Haare, und wenn sie lächelten, erschienen die Zähne wie ein weißer Strich im dunklen Bart.

Es war so schattig und still im Garten, daß Olga und Kurt, nachdem der Wein getrunken war, noch verweilten. Der Ober brachte eine neue Flasche. Sie machten ihm klar, daß sie kein zweites Mal bestellt hatten, doch er wies auf die Grusinier, die sich lächelnd verbeugten. Kurt goß Olga ein. Sie stand auf und ging mit dem gefüllten Glas auf die Spender zu, um mit ihnen anzustoßen. Kurt sah ihr nach. Halt es fest für immer, dachte er, ihr Bild, so glücklich, so voll Natürlichkeit und Wärme.

Sie wanderten durch einsame, menschenleere Gegenden, und als der

Abend kam, stellten sie fest, daß sie sich – nicht zum ersten Mal in ihrem Leben – verlaufen hatten. Kurt schlug vor, ins Tal zu gehen, dort würde man weitersehen. Doch Olga kam ein Abstieg wie eine Niederlage vor, sie wollte lieber auf der Höhe bleiben; die Nacht war viel zu schön, um sie zu verschlafen. Sie wanderten, solange der Mond Licht spendete, und setzten sich, als es dunkel wurde, an eine geschützte Stelle, um den Morgen abzuwarten. Es war so still um sie, daß sie sich nur im Flüsterton unterhielten. Die Luft war schwer vom Duft des Waldes. Olga streckte sich aus und sah zum Himmel. Der Mond kam noch einmal hervor und bestrahlte unzählige Lämmerwölkchen, die, umrissen vom dunklen Nachthimmel, viel weißer als am Tage vorbeischwebten.

»Der Urlaub war schön, jetzt ist es mit uns wie früher«, sagte Olga leise. Sie erschraken über diese Worte. Kurt antwortete nicht. Die Stille, soeben noch zur Harmonie dieser Nacht gehörend, begann sie zu bedrücken. Ein Uhu rief, eine Eidechse raschelte im Laub. Beide wünschten, Olga hätte nicht davon gesprochen, gerade jetzt, wo es gut zwischen ihnen war.

Endlich fragte Kurt: »Was meinst du damit?«

»Du bist anders geworden«, sagte Olga.

»Du auch.«

»Wie denn anders?«

»Du bist herrischer geworden«, sagte Kurt, »du willst nicht mehr meinen Rat. Manchmal verhältst du dich so, als ob du lieber allein wärst.«

»Damals, als du im Gefängnis warst, mußte ich alles allein tun und entscheiden. Da wird man härter und selbständiger. Und als du herauskamst, da mußte ich mich plötzlich wieder nach jemandem richten; das fand ich nicht einfach. Ich glaube, so ging es vielen Frauen, die im Krieg auf sich selbst gestellt waren. Wenn der Mann dann zurückkam, waren sie viel unabhängiger und fanden sich nicht mehr in die Rolle zurück, die er leider erwartete.«

»Das trifft überhaupt nicht auf uns zu, du warst schon immer unabhängig, und gerade darauf war ich stolz.«

»Du wolltest mich selbständig genug haben, um dir viel abzunehmen, aber nicht so selbständig, daß ich dich nicht mehr als den Meister ansah.«

Früher hat auch eine größere Rolle gespielt, daß du älter warst und ich viel von dir lernen konnte.«

»Und jetzt hast du mich eingeholt?«

»In manchem – nicht in allem, und du verträgst das nicht. Du wirst empfindlich, wenn ich was besser weiß.«

»Wie kannst du so eine dumme, absurde Behauptung aufstellen!«

»Nun bist du heftig und beleidigt – so oft bist du es jetzt.«

»Das war ich früher auch, aber da hast du es besser verstanden, mit mir umzugehen.« Kurt schwieg – dann sagte er: »Vielleicht sind auch unsere Trennungen mit schuld. Wann haben wir überhaupt ein richtiges gemeinsames Leben gehabt?«

»Wenn man sich lieb hat und zusammengehört, spielen Trennungen keine Rolle.«

Kurt antwortete nicht. Die Sterne verblaßten, der Himmel trat aus dem Dunkel der Nacht, zu ihren Füßen lag das Tal.

»Ich wünschte, es wäre wie früher«, sagte Kurt.

Sie gingen schweigend bergab – über dem Meer erhob sich der Feuerball der Sonne. Sie sahen ihn nicht. Sie blickten zu Boden.

Wenn Olga es von Kurt selbst erfahren hätte, wäre es nicht ganz so schwer für sie gewesen. Als sie es von einer Genossin erfuhr, die gar nichts Böses mit ihren Worten anrichten wollte, war sie tief betroffen. Doch sie zwang sich zur Ruhe und sagte:

»Ja, wir sind dabei, uns zu trennen. Ich weiß, daß er jemand anders hat – ich übrigens auch.«

Sie verließ nicht die Freunde, mit denen sie an diesem Abend zusammen war. Sie lachte lauter als sonst und redete viel.

Als sie endlich allein war, ging sie in ihrem Zimmer unaufhörlich vom Fenster zur Tür und von der Tür zum Fenster. Warum war Kurts Verhalten so ein Schlag für sie? Seit dem Sommerurlaub hatte es keine neue Unterhaltung über ihre Beziehungen gegeben. Olga war der Meinung gewesen, daß sie nicht mehr so wie früher an Kurt hing. Weshalb kehrte dann jetzt, wo sie in ihrem Stolz getroffen war, die ganze Stärke ihres Gefühls für ihn zurück? Es war schwer, sehr schwer, sich vorzustellen, daß alles, was ihr gehört hatte, die Vertrautheit der Worte und der Liebkosungen, nun jemand anders empfing. Olga wünschte brennend, Kurt und das Mädchen vor sich zu haben, sie mit höhnischen und gemeinen Worten zu verletzen, sie zu bestürzen und alles für sie zu zerstören.

Stunden vergingen, ehe ihr klar wurde, in welchem Zustand sie sich befand. Eifersucht ist eine kleinbürgerliche Eigenschaft, hatte sie einmal in Berlin zu Hilde gesagt. So leicht läßt sich das behaupten, wenn man es noch nicht selbst durchgemacht hat.

Doch sie mußte sich zwingen, ruhig und sachlich nachzudenken. Sie selbst war es gewesen, die schon vor Monaten empfunden hatte, daß es nicht mehr wie in den ersten Jahren zwischen ihnen war. Warum dann jetzt der tiefe Schmerz bei dem Gedanken, daß Kurt ... Es überfiel sie von neuem. Sie brauchte nur an seine Hände, an seinen Blick zu denken, an Dinge, die sie zu zwei erlebt hatten; all das erschien ihr nun entwertet und ausgelöscht. Die andere ... leidenschaftlich und böse malte sich Olga wieder aus, was sie der anderen antun wollte.

Es regnete. Olga öffnete das Fenster. Drüben im Gebäude war noch ein Zimmer erleuchtet. Die Tropfen, die aus dem Dunkel fielen, funkelten wie Diamanten, wenn sie am Licht vorbeiglitten. Olga wurde ruhiger.

Sie hatte selbst schon erwogen, ob ein Auseinandergehen nicht besser sei als ein Sichauseinanderleben. Wäre die Trennung auf ihre Veranlassung erfolgt, ohne Kurts Beziehungen zu dem Mädchen, dann hätte es auch geschmerzt – die gemeinsamen Jahre ließen sich nicht einfach aus dem Leben fortradieren –, doch nun, wo Kurt den Weg der Trennung bestimmte, war es viel schlimmer – sie fühlte sich gekränkt und gedemütigt. Aber in jedem Fall besaß sie ein Recht auf Ehrlichkeit; er hätte es ihr sagen müssen und nicht hinter ihrem Rücken ... Schon wieder schüttelte es sie. –

Am besten wäre es, ihre Sachen zu packen und fortzugehen; das würde Kurt einen Schock versetzen, wenn er morgen von seiner Reise zurückkam. Vielleicht war er gar nicht für die Partei unterwegs – vielleicht war er mit dem Mädel ... Wie mochte sie aussehen? Eine Zukkerpuppe – ein süßliches Nichts, das zu jedem ins Bett kroch?

Er traf in der Frühe ein und begrüßte sie mit der alten Vertrautheit.

Sie kochte ihm Tee, er holte sich etwas zu essen aus dem Spind, und schon während er das Brot strich, begann er in seiner lebendigen Art von der Reise zu erzählen.

Olga erschien die Nacht wie ein Spuk. Sie hatte das Verlangen, dem Geschehenen auszuweichen und ihm keine Bedeutung beizumessen. Es war ihr unmöglich, davon zu reden; sie wartete bis zum Abend und sagte auch dann nichts, weil sie ratlos war. Sie, die stets Wert auf Klarheit legte, fand sich in den eigenen Gefühlen nicht mehr zurecht.

Hatte sie ihn überhaupt noch lieb? Warum litt sie denn, wenn sie an die andere dachte – es könnte ihr doch gleichgültig sein, wenn sie Kurt nicht mehr so nahestand. Und was war überhaupt die Ursache ihrer Schwierigkeiten, die schon vor der Angelegenheit mit dem Mädchen aufgetreten waren? Könnte nicht, wenn man sich ausspräche, alles wieder in Ordnung kommen? Was würde sie jetzt tun, wenn sie richtig verheiratet wären und drei Kinder hätten? Da lief man auch nicht so schnell auseinander; in jeder Ehe gab es Konflikte, die man überwinden mußte. Wenn sie auf ihr gemeinsames Leben zurückblickte – es hatte viel Schönes, viele Höhepunkte gegeben, besonders in der Zeit vor seiner Verhaftung. Sie hatten sich auch gar kein anderes Ziel gesetzt, sondern in dieser Form fortfahren wollen.

Vielleicht war das der Fehler gewesen.

Wollten sie Kinder? – Sie hatte Sehnsucht danach – aber sie räumte Kurt bei diesem Gedanken keinen Platz ein. Das war doch auch nicht in Ordnung.

»Warum bist du heute so still?« fragte er plötzlich.

»Ich denke über uns nach.«

Er lächelte. »Das scheint ja eine schwierige Arbeit zu sein.«

»Das ist es auch.«

Nun sagte sie ihm, daß sie von dem Mädchen wisse, aber schon zuvor, ganz abgesehen von dieser Angelegenheit, an eine Trennung gedacht hatte.

Olga sah, wie erschüttert er war, wie er an ihr hing; das milderte ihre Eifersucht. Nun, da die Eifersucht schwand, war auch ihr Gefühl für ihn, wie sie es noch in der Nacht empfunden hatte, nicht mehr so stark. War es also noch ein echtes Gefühl?

Als Kurt Moskau wieder verlassen mußte, war nichts entschieden. Beim Abschied sah sie sein so vertrautes, nun trauriges Gesicht, und alles schien auf einmal wieder ganz anders zu sein. Die Versuchung, ihm zu sagen, es sei doch dumm, sich nicht einfach liebzuhaben, war groß. Sie wollte die Freude in seinen Augen sehen und die Innigkeit, die erregende Heftigkeit der Versöhnung spüren, die sie bisher immer wieder zusammengeführt hatte.

Allein geblieben, konnte sie keine Ruhe finden und haderte mit sich selbst, weil sie ständig im Kreise dachte. Ihre eigene Unentschlossenheit traf sie sehr. Bis zu dieser Stunde war sie der Meinung gewesen, sie könne in allen Lebenslagen klar und sachlich denken. Bei jedem anderen hätte sie so viel Wirrwarr und Unentschlossenheit verurteilt. Mußte man alles erst selbst durchmachen, um die Schwächen anderer zu verstehen und entsprechend milder zu sehen? Wirklich reife Menschen konnten sich wohl besser in andre hineindenken als sie, die oft zu schnell mit Kritik bei der Hand war.

Was war an der Bindung, die sie empfand, nur Gewohnheit und der Wunsch, nicht ohne Partner zu leben? Und was war noch an wirklich Gemeinsamem vorhanden? So wie früher – mit dieser Freude und Leidenschaftlichkeit – liebte sie ihn nicht mehr. Das, was in guten Ehen an Stelle der Intensität der ersten Zeit trat – die gemeinsame harmonische Lebensweise, die Familie und viele andere enge Bindungen –, war bei ihnen nicht stark genug vorhanden. Sie hatten auch gar nicht daran gearbeitet, diese Grundlage zu finden.

Olga wartete lange, nachdem Kurt abgefahren war, und dann schrieb sie ihm, eine Trennung wäre besser. Sie ließ sich auch durch seine Antwort nicht umstimmen.

Als das Frühjahr 1930 kam, ging Olga zu Malis Familie, um Abschied zu nehmen. Ihr Wunsch war endlich erfüllt worden: Sie sollte dort kämpfen, wo es am schwersten war – in den kapitalistischen Ländern.

Es wurde stiller im vierten Stock, und in Malis Familie sagten die Mutter oder die Töchter viele Male: »Wie hätte Olga darüber gelacht ... Wie hätte Olga sich jetzt gefreut ... Olga würde sagen ...«

8

Der kleine Wecker, den Olga Malis Mutter zum Abschied geschenkt hatte, stand tickend auf der Kommode. Er zeigte schon das zweite Jahr pünktlich die Stunden an.

In der Wohnung der Mutter war die Untermieterin ausgezogen, Mali und Mischa hatten geheiratet und lebten in dem freien Zimmer. Es war sieben Uhr abends, als Mali von der Arbeit nach Hause kam, der Mutter die Arme um den Hals legte und sagte: »Mit Olga ist etwas passiert!«

Die Mutter fuhr sich mit der Hand über die Stirn.

»Sie ist in Frankreich verhaftet worden und sagt natürlich nichts aus – nicht einmal ihren Namen wissen sie. Ihr Bild ist in den Zeitungen ›wegen zweckdienlicher Angaben‹. Zum Glück ein so schlechtes Foto, daß man sie kaum erkennen kann.«

Wochenlang sorgte sich die Familie um die dritte Tochter – bis es eines Abends klopfte und Olga vor ihnen stand. Sie drückten das Mädchen ans Herz, sie hatten Tränen in den Augen, waren ganz außer Atem, schüttelten und umarmten sie von neuem, bis die Mutter sie in Armeslänge von sich hielt. »Hübsch siehst du aus, Mädel, und so elegant!«

Olga war strahlender Laune. Sie zog ein rosa Bällchen aus der Tasche des französischen Kostüms, entfaltete es und hielt ein duftiges Spitzenunterhöschen gegen das Licht:

»Gruß aus Frankreich für Mali!«

So etwas Frivoles. Mali wurde rot – das konnte sie nicht tragen – und doch – schade drum! Später fand sie die Lösung und schneiderte sich ein ärmelloses Sommerblüschen daraus. Olga lachte Tränen, als sie die Verwandlung entdeckte.

Am ersten Abend mußte sie, nach der fast zweijährigen Trennung, bis spät in die Nacht erzählen. Natürlich wollten sie alles über die Verhaftung und ihr plötzliches Erscheinen wissen.

»Ach, das war nichts weiter«, sagte Olga, »aber es passierte schon das dritte Mal, und man wollte mich nach Deutschland abschieben. Das kam mir ein bißchen zu gefährlich vor – da bin ich zurückgekommen – in die Heimat.« –

144

Sie war auf dem Wege zu einem Treffen mit Genossen, als man sie festnahm. Wochenlang befragte man sie erfolglos, dann wurde es der Polizei zu langweilig. Man entließ sie mit dem Ultimatum, sofort das Land zu verlassen. Olga wollte keine französischen Genossen durch erneute Kontaktaufnahme belasten, holte ein Köfferchen, das sie in Erwartung der eingetroffenen Ereignisse am Bahnhof zur Aufbewahrung gegeben hatte und flüchtete in Richtung Belgien. Sie hatte keine Papiere bei sich, da man sie stündlich erneut verhaften konnte und sie ihren Namen nicht angeben wollte. In einem kleinen französischen Grenzort, wo sie niemanden kannte, machte sie halt; die ihr gegebene Frist war abgelaufen. Sie verbarg sich während der Nacht in einer Scheune außerhalb des Ortes. –

Die Mutter sah Olga an und dachte: Da erzählst du so nebenbei, ohne daß es etwas Besonderes für dich ist, daß du allein an einem wildfremden Ort, von der Polizei verfolgt, der Verhaftung und Auslieferung gewärtig, in eine Scheune kriechst und nicht weißt, wie du morgen weiterkommst.

Doch Olga beschrieb bereits, wie der nächste Morgen verlaufen war: Sie hielt Umschau und beobachtete einen Strom von Arbeitern, der im Werkanzug, mit klappernden Essenkannen am Gürtel, in aller Frühe die Grenze nach Belgien überschritt. Olga verbarg sich, bis es dämmerte und der Zug der Arbeitenden zurückkehrte. Ein junger Mensch mit rötlichem Haar und abstehenden Ohren schien eine Art Wortführer zu sein. Er wurde auf der französischen Seite von seiner Frau und einem kleinen Jungen mit dem gleichen roten Haar und den gleichen abstehenden Ohren begrüßt. Olga gefiel die lustige, herzliche Art, mit der sich der Arbeiter von seinen Kollegen verabschiedete und den Jungen auf den Arm nahm. Sie folgte ihm die winklige Straße hinunter.

Bevor die Familie ein geducktes, kleines Haus betrat, sprach Olga den Mann an und erklärte nach einem vorsichtigen Gespräch soweit wie notwendig die Lage.

»Ja, was soll man da machen – ich bin kein Kommunist, aber natürlich muß man helfen«, erwiderte der Rothaarige. Die Frau lud Olga ein, hereinzukommen; der Mann ging fort. Die Frau legte Laken und Decken auf das Sofa in der guten Stube.

Olga überlegte sich: Entweder verrät er mich jetzt und ich werde nach Deutschland ausgeliefert, oder er hat einen Plan, wie ich über die Grenze kann.

Die kleine, behände Französin deckte den Küchentisch, und während sie die Bestecke auf das Wachstuch legte, beschloß Olga, daß es für beide Fälle richtig sei, tüchtig zu essen. Auf der Straße erklangen Schritte. Der Mann kam mit zwei Kameraden zurück: »Das sind Kommunisten.«

Am nächsten Morgen ging der Strom der Arbeiter wie immer zur Fabrik auf der belgischen Seite. Drei junge Burschen drängten sich um ein langes Mädel mit Kopftuch, gestreifter Drillichschürze und verbeulter Kanne. Zwei ältere Arbeiter gingen vor ihnen, ein paar junge Frauen direkt dahinter. Beim Grenzbeamten an der Schranke war das tägliche Gedränge.

»Ihre Pfeife ist ausgegangen« – der Kumpel bot dem Beamten ein Streichholz an, ein zweiter und dritter traten hinzu, bis eine Gruppe ihn umringte. Der Beamte nahm, erstaunt über soviel Aufmerksamkeit, die Pfeife aus dem Mund, wobei sich herausstellte, daß sie brannte. Das lange Mädchen ging im Rücken der Gruppe weiter; für sie hatte es keinen Sinn, stehenzubleiben, sie besaß keine Streichhölzer und auch keinen Ausweis.

In Belgien halfen die Genossen weiter. –

Mali umarmte und streichelte Olga von neuem, sie hatte noch viele Fragen. Doch Olga begann, vom Ende ihrer Fahrt zum Anfang – zu den ersten Tagen, nachdem sie die Sowjetunion verlassen hatte – überzuspringen.

»Kinder, ihr wißt ja gar nicht, wie das ist, wenn man hier fortgeht und sich plötzlich in einer andren Welt befindet, das könnt ihr euch nicht vorstellen.

Erst war ich in England, da wiesen sie mich nach ein paar Monaten als lästige Ausländerin aus. Denkt euch, ihr geht plötzlich durch die Oxfordstreet in London. Die Läden haben prächtige Auslagen. Da gibt es alles – allerdings nicht für alle! – Kokosnüsse, Schinken, Trüffelleberwurst, moderne Möbel, elegante Kleider. Und die Autobusse! Man kommt mit, ohne außen dranzuhängen. Dann fängt man an, sich zu ärgern, weil wir hier noch nicht so weit sind, weil es bei uns die Menschen noch in vielen Dingen schwer haben, und überlegt sich – was hat dein Mischa gesagt, Mali? –, in zwanzig Jahren, das sind vier Fünfjahrpläne, dann haben wir das auch, und zwar für alle.

Allmählich lernt man die Menschen draußen kennen und bedauert sie. Ihr ganzes Leben spielt sich in Angst und Unsicherheit ab. Angst vor Arbeitslosigkeit, Angst vor Krankheit oder Alter, Angst vor Gegenwart und Zukunft; sie leben, als ob der Boden unter ihnen wackelt und das tut er ja auch, weil ihr Boden der Kapitalismus ist. Und die Enge ihres Gesichtskreises! Man erschrickt förmlich vor dieser Armseligkeit: Geld, bessere Stellung, reiche Ehe – alles ›ich – ich – ich‹, niemals ›unsere Fabrik, unsere Ernte, unser Land‹. Es ist kaum zu beschreiben, dieser Unterschied, den keine Statistik festhalten kann. Wenn ich an den Optimismus bei uns denke, an den Schwung, die Arbeit, die wir leisten, das Lebensgefühl, die Interessen, den weiten Horizont der Zukunft – man atmet hier anders, es ist wunderbar, zurück zu sein!«

Olga griff in die Tasche, und Mali sagte lachend: »Hast dir gleich deine Lutschbonbons geholt. – Bei uns gibt's jetzt ›Mischkas‹ zu kaufen, ein köstliches Konfekt.«

»Erzähl weiter«, bat die Mutter.

»Ich ging nach Frankreich. Als Vorbereitung las ich alles, was ich über das Land bekommen konnte. In den bürgerlichen Zeitungen stand, daß Frankreich eine glückliche Insel im Meer der Weltwirtschaftskrise sei – und als ich auf diese ›Insel‹ kam, da gab es dort eine Million Erwerbslose, dreieinhalb Millionen Kurzarbeiter, eine Bourgeoisie, die sich aus Konkurrenzgründen mit dem englischen Kapitalismus in den Haaren lag und nebenbei den Krieg Japans gegen China eifrig unterstützte. Und es gab Klassenkampf. Zehn Wochen streikten die Textilarbeiter in Nordfrankreich – es kam zu Barrikadenkämpfen in den Städten –, die Bergarbeiter streikten ...«

Olga erzählte den ganzen Abend.

Einmal unterbrach Mali sie: »Du liebst ja Frankreich!«

»Natürlich«, sagte Olga, »die Arbeiter, die Landschaft, die Städte, die

Malerei, die Literatur – ein herrliches Land, der Abschied fiel mir sehr schwer.« –

Als einige Wochen nach diesem Abend eine Jugenddelegation aus Frankreich in Moskau eintraf, stellte Mali fest, daß nicht nur Olga Frankreich liebte, sondern auch die französischen Genossen das deutsche Mädchen. Ein schmalbrüstiger, dunkelhaariger Genosse, der ein wenig lispelte, beschrieb es ihr: »Am meisten hat uns ihre Fähigkeit erstaunt, sich in fremden Verhältnissen zurechtzufinden. Wir vergaßen nach ein paar Wochen, daß sie Ausländerin ist, so schnell war sie zu Hause. – Und wie sie es verstanden hat, uns während der Streikkämpfe ihre Erfahrungen aus Deutschland zu vermitteln! Sie kam besonders gut mit einfachen Menschen aus, und mutig war sie, damit hat sie uns geradezu Sorge gemacht. Überall, wo es Gefahr gab, mußte sie dabeisein. Was sie anfing, ging ihr leicht von der Hand. ›Sie hat immer Glück‹, sagten die Genossen, aber es war nicht einfach schicksalhaftes Glück. Ich habe es während des Textilarbeiterstreiks erlebt, als die Polizei das Viertel abriegelte und systematisch durchkämmte. Olga hat sofort die Gefahr bemerkt, sie entschied und handelte blitzschnell. In Sekunden war sie untergetaucht, benutzte schmale Straßen, Höfe, Häuser, Hintergärten, Läden und Keller so geschickt, als ob sie vorher einen Plan davon besessen hätte. – Für uns war es gut, eine solche Deutsche zu treffen.«

»Was wird Olga nun anfangen?« sagte die Mutter nach einiger Zeit zu Mali. »Sie spricht deutsch, russisch, englisch und französisch, kennt die Verhältnisse in verschiedenen Ländern gut, ist mutig und besonnen, hat Erfahrung in illegaler Arbeit – das ist doch alles sehr viel wert.«

»Ich denke, sie sollte einfach hierbleiben, arbeiten, einen Mann finden, heiraten, Kinder haben«, erwiderte Mali.

Die Muter sah überrascht auf. »Diese Antwort habe ich nicht von dir erwartet.«

»Ihr macht immer eine halbe Heroine aus ihr – sie ist ein Mädchen wie wir auch, mit den normalen Sehnsüchten eines Mädchens.«

»Wir machen keine Heroine aus ihr, aber was sie bereits mit ihren dreiundzwanzig Jahren geleistet hat, ist ungewöhnlich und berechtigt zu hohen Erwartungen. Sie könnte, wie schon in den vergangenen zwei Jahren, am besten in kapitalistischen Ländern für den Kommunismus werben. Im übrigen weißt du, daß ihr kaum jemand so herzlich persönliches Glück wünscht wie ich. Hat sie die Sache mit Kurt überwunden?«

»Von so etwas bleibt immer eine Narbe. Aber das meine ich nicht einmal«, Mali setzte sich neben die Mutter, »sie liebt Kinder. Und doch wird es noch lange ein Problem bleiben, ob sie ein Kind haben kann, weil sie so fest mit der Revolution in Deutschland rechnet. Gerade weil der Faschismus sich so bedrohlich entwickelt, glaubt sie, das muß zur Einigkeit der Arbeiterklasse und damit zur Möglichkeit führen, die Macht zu ergreifen. Du ahnst nicht, wie sie ihr Vaterland liebt – das spüren wir nicht, weil sie so gern hier lebt –, aber der Gedanke an ein anderes Deutschland verläßt sie nie. – Und wegen der Lage in Deutschland fühlt sie, daß sie unabhängig sein muß und ohne Bindungen.«

9

Als zu Beginn des Jahres 1933 der Faschismus Deutschland in das Barbarentum zurückstieß, gab es für Olga, die als Instrukteur im Komsomol arbeitete, nur einen Wunsch: Rückkehr nach Deutschland, Kampf gegen die Nazis.

Sie sprach lange mit Mali und Mischa darüber. Beide fanden es unklug – sie sei zu bekannt, sie würde gleich nach der Ankunft verhaftet werden.

»Du kannst hier nützlich sein, der Faschismus bedroht auch unser Land, du kennst Hitlers räuberische Ziele«, sagte Mali.

Olga dachte nach: Faschismus und Kriegsvorbereitung gehörten zusammen, und am meisten bedroht war die Sowjetunion. Konnte sie jetzt nicht nach Deutschland, wollte sie hier so direkt wie möglich gegen diese Gefahr kämpfen.

»Laßt mich Soldat werden«, sagte sie.

Die Genossen blickten sie verwundert an.

»Ich muß fliegen können, Fallschirm springen, mit jeder Waffe schießen lernen, eine strategische Ausbildung haben – alles, was dazu gehört.«

»Olga ist nicht mehr zu genießen, seit sie auf die militärische Ausbildung verfallen ist«, beklagte sich Mali bei der Mutter. »Sie läuft zu allen Stellen, spricht mit jedem Genossen, dem sie eine Entscheidung zutraut, sitzt zu Hause und studiert, um den Genossen zu beweisen, was sie schon alles militärisch weiß – wie kann sie sich nur so etwas Unmögliches in den Kopf setzen.«

»Wie ich Olgas Kopf kenne, erreicht sie es vielleicht doch«, sagte die Mutter.

»Jetzt fliegen wir nicht mehr über der Hauptstadt, jetzt laß mich.«

»Ich darf nicht.«

»Ein einziges Mal, winzige drei Minuten – ich kenne jeden Griff im Schlaf, laß mich.«

»Aber nur eine Minute.«

»Zwei!«

Olga übernahm die Führung des Flugzeugs.

Sie flog über Wolkenballen bis in den blauen Himmel, unten lag ein kleines Dorf – jetzt flog sie über einen Fluß.

»Achtung, ich steuere einen Bogen.«

»Bist du wahnsinnig?«

»Ein kleines Bögchen. Wieviel muß man können, um sich zu überschlagen?«

»Ich zeige dich an wegen Befehlsverweigerung – du verläßt sofort den Sitz!«

»Dann fliegst du selber rein, du bist mit mir aufgestiegen.«

»Olga, das erste Mal, daß ich dich mit unfairen Waffen kämpfen sehe.«

»Das erste Mal in meinem Leben, daß ich fliege.«

»Jetzt singst du auch noch – konzentrier dich auf die Apparate – was singst du?«

»Aber das Flugzeug, das rollt ...« –

Olga lebte nur für ihren neuen Beruf. Sie lernte mit großer Willenskraft, sie schonte sich auch körperlich nicht und hatte den Ehrgeiz, ebensoviel wie die Männer zu leisten.

Sie haßte den Krieg. Er schien ihr das furchtbarste Krankheitsmal einer verrotteten Gesellschaftsordnung – und der Gedanke eines Überfalls auf die Sowjetunion, wo der Aufbau so großartig voranging, war ihr unvorstellbar. Aber sollte Hitlerdeutschland oder ein anderer der kapitalistischen Staaten den Krieg doch beginnen, dann würde sie kämpfen, darüber war sie sich völlig klar.

Einen Traum gab sie niemals auf – später einmal würde sie wieder in Deutschland sein.

Auf die Frage, ob ihr Leben interessant und ausgefüllt sei, hätte sie ehrlich mit einem frohen Ja geantwortet. Doch wäre es besser, Olga diese Frage nicht an einem der freien Tage zu stellen, wenn andere zu zweit spazierengingen und sie den Müttern mit kleinen Kindern nachblickte.

Da kam es vor, daß sie in den Wald lief, sich unter die Kiefern setzte und den feinen Sand durch die Finger rinnen ließ.

Sie fühlte keine Sehnsucht mehr nach Kurt, es war nun schon lange her. Sie dachte noch manchmal an Schönes und Unvergeßliches in den gemeinsamen Jahren, doch sie wußte, daß ihre Beziehungen unvollkommen gewesen waren. Aber gab es das überhaupt, vollkommene Beziehungen, die echte Harmonie und Erfüllung bedeuteten? Oder verlangte sie zuviel? War so ein Wunsch vielleicht ein Traum, ein Überbleibsel aus romantischer Jugendzeit?

Olga nahm ein paar Kienäpfel vom trockenen Boden. Merkwürdig, daß sie mehr an den Brandenburger Wald dachte als an die schönen Münchener Berge, mehr an die kieferumstandenen stillen Seen der Mark als an die grünen Täler Bayerns. In Berlin hatte sie die Kiefern mit ihren verstaubten, scharfen Nadeln zuerst gar nicht gemocht. Wie hatten die Berliner Jungen mit ihr diskutiert und die märkische Streusandbüchse verteidigt. Nun hatte sie Heimweh danach, gerade nach dieser Landschaft, weil sie so oft mit der KJ im Kiefernwald gewesen war. Sehnsucht hatte sie auch nach dem Flußufer in Paris, wo sie mit französischen Jugendgenossen entlanggezogen war. Je mehr Länder, desto mehr Sehnsüchte – am schlimmsten würde es werden, wenn sie die Sowjetunion verlassen müßte, aber damit rechnete sie nicht, außer, wenn sie nach Deutschland zurückkonnte. Sie gehörte hierher. Die

Ausbildung interessierte sie leidenschaftlich, und sie wollte weiter miterleben, wie die neue Welt entstand. Nächstes Jahr lief der zweite Fünfjahrplan an.

Im Winter, als die Kiefern sich mit Schnee bedeckten und der Waldboden bis in die Tiefe hinein gefror, wurde Olga zu einer Besprechung gerufen. Man führte sie zu drei Genossen, die hinter einem mit Tintenflecken gemusterten Tisch saßen. Olga war in Uniform und blieb vor den Genossen stehen. Sie spürte, daß es um wichtige Dinge ging, und nahm unwillkürlich Haltung an.

Der älteste der drei war von mächtigem Wuchs. Er hatte schneeweißes Haar und redete sie mit tiefer Stimme an, die in seinem Brustkasten nachdröhnte.

»Sie wollen nach Deutschland zurück. Sie verstehen wohl das Drängen eines Genossen, der in eine Heimat möchte, obwohl er sich damit in größte Gefahr begibt. Er will zurück, weil sich sein Land in den Händen eines faschistischen Regimes befindet.«

»Ich verstehe es, Genosse.«

»Er ist einer unserer Fähigsten und Besten. Sie werden ebenfalls begreifen, daß wir ihn nicht gehen lassen wollten.«

»Ich verstehe ihn, und ich verstehe Sie.«

»Nun drängt er uns von neuem, denn inzwischen reifte in seiner Heimat unter dem Druck des Terrorsystems der Reaktion eine revolutionäre Situation heran – in dieser Lage ist er unersetzlich für seine Partei. Wir werden ihm seinen Wunsch erfüllen, wenn ...«

Die drei Genossen sahen Olga an, sie blickte nur auf den Sprecher. Kerzengerade und unbeweglich stand sie vor ihm.

»... wenn jemand mitfährt«, fuhr der Genosse fort, »der ihm möglichst viel von der Gefahr abnimmt und auf die eigenen Schultern lädt; der immer um ihn und bereit ist, mit dem eigenen Leben seine Sicherheit zu garantieren.«

Er schwieg, rückte das Tintenfaß gerade und sah zum Fenster hinaus. Die anderen beiden legten losen Tabak auf Papier und begannen, sich Zigaretten zu drehen.

Der Genosse mit dem weißen Haar räusperte sich und stemmte den Rücken gegen die Stuhllehne; alle drei sahen wieder Olga an.

»Wir haben an Sie als Begleiter gedacht.«

Einen Augenblick war es still im Raum, dann sagte die tiefe Stimme: »Überlegen Sie es sich. Wenn Sie zustimmen, sagen wir Ihnen Näheres.«

Da rührte sich Olga zum ersten Mal.

»Darf ich etwas fragen?«

»Bitte.«

»Handelt es sich um Deutschland?«

»Nein.«

Den Genossen schien es, als ob sie enttäuscht sei.

»Kämpfen Sie ungern in einem anderen Land?«

Olga hob den Kopf. Alle drei Genossen hatten den gleichen Gedanken: Wie stolz sie aussieht.

Olgas Stimme klang hell wie eine Fanfare gegen den dunklen Baß des Alten: »Die Internationale erkämpft das Menschenrecht!«

Die Genossen lächelten. »Wann bekommen wir Ihre Antwort – geht es bis morgen?«

»Meine Antwort? – Ich begleite den Genossen.« –

Nachdem die drei Olga allein gelassen hatten, ging sie zum Fenster, legte die Hand um den Holzgriff, stützte die Stirn dagegen und blickte auf die Straße. Es gab gar nichts Besonderes zu sehen: zwei Kinder vor einem Schlitten, einen alten Bauern mit einem unförmigen Krug, eine Frau in grauem Umschlagtuch, aus dem das Stupsnäschen eines Säuglings herausschaute.

Geliebte Menschen!

Sie hatte gerade ein eigenes Zimmer erhalten, es sich eingerichtet, damit gerechnet, noch Jahre hierzubleiben, ihre Ausbildung zu beenden und all dies nur um *einer* Sache willen zu verlassen, um der Heimat willen.

Wie konnte sie überhaupt den Genossen in einem wildfremden Land schützen?

Plötzlich waren die Tränen da.

Luiz Carlos Prestes

154

Sie flossen so überraschend, daß Olga gar nicht mehr dazu kam, sich zusammenzunehmen. So etwas Dummes, dachte sie erschrocken – zu jeder anderen Zeit, nur nicht gerade jetzt, wo dieser wichtige Genosse jeden Augenblick hier sein wird. Einen schlechteren Eindruck kann er nicht bekommen, er wird sich weigern, mit mir zu arbeiten. Sie schluckte, wischte sich die Augen und schnaubte ins Taschentuch.

Beim nächsten Gedanken versiegten die Tränen von selbst. »Einer unserer Fähigsten und Besten.« Vielleicht betraf das nur die Arbeit? Was für Eigenschaften hatte er? Wie war er persönlich? Selbst die Besten besaßen ihre weniger guten Seiten, und wenn sie nun bei ihm von einer Art waren, die sie ganz und gar nicht mochte? Sie hatte es erlebt, daß man an sich tüchtige und fähige Menschen nicht leiden konnte, weil ihre Schwächen einem entsprechend der eigenen Veranlagung besonders auf die Nerven gingen. Das konnte bei ihm der Fall sein. Sie wußte nicht, welcher Nation er angehörte, doch das beschäftigte sie weniger. Ihr war es gleich, ob der Genosse, den sie schützen sollte, eine gelbe, schwarze, weiße oder braune Hautfarbe hatte. Was aber geschah, wenn sie charakterlich so wenig zueinander paßten, daß es zur Qual würde, ihn ständig um sich zu haben, für sein Leben einzustehen? Er konnte ein guter Genosse sein und trotzdem vielleicht ein trockener, humorloser oder übervorsichtiger, nervöser Mensch – das vertrüge sie nicht. –

»Sie ist intelligent, tapfer und erfahren in illegaler Arbeit«, beruhigte der breitschultrige Genosse seinen dunkelhaarigen Begleiter, als ob er dessen Gedanken erraten hätte. »Außerdem ist es günstig, wenn eine Frau mit Ihnen fährt, ein Ehepaar wird nicht so leicht verdächtigt.«

Als sie das Zimmer betraten, stand Olga, vom scharfen Licht der Wintersonne umrahmt, am Fenster.

Der fremde Genosse sah sie prüfend an: Kann man es verantworten, diesen jungen Menschen aus dem geplanten Leben herauszureißen – der Genossin die Uniform zu nehmen, die so zu ihr gehört? Sie ist schön. Wichtiger ist, daß sie wirklich die Eigenschaften besitzt, die der Genosse erwähnt hat.

Olga erwiderte seinen Blick ohne jede Verlegenheit.

Der Weißhaarige sah von einem zum anderen. Das ist seltsam, dachte er, sie hat helle, blaue und er tiefschwarze Augen, und doch ist etwas Ähnliches in ihrem Blick; vielleicht, weil beide kühne, klare und saubere Menschen sind. Dann fiel ihm ein, daß Olga noch nicht wußte, wer ihr gegenüberstand.

»Das ist Genosse Luiz Carlos Prestes. Sie sollen ihn nach Brasilien begleiten.«

Kolonne Prestes – Ritter der Hoffnung, Held und Volkstribun, geliebt und verehrt, gehetzt und gejagt.

Prestes gab Olga die Hand.

VIERTES KAPITEL

1

Als sie hinter der Grenze das Flugzeug wechselten und nebeneinander Platz nahmen, erschrak er über ihre Verwandlung. In der kurzen Zeit, die er sie kannte, hatten sie die Reiseroute, die zukünftige politische Arbeit und ihr gemeinsames Verhalten in der Illegalität besprochen. Olgas Vorschläge waren klug und praktisch gewesen – er empfand ihre selbständige sachliche Betrachtungsweise als angenehm. Beide wünschten keine persönlichen Komplikationen dadurch, daß sie offiziell als seine Frau reisen würde. Es war ihm klar, daß ihr der Abschied vom alten Leben schwerfiel, ohne daß sie dies zur Schau trug. Begeisterung und Temperament zeigte sie nur, wenn er von der politischen Situation in Brasilien sprach und auf ihr Drängen mußte er in jeder freien Minute von seinem Land erzählen.

Hatte er sich – in Gedanken ihre Fähigkeiten abwägend – mit Olga beschäftigt, so war sie stets das kühne Mädchen in der Fliegeruniform gewesen. Nun saß sie zusammengekuschelt, Süßigkeiten lutschend an seiner Seite und richtete himmelblaue Unschuldsaugen besonders auf die männlichen Passagiere. Kaum hatte sich Prestes von diesem Anblick erholt, zog sie ein großes Knäuel nebst zwei Stricknadeln aus der Tasche und bewegte maschenzählend die Lippen. Er sah sie stumm von der Seite an und wich erschrocken zurück, als sie mit den langen Nadeln auf ihn zukam, um die Weite des ihm zugedachten Pullovers zu messen.

Es saß niemand in ihrer Nähe, sie hatten eine lange Fahrt vor sich, die Maschenreihen wuchsen – einunddreißig, zweiunddreißig ...

»Sechsunddreißigtausend Kilometer weit seid ihr beim langen Marsch gelaufen und nie besiegt worden? Erzähl es mir noch einmal genau.«

Er sprach, wie schon so oft zuvor auf ihre Bitten, vom Marsch der aufständischen Soldaten der »Unbesiegten Kolonne«, die fast drei Jahre durch Brasilien gezogen waren, um das Volk für den Kampf um seine Rechte zu gewinnen.

Da ruhten die Stricknadeln, und sie fragte mit einer Wißbegier und Gründlichkeit, die ihn in Erstaunen setzten.

Bei den Zwischenlandungen übernahm Olga ihre Aufgaben mit viel Geschick, und so blieb es auf der ganzen Reise. Wenn sie Pässe vorweisen mußten, Visa benötigten, Flugzeuge wechselten, sich im Hotel illegal unter fremdem Namen registrieren ließen oder Reisedaten einholten, so erledigte Olga dies alles zuverlässig und mit einer ruhigen Selbstverständlichkeit, die er bewunderte. Der Mann, der an der Spitze seiner Armeen kämpfend durch Sümpfe, Steppen und Wälder gezogen war, liebte es nicht, mit Paßkontrolleuren, Hotelmanagern und Schalterbeamten umzugehen.

Paris war eine der ersten Stationen ihrer weiten Reise, wo sie sich länger aufhalten wollten. Während das Flugzeug in Kurven zur Erde glitt, waren sie einsilbig und dachten, ohne es voneinander zu wissen, das gleiche. In dieser Stadt begann die Probe für ihr Zusammensein im Alltag; es hing viel davon ab, wie der eine und der andere sie bestand.

Die erste Mahlzeit im Hotel, die Einkäufe – sie mußten sich neu kleiden –, der Besuch im Buchladen erschienen ihnen von entscheidender Bedeutung für die zukünftige gemeinsame Lebensweise. Sie besaßen wenig Geld. Wenn Olga Prestes die Speisekarte reichte, so war seine eigene Wahl stets das Billigste, während er für sie etwas Gutes vorschlug. Ähnlich verhielt er sich in den Läden. Die eigene Kleidung wünschte er so einfach wie möglich, aber die Mitarbeiterin sollte gut angezogen sein. Kleinigkeiten – doch Olga durchströmte ein Gefühl der Erleichterung und Rührung. Seine Bescheidenheit war Ausdruck seiner Bedürfnislosigkeit.

Seine Aufmerksamkeit ihr gegenüber – der Wunsch, sie mit dem Besseren zu versehen – ließ gar nicht den Gedanken zu, er handle aus Höflichkeit der ihm noch Fremden gegenüber, sondern war ein Charakterzug von ihm. Sie war sicher, daß es immer so bleiben würde, weil er gut und anständig war und voller Achtung für seine Mitmenschen. Für diese Achtung gab es jeden Tag neue Beispiele. Sie zeigte sich bei seinem Verhalten gegenüber dem Autobusschaffner, einer alten Frau in der Metro, der Verkäuferin von Schuhwaren. Olga wurde es jedes Mal warm ums

Herz dabei. Sie gewöhnte sich an, das Essen für ihn auszuwählen und auch bei seiner Kleidung ein Wort mitzureden, damit es gerecht zuging.

Olga wußte, daß die Forderung der Partei, gemeinsam nach Brasilien zu gehen, in mancher Beziehung schwieriger für Prestes war als für sie selbst. Sein von großen Aufgaben erfülltes Leben kannte außer der Bindung zur Mutter und zu den Schwestern sowie der Kameradschaft mit den Genossen keinen persönlichen Inhalt.

Manchmal sah sie ihn von der Seite an und dachte: Bestimmt verflucht er mich ein dutzendmal am Tage und möchte mich am liebsten in die Seine werfen – soll er der Partei fluchen, die Schuld daran ist, aber das tut er natürlich nicht, dazu ist er zu diszipliniert.

Olga, die ein so offener, natürlicher Mensch war, fand sich viel schneller in der neuen Situation zurecht – sie waren Kameraden. Weder er noch sie werden dieses Gesetz verletzen, und auf dieser Basis richten sie ihrer beider Leben ein.

Sie sorgte mit größter Selbstverständlichkeit für ihn. Da sie sparsam leben mußten, erschien es ihr ganz natürlich, daß sie, obwohl es im Hotel nicht erlaubt war, heimlich Wäsche auf dem Zimmer wusch sowie ihre und seine Strümpfe stopfte. Sie bemerkte, wie unangenehm ihm dies war, ließ sich davon aber nicht stören. Das hilft nichts, daran muß er sich gewöhnen, dachte sie unbarmherzig.

Es geschah wohl, daß sie ihn, aus Freude über die Entdeckung, was für ein wunderbarer Mensch er auch im Alltag war, ein wenig neckte und mit Absicht in Verlegenheit brachte. Es war gut, daß sie diesen Ausgleich der größeren Sicherheit im Verhältnis zueinander besaß, denn obwohl er in jeder Hinsicht so bescheiden war, erkannte sie voll Bewunderung seine große geistige Überlegenheit.

Besonderes Vergnügen bereitete ihnen der erste Besuch im Bücherladen; er offenbarte, daß sie dieselben Werke schätzten, und ihr Urteil über das Gelesene wurde zum unerschöpflichen Gesprächsstoff. Wenn man dieselben Helden in den Büchern liebt, ähnliches beim Lesen empfindet, dann kommt man sich ebenso schnell näher wie bei Gesprächen über das persönliche Leben.

Während des Aufenthalts in der Stadt besuchte Prestes die besten

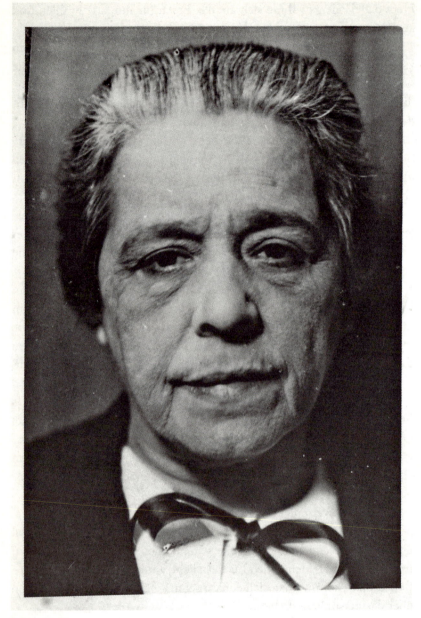

Leocadia Prestes

160

Apotheken und wählte nach gründlicher Beratung mit den Verkäufern homöopathische Medikamente für seine kränkelnde Mutter aus, die in Moskau zurückgeblieben war. Er verwandte viel Zeit und Sorgfalt auf diese Einkäufe.

An ihrem letzten Abend vor der Weiterreise saßen sie, nachdem sie das Paket für die Mutter verschnürt hatten, noch lange im Restaurant. Olga, die sich manchmal durch Prestes' Ernst und seine Verschlossenheit unsicher fühlte, weil sie ihn noch nicht gut genug kannte, um zu wissen, ob er immer so war oder irgend etwas seine Unzufriedenheit erregt hatte, berührte die Wärme, mit der er von seiner Mutter sprach.

Sie hörte zu, mit dem leidenschaftlich konzentrierten Interesse, das ihr eigen war und die Menschen häufig veranlaßte, mehr aus sich herauszugehen, als ursprünglich beabsichtigt.

Während Prestes sprach, tauchte eine Begebenheit vor ihr auf, von der Mali vor mehreren Jahren erzählt hatte. Mali betreute damals in Moskau eine Brasilianerin mit vier Töchtern. Sie wußte wohl nicht, wen sie vor sich hatte, doch Olga wußte es jetzt.

Prestes wunderte sich, warum Olga auf einmal die Augen senkte und lächelte. Er stockte, die Intensität ihres Blickes vermissend, und sprach weiter, als sie ihn erneut ansah.

Olga blieb dieser Abend, an dem das Bild der Mutter eines Helden entstand, für immer im Gedächtnis.

Leocadia Prestes stammte aus wohlhabendem Hause. Ihr erster unabhängiger Schritt schockierte Verwandte und Bekannte: Sie hatte sich entschlossen, einen Beruf zu erlernen; sie wollte Lehrerin werden – ein schwerer Verstoß gegen den Sittenkodex brasilianischer Mädchen aus guter Familie, der vorschrieb, in Untätigkeit auf den reichen Ehemann zu warten.

Ihr zweiter Schritt der Rebellion wurde von vielen als Folge des ersten Schrittes betrachtet: Statt standesgemäß zu heiraten, wählte sie den Mann, den sie liebte – einen mittellosen Offizier. Um das Unheil in den Augen der Gesellschaftskreise, denen sie angehörte, zu vollenden, war er nicht nur arm, sondern trat für demokratische, fortschrittliche Ideen ein.

Leocadia war klein und zierlich – sie sah zum Umblasen aus. Doch sie zog tapfer mit Mann und Kindern von Garnison zu Garnison, ein schwieriges, unstetes, entbehrungsreiches Leben führend. Leocadia putzte, kochte, wusch und schneiderte nicht nur, sie teilte die Gesinnung ihres Mannes und erzog die Kinder zur Gerechtigkeit, zur Wahrheit, zur Achtung vor den arbeitenden Menschen. Sie wollte, daß ihren Kindern trotz des einfachen Lebens nichts von der Erziehung abging, die sie selbst genossen hatte und unterrichtete sie daher in allen Fächern, die in den teuren Schulen gelehrt wurden und achtete unerbittlich auf höfliches Benehmen.

Wie alle echten Demokraten war sie ein gerechter Mensch, und wenn sie die Mädchen streng erzog, so brachten dies die Anforderungen mit sich, die an sie selbst täglich gestellt wurden.

Als Carlos, der einzige Sohn, zehn Jahre alt war, starb der Vater. Die Mutter war wie gelähmt. Doch die unmündigen Kinder hingen von ihr ab, um ihretwillen wurde sie ein selbständiger, starker Mensch. In harter Arbeit bis tief in die Nächte verdiente sie das Brot für die Familie.

Von allen Menschen stand ihr der Sohn am nächsten. Dona Leocadia hatte sich so sehr gewünscht, daß er Arzt würde, doch nun war eine Ausbildung, die schon zu Lebzeiten des Vaters schwere finanzielle Opfer gekostet hätte, ausgeschlossen. Die billigste Möglichkeit, etwas zu lernen, bestand beim Militär. So schickte sie den Jungen auf die Kadettenanstalt. Er hing zärtlich an der Mutter und den Schwestern, und obwohl er nicht das älteste der Kinder war, wurde er der Mutter zum Kameraden, mit dem sie alle Sorgen und Nöte besprach.

Vielleicht – dachte Olga – spielte diese große Verantwortung, die er so früh übernehmen mußte, eine Rolle in seiner Entwicklung, wahrscheinlich war er schon damals über seine Jahre hinaus ernst und gereift.

Im Laufe der militärischen Ausbildung wurde Prestes Ingenieur. Er war selbst am glücklichsten, als er endlich ein Einkommen besaß und seiner Familie, besonders der Mutter, das Leben erleichtern konnte. Sie hatte ein wenig Ruhe verdient.

Aber er war der Mutter Sohn: ein Rebell!

Sein Rebellentum war politischer als das der Mutter; es richtete sich gegen die korrupte, unfähige Regierung, welche die Kolonisierung Brasiliens durch ausländische Mächte zuließ, die Reichtum für wenige und unvorstellbare Armut für die Massen zur Folge hatte. Mit anderen jungen Offizieren gemeinsam nahm er am Aufstand gegen diese Regierung teil.

Es war eine schwere Stunde für die Mutter, als er ihr sagte, daß er den Beruf aufgeben, das Haus verlassen und mit der Waffe in der Hand kämpfen werde. Doch sie bewies ihr großes Herz. Sie hieß gut, was der Sohn vorhatte, obwohl die eigene gesicherte Zukunft in Scherben lag und sie täglich um sein Leben bangen mußte. Fast drei Jahre zog Prestes kämpfend durch das Land.

Olga wußte, daß er in dieser Zeit zum größten Helden wurde, den das brasilianische Volk je besessen hatte.

Wie viele Male mußte die Mutter seinen Namen in den Überschriften der Zeitungen gelesen, wie viele Bilder von ihm gesehen haben.

Dona Leocadia wunderte sich nicht darüber. Ähnliches hatte sie vom Sohn erwartet. Die Bilder studierte sie genau – der lange Bart und das räuberische Aussehen mißfielen ihr, so etwas hatte sie ihn nicht gelehrt. Mit der Sauberkeit schien es bei der Truppe auch nicht zum besten bestellt, und daß er so dünn war, beunruhigte sie. Doch Dona Leocadia verlor sich nicht in kleinen Mißbilligungen – voll Stolz dachte sie an die gerechten Ziele seines Kampfes. Wagte jemand, Prestes anzugreifen, so schien die kleine, schmale Mutter zur Riesin zu wachsen – mit sprühendem Temperament jagte sie Menschen und Argumente davon, in jedem Disput blieb sie Sieger.

Auch das Ende des Feldzuges bedeutete noch kein Wiedersehen mit dem Sohn, der über die Landesgrenzen flüchten mußte. Aus dem Exil hörte sie, daß er Kommunist geworden war.

Von diesem Tage an war der Kommunismus eine gute Sache für sie; und wer ihr diese blinde Anerkennung vorwarf, erhielt eine Antwort, erfüllt von Würde und tiefster Überzeugung: »Der Weg, den mein Sohn wählt, kann nur ein Weg sein, der die Menschen zum Guten führt.«

Erst als Prestes in die Sowjetunion fuhr, wurde die Familie wieder vereint.

Während er von der Übersiedlung der Mutter in die Sowjetunion gesprochen hatte, war Olga die Erzählung ihrer Freundin eingefallen, und sie hatte gelächelt. Von Mali wußte sie, daß Dona Leocadia trotz ihrer Zartheit ein Mensch war, der überall Respekt erheischte und dem die erwachsenen Töchter noch aufs Wort folgten. Mali war mit der Mutter von Prestes im Moskauer Hotelzimmer angekommen; dort erwarteten sie brasilianische Freunde, die in Moskau lebten. Ein lebhaftes neunjähriges Mädchen war so aufgeregt über die neue Tante aus Brasilien, daß es unentwegt herumhüpfte und plapperte. Dona Leocadia sah sich das ein Weilchen mit an, dann stellte sie das Kind vor sich auf und sagte: »Du sprichst zuviel – deshalb bist du so dünn.« Das Mädchen, das bisher niemand zum Schweigen bringen konnte, erstaunte vor dieser mit soviel Autorität getroffenen Feststellung und begann erst wieder zu reden, als Dona Leocadia es – nun mit mildem Lächeln – ansprach. Dann ging Leocadias Blick zu den Fenstern. Man schrieb November. Es war offensichtlich, die Doppelfenster gefielen ihr nicht; sie sah keinen Sinn darin, daß man zwei Fenster statt des einen öffnen mußte, und als sie hörte, daß sie im Winter überhaupt verschlossen blieben bis auf eine kleine Luke hoch oben, da seufzte sie in Erinnerung an die Wärme Brasiliens, an die immer offenen Fenster, die Gelegenheit boten, alles, was in den Straßen geschah, mitzuerleben. Sie war entsetzt, als sie hörte, daß sie in einer Gemeinschaftsküche kochen sollte – die Küche, ihr Reich, wo sie erlesene Delikatessen aus dem Nichts zu zaubern verstand, mit andren teilen! Sie strahlte vor Erleichterung, als sich Malis Ankündigung nicht verwirklichte und sie eine Küche für sich allein erhielt. Sie fand die Menschen in Moskau schlecht gekleidet und oft rau in ihrem Benehmen; wie sei es möglich, beklagte sie sich bei Mali, ein Mann habe sie auf der Straße angestoßen und sich nicht einmal entschuldigt. Aber sie war eine viel zu kluge Frau, ihr Bild des Landes nach solchen Erfahrungen zu formen. Sie erkannte den Kern der Dinge, die neue Gesellschaftsordnung, und lernte verstehen, warum der Sohn Kommunist war.

Prestes reiste als Ingenieur viel in der Sowjetunion umher, die Mutter war glücklich, wenn er nach Moskau zurückkam, und sie verlebten gemeinsam sorglose, heitere Stunden.

»Der Abschied fiel ihr sehr schwer«, sagte Prestes. »Sie ist nicht gesund und hatte gehofft, die letzten Jahre in meiner Nähe zu verbringen.«

Dir ist der Abschied auch schwergefallen, dachte Olga, als sie Prestes ansah.

»Ich habe deine Mutter lieb, ohne sie zu kennen – und ich beneide dich, weil ich eigentlich keine Mutter gehabt habe.«

Nun erzählte Olga über ihre Jugend in München, von der KJ in Berlin, und plötzlich sprach sie von Kurt. Es war das erste Mal, daß sie sich einem anderen Menschen gegenüber

Olga Benario, 1936

so genau und endgültig damit auseinandersetzte. Und als sie endete, hatte sie das Gefühl, daß dieser Teil ihrer Vergangenheit sie nicht mehr berühren und schmerzen könne. Dafür war sie Prestes dankbar, der so aufmerksam zugehört, so klug voll Verständnis und Takt geantwortet hatte.

2

Auf der Weiterreise, als Olga und Prestes noch über dem europäischen Kontinent flogen, stellte sich zu spät heraus, daß der vorgesehene Landungsort sie in eine gefährliche Lage bringen könnte.

Olga suchte in dem schwachbesetzten kleinen Flugzeug Kontakt zum Piloten, lächelte ihn an, stellte in fraulicher Neugier ein paar naive Fragen und setzte sich nach erfolgter Aufforderung neben ihn. Prestes vertiefte sich in seine Zeitung, nur gelegentlich aufblickend, um zu prüfen, wie weit die Umgarnung des jungen Mannes gediehen war.

Als Olga zurückkam, lächelte der Pilot verklärt. Er wandte sich mehrmals um, vielleicht öfter, als für die Steuerung des Flugzeuges gut war, und bemerkte zunächst mit Verwunderung und schließlich mit Unruhe, wie die anziehende junge Frau, die versprochen hatte, noch einmal nach vorn zu kommen, sich den Kopf hielt, hin und her schwankte, zusammensank und schließlich von dem Gatten über zwei Sitze gebettet wurde. Olga stöhnte und bebte. Prestes beriet sich aufgeregt mit den Passagieren und dem Piloten – eine Notlandung auf dem nächsten Flugplatz wurde beschlossen. Von dort sollte ein Auto die Kranke ins Hospital bringen. Doch nach der Landung »erholte« sich Olga so schnell, daß Prestes die Fahrt zum Bahnhof umdirigieren konnte.

Als sie im Zug saßen, war ihr die Freude über die gelungene Abwehr der Gefahr anzusehen; doch es kam kein Echo von Prestes, sein ernstes Gesicht enttäuschte sie. Olga kannte nun schon seine schonungslose Ehrlichkeit und Geradheit, wahrscheinlich mißfiel ihm ihre Komödie. Aber hatte er nicht ein Dutzend Mal im Kampf Listen angewandt, um mit seinen Truppen die feindliche Armee zu schädigen oder ihr zu entkommen? In Moskau hatten ihr Genossen eine wunderbare Begebenheit erzählt: Als die Regierungstruppen in starker Übermacht die Kolonne von allen Seiten bedrängten und keiner der Mitstreiter einen Ausweg sah, gelang es Prestes, durch eine List nicht nur den Ausbruch zu ermöglichen, sondern er erreichte, daß sich die beiden Flügel der feindlichen Armee die lange Nacht hindurch gegenseitig bekämpften, jeder in dem Glauben, die Kolonne Prestes zu vernichten.

Sie hatte ihm soeben aus einer schwierigen Lage geholfen, wie es ihre Aufgabe war, aber sie wollte nicht dafür eintauschen, daß er an der Anständigkeit ihres Charakters zweifelte! Ihr lag sehr viel daran, daß er sie schätzte.

Vor ihrer Abreise aus Moskau hatte Olga viel mit Genossen aus lateinamerikanischen Ländern über Prestes gesprochen; je mehr sie über ihn wußte, desto schneller würde sie sich mit ihm einleben.

»... Er war der brillanteste Schüler auf der Militärschule, nicht nur seines Jahrgangs, sondern überhaupt.«

»... Carlos ist ein militärisches Genie. Mit sechsundzwanzig Jahren besiegte er auf dem langen Marsch achtzehn erfahrene Generäle und schlug gut trainierte Armeen von zehnfacher Übermacht in die Flucht. Von über fünfzig Schlachten verlor er nicht eine einzige.«

»... Ein hervorragender Ingenieur und ein glänzender Organisator. In Bolivien hatte er während des Exils die Anlage von Straßen unter sich. Sein Trupp schaffte die für zwei Jahre berechnete Arbeit in ein paar Monaten.«

»... Er ist so einfach und bescheiden und trotzdem allen überlegen ... er hat eine tiefe Ruhe, und jedes seiner Worte wiegt schwer ... er ist die Sauberkeit selbst, und eine große Kraft geht von ihm aus ... die revolutionäre Bewegung ist ihm alles.«

»... Merkwürdig, wenn ich ihm gegenüberstehe, komme ich mir wie ein Schuljunge vor.«

Der »Schuljunge« war ein Argentinier, zweimal so breit wie Prestes und beinahe zwei Köpfe länger – Olga hatte damals über seine Bemerkung gelacht.

»Aber Schuljunge bei einem hervorragenden Lehrer, der zugleich Kamerad ist, der dich versteht, der sachlich ist und zugleich menschlich. Er erkennt sofort das Wichtige und trennt es geschickt vom Unwichtigen«, hatte der Genosse seinen Bericht beendet.

Olga war bei diesen Unterhaltungen nicht nur von dem beeindruckt, was die Genossen sagten, sondern wie sie es sagten: von der Wärme ihrer Stimme, dem Licht in ihren Augen, dem plötzlichen Aufleben ihrer Gedanken. Es war sehr selten, Menschen mit so viel Gefühl und ehrlicher Bewunderung von anderen sprechen zu hören.

Vor der Reise hatte sie erwartet, im täglichen Beisammensein würde etwas von der Vorstellung, die sie sich durch die Erzählungen seiner Freunde gemacht hatte, abbröckeln. So vorbildlich verhielt man sich auf Versammlungen, in Einzelgesprächen, im Beruf, aber nicht ständig im Privatleben. Doch Prestes, mit dem sie nun schon viele Tage ohne Unterbrechung zusammen war, blieb stets so, wie sie sich die besten Genossen vorstellte. Deshalb schien es ihr unerträglich, daß er sie nun vielleicht weniger achtete als zuvor.

Während der Zug, ohne anzuhalten, durch weite Ebenen, Felder und kleine Dörfer fuhr, schwieg Olga nachdenklich, und auch Prestes sah still zum Fenster hinaus. Das war ebenfalls eine seiner wunderbaren Seiten: die Beachtung der Mitmenschen, das Einfühlungsvermögen. Jetzt war die Genossin nachdenklich und versonnen, da würde er sie nicht stören.

Olga sah ihn an und sagte leise: »Die Sache mit dem Piloten war nötig, das war auch Klassenkampf.«

Er lächelte, und sie freute sich, weil er meistens ernst war und dadurch sein Lächeln kostbar wurde.

Er sagte: »Ich kann viel von dir lernen.«

Diese Antwort erschien ihr so erstaunlich, daß sie annahm, wegen der fremden Sprache habe sie ihn mißverstanden. Er konnte kein Wort Deutsch und sie keins Portugiesisch, sie sprachen französisch miteinander.

Doch Prestes ergänzte: »Von deiner politischen Erfahrung. Als du schon Kommunist warst, hatte ich noch manches von einem Kleinbürger an mir.«

Da lachte sie laut heraus. Während sie 1924 im deutschen kommunistischen Jugendverband mit den ersten kleinen Funktionen betraut worden war, hatte der Marsch der Kolonne begonnen. Wie lebendig war die Erzählung des Genossen in Moskau gewesen.

»... Damals hättest du Prestes und seiner Truppe begegnen müssen, sie sahen ja alle nicht mehr wie Soldaten aus, sondern wie Räuber: die Haare ungeschnitten, wilde schwarze Bärte, zerrissene Lederwämser, kaum mehr Schuhwerk an den Füßen, hohle Wangen vom tagelangen Hunger, tiefe Schatten unter den Augen vom nächtelangen Marschieren, schmutzig, weil keine Zeit zum Waschen blieb, mit Krätze bedeckt, von Malaria geschüttelt – Prestes marschierte monatelang mit hohem Fieber –, doch sie verkündeten dem Volk, wie man ein Leben voll Gerechtigkeit führen kann. Wo immer sie auf ihrem Marsch verweilten, befreiten sie Gefangene, zerrissen Schuldbücher, verteilten das Land unter die Armen. Legenden wurden über Prestes erzählt, mehr als über einen Heiligen. Aus den Wundern, die man ihm zuschrieb, sprachen Heldenmut, Opferbereitschaft und Liebe zum unterdrückten Volk, es sprachen daraus der Haß gegen das Böse, der Kampf für das Gute, in einer Weise, die dem Volk näher stand als die Wunder der Heiligen.« Der Zug fuhr über eine Brücke, sein lautes Dröhnen machte das Sprechen unmöglich.

Sie blickten auf die Landschaft, und erst als Olga sich Prestes zuwandte, erklärte er, als ob er ihre Gedanken erraten hätte, daß lange Bärte, zerrissene Kleidung und auch ein Marsch von 36 000 Kilometern noch nicht den Revolutionär ausmachten.

Er sprach vom Ursprung des langen Marsches. Die Armee Brasiliens unterschied sich wesentlich von den kapitalistischen europäischen Armeen, wie Olga sie kannte. Für die älteren Schüler auf der Militärschule bedeutete die Zukunft nicht, Werkzeug in den Händen einer Regierung zu werden, die das Land durch Aufnahme riesiger Anleihen ans Ausland verschacherte und die Reichtümer des Landes – Kaffee, Kautschuk, Baumwolle, Zucker – des eigenen Profites wegen verkaufte. Die zukünftigen Soldaten wollten eine saubere Regierung, die dem eigenen Lande diente, statt es auszubeuten. In dieser Gedankenwelt wuchs Carlos auf. Als der Aufstand des Jahres 1924 brutal unterdrückt wurde, gehörte Prestes zu jenen weitblickenden revolutionären Offizieren, die ihren Truppenteil zusammenhielten und sich nicht geschlagen geben wollten. Aus den einzelnen Gruppen entstand eine Armee, die ihren langen Marsch durch das Land begann, ohne daß es den reaktionären Regierungstruppen gelang, sie zu vernichten.

Prestes wurde Stabschef. Er erklärte Olga, warum der lange Marsch seine Lehrzeit bedeutete.

Als er das Land vom Süden zum Norden und vom Norden zum Süden durchquerte, kam der Offizier aus der Hauptstadt mit der unvorstellbaren Armut des Volkes, seiner Unwissenheit und Hoffnungslosigkeit in engste Berührung. Die Kolonne Prestes half den Unterdrückten durch revolutionäre Einzelaktionen – die Genossen hatten es Olga richtig geschildert –, aber daß ihre Maßnahmen gegen einen Plantagenbesitzer, der seine Neger wie Sklaven hielt, gegen einzelne korrupte Richter und Beamte nichts Wesentliches änderten und selbst der Plan, den Präsidenten zu stürzen, Millionen Unterdrückten im Lande gleichgültig bleiben müßte, da dies allein ihr Leben nicht verbessern würde, lernte Prestes erst im Laufe des langen Marsches verstehen. Als er erkannte, daß die Aufgabe, das Leben des Volkes zu verändern, vor allem politischer und sozialer Natur war, beendete er die militärischen Aktionen.

Auf Prestes' Kopf war ein hoher Preis ausgesetzt, und jeder einzelne seiner Kolonne befand sich in Gefahr. So ging er mit seinen Getreuen im Frühjahr 1927 ins Exil nach Bolivien und später nach Argentinien. Gemeinsam rodeten sie den Urwald, legten Sümpfe trocken und bauten Straßen. In den Nächten las Prestes Marx, Engels und Lenin. Auf vielen Bücherseiten feierte er Wiedersehen mit seinen eigenen Gedanken, die ihm während des langen Marsches keine Ruhe gelassen hatten. Zuweilen las er Sätze, die ihn so aufrüttelten, daß er das Buch liegen ließ und erregt den Raum durchschritt. Sätze, die sein neu entstehendes Weltbild in hellstes Licht tauchten, weil sie die Theorie enthielten, die ihm als Ergänzung seiner Erfahrungen gefehlt hatte.

Prestes schwieg.

Olga schloß die Augen, die bisher unverwandt auf ihn gerichtet waren. Sie sieht eine armselige Hütte dicht an der Grenze des undurchdringlichen Urwaldes. Prestes lebt genau wie die Kameraden der Kolonne, er empfängt den gleichen Lohn, ißt wie sie, kleidet sich wie sie, obwohl er die gesamten Arbeiten leitet und organisiert. Nur am späten Abend, wenn er sich von den Kameraden getrennt hat, lebt er anders. Während sie übermüdet, die Moskitos abwehrend, aufs Lager sinken, brennt bei ihm Licht; er öffnet die Bücher und empfängt das größte Geschenk seines Lebens: das Ziel, das er lange für sein Volk gesucht hat. Aus dem Ritter der Hoffnung wird ein Kämpfer für den Kommunismus, »einer unserer Fähigsten und Besten«.

Prestes sah Olga an. Die Genossin war eingeschlafen, also war sie müde – vielleicht hatte er zu lange gesprochen. Er mußte mehr Rücksicht auf sie nehmen. Im Abteil war niemand außer ihnen. Nun, wo die Lider mit den dunklen Wimpern ihre Augen verdeckten, die ihm stets als das Schönste in ihrem Gesicht erschienen waren, betrachtete er ihren Mund, die Ebenmäßigkeit der Stirn, die kräftige, ausgeprägte Nase.

Sie lächelte, und er blickte fort – beschämt, sie ohne ihr Wissen beobachtet zu haben. Als sie die Augen aufschlug, sah sie gar nicht verschlafen aus. Ihr Blick enthielt so viel frische Klarheit, daß er das Gefühl hatte, sie könne nur lebensfrohe, gute Träume haben.

Sie nickte ihm zu, lächelte, so wie sie es bereits im Schlaf getan hatte, und begann eine kleine, schlichte Melodie zu summen. Er hörte aufmerksam zu.

»Was für ein Lied ist das?«

»Aber der Wagen, der rollt«, sagte sie, »in die Zukunft, in den Kommunismus.«

»Ein schöner Text.«

»Ich habe ihn erfunden – gegen den alten Text eingetauscht.«

Sie sang das ganze Lied, und bei der letzten Strophe sang er leise mit – nicht ganz richtig.

»Siehst du, singen kannst du auch besser als ich«, sagte er.

»*Auch* besser?« wiederholte sie.

Sie lauschten dem Takt der Räder, bis Olga in ihrer unvermittelten Art, die ihn jedes Mal überraschte, bat:

»Sprich von Brasilien.«

»Du hast schon viel gehört – was willst du heute wissen?«

»Geographie, Bodenschätze, Naturreichtümer«, sagte sie und sah wie ein übermütiges Schulmädchen aus.

Er erzählte. Bei seinen Worten lag das weite Land vor ihr, als ob ihr Fuß es schon betreten hätte.

Wie herrlich kann sich die Zukunft Brasiliens gestalten, dessen riesige Naturschätze noch kaum erschlossen sind, weil die Spekulanten auf Reichtum nur hier und da gierig mit den Fingernägeln an seiner Erde kratzen, um das, was leicht zu gewinnen ist und schnell zu Geld wird, fortzutragen. Das wichtigste wird sein, die Machtstellung des ausländischen Kapitals, besonders der USA, zu beseitigen, die Menschen zu entwickeln und die Natur zu bändigen. Brasilien, das viertgrößte Land der Welt, hat nur 37 Millionen Menschen zu ernähren, und selbst dies gelingt dem feudal-kapitalistischen System trotz der Reichtümer der Erde nicht. Über die Hälfte der Bevölkerung hungert, weit über die Hälfte sind Analphabeten.

Beginnen muß man mit der Industrialisierung und dem Verkehrsnetz, Straßen und Eisenbahnlinien anlegen, Flüsse befahrbar machen. Den »Itabira«, einen Berg aus fast reinem Eisenerz – wie für den Sozialismus hingestellt – abtragen; aber auch alle anderen wertvollen Metalle sind in Brasilien vorhanden. Fast die Hälfte des Landes besteht aus Wäldern; der dichte Baumbestand wächst und wuchert bis an den Rand der Städte, ein paar Kilometer von Rio de Janeiro entfernt ist er schon so üppig, daß sie ihn für Urwald halten wird – bis sie den wirklichen Urwald kennenlernt; doch davon wiederum nur die zahmeren Teile, denn den Dschungel hat noch kein Mensch bis ins Innerste erforscht. Im Dschungel, der den 5500 Kilometer langen Amazonas ein ganzes Stück seines Weges zäh umklammert hält und vom Fluß aus erreichbar ist, wachsen viertausend verschiedene Baumarten, darunter wunderbare Edelhölzer, und über fünfzigtausend verschiedene Pflanzen.

Prestes fragte Olga, wie viele Baumarten es in Deutschland gebe. Sie hatte keine Ahnung, aber dann fiel ihr eine rettende Zahl ein: In ganz Europa seien es zweihundert.

Der Dschungel besteht aus riesigen Stämmen mit gewaltigen Kronen. Doch die Stämme verschwinden im dichtgewebten Netz Hunderter Schlingpflanzen, die aus dem Boden kriechen, die Bäume in ihrem Griff halten und die Kronen umgarnen. Ein geduldiger Wissenschaftler hat in wochenlanger Arbeit einmal einen einzigen Baum von seinen Parasitengewächsen befreit und achthundert verschiedene Pflanzen gezählt. Aber es gibt nicht nur Urwälder. Große Gebiete fruchtbarer Erde bringen in den einzelnen Teilen des Landes beinahe alle Kulturpflanzen zur Reife. Saftige, grüne Weiden mit riesigen Viehherden erstrecken sich bis zum flimmernden Horizont. Die Trockengebiete, wo jetzt Kakteen ihre stachligen Arme zum Himmel recken und mageres Strauchwerk sein Leben fristet, können bewässert und die Sumpfgegenden mit ihrem gefährlichen Fieberklima trockengelegt werden. Das alles hat der Sozialismus in der Hand.

Doch für den Sozialismus ist das Land mit seiner jungen und zahlenmäßig kleinen Arbeiterklasse noch nicht reif; ein Programm muß gefunden werden, dem alle fortschrittlichen Kräfte zustimmen; ein Programm, das die Macht des ausländischen Kapitals bricht, der armen Bevölkerung Land gibt, den Arbeitern Arbeit, die Unterdrückung der Neger beseitigt, Gerechtigkeit garantiert und mit der Korruption aufräumt. Was für Aufgaben, dachte Olga, und ich darf ihm dabei helfen.

Die Fahrten illegaler, verfolgter Kommunisten gehen nicht immer in gerade Linie. Prestes und Olga reisten lange auf vielen Umwegen und mit vielen Aufenthalten. Sie waren ständig zusammen und mieden andere Menschen. Beide freuten sich, wenn sie feststellten, in wie vielen Dingen sie übereinstimmten.

Der Pullover war während der Reise nun schon bis zum spitzen Halsausschnitt gediehen, und Prestes hatte sich daran gewöhnt, das Wickel des Wollknäuels als seinen Anteil zur Legalisierung des kleinbürgerlichen Kaufmannsgatten zu betrachten.

»Wenn du strickst, hast du sowieso das Recht, von mir zu verlangen, daß ich mich beteilige«, sagte er ernsthaft zu ihr. »Warum sollst du die ganze Schwere der Legalität tragen?«

Sie erwiderte lachend: »Ich dachte nie, daß ich eine Handarbeit fertigkriege, aber Stricken ist gar nicht so schlecht – eine russische Genossin hat's mir beigebracht –, weil es unkommunistisch wirkt.«

»Wie schön er wird – mit einem richtigen Muster«, bewunderte er ihr Kunstwerk, und sie freute sich über sein Lob, als ob sie eine Heldentat vollbracht hätte.

Olga war unermüdlich in ihrem Wunsch, soviel wie möglich über Brasilien zu erfahren. Während das Knäuel wuchs, bat sie bald nach der Geographiestunde um Geschichtsunterricht: »Erkläre mir genau, wieso das Land gerade portugiesisch wurde.«

Sie wußte gar nicht, wie gerne er ihr erzählte. –

Als die portugiesische Flotte im Jahre 1500 den Seeweg nach Indien suchte, stieß sie auf die Küste Brasiliens. Nach bewährter Räubermethode erklärte Portugal dieses Land ohne Rücksicht auf die indianischen Einwohner zu portugiesischem Besitz. Damit auch kein Zweifel darüber bestand, daß es nun neue Herren gab, überfielen die Eindringlinge die Siedlungen, mordeten, raubten, plünderten, schleppten die kräftigeren Indios als Gefangene mit sich und zwangen sie, die ersten Zuckerrohrplantagen zu bearbeiten. Trotz Prügel und härtester Strafen, trotz Mithilfe durch die eingereisten Missionare gelang es nicht, die Indios auf den Plantagen zu halten. Sie entkamen in die Wälder. Wem die Flucht nicht gelang, der starb an den Folgen der fürchterlichen Arbeitsbedingungen.

Was beginnt ein Eroberervolk ohne Sklaven? Was war das neue Land wert ohne die gebückten, schweißtriefenden Menschenleiber, die, von Aufsehern gepeitscht, den Reichtum der Erde in Gold für die Herren verwandelten?

Gab es sie nicht im Lande, mußte man sie heranschaffen.

So entstand in Afrika ein neuer Beruf für geldgierige Portugiesen: der Negeraufkauf, die Treibjagd auf den Schwarzen, der als Sklave nach Brasilien verschleppt wurde: afrikanische Neger in den Tabak-, Mais-, Baumwoll- und Zuckerrohrfeldern, Neger im Dschungel, wo der Gummibaum wild wuchs. Der Kautschuk wurde ähnlich wie das Harz in Europa gewonnen. Man versah den Baum mit schrägem Einschnitt und hängte einen kleinen Behälter darunter. Der Milchsaft begann zu fließen. So einfach klingt das, und doch gehörte die Kautschukgewinnung in der feuchttropischen Hölle des Amazonasgebietes, wo Milliarden Moskitos die Menschen mit Malaria impften, wo der tödliche Biß von Giftschlangen und Spinnen sie zusammenbrechen ließ, zu einer der grausamsten Formen der Ausbeutung. Die Arbeit des Negers am Gummibaum bedeutete sein Todesurteil. Der Besitzer bestellte Nachschub, ein Neger kostete drei Tabakrollen, und so ein Gummibaum überdauerte viele Neger. Gelangte der Arbeiter mit seinen Einschnitten bis an den Fuß des Baumes, waren die Wunden der obersten Einschnitte bereits vernarbt, und er konnte von neuem beginnen.

Doch eins überdauerte den Gummibaum nicht: die Konkurrenz des ausländischen Unternehmers. Britische Kaufleute betrachteten den fließenden Reichtum voll Neid, bis sie auf den Gedanken kamen, die Samen des Gummibaums zu stehlen und ähnliche Plantagen in der ihnen gehörenden Kolonie Malaya anzulegen.

Gab der Gummi nicht mehr die leichten Einkünfte her, so sollte der

Kaffeestrauch dafür sorgen, daß die Reichen reich und die Armen arm blieben.

Man stellte sich um, und bald produzierte Brasilien fast siebzig Prozent der gesamten Kaffee-Ernte der Welt. Um die Preise künstlich hoch zu halten, wurden jährlich ungefähr fünfzehn Prozent der Ernte vernichtet. Dabei tauchte die Frage auf, wie man diese vier Millionen Sack am besten zerstörte.

Wozu besaß man eine so schöne lange Küste? Der Kaffee wurde ins Meer geworfen. Die Fische schnappten nach dem merkwürdigen Futter, bis ihnen die Mäuler offen blieben und sie in Scharen tot am Strande lagen. Nachdem der Kaffee den Fischen offensichtlich nicht bekommen war, streute man die nächste Ladung auf die Felder. Die Pflanzen wiegten die Köpfe ob der neuartigen Kaffeedüngung, bis sie zusammenfielen und vergiftet am Boden lagen.

Man versuchte, ihn zu verbrennen. Doch Streichhölzer und Papier genügten nicht, um vier Millionen Sack Kaffee in Asche zu verwandeln. Es blieb nichts anderes übrig, als Petroleum aus Nordamerika zu importieren. Eine Million Dollar wurden ausgegeben, um vier Millionen Sack Kaffee zu erbrennen. Bei solchen Unkosten war es nicht möglich, etwa die Löhne der Arbeiter auf den Kaffeeplantagen zu erhöhen.

»Noch etwas über den langen Marsch«, bat Olga plötzlich, wie Kinder um eine neue Geschichte bitten, wenn die alte beendet ist. »Wunderbar, daß Frauen mit dabei waren«, sagte sie mit einem Seufzer des Neides.

Er lächelte und sprach von den Frauen, die die Kolonne begleiteten. Er hatte ihr schon so oft gerade davon erzählt, daß Olga sie alle wie persönliche Gefährten kannte: die alte Negerin Tia Maria, die in Gefangenschaft der Regierungstruppen geriet und zu Tode gequält wurde, weil sie der Kolonne die Treue hielt; die Mulattin Onca, die am Tage mit der Waffe in der Hand kämpfte und abends für die Kolonne tanzte; Chininha, die Dicke, die so überraschend schnell laufen konnte; die blauäugige, blondhaarige Herminia, die Verwundete aus der Feuerlinie trug und aufopfernd pflegte. Sie liebte den Leutnant Firmino, und als beide später mit der Kolonne nach Bolivien ins Exil gingen, gründeten sie eine Familie. Die Kinder kamen in rascher Folge, eins war immer hübscher als das andere. Den dunklen Lockenkopf, die großen, schwarzen Augen und schneeweißen Zähne hatten sie vom Vater, dem Neger Firmino, und die hellere Haut, die Linie der schmalen Lippen von der Mutter. So bunt wie die Bevölkerung des Landes war auch die Kolonne zusammengesetzt: Mulatten, Neger, Indios, Weiße; Nachfahren der Portugiesen, der Sklaven und der Ureinwohner. Sie alle einte der Wunsch, dem Volk zu helfen, wenn sie auch den Weg noch nicht klar sahen.

»Du erzählst nur Gutes über sie. Es muß doch auch Schwierigkeiten gegeben haben?«

»Viele Schwierigkeiten: Mutlosigkeit, schlechte Moral, Feigheit und Verrat. Die Tapferen, Sauberen und Stärkeren erzogen die Schwachen. Es ist auch vorgekommen, daß jemand aus der der Truppe entfernt werden mußte, weil er sich nicht erziehen ließ, weil er im Grunde seines Herzens gegen unsere Sache war, zum Beispiel Felinto Müller.«

»Ein deutscher Name.«

»Heute spielt er eine Rolle als faschistischer Polizeichef in Rio de Janeiro.«

Wer war für seinen Ausschluß aus der Gruppe verantwortlich?«

»Ich persönlich.«

»Müssen wir in Rio de Janeiro leben?«

»Es ist die Hauptstadt und das politische Zentrum.«

Das Strickzeug lag unbenutzt in ihrem Schoß, und Prestes sah, daß die Nadeln leise zitterten. Da wunderte er sich, denn er wußte, daß sie fruchtlos war.

Wenn Prestes redete, hörte Olga stets mit dem gleichen brennenden Interesse zu, doch es geschah, daß seine Worte ihr für Sekunden entglitten, wenn seine hervorragenden Eigenschaften und alles, was zu dem Menschen und Genossen Prestes gehörte, sie gefangennahmen und das große Glück der gemeinsamen Zukunft ahnen ließen.

Prestes sprach mehr mit ihr, als er es sonst gewohnt war, weil sie lernen sollte – das war wichtig für die Arbeit, und weil ihr Zuhören ihm wohltat. Ihre intelligenten Fragen und treffenden Bemerkungen, die,

176

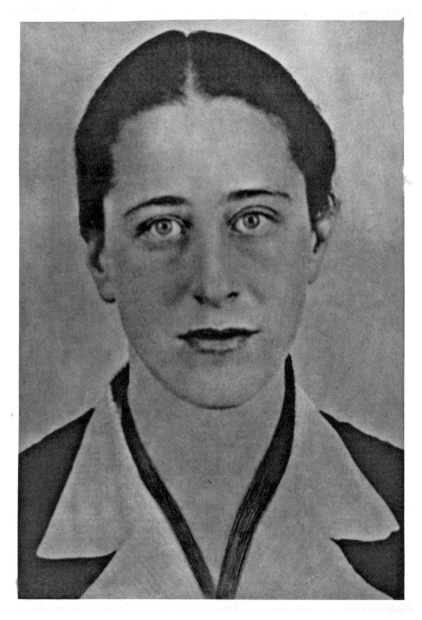

Olga Benario, 1936

ohne daß sie das Land kannte, aus ihrer Kenntnis der marxistischen Weltanschauung heraus richtig waren, standen im Einklang mit seinem eigenen Denken. Und wenn sie von ihren Erfahrungen erzählte, fesselte ihn die lebhafte, sachliche, manchmal etwas burschikose Darstellung der Ereignisse ebenso wie ihr Charakter, ihre Lebenslust, ihr Aussehen.

Wenn sie lächelte, während er sprach, oder wenn sich ihre innere Anteilnahme besonders ausdrucksvoll in ihrem Gesicht widerspiegelte, so geschah es, daß er den Faden verlor. –

Doch als Olga schon lange wußte, wie es um sie stand, wehrte er sich noch immer gegen die eigenen Gefühle, und als kein Wehren mehr half, versteckte er sie hinter dem Panzer der Selbstdisziplin. Nie sollte sie Anlaß haben zu glauben, daß es die verlockend leichten Umstände, die sich bietenden Gelegenheiten waren, die ihn zu ihr führten.

Olga, entspannter und freimütiger als er, verstand nicht, warum es kein Echo gab auf das, was sie mit so großer Sicherheit und Hingabe fühlte.

Sie verstand es nicht, weil sie wußte, daß ihre Wahl nicht von den Umständen abhing – daß sie ein ganzes Leben lang unter Tausenden hätte suchen können, ohne einen Menschen zu finden, der sie so erfüllt und dem sie immer hätte nahe sein wollen.

Wegen seiner Verschlossenheit gab es nun auch Tage, an denen sie still waren und vermieden, sich anzusehen.

3

Während der letzten Etappe ihrer Reise zu Schiff über das Meer ereigneten sich Dinge in Brasilien, die bewiesen, wie richtig Prestes' Wunsch zur Rückkehr gewesen war.

Unheilvolle, vom Faschismus entscheidend beeinflußte Regierungsmaßnahmen hatten eine Gegenbewegung von großer Stärke im Land hervorgerufen, die sich in der »Allianz der nationalen Befreiung« zusammenschloß. Kommunisten, andere Kräfte der Linken, Gewerkschafter, Demokraten, die Intelligenz, Offiziere, einfache Soldaten, Katholiken, Bauern, Arbeiter, Neger, Mulatten und Weiße unterstützten diese Bewegung, deren Programm verlangte, die bisher ins Ausland geflossenen Riesensummen dem Volk zugute kommen zu lassen, die Industrialisierung des Landes durchzuführen, die bäuerliche Bevölkerung von feudaler Abhängigkeit und Schuldenlast zu befreien, dem Volke Rede- und Versammlungsfreiheit zu gewähren.

Als es darum ging, einen Mann an die Spitze der Bewegung zu stellen, da erschallte millionenfach ein Name: Luiz Carlos Prestes.

Und dieser große Patriot, der zurückkehrte, um seinem Lande zu nützen, um eine Gesellschaftsordnung herbeizuführen, die Hunger und Elend beseitigen und den Menschen Wissen, Reichtum und Glück bringen würde, der nur für dieses Ziel lebte, mußte das Vaterland geheim, im Dunkel der Nacht, unter falschem Namen betreten. Die reaktionäre Regierung und ihre Polizeischergen konnten ihm den langen Marsch und sein darauffolgendes Bekenntnis zum Kommunismus nicht vergessen. So mußte Prestes selbst seine Nation, der er diente wie kein anderer, verleugnen. Als Portugiese namens Anton Vilar betrat er den Heimatboden.

Der erste Schritt nach der Ankunft in Rio de Janeiro war, ein Versteck zu suchen, um sich vor den Augen der Polizei zu verbergen. Um diese Zeit wußten Olga und Prestes: Wenn Prestes nach dem Sieg offen vor das Volk trat, so wird seine Frau Olga Benario-Prestes stolz an seiner Seite stehen, denn sie sind untrennbar für immer miteinander verbunden.

Sie tauchten unter in dem Gewirr der Wohnungen der Millionenstadt Rio de Janeiro. Ein Leben begann, dessen Rhythmus und Freude durch ihre Arbeit, ihre Liebe und die gefahrvolle Lage, in der sie sich befanden, bestimmt wurde. Sie waren sehr glücklich. Sie ergänzten sich in einer Harmonie, wie sie sich selten findet. Sie stimmen nicht nur in den wesentlichen Dingen überein, sondern auch in den vielen Kleinigkeiten des Alltags, die einen wichtigen Teil des Lebens ausmachten.

Sie stellten häufig fest, daß sie das gleiche gedacht hatten; sie liebten dieselben Menschen, dieselbe Landschaft, dieselben Farben. Es gab nie einen Streit zwischen ihnen. Sie sprachen einmal davon, wie seltsam es sei, daß zwei Menschen aus verschiedenen Ländern mit verschiedener

Herkunft und Erziehung, mit ungleichen Schicksalen so wunderbar harmonierten. Obwohl sie ständig zusammen waren, kannten sie keine Langeweile. Ihre Freude des Einanderentdeckens ließ nie nach, und sie wußten, daß es immer so bleiben würde. Durch ihre Gemeinsamkeit trat viel Neues und Reiches in das Leben beider.

Prestes, so früh vaterlos, der Mutter innig verbunden und stets ihre Sorgen im Existenzkampf teilend, neigte zu strengen, oft harten Grundsätzen gegen sich selbst. Olgas übersprudelnde Lebensfreude, ihre Gabe, stets das Schöne zu entdecken und voll auszukosten, wirkte sich günstig auf ihn aus.

Olga wiederum lernte, noch höhere Ansprüche an sich selbst zu stellen. Seine große Bescheidenheit und Einfachheit ließen ihr manches an sich selbst in anderem Licht erscheinen. Hatte sie nicht oft recht gern im Mittelpunkt gestanden, war sie sich nicht manchmal ihrer Wirkung auf andere bewußt gewesen und hatte sie ausgenutzt? – Durch Prestes' Güte und sein Verständnis für sie verloren sich auch die Schatten aus der Vergangenheit.

Olga gewann einen neuen, strahlenden Liebreiz.

Prestes ist jünger und fröhlicher geworden, stellten seine Freunde fest.

Vielleicht ist solch ein Glück, wie sie es erlebten, gar nicht zu erreichen, wenn man nur füreinander da ist. Olga und Prestes lebten für eine Sache, die beiden das Wichtigste auf der Welt war: das Los der Unterdrückten zu verbessern.

Die tägliche Kleinarbeit: das nie endende Studium der Verhältnisse in Brasilien, die Anwendung der marxistischen Theorie auf die hochinteressante Situation, Prestes' Entscheidungen über die Arbeit der Allianz – all das gab Stoff zu gemeinschaftlichen Überlegungen und Handlungen.

Prestes war der Kopf einer Bewegung, die lawinengleich anwuchs. Doch seine Verbindungen mußten auf das äußerste beschränkt werden, um ihn nicht der Verhaftung auszusetzen. Er leistete als Ehrenpräsident der Allianz eine große politische und organisatorische Arbeit, ohne daß er öffentlich auftreten durfte. Nur wenige wußten von seiner Anwesenheit, aber es schien, als ob alle fortschrittlichen Menschen sie spürten.

180

Prestes verließ kaum die Wohnung, Olga war der Mittelsmann zwischen ihm und seinen Kameraden. Wenn er abends in der Dunkelheit die wenigen traf, mit denen er persönlich Gespräche führte, war sie stets an seiner Seite.

Vierhundert Tage lang trennte sie sich keinen einzigen Tag von ihm. Das hatte nichts mit ihrer engen Bindung an Prestes zu tun. Olga blieb auch jetzt der selbständige Mensch, der sie immer gewesen war, und besaß nichts Gemeinsames mit der Art Frauen, die den Mann keine Minute aus den Augen lassen.

Sie vergaß jedoch niemals ihren Parteiauftrag, ihn zu schützen, und das konnte sie nur, wenn sie ständig um ihn war. So hätte sie auch gehandelt, wenn nicht ihre persönlichen Beziehungen hinzugekommen wären. Sie führte ihre Aufgabe mit großer Sachlichkeit und tiefem Pflichtbewußtsein aus.

Obwohl Olga sich der dauernden Gefahr, die sie beide umgab, bewußt war und sich kein härteres Schicksal als eine Trennung von Prestes vorstellen konnte, dämmte dieser Zustand ihre Lebensfreude nicht ein. Im Gegenteil, sie genoß jeden Tag bewußt wie ein köstliches Geschenk.

Olga nahm Prestes nicht nur möglichst viele Dinge ab, die eine Gefahr für ihn bedeutet hätten. Sie räumte auch alles aus dem Wege, was ihn bei der Arbeit hätte stören können, und erledigte vieles selbständig, damit er sich auf das Wichtigste konzentrieren konnte. Er bewunderte, wie furchtlos, zuverlässig, findig und zäh sie ihn unterstützte. Das Wertvollste für ihn war ihre politische Klugheit und Reife. Wenn Genossen ins Haus kamen oder sie gemeinsam zu Genossen gingen – am meisten liebte sie die Treffs bei dem jungen Arbeiter Francisco, der fünf prächtige Kinder hatte –, verhielt sie sich still, selbst als sie schon genug von der Sprache verstand, um zu folgen. Dort war er der Führer einer großen Massenbewegung, dessen Worte die anderen wie Gold von der Waage nahmen, und sie nur sein treuer Begleiter. Später zu Hause diskutierte sie leidenschaftlich mit ihm über alle politischen Probleme, die auf dem Treff behandelt worden waren.

Olgas Dasein unterschied sich in vieler Hinsicht von ihrer bisherigen

Lebensweise. Sie hatte fast immer im Kollektiv gearbeitet. Jetzt lebte sie isoliert. Ihre Tage waren stets von pausenloser Aktivität erfüllt gewesen, eine Aufgabe hatte die andere gejagt; obwohl sie in Brasilien ebenfalls nicht untätig war, gab es nun doch viele ruhige Stunden.

Wenn sie zu dem Genossen Francisco ging, fand sie stets die Zeit, mit seinen Kindern zu spielen. Prestes liebte es, sie dabei zu beobachten. Einmal, auf dem Nachhauseweg, sagte sie: »Ob Francisco uns nicht eins borgen könnte? Wenigstens mal für ein paar Wochen ein Kind um sich haben!«

Prestes schwieg – auch das durften sie sich in ihrer gefährlichen Lage nicht leisten.

An diesem Abend wußte der eine, woran der andere dachte.

Wie gern hätte Prestes ihr mehr von seiner Heimat gezeigt, wäre einmal mit ihr ins Theater, ins Kino, zu Konzerten gegangen oder in den schönen Botanischen Garten der Hauptstadt. All das war ihm durch die Illegalität versagt. Aber eine Freude erlaubten sie sich; Olga bestand darauf. Sie gingen täglich hinaus zum Strand. Olga schützte Prestes nicht nur durch ihre ständige Wachsamkeit und dadurch, daß sie ihm gefährliche Arbeit abnahm, sondern sie sorgte auch dafür, daß sie beide so gesund, stark und widerstandsfähig wie möglich wurden.

Olgas erster auf der Reise gewonnener Eindruck hatte sich bestätigt. Prestes kannte keine materiellen Bedürfnisse. Ihm waren die Bedürfnisse des Volkes zu wichtig, als daß Raum für sein eigenes Wohlergehen geblieben wäre. Olga, der die Beschäftigung mit Haushaltsangelegenheiten bisher völlig uninteressant gewesen war, kümmerte sich jetzt darum, daß sie eine ausgewogene, gesunde Diät zu sich nahmen, viel Obst, viel Gemüse, wenig Tabak, wenig Alkohol; sie verordnete sich und ihm Spazierengehen und Sport. Man wußte nicht, was die Zukunft bringen würde, und im Gefängnis konnte man das Abgehärtetsein brauchen.

Prestes hatte sich schon während der Reise darauf gefreut, Olga den Hafen von Rio de Janeiro zu zeigen, und ihr erzählt, wie die Hauptstadt zu ihrem Namen gekommen war.

Bei der Entdeckung Brasiliens landete ein Teil der portugiesischen

Flotte an einem tiefen, schmalen Küsteneinschnitt des Atlantischen Ozeans mit zahlreichen Buchten und Inseln. Die Matrosen glaubten in eine Flußmündung geraten zu sein. Und da die Landung in der Silvesternacht stattfand, tauften sie den vermeintlichen Fluß »Rio de Janeiro«, »Fluß des Januar«.

Die Taufe wäre nicht nötig gewesen; die einheimische Bezeichnung war schöner und treffender: »Guanabara«, »Verborgene Bucht«. Am Ufer dieser Bucht entstand die Stadt Rio de Janeiro.

Niemals vergaß Prestes das Entzücken Olgas, als sie diese Landschaft zum ersten Mal bei Tage sah. Sie war überwältigt und fand keine Worte für ihre Begeisterung. Olga hatte schon viele Großstädte kennengelernt, aber noch nie eine Stadt mit so schöner Umgebung. Das blaue Meer, besät mit den Tupfen unzähliger Inselchen und bizarren aus dem Wasser ragenden Felsen, läuft in gleichmäßigem Wellenschlag gegen den hellen Sandstrand, der in sanftem Bogen die Bucht bildet. Ein hoher, vom Meer bespülter Felsberg, der »Zuckerhut«, blickt über die leuchtenden weißen Wolkenkratzer der Hauptstadt hinweg; Wolkenkratzer, zu Recht entstanden, weil Meeresbucht und Gebirge die Ausdehnung der Stadt beschränken. Eine in tropischer Üppigkeit bewaldete Bergkette löst sich dicht vor der Stadt in einzelne Gipfel auf, um den kleinen Flüssen mit ihren schnellen weißen Wassersprudeln Raum für den Sturz ins unendliche Meer zu gewähren. Von der andren Seite der Bucht grüßen Strand, Hügel, Täler und Berge.

Rio de Janeiro ist eine Stadt mit anderthalb Millionen Einwohnern. Auf den breiten Hauptstraßen reiht sich Auto an Auto. Am Strande selbst stehen, soweit das Auge reicht, zehn- und zwölfstöckige Wohnhäuser, Bankgebäude, Hotels, Lichtspieltheater – und doch vermag diese Riesenstadt nicht der Natur ihren Stempel aufzudrücken. Sobald man auf dem feinkörnigen Sand des Strandes steht, leuchtet das vielfältige Grün der Berge, das Blau der See, die Granitfarbe der blanken Felsen; und die klare Luft aus den Höhen vermischt sich mit der würzigen Feuchtigkeit des Meeres.

Die im Hintergrund brodelnde Stadt wird zur nebensächlichen Kulisse.

Für Prestes war es eine Quelle großer Freude, mitzuerleben, wie begeistert Olga von der Schönheit seiner Heimat war, wie sie die Natur, die herrlichen Farben, die bunten Früchte des Landes liebte. Sie probierte das ihr unbekannte Obst, und selbst wenn es ihr nicht gleich schmeckte, legte sie es nicht beiseite.

»Im fremden Land behagt manches nicht auf den ersten Blick – das ändert sich, wenn man's gut kennt«, sagte sie, und bald zog sie die duftende Goiaba, die Jaca-Früchte und die Cajus den Äpfeln und Birnen vor. Am liebsten mochte sie die dunkelgelben fleischigen Mangas, die so schlüpfrig sind, daß ihnen kaum beizukommen ist.

Manches Mal wanderten sie in die Berge, nachdem Olga weit ins Meer hinausgeschwommen war und sie sich am Strande ausgeruht hatten. Olga konnte sich nicht satt sehen an der Blütenpracht der Bäume und Büsche, die sich wie riesige goldene, rote und blaue Farbkleckse von einer grünen Palette abhoben. Einmal blieben sie am Hang der Bergwälder stehen, um über das tiefblaue Meer zu blicken. Doch Prestes sah nicht zum Meer. Er sah Olga an. Das im Nacken zu schwerem Knoten aufgesteckte Haar betonte die klare Linie ihres Profils. Mit den dunklen Wimpern, der von der Sonne gebräunten Haut und den geschmeidigen Bewegungen hätte man sie für eine der schönen jungen Einwohnerinnen des Landes halten können – bis sie den Blick hob und die hellen Augen freigab. Prestes lächelte. Sie war gut geeignet für seine Illegalität: Wenn sie beide am Strand unter Menschen gerieten, sah niemand *ihn* an – Olga zog alle Blicke auf sich.

Hier oben waren sie allein. Sie schritt voran und blieb bei einer schattenspendenden Palme stehen. Eben war sie noch gefangen gewesen von der grandiosen, atemberaubenden Schönheit der Umgebung und nun seufzte sie. Vielleicht verriet es ihm die plötzliche Abwesenheit ihres Blicks: »Heimweh?« fragte er leise. Sie nickte.

Er liebte sie dafür, daß sie an ihrem Vaterland hing, daß der Wunsch, dort zu kämpfen, wo ihre Wurzeln waren, weder durch ihre Bindung an ihn noch durch die berauschende Schönheit Brasiliens oder die großen Aufgaben hier verlorengegangen war.

Sie wandte sich an Prestes und sagte: »Ihr seid so stolz auf euer Land, und ihr versteht es auch, das politisch auszudrücken. Wir haben früher nicht genug gewußt, wie nötig es ist, über unsere Vaterlandsliebe zu sprechen. Dadurch ist dann der Eindruck entstanden, die Faschisten hätten den Patriotismus gepachtet, und die Menschen merken nicht, daß gerade die Faschisten ihn in Gift verwandelt haben und Deutschland furchtbar damit schaden.

Wie selten haben wir das Wort Vaterland benutzt und das Wort Patriot schon überhaupt nicht. Warum nicht? Weil der Gegner solchen Worten einen chauvinistischen Klang gegeben hatte; für uns standen sie für Krieg und Eroberung, rochen sie nach Faschistenideologie.

Wie wichtig die nationale Frage ist, hätte ich von Thälmann lernen können, aber ich hab's nicht getan, es wurde mir erst in der Sowjetunion langsam klar, wo die Begriffe Vaterland und Kommunist für das Parteimitglied zusammengehören, und hier sehe ich, daß es auch in einem Land, das noch nicht sozialistisch ist, so sein kann und sein muß.«

Es war oft so, daß sie ein politisches Gespräch führten, bis der eine einen besonders schönen Schmetterling oder einen seltenen Vogel entdeckte, den er dem anderen zeigen mußte, dann beobachteten sie schweigend und bewegungslos die Natur, denn nur so kommen die Tiere nahe.

4

Wenn Olga Nachrichten von Prestes an Kameraden vermittelte, so hielt sie sich, um schnell zurück zu sein, nie länger als notwendig auf, doch sie nahm sich manches Mal die Zeit, durch die Viertel der Armen zu gehen, weil das nicht überflüssig war. Falls Olga je Gefahr gelaufen wäre, sich im persönlichen Glück zu verlieren und nur den Menschen, den sie am meisten auf der Welt liebte, zu sehen, so hätten diese Besuche sie daran gehindert. In der von Reichtum und Schönheit überfließenden Welt Brasiliens schien ihr das Leid der Ausgebeuteten besonders sinnlos und empörend zu sein. In vielen Ländern stellte die herrschende Klasse die verlogene Behauptung auf, die Armut liege an der Übervölkerung – die Besitzlosen sollten zuerst einmal den Besitz von Kindern einschränken. In Brasilien, wo nur siebenunddreißig Millionen

Menschen auf einer Fläche beinahe so groß wie Europa lebten, war die Armut der arbeitenden Klassen entsetzlich. Hundert Meter von den Wolkenkratzern entfernt befanden sich enge, übelriechende Gassen ohne Wasser und Elektrizität, Wohnlöcher aus Lehm und glattgehämmerten Konservendosen, in denen Menschen hausten, gezeichnet von Lepra, Rachitis, Tuberkulose und Malaria, Kinder mit gedunsenen Bäuchen, den Blick Erwachsener in den übergroßen Augen.

Da sind viele Brasilianer stolz darauf, daß es bei ihnen nicht denselben starken Rassenhaß der Weißen gibt wie in Nordamerika, dachte Olga. Es konnte ihn gar nicht geben. Über zwölf Millionen Sklaven waren in drei Jahrhunderten ins Land geschleust worden, Millionen Mischlinge aller Schattierungen existierten. Wo sollten denn da die Rassenunterschiede anfangen und wo aufhören?

Aber Klassenunterschiede gab es in grausamer Krassheit und brutale Desinteressiertheit der Besitzenden an einer Besserung der Verhältnisse sowie apathische Hoffnungslosigkeit der Armen gegenüber ihrem Schicksal. Da lagen riesige Landgebiete brach, weil ihre Besitzer durch Kaffee- und Baumwollpreisspekulationen bequemer Geld verdienten als durch Bestellung des Ackers. Warum überließen sie das Land nicht jenen, die diese reiche Erde gern fruchtbar gemacht hätten, um nicht zu verhungern? Sie hielten daran fest, weil es sich irgendwann lohnen könnte, damit zu spekulieren. So kam es, daß noch nicht zwei Prozent des brasilianischen Bodens als Anbaufläche genutzt wurden, während Tausende landloser, arbeitsloser Menschen in die Stadt zogen voll trügerischer Hoffnung, sie würde sie ernähren. So kam es, daß es Staaten wie Rio Grande do Norte gab, wo die Kindersterblichkeit fünfzig Prozent betrug.

Olga ging mit grimmigem Zorn durch die Viertel der Armen. Am liebsten hätte sie ihnen allen gesagt, was sie wußte: Das wird nicht mehr lange so bleiben. Die Allianz wächst – euer Leben zu ändern ist eine der ersten Aufgaben, die wir anpacken werden. –

Olga interessierte sich auch für die Kunst und Kultur Brasiliens. Prestes bestärkte sie darin, ihn ruhig ein paar Stunden allein zu lassen und sich eine Ausstellung oder ein Theaterstück anzusehen. Es war für die

Frauen Brasiliens nicht üblich, ohne Begleitung auszugehen, und Olga mußte alles Auffallende vermeiden. So schloß sie sich manches Mal ihren besten Freunden, Arthur und Elise Ewert, an. Wenn sie zu Prestes zurückkehrte – stets atemlos vor Eile –, dann berichtete sie ihm ganz genau, was sie im Theater gesehen, in der Ausstellung erlebt hatte. Sie erzählte so fesselnd und bemühte sich so sehr, ihn an allen Einzelheiten teilnehmen zu lassen, daß er ihr mit inniger Freude zuhörte und dachte, schöner hätte das Theaterstück selbst auch nicht sein können.

Den deutschen Kommunisten Arthur und Elise hatte Hitler das Vaterland genommen, nun lebten sie in Brasilien. Ihre lautere Gesinnung, ihre aktive Solidarität mit der fortschrittlichen Bewegung hatte Hitler ihnen nicht nehmen können. Es war selbstverständlich für sie, die Allianz der nationalen Befreiung zu unterstützen.

Der deutsche Faschismus versuchte mit allen Mitteln, Einfluß in Brasilien zu gewinnen. Deutsche Flugzeuge brachten Nazifunktionäre und zentnerweise Propagandamaterial ins Land. Die Nazis gingen daran, die seit langem in Brasilien lebenden Deutschen zu organisieren; die Botschaft vergrößerte ihr Personal und arbeitete Hand in Hand mit der von Präsident Vargas unterstützten brasilianischen faschistischen Bewegung, den »Integralisten«.

Wie gut für Deutschland, daß der Chronist der Ereignisse Namen wie Arthur Ewert, Elise Ewert und Olga Benario dagegensetzen kann – Namen von Deutschen, die sich gegen den Faschismus stemmten und unter Lebensgefahr für den Fortschritt, für das Volk in Brasilien kämpften. Olgas erstes Treffen mit Arthur und seiner Frau Elise, die in Deutschland »Sabo« genannt wurde, war von der Freude beherrscht, Genossen aus der Heimat in Brasilien zu finden.

»Dich kenn ich schon aus Berlin«, hatte ihr Sabo beim ersten Zusammensein gesagt, »nicht nur von den Bildern an den Litfaßsäulen, als sie dich 1928 verhaften wollten – ein Jugendgenosse hat mir vor Jahren begeistert von dir erzählt.«

»Wie hieß er denn?«

»›Kieler‹ nannten sie ihn.«

Olga lächelte: »Von dir hat er auch so warm gesprochen – ich glaube, du warst sogar der Anlaß, daß er auf die Abendschule ging; mit einem Mädchen zusammen – ich hatte schon gehofft, daß die beiden ...«

»Lene heißt sie«, unterbrach Sabo, »kennst du sie? Ich hab ihr geholfen, sich weiterzubilden. Sie hat sich prächtig entwickelt – eine tüchtige, kluge Genossin –, aber du hast umsonst gehofft, ich glaube, der Kieler hing zu sehr an ...«

»Ich weiß«, sagte Olga rasch, »ich hatte keine Schuld. – Wie lange das alles her ist ...«

»Lene ist gerade noch der Verhaftung in Berlin entkommen – in Paris lebt sie jetzt.« –

Sabos Mann Arthur, ein rothaariger Riese mit blauen Augen und breiten Schultern, war nicht nur äußerlich ein Feuerkopf. Er besaß hohe, schöpferische Geistesgaben und ein leidenschaftliches Temperament. Arthur war früher kommunistischer Reichstagsabgeordneter gewesen. Es fiel ihm manchmal schwer, den Flug seiner Gedanken zu zähmen und ebenso den Ton seiner kräftigen Stimme. Olga und Prestes lächelten sich an, wenn sie mehrmals vergeblich versucht hatten, ihn zu unterbrechen – doch dann sagte eine mahnende Stimme: »Arthur!« Sie war kaum vernehmbar gegen den Sturm seiner Worte, und doch hörte er sie, wischte sich mit dem Taschentuch den Schweiß von der vorgewölbten, eckigen Stirn und sagte: »Ja, Sabo.«

Olga rührte das innige Verhältnis zwischen Sabo und Arthur, die sich schon als ganz junge Menschen kennengelernt hatten und gemeinsam durch das Dick und Dünn des Lebens kämpfender Kommunisten gegangen waren.

Olga und Sabo paßten ausgezeichnet zusammen, sie wurden sehr gute Freundinnen. Trafen sich Arthur und Sabo, Prestes und Olga einmal zu viert – die Illegalität verbot ein häufiges Zusammensein –, so war es für sie ein besonderes Fest. Olgas ausgelassene Fröhlichkeit und Sabos trockener Humor waren Anlaß zu solcher Heiterkeit, wie Prestes sie selten im Leben genossen hatte.

Bei jeder Zusammenkunft kamen sie auf dasselbe Thema zu sprechen, weil es ihnen Herz und Sinn erfüllte: die Allianz der nationalen Befreiung. Sie stellten fest, daß es richtig gewesen war und der Lage im Lande entsprechend, eine Bewegung auf breitester Basis aufzubauen. Innerhalb von Wochen waren tausendfünfhundert Ortsgruppen der Allianz entstanden. Die gegen den Feudalismus und Imperialismus gerichteten Forderungen in dem von Prestes verfaßten Manifest fanden millionenfachen Widerhall. Der Ruf wurde laut nach einer echten Volksregierung mit dem Ritter der Hoffnung an der Spitze. Prestes beriet sich mit seinen Kameraden. Bei den nächsten Wahlen würde die Allianz zweifellos die stärkste Partei im Parlament werden; das bedeutete die Möglichkeit eines Regierungswechsels auf friedlichem, legalem Wege.

Doch das Vargas-Regime war nicht gewillt, die Stimme des Volkes in demokratischer Form entscheiden zu lassen. Die Regierung griff zum Terror. Aus allen Teilen des Landes erreichten Prestes die Meldungen der Führer der Allianz: Verleumdung unserer Bewegung, Verhaftungen, Prügel, Mord, Totschlag.

Und nur Tage später hieß es: weiteres Anwachsen unserer Bewegung, Gründung neuer Ortsgruppen, überfüllte Versammlungen, unsere Zeitungen ständig ausverkauft, Integralisten wagen nicht mehr, in den Straßen zu demonstrieren.

Wenige Monate nach der Ankunft saß Prestes in seinem Zimmer und arbeitete an einem neuen Manifest. Olga stand vor der Tür. Sie nahm die Hand von der Klinke und öffnete nicht. Sie lehnte den Kopf gegen das Holz und rieb sich die Schläfen. Ihr lag so daran, ihm nur Freude zu bringen ... Als sie eintrat, sah er mit dem abwesenden Blick des konzentriert Denkenden vom Schreibtisch auf.

Es fiel ihr schwer zu sprechen. Er wartete geduldig, bis sie endlich sagte: »Die Allianz ist verboten.«

Prestes beendete den Satz, an dem er schrieb, und antwortete: »Sie wird weiter wachsen.«

Am nächsten Tage verkündeten es der Rundfunk und alle Zeitungen: Am 11. Juli 1935 wurde die Allianz der nationalen Befreiung verboten.

Auf der einen Seite gab es die dem ausländischen Imperialismus völlig hörige Regierung, die drohende Gefahr des Faschismus, die Verschlechterung der ökonomischen Lage, steigende Preise und steigende Arbeitslosigkeit; auf der anderen Seite die verbotene Allianz mit ihrem sauberen, demokratischen, nationalen Programm und dem Ziel der Befreiung vom Monopolkapital Nordamerikas. Prestes behielt recht, die Allianz wurde trotz Illegalität und Verfolgung zur größten politischen Bewegung, die Brasilien jemals besessen hatte.

Nachdem das Verbot die Übernahme der Macht auf legalem Wege unmöglich gemacht hatte, besprachen Prestes, Olga, Arthur, Sabo und treue brasilianische Kameraden stundenlang die Möglichkeit einer revolutionären Erhebung.

Im Sommer und Herbst 1935 erfaßte eine Welle von Streiks das Land.

Prestes schätzte die Lage folgendermaßen ein:

Die Regierung greift zu den Mitteln brutalster faschistischer Diktatur, sie liquidiert die letzten demokratischen Rechte. Die Allianz hat die Aufgabe, die nationale Befreiung des Landes durchzuführen. Wir stehen am Vorabend großer Ereignisse – dies ist nicht eine häufig benutzte Phrase –, wir gehen mit raschen Schritten einer revolutionären Auseinandersetzung entgegen – einer Auseinandersetzung, in der niemand neutral bleiben kann. Obwohl die Allianz illegal ist, hat sie die Fähigkeit, das Volk zu führen, und alle Brasilianer werden sich für oder gegen sie entscheiden müssen.

In den Tagen vom 23. bis 25. November überstürzten sich die Meldungen aus der Stadt Natal im Staate Rio Grande do Norte:

Die Terrormaßnahmen der Regierung drohen uns zu vernichten.

Wir haben den Generalstreik ausgerufen.

Das Volk hat zu den Waffen gegriffen.

Wir haben gesiegt. Die Stadt und der ganze Staat sind in unseren Händen. Wir brauchen die Unterstützung der Hauptstadt. Wir rechnen mit dem Aufstand der Nationalen Allianz in Rio de Janeiro.

Und dann wie ein dringender Hilferuf: Prestes ... Prestes ... Prestes.

Er hatte die schwerste Aufgabe vor sich, die es für einen Revolutionär geben kann: die Entscheidung, ob der Augenblick zur erfolgreichen Erhebung gekommen ist.

Er mußte diese Entscheidung treffen, trotz aller Schwierigkeiten, die

190

sich für ihn aus seiner Illegalität ergaben. Aber wie viele richtige Entschlüsse hatte Lenin für sein Land gefaßt, als er der eigenen Heimat fern in der Emigration war.

Für Prestes bedeuteten die vier Wände seines Raumes nur äußerlich eine Isolierung. Tausend Fäden verbanden ihn mit den Geschehnissen und mit dem Volk. Er unterzog die wirtschaftliche und politische Lage einer letzten gründlichen Analyse. Und er wog noch einmal die vorhandenen Kräfte ab.

Die Arbeiter waren bereit – doch es handelte sich um ein junges, noch unerfahrenes Proletariat, denn die Industrialisierung Brasiliens steckte in den Anfängen. Große Teile des Bürgertums, besonders die Intelligenz, die unter der dem Faschismus zugewandten Politik von Vargas litt, unterstützten das Programm der Allianz. Ob jedoch wenigstens ein Teil der Bourgeoisie den bewaffneten Aufstand unterstützen würde, war unbestimmt – es gab viele Beispiele aus der Geschichte der Revolution anderer Länder, wo das Bürgertum aus Furcht vor der sich offenbarenden Kraft einer jungen Arbeiterklasse ihre eigene Revolution im Stich gelassen hatte. Doch in Brasilien gab es einen Stand, dessen beste Vertreter sich immer auf die Seite der Revolutionäre geschlagen hatten: die Offiziere der Armee. Sie waren vorbereitet; nicht nur die Arbeiterklasse, auch sie warteten auf das entscheidende Wort von Prestes.

Olga legte sich erst in den Morgenstunden des 26. November nieder, als schon die Dunkelheit aus dem Zimmer wich.

Schlafen konnte sie nicht.

Der Ausbruch der Revolution war eine Frage von Tagen oder Stunden. Wunderbares Brasilien – ein Paradies kannst du werden. Die riesigen, unbebauten Ländereien den armen Bauern; fort mit den Lehmhütten, dem Tropenfieber, der Lepra, dem Analphabetentum, der Unwissenheit, dem Schmutz, der hohen Kindersterblichkeit.

Was hatte Carlos ihr einmal gesagt? »Beim Marsch der Kolonne durch unser Land sah ich kaum eine Schule, kaum ein Krankenhaus, aber viele Gefängnisse, und alle waren überfüllt; das war einer der Gründe, warum ich Kommunist wurde.«

Durch die Revolution würden sie nicht den Kommunismus erreichen, aber eine Volksfrontregierung mit dem größten Patrioten des Landes an der Spitze. »Prestes ist nicht nur Kommandant seiner Soldaten – er ist Kommandant des Volkes«, hatte ein Soldat während des langen Marsches über den Ritter der Hoffnung geäußert. Jetzt wird er wirklich Kommandant des Volkes werden und genauso einfach dabei bleiben, wie er es auf dem langen Marsch gewesen ist. Jetzt wird er nicht nur als Ritter der Hoffnung, sondern als Ritter der Erfüllung Recht walten lassen, die Gefängnisse in Krankenhäuser verwandeln, und so, wie er damals im Exil seine Kameraden-Soldaten lesen und schreiben lehrte, wird er dafür sorgen, daß alle lernen, mit Bleistift und Büchern umzugehen.

In Stunden – in Tagen – wird sich das Militär erheben. Olga kannte den strategischen Plan bis in alle Einzelheiten. Hat das Militär den ersten Schlag geführt, tritt Prestes aus der Illegalität hervor und übernimmt den Oberbefehl. Die Arbeiterschaft wird unter Führung der Kommunistischen Partei den Generalstreik verkünden, und große Teile der Bourgeoisie werden den Aufstand unterstützen. Sie selbst bleibt an Prestes' Seite, sein Leben ist wertvoller denn je.

Ganz Südamerika wird erbeben – Brasilien, das größte Land dieses Erdteils, hat eine Volksfrontregierung. »Vereinigung aller nationalen Befreiungsbewegungen in allen Ländern Lateinamerikas« stand im Programm der Allianz.

Auch in Deutschland und besonders in Nordamerika, das im Konkurrenzkampf mit Nazideutschland Brasilien zu beherrschen sucht, wird das Ereignis seine Wirkung haben.

Wunderbar wird es sein, wenn sie das erste Mal offen mit Prestes durch die Straßen gehen darf – befreit von der lauernden Bedrohung. Jetzt erst, wo die Erlösung so nahe lag, wurde ihr klar, welch ein ungeheurer Druck die tägliche Sorge um den Genossen, um den geliebten Mann gewesen war.

Olga dachte nicht darüber nach, wie sich dieser Widerspruch vertrug: immer lebensfroh – und das Bewußtsein der ständigen Gefahr. – Beides war echt. Ein tapferer Mensch, der als Kommunist einen starken Optimismus besitzt, da er des Endsieges sicher ist, kann genau die Gefahr erkennen, in der er lebt, und doch – von den Quellen seiner inneren Kraft gespeist – ruhig bleiben und fröhlich sein –

Olga träumte weiter von der Zukunft.

Sie würde sich nun auch einen Wunsch erfüllen, auf den sie während der Illegalität und Gefahr verzichten mußte; sie wird endlich ihre große Sehnsucht stillen, über die sie nie gesprochen hatte, weil es sinnlos gewesen wäre. Es erging ihr jetzt schon so, daß allein der Anblick von Kindern schmerzte, und wenn ihr im Armenviertel so ein barfüßiges, dunkelhaariges Geschöpfchen, das gerade erst auf den Beinen stehen konnte, vor die Füße lief, dann hätte sie es stehlen mögen, sein Köpfchen streicheln, es an sich drücken, kleiden, füttern und in den Schlaf wiegen. Auch das eigene Kind würde einen dichten schwarzen Haarschopf haben – das war ja gar nicht anders möglich, wo sie beide dunkel waren. Dicht am Meer würden sie wohnen. Es sollte mit dem Gesang der Wellen, dem Blau des Himmels, dem Grün der Wälder aufwachsen; und mit dem Gesang des Proletariats, der Holzfäller, der Bauern – in Brasilien schmolzen alle Melodien zusammen.

Olga hörte Prestes nebenan auf und ab gehen. Hier träumte sie von der Zukunft – besser wäre es zu schlafen, harte Tage lagen vor ihnen.

Der Morgen des 26. November begann. Sobald sich Olga erhoben hatte, schickte Prestes sie mit Mitteilungen zu den Kameraden. Sie half, die letzten Zusammenkünfte vor Ausbruch des Kampfes zu organisieren. Die Vorbereitungen wurden mit den zuverlässigsten Freunden bis in alle Einzelheiten besprochen. Nur das Überraschungsmoment – der unerwartete Angriff gegen die Regierungstruppen – konnte den militärischen Erfolg bringen. Prestes' und Olgas einsame Wohnung, die bisher kaum ein Gast betreten hatte, wurde zum Hauptquartier der Revolution.

Am 27. November gab Prestes den Befehl zum Aufstand an die Fliegerschule und das dritte Regiment in Rio de Janeiro, deren Treue zur Allianz sicher war.

Der Kampf begann.

Prestes wartete auf Nachrichten, um das Kommando zu übernehmen, Olga, Arthur und Sabo warteten mit ihm. Die Früher des Proletariats warteten auf den Ausgang der ersten Schlacht, um den Generalstreik zu erklären.

Olga stand neben Prestes, als ein Kurier eintraf – atemlos, mit blaurotem Gesicht. Er griff sich an den Hals und schrie:

»Verrat! – Wir sind verloren!«

Der Plan des Aufstandes war von einem der eingeweihten Offiziere noch vor Beginn der Aktion an Vargas verraten worden; die Regierungstruppen – sämtlich auf den Angriff vorbereitet – schlugen die heldenhaft kämpfenden Aufständischen zurück. Ehe die Arbeiter in den Streik treten konnten, setzte ein Terror ein, der alles bisherige an Grausamkeit übertraf. Der Aufstand wurde von der Regierung als Vorwand benutzt, um rücksichtslos gegen jeden Menschen fortschrittlicher Gesinnung vorzugehen. Große Teile der Bourgeoisie, die das Programm der Allianz unterstützt hatten, fielen um und stellten sich hinter Vargas. Die Gefängnisse und die Friedhöfe füllten sich, während vom Chef der Polizei bis hinunter zum kleinsten Revierbeamten stündlich derselbe Befehl wiederholt wurde: »Einer fehlt noch – ergreift Prestes!«

5

Olga hatte geglaubt, daß es keine Steigerung ihrer Liebe geben könnte. In den schweren Tagen, die der Niederlage folgten, als kaum Zeit für ein persönliches Wort blieb und die Gedanken um das Schicksal Brasiliens kreisten, liebte sie ihren Mann bis zu Schmerzen. Nun erst sah sie seine ganze Größe. Sie wuchs mit ihm, entfaltete den gleichen Mut, die gleiche Zuversicht und Beharrlichkeit, die ihn auszeichneten. Prestes übernahm die Verantwortung für den mißlungenen Aufstand. Er erging sich weder in Selbstanklage, noch suchte er eine Verteidigung. Er hatte nicht spontan gehandelt, sondern die Lage genau erwogen. Gab es Fehler, so mußte er sie mit seinen Genossen gemeinsam finden und darüber beraten.

Er war in diesen Tagen sehr ernst, arbeitete pausenlos, aß kaum etwas, und ihrem neuen Zufluchtsort blieb das herzliche Lachen Olgas fern. Sie war ohne ein Wort der Klage, ohne ein Zeichen der Aufregung Prestes' guter Kamerad. Während beide die bittere Enttäuschung der Niederlage erlitten, verloren sie auch nicht für einen Augenblick ihren festen Glauben an die Zukunft. Prestes betrachtete die Revolution nicht als beendet. Der Kampf mußte weitergeführt werden. Alle konnte ein Vargas nicht einsperren; Olga, Sabo, Arthur, er selbst und viele Tausende waren noch frei. Er stellte unterbrochene Verbindungen wieder her und begann, die zerstörte Organisation neu aufzubauen. Bei den Mitgliedern der Allianz, deren sich nach dem blutigen Sieg der Reaktion tiefe Niedergeschlagenheit bemächtigt hatte, entstand dank seiner Kraft und Tätigkeit das Gefühl: Solange der Ritter der Hoffnung noch frei ist, gibt es keine verlorene Revolution .

Olga erlebte, wie sein Verhalten den anderen neuen Mut gab; noch nie hatte sie so klar erkannt, was es bedeutete, Vorbild zu sein.

Nicht nur Prestes, auch Olga, Sabo und Arthur schwebten in höchster Gefahr. Es bestanden Möglichkeiten, das Land zu verlassen und sich in Sicherheit zu bringen. Sie waren keine unklugen Romantiker – auch eine solche Entscheidung kann, wenn sie der Lage entspricht, für Kommunisten richtig sein. Doch Prestes' Anwesenheit war von großer Bedeutung, und daher gab es für ihn wie für Olga nur eine Entscheidung: zu bleiben. Arthur und Sabo stellten sich dieselbe Frage. Können wir hier noch etwas leisten? Ist es von Nutzen für die Arbeiterklasse, für die Revolution, wenn wir weiter mitarbeiten? Sie selbst und auch Prestes beantworteten die Fragen mit Ja. Nicht eine Sekunde locke die Versuchung: Du bist Deutscher, du hast das Recht zu gehen, es ist ein fremdes Land, für das du dein Leben riskieren sollst; denn sie waren unter dem Signal der Völker »Die Internationale erkämpft das Menschenrecht« groß geworden. –

Olga nahm ihrem Mann mehr denn je alle Wege ab, achtete ständig darauf, ob das Haus, die Straßen, die Umgebung bewacht waren, und arbeitete so furchtlos und ruhig wie zuvor. Nur auf dem Rückweg zu ihrem Versteck mußte sie sich zwingen, langsam zu gehen; betrat sie das Zimmer von Prestes und sah ihn über die Arbeit gebeugt am Schreibtisch sitzen, so durchströmte sie, wie von körperlicher Last befreit, ein Gefühl großer Erleichterung.

Wen sie Arthur und Sabo aufsuchte, gab sie ihnen beim Abschied lange die Hand. Manchmal blieb sie noch ein paar Minuten mit Sabo im Korridor stehen, weil sie das Bedürfnis hatte, etwas von Carlos zu erzählen, und Sabo sagte überrascht: »Bei Arthur ist das ganz ähnlich.« Dann lachten beide, weil sie sich wie Hausfrauen vorkamen, die mit dem Einholekorb auf dem Marktplatz stehengeblieben sind, um über ihre Männer zu tratschen. Einmal bemerkte Olga zu Sabo: »Ich finde, Arthur sollte weniger rauchen und weniger Kaffee trinken – härte ihn ab.«

»Er ist an sich kerngesund – das weißt du ja«, erwiderte Sabo, »aber die Nerven sind strapaziert, es hat uns eben doch alle mitgenommen, und er hat ja auch schon früher allerhand durchgemacht.«

»Und ein bißchen jähzornig ist er auch – außer wenn du da bist, als Gegengewicht.«

Sabo nickte. Plötzlich sagte sie: »Kennst du die Sache mit dem Lehrer, als Arthur Schuljunge war?« Olga schüttelte den Kopf, und Sabo erzählte:

»Arthurs Eltern waren arme Bauern, die nie aus ihrem Dorf herauskamen; doch der Vater dürstete nach Bildung, für sich und seine vier Kinder, die die einklassige Schule im Dorf besuchen mußten, wo ein häufig betrunkener Lehrer Unterricht gab.

In Revolte und Protest gegen sein begrenztes Dasein unternahm der Vater einen Schritt, der einmalig im Dorf, ja im ganzen Kreis war. Er abonnierte das Lexikon von Brockhaus. Diese vieltausendseitigen Bände wurden auch als Fortsetzungsreihe in dünnen Heften geliefert. Es kam vor, daß des Vaters Geld nicht für Schuhe und Kleidung reichte, doch der Postbote wurde stets bezahlt. Lag ein neues Heft auf dem Tisch, so wusch sich der Bauer lange die Hände, nahm seine Uhr vom Ständer, ließ sie in die Westentasche gleiten, setzte sich die Brille auf und blätterte langsam die Seiten um. Er las hier und da ein paar Sätze, grübelte, seufzte und legte die Broschüre zurück auf den Tisch. Arthur, der währenddessen mit kaum zu bändigender Ungeduld auf dem Stuhl herumrutschte, ergriff die Lektüre und verschwand. Im Sommer verbarg er sich im Wald, im Winter flüchtete er mit einer Kerze in der Tasche auf den kalten Dachboden. Im Jahre 1901 hatte er – elf Jahre alt – bei ›A‹

angefangen, jeder Buchstabe, jeder Satz barg Wunder. Als er ›A‹ auswendig konnte, fieberte er ›B‹ entgegen. ›C‹ war besonders schwer zu verstehen, weil so viele Fremdwörter mit C anfangen und die Erklärungen sie komplizierten. ›C‹ las er vierzehnmal, und immer noch blieb so vieles unverständlich. Es gab niemanden, den er fragen konnte.

Erschien der Lehrer nicht zum Unterricht, übernahm der zwölfjährige Arthur die Schüler, vier Klassen lernten zu gleicher Zeit bei ihm.

Einmal kam der Lehrer in die Schule, unterbrach Arthur mitten im Wort, torkelte auf eins der Kinder zu und schlug es ins Gesicht. Arthur war schon als Zwölfjähriger ungewöhnlich groß und stark. Er packte den Lehrer, prügelte ihn, bis er zusammensackte und schleifte ihn hinaus.

Die Kinder sagten hinterher, einen Augenblick hätten sie geglaubt, es wäre nicht Arthur, sondern der Teufel in Person gewesen. Aus den Augen seien ihm blaue Blitze geschossen, und das rote Haar habe in Hörnern hochgestanden.

Der Lehrer hinkte mehrere Tage nüchtern durch das Dorf. Niemand zog Arthur zur Verantwortung. Man war froh über den kostenlosen Ersatzlehrer.

Neben dieser Tätigkeit wurde Arthur allgemeiner Dorfberater. War ein wichtiger Brief zu schreiben, wollte man ein Fremdwort erklärt haben, gab es gar ein Gesuch für die Behörde aufzusetzen, brauchte jemand einen Rat in einer Rechtssache – »Brockhaus-Arthur« war der Helfer. Als er mit vierzehn Jahren den Heimatort verließ, um bei seinem Onkel in Berlin das Sattlerhandwerk zu erlernen, trauerte das Dorf, und Arthur trauerte mit – weil er das Brockhaus-Alphabet nicht beendet hatte.

Nun flickte er tagsüber in einem düsteren Kellerraum Riemen, abends saß er in den Bibliotheken und las. Er sog sich voll mit Wissen. Dann begann er Versammlungen zu besuchen. Man sah ihn bei den Gesundbetern, Wandervereinen, Sterndeutern und Sozialisten. Ruhelos wie ein Irrwisch hörte er sich alles an. Kurz nachdem er seine Gesellenprüfung gemacht hatte und als Sattler bei der Spandauer Pferdebahn zu arbeiten begann, hörte er die Sozialistin Frida Rubiner sprechen. Anschließend las er alles, was zum Thema »Kriegsgefahr und Imperialismus« zu finden war. Als Frida in einem anderen Bezirk ein ähnliches Referat hielt, ging er dorthin und unterbrach sie mit so viel heftigen Zwischenrufen, daß die Versammlung beinahe aufflog. Doch Frida war ihm überlegen. Sie gab ihm Schlag auf Schlag zurück. Dieser intelligente stiernackige Hitzkopf interessierte sie, und sie behielt ihn noch lange, nachdem die anderen heimgegangen waren, zurück. Frida, eine dünne Frau mit langer Nase und mit hellen, klaren Augen, war eine temperamentvolle Sozialistin, die sehr viel Wissen besaß; wenn sie sich erregte, wurde ihre Stimme heftig und schrill, Schließlich erschien der erschrockene Wirt, um zu sehen, warum sich die beiden so anbrüllten.

›Leg dir selber die Zügel an, die du flickst – dann wird was aus dir‹, beendete sie die erste Aussprache, und bald wußte Arthur, wohin er gehörte. Er wurde Mitglied der Partei August Bebels.«

»Wie ging's weiter?« fragte Olga.

»Schluß von Arthur, ich rede schon viel zu lange. Wie geht's Carlos, der war bestimmt auch schon als Junge was Besonderes?«

»Ja«, sagte Olga arglos und eifrig. »Wußtest du eigentlich, daß er in seiner Schulzeit Nachhilfeunterricht gab, weil's ihnen zu Hause so schlecht ging? Aber nicht etwa in den unteren Klassen oder in seiner, sondern Schülern der nächsthöheren Klasse.«

»Natürlich ist deiner noch klüger als meiner«, sagte Sabo. Wenn sie lachte, sah sie mit ihrem kurzen Haar, den dunklen, blanken Augen und der kleinen zierlichen Figur wie ein Junge aus.

»Deshalb erzähl ich's doch gar nicht«, sagte Olga und wurde rot.

»Ist in Ordnung«, sagte Sabo, »du sollst stolz auf ihn sein.« –

Ein andermal, als Olga auf Arthur warten mußte, saßen die beiden Frauen im Zimmer beisammen. Sabo sah zum Fenster hinaus – vielleicht hatte sie irgend etwas auf der Straße gesehen, was ihr dazu Veranlassung gab. Sie sagte: »Kinder hätten wir haben sollen. Die wünschten wir uns so sehr – schon von Anfang an.«

Sie sah zu Olga hinüber, erschrak und dachte: Ach, so ist das, ich hätte nicht davon anfangen sollen, aber nun ist es schon besser, weiterzureden.

»Wie oft sprachen wir davon, doch es schien uns unmöglich. Mal war Arthur im Gefängnis, dann wieder ich, dann wir beide, und zwischendurch die Arbeitslosigkeit; man konnte doch so ein Geschöpfchen nicht verantwortungslos in die Welt setzen. Dann die Illegalität. – Wir hatten es sogar mit Minna besprochen.«

Jetzt hätte Olga fragen müssen, wer Minna war, doch sie fragte nicht. Sabo war unsicher, ob sie fortfahren sollte.

»Von Arthurs Schwester Minna habe ich nie erzählt? Einer von den bescheidenen, zurückhaltenden Menschen, die ohne Aufhebens tüchtig sind, ein Herz von Gold haben und es für andere opfern. Das erste Mal, als ich sie traf – Arthur wünschte es sich –, fuhren wir zu dritt auf dem See im Berliner Tiergarten Kahn. Sie gefiel mir sehr gut, und doch dachte ich die ganze Zeit: Hoffentlich sehe ich Arthur noch allein, damit er mir 'nen Kuß geben kann. Ich war noch keine achtzehn Jahre, wir hatten uns im marxistischen Zirkel kennengelernt. Später wurde Minna meine Freundin. So was Gutes und Sauberes. Und wie sie an Arthur hängt – das ist rührend. So gingen wir eines Tages nach langer Beratung zu ihr und sagten, daß wir ein Kind haben wollten, aber wie unser Leben sei, könnten wir's nicht allein verantworten. Würde sie dem Kind zweite Muter sein?

Minna war erschüttert. Sie wußte natürlich, daß wir mit Arthur als fast immer Erwerbslosem kaum Geld hatten. Sie wollte uns so gerne helfen, aber als gerader, ehrlicher Mensch mußte sie sagen, wie es um sie stand. Diese Verantwortung wäre über ihre Kraft gegangen. Sie war Krankenschwester mit schwerem Dienst; wie oft hatte sie uns schon miternährt, und die alte Mutter – das kleine Bauernanwesen war schon lange bankrott – hing auch von der Tochter ab. Sie riet uns, alles noch einmal zu überlegen. Es fiel ihr schwer, und mir tat es um ihretwegen leid, daß wir sie gefragt hatten, wo sie sowieso schon alles Menschenmögliche für uns tat – ich fürchtete, sie würde ihr ›Nein‹, obwohl sie es gar nicht ausgesprochen hatte, noch lange mit sich herumtragen. Ich wußte auch, daß wir es mit ein wenig Drängen umstoßen könnten.«

Sabo schwieg.

Der Himmel hatte sich bedeckt, aus der Nachbarwohnung schrie ein Papagei, plötzlich schlugen Regentropfen aufs Fensterbrett.

»War euer Entschluß – das Nein – richtig?«

»Es war sehr schwer – besonders für mich –, aber es war richtig. Olga – Mädchen ...«

Sabo legte die Arme um Olgas Hals. »Komm Kind – nicht doch – ihr seid jünger als wir – es bleibt ja nicht alles so, wie es heute ist ...«

»Nein«, sagte Olga, »es kann noch viel schlimmer werden. – Euer Entschluß war richtig.«

An diesem Tage ging Olga nach der Heimkehr nicht sofort zu Prestes. Wenn sie ihm nicht mit klarem, schattenlosem Gesicht gegenübertreten konnte, kam sie sich wie ein Versager vor. Sie wollte ihm keine zusätzliche Last aufbürden. Dabei wußte sie, daß ihr nichts größere Erleichterung schuf, als sich mit ihm auszusprechen, sein Verstehen, seine Güte zu empfangen.

Jetzt zu ihm gehen, einfach weinen, sich verwöhnen lassen, seine Hände spüren und sein Lächeln! Und doch blieb sie, sich behutsam bewegend, in der kleinen Küche. Es war besser, sie wurde ohne ihn wieder ruhig.

Vielleicht würde sie Prestes nicht immer zur Seite haben – unerträgliche Vorstellung, und doch wäre es feige, dem Gedanken auszuweichen. Sollte es wirklich so kommen, dann würden die Kräfte auch dafür vorhanden sein. Jedenfalls war es richtiger, ihren Kummer aus eigenen Quellen zu meistern. Auch das gehörte zum Abhärten. – Fünf Kinder hätte sie haben mögen, wie Francisco, zu dem sie so gerne ging.

Sie war nicht allein wegen seiner Kinder gern bei Francisco zu Gast; er hatte Prestes auf dem langen Marsch und ins Exil begleitet, er liebte ihn, und Olga brauchte nur ein wenig bei ihm anzustoßen, dann erzählte er von früher, von den Legenden, die sich um Prestes' Gestalt gewoben hatten. Seine Unbesiegbarkeit während des Marsches der Kolonne hatte beim einfachen Volk in abgelegenen Gegenden bewirkt – und in Brasilien gab es Gebiete, wo man noch wie vor zweitausend Jahren lebte –, daß Prestes übernatürliche Kräfte zugeschrieben wurden. Er war ein Hellseher, der genau wußte, was im feindlichen Lager vor sich ging. Er besaß ein Netz, in dem sich Pferde und Menschen verfingen. Abends ließ er eine Zauberin vor seinen Soldaten tanzen; wer ihr zusah, war unverwundbar. Francisco hatte es selbst miterlebt, wie die Kolonne sich in einem kleinen Dorf Boote zum Überqueren des Flusses erbat und die Bevölkerung erstaunt die Köpfe schüttelte. Wozu? Prestes besäße doch ein Wundermittel, die Wasser und Sümpfe trockenen Fußes zu überschreiten.

Francisco erzählte, daß es während des ganzen langen Marsches nie einen Situation gab, in der sich Prestes für belagert erklärte, und nie eine Sekunde der Mutlosigkeit. Einmal sagte er zu einem Freund, der Zuspruch nötig hatte: »Beharrlichkeit ist eine der wichtigsten Waffen der Revolution«, und fügte hinzu: »Es gibt nichts Unmögliches – mit weniger als tausend Mann gelang es mir, im offenen Feld zwischen zehntausend Mann Regierungstruppen durchzukommen.«

Diese Beharrlichkeit besitzt er auch in der heutigen schweren Lage, dachte Olga.

Als Prestes und seine Männer ins Exil gingen, war er nicht nur Held der Hirten, Bauern und Arbeiter, sondern auch die bürgerliche Klasse romantisierte seine Taten und hob ihn auf ihren Schild. Während Prestes, aus Bolivien verbannt, in Argentinien Zuflucht gefunden hatte, legte kaum ein brasilianisches Schiff im fremden Hafen an, dessen Passagiere und Mannschaft nicht eine Wallfahrt zu ihm unternahmen, er aber versuchte stets, sich den Besuchern zu entziehen.

Der Schiffsjunge träumte von einem Riesen mit wallendem Bart und dröhnender Stimme, die Bürger stellten sich einen imposanten General vor, der ihnen patriotische, kriegerische Worte für Brasilien mit auf den Weg geben würde. Statt dessen trafen sie einen schmalschultrigen, beinah jünglinghaften Mann von so einfachem Gebaren, daß es ihnen schwerfiel, ihn hinterher anderen Menschen zu beschreiben.

Olga lächelte: »Junge« – »Garoto«, das war der Name, den ihm die Kameraden in der illegalen Bewegung gegeben hatten, obwohl er ihr Führer war.

Das lag nun alles schon weit zurück; heute haßte die Bourgeoisie den Kommunisten Prestes, doch eins hatte sich nicht geändert, selbst durch die bittere Niederlage nicht: Für die Genossen, für alle fortschrittlichen

Menschen blieb er Held und Vorbild – nicht nur, weil er so fähig, so mutig war, so pausenlos arbeitete, sondern weil er in jeder Hinsicht wie ein Kommunist lebte. Olga dachte: Wenn es einen Apparat gäbe, der Tag und Nacht die Gedanken eines Menschen registrierte, bei Prestes wären es immer und überall die Gedanken eines Bolschewiken. – Es ist Zeit, daß ich zu ihm hineingehe. Wie ist es möglich – ein ganzes Jahr schon sind wir täglich beieinander und gezwungen, so gut wie eingeschlossen in der Wohnung zu leben –, und jetzt so ein Glücksgefühl, nur weil ich nach zwei Stunden Fortsein zu ihm ins Zimmer gehen kann, ihn sehen, ihn sprechen hören werde. Sein Gesicht ist schön, noch immer freue ich mich daran, vielleicht, weil es die Schönheit der Kraft, des inneren Feuers, des Geistes und der Charakterstärke ist. Und wenn er morgen kreuz und quer Narben hätte, blind und häßlich wäre, dann würde ich ihn ganz genauso lieben. Ich dachte, es gebe eine Grenze der Gefühle, aber so wie es keine Grenze im Lernen, in den Erkenntnissen gibt, so kann ein Gefühl immer weiter reifen, immer stärker werden.

Als sie eintrat, sah Prestes auf.

»Ich wunderte mich schon, daß du gar nicht hereinkommst.«

Sie lächelte ihn an, und er sah alles: den Schatten, der auf ihrem Gesicht lag, ihr Bemühen, froh auszusehen. Er wartete, er überließ es ihr, ob sie reden wollte. Sie blieb still, und er sagte: »Als ich dich draußen so leise hantieren hörte, dachte ich, wie es möglich ist, daß wir nun schon ein ganzes Jahr Tag für Tag zusammen leben und ich noch so ungeduldig darauf warte, daß du hereinkommst, daß alles noch so ist wie am Anfang.« Er nahm ihre Hände, er tröstete und stärkte sie.

An einem sonnenklaren Dezembertag gab Prestes ihr eine Mitteilung für Arthur.

Der Zuckerhut grüßte herüber, Olga hatte Sehnsucht nach dem Meer. Sie war lange nicht am Strand gewesen, Prestes verließ sein Zimmer nur noch in dunkler Abendstunde zu dringenden Zusammenkünften. Sie nahm sich vor, auf dem Rückweg ein paar Minuten ans Wasser zu gehen.

Die Straße, in der Arthur wohnte, verlief in kleiner Biegung. Dort, wo sich ein Hügel in eine Häuserlücke drängte, machte Olga halt und prüfte sorgfältig die Umgebung. Ein paar Schritte noch, und der Weg lag bis zu Arthurs Wohnung gerade vor ihr.

Olga blieb so plötzlich stehen, daß ein junger Mann, der hinter ihr ging, gegen sie prallte. Er entschuldigte sich; sie lächelte – die Schuld liege auf ihrer Seite. Als der junge Mann verschwunden war, bog sie in eine Nebenstraße ein und rannte zurück. Jetzt war es unwichtig, ob sie den Menschen auffiel – jede Sekunde zählte. Sie lief ohne Atempause, erst am Hause selbst verlangsamte sie ihre Schritte, es pochte laut in Herz und Schläfen – dann stand sie vor Prestes.

»Arthur und Sabo sind soeben verhaftet worden, ich habe gesehen, wie die Polizei sie ins Auto stieß.«

Olga lief noch einmal fort und warnte andere gefährdete Kameraden. Sie selbst wechselten sofort die Wohnung. Wer Arthur verraten hatte, würde auch sie preisgeben. Sie überlegten, ob es richtig sei, im Lande zu bleiben.

Prestes analysierte noch einmal die Lage.

Trotz der hemmungslosen Brutalität der Regierung gegen die fortschrittliche Bewegung klang ein Ton der Unsicherheit in ihren Maßnahmen mit. Die Allianz war als Massenbewegung zerschlagen worden, doch sie hatte der Reaktion eine Warnung erteilt: Die Regierung wußte nun, daß der Widerstand des Volkes gegen den Vormarsch des Faschismus außerordentlich stark war. Diesem Widerstand mußten die Genossen erneut zum Durchbruch verhelfen, die Revolution war nicht verloren.

»Dann ist es doch selbstverständlich, daß wir bleiben«, sagte Olga. Nach einer Pause fügte sie hinzu: »Vielleicht werden Arthur und Sabo nicht gefoltert, vielleicht hat die Polizei doch Hemmungen Ausländern gegenüber.«

Prestes antwortete nicht.

Olga litt unter der Verhaftung der Freunde. »Mir schmeckt es nicht, wenn ich an Sabo denke«, sagte sie und schob ihren Teller zurück.

Prestes sah sie an. Olga war ein starker Mensch; sie hatte ein mutiges, bewegtes und auch opferreiches Leben hinter sich, aber sie war nicht durch das härtende Feuer tiefen Leidens gegangen.

»Iß auf – iß alles auf«, sagte Prestes. Als der Teller endlich leer war, wußte sie, was ermeinte, aber sie ließ ihn trotzdem sprechen.

Menschlichkeit und Mitgefühl gehörten zu den wichtigsten Charaktereigenschaften eines Kommunisten. Ohne sie könnte man gar nicht ein wahrer Genosse sein. Tausende säßen im Gefängnis, sie alle litten wie Arthur und Sabo. Natürlich tue es am wehesten, an jene zu denken, die einem persönlich gute Freunde waren – aber helfe man ihnen, wenn man um ihretwillen weniger esse? Erhielten sie dadurch einen einzigen Löffel Nahrung mehr? Sei es ein Akt der Solidarität für die gefangenen Genossen, oder bedeute es nicht im Grunde, daß man sich durch die Aktion des Feindes mitschwächen ließe? Es stimme erbittert und traurig, daß es keinerlei Möglichkeit gebe, den Genossen in der Haft Hilfe zu leisten. Doch wer noch frei sei, habe nur einen Weg vor sich: zu kämpfen.

Prestes nahm Olga das Versprechen ab, falls er verhaftet werden sollte, keine persönlichen Schwächen aufkommen zu lassen, sondern alle Kräfte zu erhalten und schonungslos im Kampf einzusetzen.

»Wenn du verhaftet wirst, bleibe ich sowieso nicht frei«, sagte sie und dachte dabei nicht an ein sinnloses, aus Verzweiflung und Liebe geborenes Opfer. Sie dachte nur an ihren Parteiauftrag. Hätte er gelautet, sie sollten sich bei Gefahr trennen, damit einer von ihnen zur Weiterarbeit übrigbliebe, so würde sie danach handeln. Aber die Anweisung, die sie hatte, war viel richtiger. Prestes war schwer zu ersetzen; deshalb sollten ihre guten Eigenschaften: Ruhe, Zuverlässigkeit, Gewandtheit und Mut dazu benutzt werden, Prestes zu schützen.

Deshalb würde sie ihn nicht allein lassen, deshalb käme die Meute gar nicht an ihn heran, außer wenn man sie ebenfalls verhaftete.

Sie hatten so rasch ihr neues Versteck aufgesucht, daß für Olga nicht einmal Zeit geblieben war, sich ein zweites Kleid mitzunehmen. Genossen, die sie mit Essen versorgten, brachten ihr ein Stück Stoff.

»Wie schön, daß er blau ist«, sagte Prestes, »genau die Farbe deiner Augen. – Hast du dir schon mal ein Kleid genäht?«

Olga schüttelte den Kopf.

»Erst muß man zuschneiden«, sagte er.

»Ja, aber wie denn?«

»Ich würde es ganz eng machen und oben am Hals geschlossen – das steht dir so gut.«

»Ich trau mich nicht – der kostbare Stoff.«

»Doppelt muß man ihn legen.«

»Na klar, so viel versteh ich auch davon – vor den Ärmeln hab ich Angst.«

Es klopfte.

Sie sahen sich an.

Prestes ging zur Tür, Olga kam ihm zuvor – sie hielt die Schere noch in der Hand.

Es war der Briefträger, er hatte sich in der Tür geirrt und entschuldigte sich: »Die Herrschaften sind ja erst neu hier.«

»Vielleicht machen wir's erst zur Probe aus Papier«, schlug Prestes vor, »ich könnte die Konstruktion aufzeichnen.«

Olga lobte den guten Gedanken.

Das ermutigte Prestes, und er schnitt zu. Doch beim Nähen stellte sich heraus, daß er den Hausausschnitt viel zu weit gemacht hatte. Olga neckte ihn lachend: »Ach, du Ingenieur mit deiner Konstruktion, wenn dir so was beim Brückenbau passiert!«

»Ich wollte, ich könnte Brücken bauen – den Urwald roden, Straßen anlegen – die Flüsse durch Dämme bändigen – die Natur und zugleich die Menschen ändern – und du immer bei mir ...«

Januar und Februar verstrichen.

Prestes bekam die Mitteilung, daß Sabo und Arthur gefoltert wurden. Erst wollte er es Olga nicht sagen, dann hielt er es doch für richtig.

Sie wurde sehr blaß. »Sabo ist so zart – sie hatten sich so lieb.«

»Sie haben«, verbesserte Prestes sie.

Vielleicht hätte er nicht spätabends davon sprechen sollen. Sie konnte nicht einschlafen, obwohl sie versuchte, ganz still zu liegen. Sie dachte an ihr Versprechen, keine Schwächen zu zeigen.

»Olga – du mußt schlafen.«

»Der Körper ist leichter abzuhärten als das Herz.«
Er streichelte ihr Haar.
»Ob sie es aushalten? Sie werden kaputtgehen.« Olga sprach sehr leise.
»Es sind Kommunisten.«

Sie sind Kommunisten.
Sabo hingen Haarfetzen von der blutenden Kopfhaut, schwarze Beulen bedeckten das zur formlosen Masse geschwollene Gesicht.
Sie standen sich gegenüber und wußten nicht, wo sie sich befanden. Ein Ring von Polizisten schloß sie ein.
Sie sahen sich das erste Mal seit der Verhaftung wieder. Sabo sah Arthur an, sie weinte, ohne daß sie darum wußte.
Arthurs Körper war mit zahlreichen kleinen Wunden bedeckt. Er stand gebückt, unfähig, sich aufzurichten. Sie hatten also ihre Drohung wahrgemacht und ihn in den Verschlag unter der Treppe der Polizeikaserne gesperrt, wo sie selbst die ersten drei Wochen gefangengehalten worden war. In diesem Raum gab es kein Licht, keine Liegestatt und keine Decken. Er war so niedrig, daß sie kaum aufrecht darin stehen konnte – und Arthur war viel größer als sie. Hunderte schwerbeschuhter Füße rannten täglich über die Eisentreppe, die das Dach der Kammer bildete; das dröhnte und krachte, bis man glaubte, der Kopf springe auseinander.
Am schlimmsten erschien ihr nicht die entsetzliche Magerkeit des vor ein paar Wochen noch so kräftigen Mannes, nicht das von Schlägen aufgequollene Gesicht, sondern seine wächserne Haut, die etwas Unheimliches, Gläsernes, Durchsichtiges hatte.
Als sie sich auf Befehl der Polizei entkleideten und – von den groben Witzen der Wachmannschaften gepeitscht – entblößt gegenüberstanden, flackerte es wild in Arthurs Augen.
Sabo zitterte: Wenn ihn jetzt der Jähzorn packt, schlagen sie ihn tot.
Der Kreis schloß sich dichter.
»Wo ist Prestes? – Wen kennt ihr noch? – Wer hat die Manifeste verfaßt? – Wo ist Prestes?

Redet, dann seid ihr frei, bekommt eure Kleider zurück und könnt gleich von hier nach Hause gehen.«

Kein Laut kam über ihre Lippen.

Als Arthur zu schreien begann, wünschte sich Sabo, das Bewußtsein zu verlieren. Er schrie nicht, weil sie mit Fäusten auf ihn losgingen, er schrie, weil er mit ansehen mußte, wie sie die glühenden Enden ihrer Zigarren auf Sabos Körper löschten.

Der Polizeichef lachte wutverzerrt: »Aufhören jetzt. Sie soll ein tiefes Loch graben, da kommt er rein.«

Sabo grub. Sie wußte, daß die einzige Grenze dieser Leiden der Tod war, nicht das Reden.

Die Erdkrumen dufteten auf ihrem Spaten. Ein schwarzglänzendes Käferchen kroch über die lockere Scholle; sie ließ es behutsam auf den frischen Erdwall gleiten.

Es dauerte lange, bis sie das Grab ausgehoben hatte. Als die Arbeit beendet war, überkam sie ein großes Verlangen, sich in dieses Grab fallen zu lassen. Sie war zu schwach, weiterzuleben – in Sekunden wäre alle Qual zu Ende.

Da richteten sich die Gewehre auf den wunden, gebeugten Körper ihres Mannes.

Arthur und Sabo sahen sich an.

Der Polizeichef zitterte vor Haß.

Er hatte die Macht in den Händen, und es gelang ihm dennoch nicht, über diese Menschenwracks zu siegen.

»Redet!«

Schwiegen.

Ein teuflischer Gedanke kam ihm.

»Die Frau gehört euch.«

Die Mannschaft zögerte, grinste, und der erste fiel über sie her. Zwei Polizisten hielten Arthur fest und zwangen ihn, zuzusehen. In seinen Augen irrlichterte es, er bebte wie unter elektrischen Schlägen, dann wurde sein Blick so gläsern und durchsichtig wie seine Haut. Er schien nicht mehr zu bemerken, was um ihn vorging – er hatte die Grenze aller Leiden auch ohne den Tod erreicht.

Die Männer ließen von Sabos Körper ab.

»Redet!«

Arthur schweig in stumpfer Gleichgültigkeit.

Sabo lag in Zuckungen am Boden.

Sie öffnete die Augen, sah Arthur an – ein eisiger Schreck zwang sie, ihre letzte Kraft zusammenzunehmen.

»Arthur« – ruhig und sanft rief sie ihn.

»Ja, Sabo.«

Sie hatte ihn zurückgeholt aus der gefährlichen, dunklen Ferne.

»Sie wollen reden – sie haben etwas gesagt.«

Die Männer beugten sich über die Frau.

Sabo schwieg.

Sie umringten Arthur.

Schweigen.

»Schlagt sie – schlagt sie – schlagt sie.«

Die Natur übte Barmherzigkeit. Sie waren schnell bewußtlos und spürten nichts mehr.

6

Der März, die Jahreszeit, des Herbstes in Brasilien, begann mit wolkenlosem Himmel und heißer Sonne.

Prestes arbeitete, Olga hatte eine Zeitung in den Händen, aber sie las nicht. Früher waren sie an einem so wunderbaren Abend zum Meer gegangen. Das Wasser glänzte im Mondlicht in silbernen Streifen, die Wellen rauschten leise und einschläfernd, die Hügel sahen wie mächtige Berge aus, Olga stellte es sich mit geschlossenen Augen vor.

In der Ferne hörte sie Lärm und Bewegung. Ein Hund bellte, ein zweiter fiel ein. Das alles machte die eigene Wohnung noch stiller. Sie hätte auch gern einen Hund besessen, ein schnellfüßiges junges Tier, mit dem man am Strand entlangtollen konnte. Eine Frau schrie kurz auf, irgend etwas mußte sie erschreckt haben.

Wie Prestes arbeitete! Unabhängig von äußeren Verhältnissen gelang es ihm, sich immer und überall auf seine Tätigkeit zu konzentrieren – und er war trotzdem nie ärgerlich, wenn sie ihn unterbrach. Sie könnte jetzt zu ihm treten, die Hände auf seine Schultern legen, und er würde mit allen Gedanken ihr zugewandt sein. Aber sie tat es nicht. Sie hatte so viel Achtung vor seiner Arbeit und dem, was er leistete. Noch immer lag die Führung der illegalen Allianz in seinen Händen, obwohl die Zusammenkünfte und Beratungen mit andren Genossen äußerst schwierig geworden waren.

Er sah müde aus – wie wohl es ihm tun würde, frische Luft zu atmen und den Körper zu bewegen.

Nun ging sie doch zu ihm und stellte sich leise hinter seinen Stuhl. Er sah sofort auf.

»Wir sollten einmal abends fortgehen – wenn die anderen schon alle schlafen«, sagte sie, »auf die Berge steigen, oder zu diesem kleinen silbernen Wasserfallfluß, den ich so gerne hab´. Du bist schon wochenlang nicht aus dem Zimmer gekommen.«

»Sie suchen mich.«

»Sie werden dich nicht finden.«

Olga hörte es ganz nah, zuerst das Hundegekläff, dann die hallenden eiligen Schritte auf dem Straßenpflaster. Prestes spürte den Druck ihrer Hände, die noch auf seinen Schultern lagen.

Sie brachen die Tür auf und stürmten zu Dutzenden ins Zimmer. Sie hoben die Revolver. –

Der Befehl des Polizeichefs Felinto Müller lautete: Beim geringsten Widerstandsversuch wird er getötet. Sie hatten Erfahrung im Handwerk und legten diese Worte richtig aus. Daß Prestes atmete, am Leben war, bedeutete Widerstand genug.

Jene, die zuerst eingedrungen waren, standen im Halbkreis um Prestes, die hinteren Reihen drängten nach. Jeder wollte die Ehre des ersten Schusses für sich in Anspruch nehmen. Die Finger lagen am Abzug, Gehirn und Gehörsinn bereiteten sich auf den betäubenden Lärm der Detonation vor.

Da stieß einer der Bewaffneten einen Fluch aus, und die Revolver senkten sich.

Unruhig wandte die erste Reihe der Polizisten die Köpfe – ratlos sahen sie sich an und begannen miteinander zu flüstern. Vor dem Menschen, den sie töten sollten, stand eine Frau, die Arme schützend ausgebreitet. Ihr stolzes, unbewegtes Gesicht war den Soldaten zugewandt.

Sie hatten nichts von einer Frau gewußt. Bevor der rote Verbrecher umgebracht werden konnte, mußte sie entfernt werden. Ein Befehl, zwei zu erschießen, lag nicht vor.

Die Bewaffneten traten auf Olga zu und packten sie an den Schultern. Olga umklammerte Prestes mit übermenschlicher Kraft, es gelang ihnen nicht, sie von ihm zu trennen.

Die Polizisten zögerten. Das Verhalten der Frau erschien ihnen sonderbar. Sie schrie nicht, sie weinte nicht, ruhig und wortlos erlaubte sie einfach niemandem, den Mann anzurühren.

Was sollte man tun?

Verhaftung
in Brasilien

Vielleicht war es gut, zwei statt einen zu fangen, Prestes konnte später noch immer umgelegt werden.

Auf der Straße spürte Olga die Unruhe hinter Fenstern und Türen und änderte sofort ihr Verhalten. Zum Erstaunen der Polizisten schrie und tobte sie nun. Je mehr Menschen von der Verhaftung wußten, desto eher würden die Genossen davon erfahren; je mehr es wußten, desto weniger konnte sich der Feind erlauben, Prestes heimlich zu töten.

Als sie Olga in ein zweites Auto bringen wollten, wehrte sie sich so heftig, daß man sie, um nicht noch mehr Aufmerksamkeit zu erregen, mit Prestes zusammenließ.

Im Polizeipräsidium nahmen Olga und Prestes, umgeben von Uniformierten, wortlos Abschied.

Prestes' Augen – tiefschwarz im blassen Gesicht – wurden für Olga noch einmal zur Quelle unendlicher Liebe und unbezwingbarer Kraft. Ihre Augen antworteten, erhellt von innerer Stärke: Sei ruhig, ich halte durch – die Partei – Sabo und Arthur – die Arbeiterklasse – unsere Liebe ...

Die Wache vor der Tür des Vernehmungszimmers sah auf die Uhr, die am Ende des Korridors hing. Das Verhör der Frau, die dort vor Stunden hineingeführt worden war, schien kein Ende zu nehmen. Ein ganzes Dutzend hoher Beamter vernahm sie.

Der Wachtmeister vertiefte sich in die Tätigkeit einer Spinne, die ihre Silberfäden von der Tür zur Holzleiste des Flures zog. Wenn die Tür aufging, würde das Netz zerreißen.

Der Gedanke daran, wie eifrig und ahnungslos sie baute, während er bereits ihre Zukunft kannte, gab ihm ein Gefühl von Überlegenheit. Die Spinne war beinahe fertig mit dem Netz, als die Frau heraustrat. Der Wächter sah sie an: das ruhige Gesicht, der aufrechte, schwingende Gang ...

Freilassung – taxierte er.

Diesmal hatte er sich trotz seiner Berufserfahrung geirrt. Während Olga in die Zelle zurückgeführt wurde, beendete ein hoher Polizeibeamter die Eintragung in ihre Akte: »Sie ist geistesgegenwärtig und ruhig.

Sie läßt sich nicht einschüchtern oder verwirren und antwortet mit Sorgfalt. Sie macht den Eindruck, als ob sie Polizeiverhöre gewohnt sei.«

Gab es höheres Lob für eine junge Kommunistin, die man soeben von dem ihr liebsten Menschen getrennt, die so heiß am Leben hing und wußte, sie würde lange keine Genossen und keine Sonne sehen?

Sabo, bis zur Teilnahmslosigkeit gefoltert und gequält, verbrachte die Zeit selten bei vollem Bewußtsein. Sie bemerkte in ihrer stumpfen Apathie zunächst nichts von der Unruhe, die eines Tages die Gemeinschaftszelle erfaßte, bis der Name Prestes fiel und sie von seiner Verhaftung hörte. Da liefen ihr, die glaubte, ausgebrannt zu sein, unfähig, auf Leid zu reagieren, die Tränen übers Gesicht.

»Prestes und Olga?« fragte sie schluchzend, obwohl sie wußte, daß Olga ihn nie allein gelassen hätte.

Die Unruhe in der Zelle wuchs. Zuerst waren es Rufe: »Prestes – Prestes – Prestes«, dann begannen sie in einer anderen Zelle zu singen, und plötzlich sangen sie alle – die tiefen Stimmen der Männer aus dem unteren, die hellen Stimmen der Frauen aus dem oberen Stockwerk –, mächtiger, einmütiger Gesang zu Ehren des Ritters der Hoffnung, von dessen Verhaftung sie erfahren hatten. Sie sangen stundenlang, und die Wachmannschaft ließ es geschehen.

Während die Melodien erklangen, gab dieser Tag ihr noch größeren Reichtum – sie lächelte das erste Mal seit ihrer Verhaftung. –

Am fünften März 1936 war Olga eingeliefert worden. Si wurde oft verhört, bedroht und roh behandelt. Aber es gab so viele Mittel, um durchzuhalten, so viele Zauberworte, die sie zum Riesen und die anderen zu Zwergen machten. Letzte Worte an Prestes, die nie ihren Glanz verloren: »Partei« – »Solidarität« – »Sabo« – »Zukunft«. Täglich konnte sie sich neue Kräftespender ausdenken.

Ihre Einzelzelle war ein Loch, das ständig im Halbdunkel lag. Nur während der Vernehmungen sah sie Licht, hörte sie menschliche Stimmen.

Bei jedem Verhör, beim Auftauchen der Wächter, beim Empfang des lauwarmen, undefinierbaren Essens wiederholte sie ihre Forderungen:

Erlaubnis, an Prestes zu schreiben, und Überführung in eine Gemein-schaftszelle.

Ihre Vernehmungen hatten nichts ergeben, doch ließen sorgfältige Forschungen außerhalb des Gefängnisses vermuten, daß sie eine Deutsche war. Wozu besaß man so engen Kontakt mit der Nazibotschaft? Die Deutschen waren als gründlich bekannt, sie würden schon herausfinden, wer sich hinter dem Namen Maria Bergner-Vilar verbarg.

Olga wurde fotografiert.

Der Polizeichef sah sich die Aufnahmen persönlich an, bevor er Kopien an die Botschaft sandte. Dieser unverschämte Hochmut und Trotz, diese provozierende Herausforderung: »Was ich nicht will, erfahrt ihr nicht.« In den Augen lag es, im Zug des Mundes, in der Haltung des Kopfes. Ohrfeigen müßte man diese Fratze. Geld schien das Frauenzimmer auch besessen zu haben – ein elegantes Kleid, um die schmalen Hüften eng anliegend, mit weitem Halsausschnitt.

Nach mehr als dreißig Tagen entschied der Polizeichef, daß Olga den Brief schreiben dürfe. Vielleicht ergab sich doch der eine oder anderer Hinweis daraus. Einen Brief schreiben, bedeutet ja noch nicht, daß der Empfänger ihn erhält.

Man gab ihr Bleistift und Papier.

Hundertmal hatte sie alles in Gedanken formuliert, und doch begann sie nicht sofort.

Sie stand an der Wand gegenüber der winzigen Fensterluke.

Das wichtigste für sie war, um bessere Bedingungen zu kämpfen. So wie sie jetzt vegetierte, mußte – nicht der Wille – der Körper versagen. Daß sie tapfer und ruhig war und Prestes liebte, wußte er und würde es, falls er den Brief erhielt, auch spüren – ohne daß die Zensur sich mit dreckigem Grinsen an ihren Worten weiden könnte. Sie würde mit dem Brief gegen ihre Lage protestieren, und der letzte Satz ...

Sie hatte nicht genügend Licht in der Zelle und stellte sich dicht unter das Fenster. Doch wie sollte sie schreiben? Es war unmöglich, das dünne Blatt Papier auf den Knien zu halten, und wenn sie es gegen die rauhe Wand legte, würde es zerreißen oder durch die Feuchtigkeit, die dort in großen Tropfen hing, aufweichen.

Olga sah sich um: kein Hocker, kein Tisch – ein Strohsack, ein Eßnapf, ein Kübel. Sie schob den Kübel, der in einer Holzkiste mit Deckel stand, unter die Luke, legte das Papier auf den Kistendeckel und begann in großen Buchstaben, um die eigene Schrift im Halbdunkel zu erkennen, ihren Brief.

Sie schrieb über die fürchterlichen Bedingungen der Einzelhaft und darüber, daß sie nicht ruhen würde, Wege zu finden, ihr Schicksal der Öffentlichkeit bekanntzugeben.

Ein Polizeioffizier stand vor der Tür und beobachtete Olga durch das Guckloch.

Bisher hatte dieses Weib nur aus Härte bestanden, vielleicht würde die Möglichkeit, den Brief zu schreiben, endlich normale Gefühle in ihr auslösen, zum Beispiel Tränen. Weinte eine Frau, so war das Eis gebrochen. In diesem Fall hatte er Befehl, sie sofort zum Verhör zu bringen. Der Polizeioffizier beobachtete sie und malte sich das Gelächter und die Witze seiner Kameraden aus, wenn er von ihrem »Schreibtisch« erzählte.

Olga hielt inne. Sie rechnete kaum damit, daß man Prestes den Brief aushändigen würde, der Gefängnisdirektor, der Polizeichef sollten ihren Protest lesen – aber selbst, wenn die Aussicht, daß ihre Zeilen zu ihm gelangten, noch so gering war, sie neigte den Kopf und schrieb ein Wort – nichtssagend für alle anderen –, Liebkosung und Trost für sie beide, ein Wort, das sie Prestes in glücklichen, stillen Stunden geschenkt hatte, das nur ihnen gehörte.

Der Polizeibeamte sah das Lächeln der Gefangenen.

Und er sah eine graue Zelle, deren vergitterte Luke einen schmalen, zittrigen Schein – blassestes Echo der strahlenden Sonne am blauen Himmel – auf den holprigen Steinfußboden warf.

In der Zelle kniete eine Frau, schmutzig, hungrig und in tiefer Einsamkeit. Sie beugte ihr schmales Gesicht über eine stinkende Kiste und schrieb.

Eben hatte sie gelächelt.

Jetzt hielt sie im Schreiben inne, zögerte, dachte nach, las den Brief durch und ergriff noch einmal den Bleistift. Der letzte Satz des Briefes schien nur kurz zu sein, sie faltete das Blatt zusammen, und als sie aufsah, trug ihr tränenbedecktes Gesicht den Ausdruck inniger Sanftheit und tiefen Glücks.

»Hat sie geweint?« fragte der Polizeichef, als ihm der Brief überbracht wurde.

»Sie hat nicht geweint«, antwortete der Offizier. –

Der Chef las den Brief und runzelte die Stirn. Diese Beschwerde war eine Unverschämtheit. Prestes würde sie jedenfalls nicht in die Hände bekommen, der Wisch gehörte in den Papierkorb.

Der Chef zögerte. Eine Delegation englischer Parlamentarier war in der Hauptstadt eingetroffen, um das Regierungssystem Vargas' zu studieren. Die Delegation war unbequem, besonders die daran teilnehmende Frau, obwohl sie eine Aristokratin war; sie hatte schon mehrmals das Wort »Faschismus« fallen lassen. Die Gefangene war Ausländerin, noch wußte man nichts Genaues über sie. Vielleicht sollte man sie aus der Einzelzelle herausnehmen. Die Massenzelle war auch kein Vergnügungslokal. Und mürbe würde sie dort ebenfalls werden, wenn man bei den Verhören die entsprechenden Methoden anwandte.

Er nahm den Brief vom Schreibtisch, las ihn zu Ende, grinste und schlug sich auf die Schenkel. Bestimmt würde man sie klein kriegen, und Prestes sollte dieses Briefchen auch erhalten – das war das Richtige für ihn. –

Prestes war in den Kerker der Geheimpolizei überführt worden. Er lebte wie Olga in einer düsteren Einzelzelle, bekam nichts zum Lesen, kein Papier, keine Tinte und durfte mit niemandem sprechen, er bekam nur den Gefängniswärter zu sehen. Das erste Lebenszeichen von außerhalb war Olgas Brief.

Zuerst sah er nur ihre starken, energischen Schriftzüge – er streichelte das Blatt. Sie hatte es in den Händen gehalten. Ihr Gesicht, ihr Atem, ihre Gedanken, ihr Mut, ihre Liebe – das war der Brief.

Er begann zu lesen und verstand sofort. Sie schrieb ihm über ihre Lage nicht, um ihr Leid zu klagen, sondern als Protest gegen die furchtbaren Bedingungen. Es war richtig, jede Gelegenheit auszunutzen, um dagegen zu kämpfen. Prestes las den Brief zu Ende.

Der lange Marsch, Hunger, Typhus, Malaria, das Exil, die Niederlage, die Verhaftung – kein Mensch konnte sich rühmen, Prestes je am Boden gesehen zu haben.

Jetzt saß er auf seinem Lager, den Kopf zwischen die Fäuste gepreßt und stöhnte.

Der letzte Satz des Briefes lautete: »Eine ganz große Freude – Ich erwarte ein Kind.«

7

Die Gemeinschaftszelle war eng, düster und schmutzig. Dennoch erschien Olga, die aus der dunklen Einzelhaft kam, das trübe Licht so grell, daß sie die Augen schließen mußte. In den ersten Tagen erschrak sie vor dem Laut fremder Stimmen. Doch sie hatte einen Kampf gewonnen. Noch längerer Aufenthalt in der furchtbaren Einzelzelle wäre das Todesurteil für ihr Kind bereits vor der Geburt gewesen.

Die Frauen in der Gemeinschaftszelle waren nicht alles Kommunisten oder politisch interessierte Menschen. Viele waren eingesperrt worden, weil sich ihre Männer aktiv in der Allianz betätigt hatten; diese Kleinbürgerinnen standen ihrer Haft fassungslos gegenüber. Daß Olga – aus dem düsteren, unterirdischen Gewölbe kommend – ruhig und voller Kraft war, beeindruckte sie tief und änderte ihr eigenes Verhalten, sie ließen sich weniger gehen. In ihren Briefen nach draußen baten sie ihre Freundinnen: Schickt uns Sachen für das Kind von Prestes, falls es hier geboren werden sollte; sie schilderten, was für eine wunderbare Frau Olga sei. Da wurde in mancher Familie gestrickt und genäht, bis eine ganze Ausstattung im Gefängnis eintraf.

Olga sah die Kameradinnen voll Wärme an.

»Wißt ihr, das will ich später einmal dem Kind erzählen, wie ihr ihm hinter Gittern geholfen habt.«

Die Frauen verbargen ihre Tränen.

Olgas Gedanken waren ständig bei Prestes. Vierhundert Tage hatte eine Gemeinsamkeit gewährt, wie sie viele Menschen niemals kennenlernten, ein Glück, das nicht nur in der Erinnerung unzerstörbar war, sondern auch für die Zukunft Bestand haben wird.

Mochte die Trennung selbst zehnmal vierhundert Tage dauern – von der ersten Stunde des Zusammenseins an würde alles sein wie zuvor. Immer wieder malte sie sich das Leben zu dritt aus. Prestes wäre bestimmt ein sehr guter Vater, und sie wird ihr Kind von Anfang an so erziehen, als ob er dabei hülfe.

Nun kam es darauf an, ihr Baby trotz schlechter Ernährung und sonnenloser, feuchter Zelle gesund zur Welt zu bringen. Vielleicht konnte das Kleine von dem zehren, was die Mutter an Kraft, Gesundheit und innerem Reichtum in diesen vierhundert Tagen aufgespeichert hatte. Sie wußte, es gab viele Freunde, die bereit waren, das Kind von Prestes aufzunehmen, zu pflegen und zu lieben. Falls Francisco nicht verhaftet war, würde sie es am liebsten ihm und seiner Frau geben. Wo fünf fröhlich aufwuchsen, da würde sich ein sechstes wohl fühlen.

Olga benutzte die Zeit in der Gemeinschaftszelle, um Portugiesisch zu lernen. Die Frauen brachten ihr brasilianische Kinderlieder bei, und Olga lehrte sie deutsche, russische und französische Freiheitsgesänge. Sie erzählte von ihrer Heimat und von der Sowjetunion. Sie durfte nur im Flüsterton sprechen, und die Frauen lauschten voller Spannung. Nichts ließ sie alle ihre Umgebung so gut vergessen wie Olgas Erzählungen.

Die ausländische Genossin wurde nicht nur in der Gemeinschaftszelle geliebt. Das ganze Gefängnis wußte von ihr und verfolgte ihr Schicksal. Wenn sie auf dem Weg zum Verhör den Korridor entlanggeführt wurde, so erklang ihr Name, und viele Hände zwängten sich durch die Gitterstäbe der Zellentüren. Die beim Aufstand verhafteten Seeleute befanden sich im unteren Stockwerk. Einer von ihnen, der Olga auf dem Flur begegnete, sagte zu seinen Kameraden: »Prestes hat gut gewählt, sie ist schön, stolz und stark.«

Als die Schwangerschaft fortschritt, begann es Olga gesundheitlich schlecht zu gehen. Sie hatte krampfartige Schmerzen und mußte viel liegen. Ihr Zustand, die dürftige Ernährung, der Mangel an Bewegung und frischer Luft waren des Kindes wegen eine ständige Sorge für sie, doch noch größer war Olgas Angst vor der im Gefängnis üblichen Prügel und den Folterungen. Jedesmal, wenn sie aus der Zelle geholt wurde, mußte sie, die sonst so Furchtlose, das Zittern unterdrücken, während die anderen in Unruhe zurückblieben.

Olga wurde bei den Verhören angeschrien, bedroht, grob an den Handgelenken gepackt, doch man stieß und schlug sie nicht. Besaß der Feind einen letzten Rest von Achtung und Menschenwürde und vergriff sich daher nicht an einer schwangeren Frau?

Vielleicht wagte man es nicht, sie anzutasten; weil Prestes, eingeschlossen im dunklen Verlies, doch unvergessen und geliebt von Millionen, noch immer eine Macht bedeutete? –

Sie war bereits im siebenten Monat, als man sie unerwartet zum Gefängnisdirektor rief. Bei der Rückkehr in die Zelle standen ihr Schweißperlen auf der Stirn. Die Kameradinnen umringten sie, aber sie sagte nur tonlos: »Mein Kind – mein Kind«, legte sich auf die Pritsche und flüsterte: »Carlos.«

Die anderen sahen sich entsetzt an. So hatten sie Olga noch nie gesehen. War sie gefoltert worden, war etwas mit Prestes geschehen?

Sie wagten keine Frage.

Es währte nicht lange, da drehte sich Olga von der Wand zu den Frauen um und sagte: »Ich soll nach Deutschland ausgeliefert werden – an die Nazis.« Sie stand auf. »Natürlich werde ich dagegen kämpfen.«

Die Genossinnen in der Zelle rieten ihr, ein Gesuch gegen die Auslieferung an das Oberste Gericht zu senden. Das Recht war auf ihrer Seite. Wenn schon die Heirat mit Prestes nicht anerkannt wurde, so besaß sie doch als Mutter seines Kindes brasilianische Staatsangehörigkeit.

Es folgten Tage quälenden Wartens, bis sie den Bescheid in Händen hielt: Das Gesuch war abgelehnt worden.

Der Faschist Vargas tat dem Nazi Hitler gerne den Gefallen, die Kommunistin auszuliefern. Es machte ihm sogar Vergnügen, weil es Prestes quälen würde.

Die Nachricht von der geplanten Schandtat erreichte alle Häftlinge. Ein Flüstern ging von Zelle zu Zelle: »Wir lassen es nicht zu – wir geben sie nicht her – wir wehren uns.«

An einem Septembertag kamen die Polizisten, um Olga abzuholen. Als sich die Zellentür öffnete und ihr Name fiel, wich sie zur Mauer zurück und blieb, die Hände in Abwehr erhoben, bewegungslos stehen. Die anderen Frauen rannten auf sie zu; mit ihren Körpern eine Barrikade bildend, riefen sie laut um Hilfe.

In den Nachbarzellen begann es zu lärmen, die Stimmen der Frauen überschlugen sich gellend: »Wehrt euch, laßt es nicht zu!«

Die Männer im unteren Stockwerk nahmen den Protestschrei auf. Ein Seemann – ein Neger, kräftig von Gestalt, umschloß mit seinen großen Fäusten die eisernen Gitterstäbe der Zellentür und begann, mit aller Kraft daran zu rütteln. Die Gefangenen der anderen Zellen folgten: der Lärm war ohrenbetäubend. Die Wärter liefen die Korridore entlang, sie schlugen auf die Hände, die die Gitterstäbe umklammerten, doch der Lärm ließ nicht nach.

Der Gefängnisdirektor benachrichtigte den Polizeichef; die Gefahr eines allgemeinen Aufstandes drohte.

Die Polizisten wurden zurückgezogen.

Der Chef tobte. Wollte man sich nicht vor der deutschen Botschaft, die auf die Deportation wartete, blamieren, mußte Olga herausgeholt werden.

»Sie ist krank und hochschwanger, der Arzt rechnet mit einer Frühgeburt – daher die Empörung«, erklärte der Gefängnisdirektor.

»Krank?« Der Polizeichef spitzte die Ohren. »Na, dann ist die Sache doch ganz einfach.« –

Der Leiter des Gefängnisses suchte Olga in der Zelle auf.

»Ich habe erfahren«, sagte er liebenswürdig, »daß bei Ihnen Komplikationen auftreten. Sie sind natürlich nicht transportfähig. Ich werde dafür sorgen, daß Sie ins Hospital kommen. Dort wird man Sie pflegen, und Sie werden in Ruhe Ihr Kind zur Welt bringen.«

Die Kameradinnen schüttelten warnend den Kopf. Vielleicht wurden sie belogen – wer konnte kontrollieren, ob man Prestes' Frau nicht trotz dieser Versprechungen deportierte. Olga selbst weigerte sich, die Zelle zu verlassen.

»Ihr dürft zwei Häftlinge wählen, die sie ins Krankenhaus begleiten.«

Die Frauen besprachen sich. Unter diesen Bedingungen war Olga bereit, mitzugehen. –

Sie genoß die Stille des Einzelzimmers, das weiche Bett und das reichliche Abendessen. Sie hatte keine Schmerzen, lag entspannt auf dem Rücken, strich mit der Hand über den Leib und unterhielt sich, wie sie es so oft während der Einzelhaft getan, mit dem Ungeborenen.

»Du stößt schon ganz schön, bestimmt wirst du ein Kämpfer – das mußt du auch werden, kennst ja schon jetzt nichts anderes als Kampf –, aber daß du mir ja fröhlich wirst. Weißt du, viele haben sich gewundert, daß ich so ruhig aus der Einzelhaft gekommen bin, daß ich noch lachen konnte. Aber es war ja gar keine Einzelhaft, du warst da, und wenn ich lache, ist es für dich. Es ist falsch, wenn alle glauben, ich habes besonders schwer – ich hab es leichter, weil du ein ganz großer Kraftquell bist. Jeden Morgen, wenn ich aufwache, packt mich zuerst die Furcht: Lebst du noch? Und wenn du dich bewegst, weiß ich, du bist da, und wenn wieder ein Tag vergangen ist – mit nicht allzu viel Schmerzen –, wie bin ich dann froh. Nun behalten sie mich hier, im Krankenhaus, bis du zur Welt kommst; das Schlimmste ist vorüber.«

Olga erschrak, als plötzlich die Tür aufging. Es brachte selten Gutes, wenn sich Türen zu ungewohnter Zeit öffneten. Doch es war nur der Arzt mit einer Krankenschwester, sie kamen, um Olga zu untersuchen.

Der Doktor lächelte. »Die Lage des Kindes ist gut«, sagte er, »aber Sie leiden an Kalkmangel, wir müssen etwas für den Knochenbau tun. Schwester, täglich eine Kalziumspritze.«

»Heute noch?«

»Je eher, desto besser.«

Olga machte den dünnen Arm frei.

Die Schwester fand nicht sofort die Vene. Der Doktor spritzte selber; beide wünschten ihr eine gute Nachtruhe und entfernten sich.

Olga war glücklich.

Kalk ist gut für das Baby. – Carlos, wenn du wüßtest, daß ich es jetzt besser habe; nur eines wünsche ich mir sehr – vielleicht ist es dumm, aber ich möchte so gerne, daß du mich einmal vor der Geburt des Kindes siehst. Mancher verbirgt sich lieber in dieser Zeit – mir geht es anders.

Deine Augen sollten mit ihrer Wärme und dem frohen Schein auf mir ruhen. Wenn ich die Wahl hätte, käme ich natürlich noch tausendmal lieber später mit dem Kind auf dem Arm dich besuchen. – Wie weich die Betten sind, wie müde ich bin – wie müde – Garoto – mein Carlos, ist es möglich – du bist zu mir gekommen – dein Haar, deine Augen, dein Mund – niemand ahnt, wie sehr ich mich nach dir gesehnt habe; entschuldige mein Weinen, es klingt so leise, wie aus weiter Ferne, vielleicht hörst du es gar nicht – du bist bei mir, und ich werde immer müder, geh nicht fort – bleib – bleib ...

8

»Aufwachen – aufwachen!«

Olga spürte den kalten Schwamm im Gesicht und den schmerzenden Griff an den Schultern. Eine grobe Hand riß ihr die Augenlider auseinander, sie fühlte, wie die Pupillen aus unnatürlicher Höhe an ihren Platz glitten. Als man versuchte, die Erwachende auf den Boden zu stellen, brach sie zusammen. Rechts und links griff ihr jemand unter den Arm, um sie aufrecht zu halten.

»Los – laufen – Augen offen lassen!«

Olga war lange genug Häftling, daß sie einem Befehl, selbst wenn er nur schwach ins Bewußtsein drang, sofort Folge leistete. Sie taumelte und bemühte sich unter Aufbietung aller Kräfte, die schweren Augenlider offen zu halten.

Sie hörte eine Tür zuschlagen, ein Auto anfahren und wußte plötzlich, daß man sie aus diesem Auto gehoben und auf die Füße gestellt hatte.

Vor ihrem Gesicht tanzten schwarzweiße, wellige Streifen. In den Ohren rauschte es.

Eine frische Brise wehte ihr das Haar aus dem gesenkten Gesicht.

Der Wind tat ihr gut. Die Streifen verschwanden, sie erkannte Polizeistiefel neben sich und hob den Kopf.

Wie kam sie ans Meer? – Vielleicht träumte sie noch immer. Warum liefen hier so viele Männer herum, oder täuschte sie sich im nächtlichen Dunkel?

Ein riesiger Schiffskörper ragte vor ihr auf. Am Bug wehte eine matt beleuchtete Fahne.

Olga blieb stehen und riß sich schreiend aus dem Griff der Polizei: Die Fahne trug das Hakenkreuz.

»Lärm schlagen nutzt hier nichts – das sind alles unsere Leute.« Eine Hand griff ihr ins Genick, sie wurde zum Schiffssteg geschleift.

»Holt den Kapitän«, rief eine ärgerliche Stimme in die Dunkelheit.

Zwei Laternen warfen schwankendes Licht über das Deck. Der Kapitän stand Olga gegenüber – groß, stattlich, mit Augen so blau wie die ihren.

Er legte die Hand an die Mütze und blickte auf die Frau, die barfüßig, im schmutzigen, zu engen Baumwollkleid vor ihm stand.

»Loslassen!«

Die Polizeibeamten, von der scharfen Stimme des Kapitäns überrascht, gaben Olga frei.

Sie legte, ohne zu wissen, was sie tat, die Hände auf den gewölbten Leib.

Der Kapitän preßte die Lippen zusammen.

Unten im Schiffsbauch, neben dem Schornstein, direkt über den Maschinen, lag ein käfigähnlicher Raum.

Der Kapitän sagte: »Ich weigere mich, den Transport zu übernehmen.«

Die Polizeioffiziere redeten ihm lange zu. Der Kapitän blickte aufs Meer hinaus: »In diesem Zustand – dazu gebe ich mich nicht her.« –

Als die stickige Luft des geschlossenen Autos Olga erneut umfing, sank sie benommen ins Polster zurück ... Bestimmt hatte sie das mit dem Schiff alles geträumt, gleich wird sie aufwachen, im weichen Krankenhausbett ... Natürlich, das war der Beweis, so weich ruhte es sich nur in diesem Bett im Hospital – sie wird sich jetzt bemühen, wach zu werden, den bösen Traum abzuschütteln und dann wieder einzuschlafen – sie ist ja so müde. –

Erst als man sie, ins Hospital zurückgekehrt, wieder zu sich brachte, wußte sie, daß es kein Traum gewesen war. Sie mußte unter allen Umständen wach bleiben und verhindern, daß sie ein zweites Mal verschleppt würde.

In Anwesenheit der Krankenschwester legte sie sich nieder, schloß die Augen und atmete tief und gleichmäßig.

Sie blieb auch noch für Minuten so liegen, nachdem sich der Schlüssel von außen im Schloß gedreht hatte. Dann sprang sie auf und untersuchte im Halbdunkel des grauenden Morgens den Raum. Sie wußte nicht, in welchem Stockwerk das Zimmer lag, und machte sich Vorwürfe, daß sie nicht schon eher wach gewesen war, um beim Betreten des Hospitals darauf zu achten. Die Krankenschwester hatte deutsch mit ihr gesprochen – wahrscheinlich war sie schon jetzt in den Händen der Nazis, im deutschen Krankenhaus.

Was war jetzt das wichtigste?

Sie mußte, sobald es ganz hell war, genau die Möglichkeiten zur Flucht untersuchen, und wenn sie nicht fliehen konnte, wenigstens erreichen, daß irgend jemand von dem geplanten Verrat erfuhr.

Der Kapitän hatte sich geweigert, sie mitzunehmen – vielleicht dauert es Tage, bis ein anderes deutsches Schiff anlegt? Jeder Zeitaufschub ist ein Gewinn. Sie wird in Hungerstreik treten – aber das geht nicht, das kann dem Kind schaden. Wie lange wird sie es ohne Schlaf aushalten?

Kalkspritze! Diese Schufte!

Noch immer ist man zu vertrauensselig, glaubt an einen Rest von Menschlichkeit beim Feind! Auf keinen Fall läßt sie sich ein zweites Mal bewußtlos verschleppen. Konnten solche Einschläferungsspritzen nicht auch für das Kind gefährlich werden?

Die alte Angst, es würde zu schwach zum Leben sein, kehrte zurück. Olga biß sich auf die Lippen und schluckte schwer – jetzt war keine Zeit, darüber zu grübeln, jetzt kam es darauf an, sich genau ihre Lage und die Möglichkeiten zum Handeln zu überlegen.

Das Dunkel war gewichen. Sie stand auf und untersuchte den Raum noch einmal genau: jede Fußbodenritze, jeden Spalt, die Tür und das Fenster. Sie klopfte an alle Wände – keine Antwort. Sie fand keinen Weg, zu entkommen oder jemanden zu verständigen.

Gelang es ihr nicht, in der noch bevorstehenden ungewissen Frist Kontakt mit der Außenwelt zu gewinnen, mußte sie die Möglichkeiten während der Fahrt zum Schiff nutzen. Der Wagen hielt voraussichtlich im Hof des Krankenhauses. Wenn sie dort Geschrei machte, würden es vielleicht andere Kranke hören – aber das wäre keine Hilfe. Es schien vernünftiger, zu warten, bis das Auto durch die Straßen fuhr, und dann die Tür aufzureißen, um zu rufen oder hinauszuspringen. Doch dies bedeutete körperliche Gefahr für das Kind. Und es wäre auch für sie sehr gefährlich, selbst wenn es gelänge. So billig wollte sie dem Gegner ihr Leben nicht schenken. Womöglich würde man es ihr noch als Selbstmordversuch auslegen, während sie stets den anderen Häftlingen davon abgeraten hatte, weil sie alle noch gebraucht wurden nach dem Sieg der Revolution.

Es war schwer, im voraus einen Plan festzulegen; sie mußte es der Situation überlassen.

Nachdem sie dies alles überlegt hatte, stürmten die bittere Enttäuschung und die bedrohliche Zukunft erneut auf sie ein. Sie versuchte, sich zu sagen, daß die Trennung von Prestes doch gar nicht größer würde, selbst wenn der Ozean dazwischen läge, sehen durften sie sich jetzt auch nicht – und doch schien es ihr unerträglich, das Land verlassen zu müssen, in dem er gefangen war. Wie viele Hoffnungen und Möglichkeiten wurden dadurch zerschlagen – jetzt brauchte sie nur ein paar hundert Meter weit zu denken, und er würde ihre Gedanken, ihre Liebe fühlen; vielleicht hätte man sich doch einmal sehen können und vor allem das Kind zeigen – es war schwer, nicht zu verzweifeln.

»Verdammt noch mal«, sagte Olga laut – ihr Trostwort, wenn es sie beinahe unterkriegte –, »Zeit zum Jammern werde ich noch genügend auf dem Schiff haben – jetzt muß der Kopf klar bleiben, noch ist Zeit zum Handeln.«

Der Tag verging quälend langsam, Olga war übermüdet, aber sie durfte nicht einschlafen.

Als es Nacht wurde, kamen sie das zweitemal. » Wenn du schreist, schlagen wir zu!«

Menschenleere Korridore – ein stiller dunkler Hof – rasende Fahrt durch verlassene Straßen – dasselbe Schiff – Dutzende von Polizisten.

Olga ließ sich ruhig führen und achtete auf alles: wo der Schiffseingang lag, wieviel Schritte es bis zur kleinen Tür waren, hinter der die eisernen Stufen begannen. Nun ging es hinab. in den Laderaum, und die Luft wurde stickig-heiß.

Diesmal ließ sich der Kapitän nicht sehen; er saß in seiner Kabine und trank. Eine kurze Unterhaltung in der deutschen Botschaft hatte genügt; wer kann verlangen, daß man Lebensstellung, Verdienst und vielleicht auch die Freiheit aufgibt wegen eines unbekannten Bolschewistenmädchens, das sich mit einem Brasilianer eingelassen hat. Und doch mußte er diese Flasche leeren, um sich zu schwören, während der ganzen Reise keine Notiz von dem Käfig zu nehmen, das Leben, das er beherbergte, sofort zu vergessen.

Die schwere Tür wurde aufgeschlossen, Olga tastete sich mit den Füßen vorwärts.

»Olga!«

Sie erschrak furchtbar über den unerwarteten Schrei. Dann trat sie auf Sabo zu, die am Boden liegenblieb.

»Meine Sabo!« Olga kniete nieder.

Monatelang hatten die Kameradinnen in Sabos Zelle mit Güte und Geduld versucht, ihr Schweigen zu brechen, sie aus der Starrheit zu lösen, in die sie immer wieder zurückfiel. Nun, als sie Olga sah, brach es aus ihr heraus. Sie konnte nicht zusammenhängend reden, ihr Atem rasselte in kurzen Stößen, sie stammelte abgebrochene Sätze.

Olga streichelte Sabo, sprach beruhigende Worte und zitterte doch selbst vor dem, was sie mit anhören mußte. Endlich schlief Sabo, den Kopf in Olgas Schoß, auf dem Fußboden ein.

Olga saß wie versteinert. Was hatten die Verbrecher aus diesem Menschen gemacht! Waren solche Wunden überhaupt heilbar? War es nicht besser, tot zu sein, als diese furchtbaren Erlebnisse wie eine ewige Last mit sich herumzuschleppen? Nein – es war besser zu leben, zu überwinden, zu kämpfen. Olga konnte nicht einschlafen. Sie hielt kein Zwiegespräch mit dem Kind, ihre Gedanken beschäftigten sich nicht mit Prestes – sie grübelte darüber nach, wie sie Sabo helfen könne.

Am nächsten Morgen blieb Sabo in dumpfer Gleichgültigkeit liegen. Sie warf kaum einen Blick auf Olga.

Plötzlich erzitterte das Schiff, dröhnender Lärm erfüllte den Raum, dumpfe Schläge, erst langsam, dann immer schneller, ließen Boden, Wände und Decke der Kammer vibrieren – selbst die Luft bebte mit.

Olga fühlte, wie die Bewegung sie vom Kopf bis zu den Füßen ergriff. Unaufhaltsam und drohend nahm das furchtbare Stampfen der 2600-PS-Maschinen von ihr Besitz, der ganze Körper zitterte. In ihrem Zustand erschien ihr dies schlimmer als alles, was bisher gewesen war oder noch kommen konnte. Ihr wurde übel; die glühende Hitze, der Lärm und die pausenlose, heftig zitternde Bewegung dünkten sie so unerträglich, daß sie sicher war, sie könne es nicht mehr als eine Stunde lang aushalten.

Das Schiff fuhr – jede Sekunde entfernte sie von Carlos, und er wußte nichts davon. Wenn Olga allein gewesen wäre, hätte sie sich jetzt auf die Pritsche geworfen und geweint. So saß sie nur mit starren Augen auf dem Bett und hielt die Hand vor den Mund.

Da erwachte Sabo aus ihrer Lethargie und ging auf die Freundin zu.

Olga lehnte das schneeweiße Gesicht gegen Sabos Schulter. »Mir ist ja so schlecht. Das Schütteln macht mich verrückt – schon jetzt die zehn Minuten –, was wird es dem Kind antun?«

»Ach, Olga«, sagte Sabo, »dem Kind macht das gar nichts. Das liegt bequem wie in einer Wiege. Mit dem Schütteln wirst du auch fertig – das bekämpfen wir.«

Olga lächelte mit blassen, schmerzverzerrten Lippen. Sabo war nicht verloren – Sabo hatte kämpfen gesagt.

Sie lebten dreißig Tage lang in dem winzigen, ungelüfteten Raum.

Sie erhielten ungenügendes Essen; das lauwarme Wasser reichte nicht, den Durst zu stillen; der am Körper herabrinnende Schweiß biß und juckte. Olga übergab sich häufig. Sie besaßen keine Wäsche zum Wechseln und hatten nur ein Taschentuch, das von Sabo. Olga hatte ihres im Krankenhaus unterm Kopfkissen vergessen. Sie trug nur ein blaues Läppchen bei sich, das Viertel von einem Taschentuch, und nie hätte sie es benutzt. Bei dem letzten Gespräch mit den drei brasilianischen Genossinnen in der Zelle hatten sie es in vier Teile gerissen, damit jede ein Stück zur Erinnerung an die anderen drei behalte.

Sabo und Olga sahen nur sich gegenseitig, der eine kannte die Gewohnheiten des anderen bis ins letzte. Nie allein sein können – was für eine schwere Belastung selbst der besten Freundschaft! Doch sie bestanden auch diese Prüfung.

Olga entwarf einen Plan. Der Gymnastik am frühen Morgen folgte gegenseitiger Sprachunterricht – Sabo beherrschte besser Englisch und Olga Russisch. Da beide belesen waren und Bücher liebten, dehnten sie die Literaturstunde lange aus. Der Tag endete mit Gedichten.

Es gab auch bewußt Stunden des Schweigens, wo der eine den anderen als nicht anwesend betrachtete. »Damit wir uns nicht etwa doch mal anspucken«, sagte Olga.

Wie tapfer versuchten sie, »den Plan zu erfüllen«, trotz der Stunden, in denen Olga vor Schmerzen gekrümmt und in großer Angst um das Kind auf der Pritsche lag, oder Sabo, umfangen von den Erlebnissen der Vergangenheit, unfähig war, sich zu konzentrieren.

Vielleicht wären sie zugrunde gegangen, wenn sich nicht manchmal in tiefer Nacht die Tür geöffnet hätte.

»Hier, rasch, trinkt!«

Köstliches, kaltes Wasser.

»Schnell, lauft die Stiege hinauf; an der Ecke links hinter dem Vorbau bleibt ihr stehen, in zehn Minuten pfeife ich.«

Weite – weite Welt. Kühle und rauschendes Meer, der Mond und die Wolken am Himmel – tiefe Atemzüge, ohne daß die Maschine den Körper marterte. So schön konnte das Leben sein, und so sehr konnte Schönheit weh tun.

Sie sahen ihn nie bei Licht, sie glaubten, daß er Schiffsheizer war.

»Egal«, sagte Olga, »ein deutscher Arbeiter, der uns hilft.«

Unvergeßliche Nacht, als zwei Apfelsinen hereingereicht wurden.

»Eine für dich und eine fürs Baby«, sagte Sabo.

»Selbstverständlich ißt du eine.« – »Nein.«

»Doch, dein Zahnfleisch blutet schon.«

»Nichts blutet, gepiekt hab ich mich.«

»Womit denn – mit dem Löffel?«

Es kam fast zum Streit.

Manchmal träumten sie. Konnte es nicht sein, daß sie nach kurzer Haft freigelassen wurden? Was ließ sich bei Olga feststellen? Sie war jetzt Brasilianerin. Bis auf die Befreiung von Kurt hatte sie in Deutschland keine strafbare Handlung begangen.

»Wenn sie deine Narben sehen, lassen sie dich frei, Sabo.«

»Wenn sie deinen Zustand sehen – dich auch.«

In der Nacht, als sie die Apfelsinen bekamen, hatte Olga nach dem Namen des Schiffes gefragt.

»La Coruna.«

»Wo legt ihr an?«

»Hamburg.«

»Und unterwegs?«

»Marseille oder Bordeaux, der Kapitän gibt nichts bekannt.« –

»Sabo«, sagte Olga aufgeregt, »der Heizer wird uns helfen, wir werden entkommen. Ich kenn mich aus in Marseille.«

»Die werden uns im Hafen doppelt bewachen.«

»Klappt es nicht, dann hinterher – nach der Abfahrt. Er macht uns die Tür auf, wir springen und schwimmen.«

»Ich kann nicht schwimmen.«

»Ich halt dir den Kopf über Wasser.«

Nun hatten sie ein neues, belebendes Thema für stundenlange Gespräche.

9

Schwester Minna Ewert pflegte ihre Kranken. Sie lagen in weißen Nachthemden im Bett, und es stand ihnen nicht im Gesicht geschrieben, ob sie Nazis waren oder Antifaschisten. Trotzdem fand sie nicht nur heraus, ob ein Herz gleichmäßig pochte, sondern auch, für wen es schlug.

Minna war zuverlässig, streng und gerecht; alle Kranken erhielten die gleiche Fürsorge: die Medizin auf das Milligramm genau berechnet, die Fieberkurve auf das Millimeter überwacht. Aber einer der Kranken erhielt das Geschenk ihres warmen Lächelns, es war jener, der stets noch zu schlafen schien, wenn die Schwestern mit »Heil Hitler« den Krankenraum betraten, und der die Zeitung oft jäh mit steiler Falte auf der

Stirn beiseite legte, der noch dazu Arthur hieß wie der geliebte Bruder in der Ferne, von dem sie schon lange nichts gehört hatte.

Minna ergriff die Zeitung, weil sie sehen wollte, welche Nachricht den besonderen Unmut des Kranken erregt hatte. Sie kam zu keiner Feststellung, denn alles, was sie las, empörte sie. Der Kranke bemerkte, wie die Schwester, im Begriff, das Blatt zurückzulegen, plötzlich innehielt und zitterte.

Er nahm ihr die Zeitung aus der Hand, suchte aber vergeblich nach dem Zusammenhang zwischen den Nachrichten und ihrer plötzlichen Erregung.

Es waren ja auch nur drei kleine Zeilen, die die Verhaftung von Arthur und Sabo erwähnten. –

Von diesem Tag an veränderte sich Minnas Leben; es gab nur noch ein Ziel für sie: dem Bruder und Sabo zu helfen. Sie berechnete ihre Ersparnisse und zählte den Wert der Möbel hinzu. Aber wie sollte es ihr gelingen, ein Visum zu erhalten? Und was sollte sie nach der Ankunft in Brasilien tun? Allein würde sie nichts erreichen.

Sabo hatte drei Brüder; kluge und erfolgreiche Menschen, die sich selbst als Beweis dafür galten, daß jeder, der es versteht, im Leben vorankommen kann, auch wenn er, wie sie, die Schmiede eines kleinen Dorles in Ostpreußen zum Elternhaus hat. Natürlich durfte man dabei nur an das eigene Fortkommen denken und nicht Kommunist werden wie die Schwester. Minna schrieb an einen der Brüder und deutete in verhüllter Form die Tatsachen an. Es traf auch eine Antwort ein. In dem Brief stand: Die Schwester habe erhalten, was sie verdiene.

Minna schrieb nach Paris an die rothaarige Berliner Genossin Lene, die treue Freundin und Schülerin Sabos. Lene, das Arbeiterkind und nun mittellose Emigrantin, antwortete sofort. Sie schrieb, als wäre sie eine wohlhabende Französin: die Operation der deutschen Ärzte in Berlin habe ihren Gesundheitszustand sehr verbessert; wie damals vom Arzt gewünscht, wolle sie sich noch einmal vorstellen kommen; könne Schwester Minna sie aus Paris abholen, da die hiesigen Ärzte auf Begleitung bestehen? Gehalt und Reisekosten würde sie selbstverständlich tragen.

Minna erhielt ihr Visum.

Die ersten Tage in Paris erschienen ihr wie ein Traum.

In Frankreich war durch Zusammenschluß der linken Parteien eine Volksfrontregierung gewählt worden, es gab eine starke kommunistische Partei. In der Hauptstadt Frankreichs befanden sich das Europakomitee der Internationalen Roten Hilfe, die Vereinigung Internationaler Juristen, die Liga für Menschenrechte und eine Reihe anderer fortschrittlicher Organisationen.

Minna hatte geglaubt, als Verwandte von Arthur und Sabo den Kampf mit Hilfe Lenes allein aufnehmen zu müssen; doch nun öffneten sich ihr viele Türen, fand sie überall Unterstützung. Man sagte ihr, eine Reise nach Brasilien würde mit sofortiger Verhaftung enden, es käme darauf an, die Menschen in Europa von Prestes Lage in Kenntnis zu setzen.

Als Minna und Lene die Räume der Roten Hilfe verließen, begegnete ihnen auf dem Treppenabsatz eine gebrechliche alte Dame mit schneeweißem Haar und dunklen Augen. Sie stützte sich auf ihre Begleiterin, die, nach dem Aussehen zu urteilen, die Tochter war. Minna zögerte dieser – Tochter müßte man sagen, daß die Mutter unter keinen Umständen Treppen steigen dürfe – der kurze schwere Atem, die bläulichen Lippen ...

Da sie so dicht aneinander vorbeigingen, grüßte Minna; Mutter und Tochter grüßten mit besonderer Würde und Höflichkeit zurück.

Minuten später gebrauchte die alte Dame im Büro der Roten Hilfe fast die gleichen Worte wie Minna: »Ich habe nur noch einen Wunsch in meinem Leben: die Gefangenen zu retten – bitte, helfen Sie mir.« Sie wartete, bis der Atem ein wenig leichter kam, und fügte hinzu: Mein Sohn Luiz Carlos Prestes ist unschuldig – ich weiß es, weil er sein Leben dem Guten geweiht hat. Seine Freunde sind die meinen, und seine Frau ist meine Tochter.«

Lygia, die schweigend neben der Mutter stand, lächelte. Die Mutter hatte erst durch die Verhaftung erfahren, daß der Sohn verheiratet war. Sie brauchte Zeit, um diese Nachricht zu fassen. Carlos stand ihr am nächsten von allen Menschen; ihre Töchter wußten das und liebten sie dafür, weil auch ihnen der Bruder teuer war.

Luiz Carlos Prestes

Dona Leocadia war oft traurig darüber gewesen, daß sein Leben zu aufopfernd, zu unpersönlich verlief; sie hatte sich gewünscht, Carlos möge eine Familie gründen; sie hatte diese oder jene erwogen, die ihr gefiel, doch sie war zu klug, solche Wünsche allgemein oder gar auf eine einzelne gemünzt zu äußern. Sie war sicher, er würde ihr die Erwählte lange vor der Hochzeit zuführen. Nun besaß er eine Frau, ohne daß sie von der Ehe gewußt hatte oder die Schwiegertochter kannte. Es tat weh, erst von Fremden darüber zu erfahren, als Carlos im Gefängnis saß.

Doch in seiner Lage hatte er es ihr nicht selbst schon früher mitteilen können. Bestimmt hatte er gut gewählt und nun noch vor der Verhaftung ein Glück kennengelernt, wie sie es ihm von Herzen gewünscht.

In Moskau hatten sie in den Zeitungen aus dem fernen Brasilien gelesen, wie sich bei Carlos' Verhaftung seine Frau schützend vor ihn gestellt, und es fiel ihr nicht mehr schwer, die unbekannte Schwiegertochter zu achten und zu lieben. Wenn ich sie nur einmal sehen, einmal in die Arme schließen könnte, dachte sie voll Schmerz und Stolz.

Die brasilianischen Zeitungen brachten die im Gefängnis aufgenommene Fotografie von Olga. Dona Leocadia studierte sie lange – selbst im schlechten Zeitungsdruck konnte man es erkennen: ein kluges, stolzes Gesicht mit hellen, klaren Augen; die Mutter legte das Bild zu den kleinen Andenken, die sie vom Sohn besaß und im Leid schlafloser Nächte vor sich ausbreitete.

Dann traf in Paris, wo sie nun mit dem Ziel lebte, den Gefangenen zu helfen, die Nachricht ein, die ihr den Traum ihres Alters erfüllte und doch mit soviel Sorgen und Aufregung verbunden war – die Aussicht auf das erste Enkelchen.

Dona Leocadia war eine kranke Frau von fast siebzig Jahren. Für ihren Lebensabend hatte sie sich ein ruhiges, zurückgezogenes Dasein gewünscht, Statt dessen begann eine Zeit mit ihr fremden, neuen Aufgaben, die zu leisten sie sich niemals für fähig gehalten hätte, eine Zeit voller Anstrengungen und Kämpfe.

Wie die meisten Frauen Brasiliens kannte sie keine aktive Teilnahme am öffentlichen Leben, und nun sollte sie Abend für Abend vor Tausenden sprechen!

Weißhaarig, klein, gebeugt stand sie auf den Bühnen Frankreichs und erzählte vom Sohn, von Olga und dem Kind, das erwartet wurde. Sie fand einfache, rührende Worte, geboren aus Mutterliebe, die den Menschen ans Herz griffen. Doch weil sie selbst stets auf seiten des Fortschritts gestanden – als der Mann noch lebte, als sie von Armut verfolgt die Kinder allein großzog, als sie das Tun ihres Sohnes segnete –, fand sie auch Worte voll Glut und Leidenschaft gegen die Bestialität des Faschismus, für Gerechtigkeit und Demokratie, die weit über ihr persönliches Leid hinausgingen und die Zuhörer aufrüttelten.

Auch Minna Ewert, die Stille, Bescheidene – im Herzen war sie immer Kommunistin gewesen, aber in die Partei trat sie nicht ein, weil sie, mit Sabo und Arthur als Vorbild, glaubte, ihre Fähigkeiten würden nicht ausreichen, der Partei irgendwie nützlich zu sein –, auch Minna sprach auf Versammlungen, reiste von Land zu Land im Kampfe für die Freiheit der Eingekerkerten.

So erfuhr die Arbeiterklasse vom Schicksal der Gefangenen. In Paris demonstrierten sie mit großen Transparenten: »Freiheit für Olga – Freiheit für Prestes«, in England bildete sich ein Hilfskomitee, in Mexiko und anderen südamerikanischen Ländern wurden zahlreiche Proteste gegen ihre Einkerkerung laut. – Eine Weltbewegung entstand.

Es gab Tausende von namenlosen Helden, die in den Nazigefängnissen litten, Tausende, die in Brasiliens Kerkern schmachteten. Und wenn das Schicksal Olgas und Carlos' das Herz der Arbeiter bewegte, so galt die Welle der Empörung dem verfluchten System, das die Menschen so viehisch behandelte, es galt der Befreiung aller. Andere, die sich noch nicht der Gefahr des Faschismus klar bewußt waren, die nicht gewohnt waren, politisch zu denken, berührte das Schicksal einer jungen Frau, die, ihr erstes Kind erwartend, unter so furchtbaren Umständen gefangengehalten wurde, und sie begannen, die Grausamkeit des Faschismus zu erkennen.

In der zweiten Oktoberwoche – als Olga und Sabo sich der europäischen Küste näherten und Pläne zur eigenen Befreiung schmiedeten – trafen in Frankreich deutsche Kommunisten auf dem Wege nach Spanien ein, wo die Faschisten mit Hilfe Deutschlands und Italiens einen Bürgerkrieg gegen die rechtmäßige demokratische Regierung angezettelt hatten. Diese deutschen Kommunisten, von Hitler aus dem eigenen Vaterland vertrieben, wollten das spanische Volk in seinem Kampf unterstützen.

Zu einer der ersten Gruppen, die Paris erreichten, gehörte ein stiller Arbeiter mit sandfarbenem Haar und blassem Gesicht. Sie nannten ihn noch immer den Kieler.

Als er sich schon am ersten Abend absonderte, fragten ihn die anderen nach dem Wohin.

»Vielleicht kennt ihr sie – ich suche eine Lene. Hat im ZK getippt, so eine mit braunen Augen und roten Haaren.«

Niemand wußte von ihr, und er suchte zwei Tage, bevor er sie fand.

»Kieler, mit dir ist doch etwas nicht in Ordnung«, sagten die Freunde nach seiner Rückkehr.

»Das geht vorüber«, antwortete er.

Das geht niemals vorüber, dachte er.

Lene hatte ihm von Sabo und Olga erzählt.

Der Gedanke, daß diese beiden Frauen dem Nazigefängnis entgegenfuhren, begleitete ihn fortan Tag und Nacht. Er wußte, daß er sofort bedingungslos sein Leben geben würde, wenn ihnen damit geholfen werden könnte.

Eins der Bilder, die er in Neukölln von Olga gemalt hatte, befand sich in seinem abgeschabten kleinen Koffer. Daß sie den Helden der brasilianischen revolutionären Bewegung zum Partner gewählt, ihn liebte, sein Leben mit dem eigenen geschützt hatte – das war eben Olga, und er war sehr stolz auf sie.

Der Gedanke, durch die sonnenhellen Pariser Straßen zu gehen, seinen Hunger mit weißem Brot, seinen Durst mit Wein zu stillen, während Olga ... Je eher er in Spanien ein Gewehr in der Hand hielte, desto besser.

Da kam eine Nachricht von Lene, daß sie ihn brauche. –

Es war ein strahlend schöner Herbsttag.

Im Hafen von Bordeaux herrschte das übliche rege Leben – die Sicht war klar, und auch als das aus Brasilien kommende Schiff in der Ferne auftauchte, blieb alles unverändert. Zuschauer gab es immer im Hafen, vielleicht waren es wegen des besonders warmen Wetters ein paar mehr als sonst.

Das Schiff lief in geradem Kurs auf den Hafen zu, die Flagge leuchtete am Mast, der weiße Rumpf hob sich aus den hüpfenden Wellen.

Lene, Minna und der Kieler standen vorn am Kai. Das Schiff verlangsamte seine Fahrt, die Maschinen bewegten sich im Rückwärtslauf, irgendwo schrillte eine Pfeife, die Maschinen verstummten, und ein paar Herzschläge später befanden sich Hunderte kleiner Boote im Wasser, die den Schiffsriesen einkreisten.

Die Sonne, die glitzernden Wellen, das weiße Schiff, die vielen kleinen Boote, die Erwartung, Sabo in die Arme zu schließen – Minna wußte wohl selbst erst, daß sie schluchzte, als ein französischer Genosse ihr die Hand auf die Schulter legte.

»Hab keine Angst, wenn sie auf dem Schiff sind, bekommen wir sie. Falls sie ins Wasser springen müssen, werden unsere Boote sie retten.«

Der Kieler hielt die Hände zum Trichter geformt:

»Olga – Sabo, wir holen euch!«

In allen Booten begannen sie zu rufen.

Stille – kein Gesicht zeigte sich – keine Stimme antwortete.

Lene hatte mit Erlaubnis der Behörden gemeinsam mit dem Kieler und einer Gruppe französischer Genossen das Schiff betreten. Die erwartete Weigerung des Kapitäns blieb aus. Er sagte nur: »Ich habe keine Häftlinge an Bord.« Niemand glaubte ihm.

»Bitte gehen Sie durch das Schiff – sehen Sie die Listen ein, wenn Sie wollen.«

Die Genossen jagten über die Gänge, blickten in die Kabinen, in den Laderaum, in die Heizung, in den Maschinenraum, in die Vorratskammern – sie suchten fieberhaft und wollten es nicht glauben.

Olga und Sabo befanden sich nicht an Bord. Aber die Nachricht der Genossen hatte dieses Schiff genannt. Steckte Verrat, Provokation oder ein Mißverständnis dahinter?

Während Lene, Minna und der Kieler in tiefer Niedergeschlagenheit

Bordeaux verließen, traf ein Funkspruchbefehl auf der »La Coruña« ein, die noch zwei Tagereisen von der französischen Küste entfernt war, ohne anzulegen nach Hamburg durchzufahren.

Olga und Sabo wußten nicht, wo sie sich befanden. Der Heizer besuchte sie nicht mehr, sie waren eingeschlossen, es gab kein Mittel des Entkommens.

Als das Schiff die englische Küste hinter sich ließ, änderte sich das Wetter, der Himmel wurde trübe, ein Sturm kam auf. Olga hatte starke Unterleibsschmerzen, immer angstvoller wartete sie auf die Bewegungen des Kindes, als Bestätigung, daß es noch am Leben war.

Das Schiff legte in Hamburg an.

Acht Jahre lang hatte Olga die Heimat nicht gesehen und immer Sehnsucht danach gehabt. Sie hatte davon geträumt, wie sie mit dem Fallschirm abspringen und gegen die Nazis um ihr Deutschland kämpfen würde.

Barfuß, krank, verschmutzt und mit hochgewölbtem Leib betrat sie deutschen Boden. Der Wind fegte eisig durch den Hafen, es war neblig und bitterkalt. Mit den dünnen, bleichen Händen hielten die beiden Frauen ihre leichten Sommerkleider nieder – der Weg war kurz: vom Landungssteg in den Gefängniswagen.

Gestapobeamte saßen neben ihnen. – Der Wagen fuhr ohne Pause, erst in Berlin hielten sie an – vor dem Tor des Hauptquartiers der Gestapo in der Prinz-Albrecht-Straße.

FÜNFTES KAPITEL

1

Hunger, Kälte, Schmerzen, Drohungen, Einzelhaft – das alles war ausgelöscht und vergessen, ausgelöscht durch den hilflosen Schrei einer zitternden kleinen Stimme, die den grauen Raum, das Gefängnis, die Welt ausfüllte, den Schrei des Neugeborenen.

Olga hielt ihre Tochter im Arm.

Carlos – unser Kind.

Das Baby war eingeschlafen. Seine Fäustchen lagen an den Schläfen, wo ein zartes Äderchen pulsierend Leben verkündete.

Die Mutter schloß die Augen, legte ihr Gesicht an das Köpfchen des Kindes, fühlte die samtweiche Haut, atmete seine Wärme, seinen Duft und wußte, daß sie es noch viel mehr liebte, als sie es zuvor für möglich gehalten hatte.

Olga war so schwach, daß sie kaum den Kopf heben konnte. Tief glücklich schlief sie ein und schrak erst auf, als jemand sie an die Schulter faßte. Dieser Griff verursachte ihr Entsetzen: So war sie damals bei der Verschleppung auf das Schiff geweckt worden. Der Napf mit dem Mittagessen wurde ihr zugeschoben. Eine Schwester beugte sich über das Kleine: »Na, der ist niedlich, der Wurm. – Sie wissen ja wohl, solange Sie nähren können, dürfen Sie's behalten.«

Die Schritte entfernten sich. – Und dann – und dann wohin mit dem Kind? Olga zitterte. Wer keine Verwandten hatte, dem nahmen sie's einfach fort und steckten es als Namenloses ins Waisenhaus. Groß und drohend erhob sich die neue Gefahr. In dieser Stunde war sie ihr nicht gewachsen. Erschöpft und wehrlos, hatte sie so sehr das Bedürfnis, umsorgt zu werden, statt Sorgen zu haben, einmal nicht kämpfen zu müssen. Aber, der es verstand, ihr die Sorgen abzunehmen, der zärtlich und gut zu ihr war wie niemand anders in der Welt, der sich jetzt strahlend über das Kind beugen, seine Frau glücklich und stolz in die Arme schließen sollte, war viele tausend Kilometer weit fort in einer Zelle und wußte nicht einmal, daß ihm eine Tochter geboren war.

Sie blickte ins kleine, gerötete Gesicht des Säuglings, auf die winzige Unterlippe, die bebend einen Schrei ankündigte, und fühlte sich selbst den Tränen nahe. Das Kind begann in kurzen, kleinen Stößen zu weinen. Olga streckte die Hand aus, um das Bettchen zu bewegen, aber der von Gefangenen gezimmerte rohe Holzkasten rührte sich nicht. Ihr Blick fiel auf den Speisenapf mit Essen. Sie hatte keinen Hunger. Aber sie mußte essen, sie mußte alles tun, um das Kind solange wie möglich nähren zu können. Und wenn die Milch schon nach ein paar Wochen versiegte? Sie hatte gehört, daß Kummer und Unruhe dazu führen sollten. Dies durfte nicht geschehen – also durfte sie sich nicht sorgen – das Kind lebte, war gesund – Carlos und sie hatten eine Tochter, Olga versuchte zu lächeln.

»Laß man, wir schaffen's schon, Anita.«

Sie nahm den Löffel in die Hand und stockte – die erste Mahlzeit für die Wöchnerin bestand aus Sauerkraut mit Erbsen.

Die Mutterzelle auf Station vier war ein großer Raum, heller und luftiger als die anderen Zellen. Vor dem Fenster stand ein Baum, doch die drei jungen Frauen konnten ihn nicht sehen; das vergitterte Fenster war aus Milchglas.

Schimpfen, hallende Schritte auf dem Korridor, der Lärm der Schlüssel in den Zellentüren, das waren gewohnte Geräusche, die die lastende Stille im Frauengefängnis Barnimstraße unterbrachen.

Doch wenn die Fenster in der Mutterzelle einen Spalt geöffnet wurden, dann lauschten alle Häftlinge mit wehem Lächeln dem neuen Laut, der nicht in die Gefängniswelt gehörte, der mehr als alles andere die Sehnsucht nach der Freiheit steigerte, sie zurückversetzte zu ihren Familien ins normale, ferne Leben.

Sie hörten die Säuglinge schreien.

Die politischen Häftlinge versuchten, an den Stimmen zu erkennen, wessen Kind weinte. Die Jungen von Margot und Gerti hatten kräftige Stimmen. Gertis Junge schrie am meisten.

»Ihr Kind scheint krank zu sein«, sagten jene Frauen, die selbst Kinder großgezogen hatten.

»Das ist Anita.« Sie lächelten beim kläglichen Schluchzen des hellen, zirpenden Stimmchens.

Gertis Kind war später als die bei den anderen zur Welt gekommen. Olga und Margot hatten der zweiundzwanzigjährigen jungen Mutter an den eigenen Babys Säuglingspflege beigebracht. Gertrud war Arbeiterin in den Siemens-Werken; im September 1936 wurde ihre illegale Parteigruppe durch Verrat verhaftet. Bei der Geburt ihres Kindes gab es Komplikationen. Mit kommunistischen Häftlingen wurden nicht viel Umstände gemacht. Der dringend benötigte Arzt traf zu spät ein; er führte eine Zangengeburt durch. Danach lag Gertrud sechs Wochen mit Wundfieber in der Zelle, und Olga erhielt den Auftrag, sie zu pflegen.

Olga besaß, wie viele gesunde Menschen, weder Interesse noch besondere Geduld für Kranke. Sie hatte auch noch nie jemanden gepflegt, doch für Gerti tat sie jeden Handgriff voller Gleichmut und mit kameradschaftlichen, aufmunternden Worten, die Gertrud ebenso nötig brauchte wie die Pflege. Das Kind der Kranken versorgten Olga und Margot wie ihr eigenes.

Margot und Gertrud kannten bereits ihr Urteil von mehreren Jahren Zuchthaus. So schlimm dies für sie war, sie wußten wenigstens, womit sie zu rechnen hatten. Die Gestapo fand keinen legalen Grund, Olga, die viele Jahre im Ausland gelebt hatte, zu verurteilen, dachte aber gar nicht daran, sie freizulassen. Ihre Haft war unbegrenzt, ihr Schicksal ungewiß. Sie trug die große Sorge um Prestes und vor allem um die Zukunft des Kindes. Dazu kamen nun die schlaflosen Nächte mit dem schreienden, kranken Jungen von Gerti. Und es war so wichtig, daß Olga bei der unzureichenden Gefängniskost wenigstens genug Schlaf hatte, um weiter nähren zu können.

Die beiden anderen Mütter hatten Verwandte, die, wenn das Stillen aufhörte, die Kinder zu sich nehmen würden. Olga versuchte vom ersten Tag der Haft an, herauszufinden, ob ihr Vater noch lebte. Außerdem stellte sie Gesuche, das Kind nach der Stillzeit den Verwandten von Prestes zu übergeben.

Margot und Gerti empfingen Besuche und Post von ihren Lieben. Zu Olga kam niemand. Sie besaß keine Verbindung mit der Außenwelt.

Dreimal im Monat schrieb sie an Carlos, wußte aber nicht, ob die Briefe weiterbefördert wurden. Eine Antwort erhielt sie nicht.

Gertrud machte den beiden anderen Sorge. Ihr Lebenswille schien der Krankheit, dem zu schwachen Kind, der schweren Haft nicht gewachsen. Sie war noch jung, und die Zeit des Leidens war zu plötzlich, mit zu großer Gewalt auf sie eingestürzt. Wie immer, wenn Olga beansprucht wurde, wuchs ihre Kraft, bis sie für die anderen mit reichte. Ihr Einfluß auf Gerti trug mit dazu bei, daß sich die Kranke langsam erholte. –

Olga pochte auf ihr Recht, als Schutzhäftling eine Zeitung zu erhalten. Damit die anderen beiden, die schon verurteilt waren, nicht auch darin lesen konnten, wurde sie mit dem »Völkischen Beobachter« in die Kammer gesperrt, die zur Aufbewahrung der Schmutzwäsche diente.

Sie hatte vom ersten Tag ihrer Haft an nicht nur auf ihre körperliche, sondern auch auf ihre geistige Gesundheit geachtet. Sie kannte die größte Gefahr im Gefängnis, das Sichgehenlassen, das Trägewerden, das Einschlummern der Denkfähigkeit, und kämpfte täglich dagegen; Gedächtnisübungen gehörten zu ihrem Programm.

Das kam ihr jetzt zugute. Während sie in der Kammer zwischen den Bündeln schmutziger Wäsche stand und in fieberhafter Eile die Zeilen des »Völkischen Beobachters« überflog, war sie imstande, sich alles Wichtige zu merken. Sie las auch zwischen den Zeilen, lernte den Nazijargon bis ins letzte Wort kennen und verstand seine Schattierungen zu deuten. Es war erstaunlich, wieviel Richtiges und Kluges sie dank ihrer Erfahrungen und marxistischen Kenntnisse aus dem Gewirr von Schmutz und Lügen herausholte. Zu allererst suchte sie jedesmal nach den spärlichen Auslandsnachrichten, um sich über die Lage in Brasilien zu informieren.

Margot und Gerti warteten stets voll Ungeduld auf Olgas Rückkehr. Sie berichtete ihnen klar, bissig, witzig und immer mit eigenen Schlußfolgerungen. Olga rechnete so fest mit der Niederlage des Faschismus, daß sie diesen Optimismus, diese Stärke ganz unbewußt ausstrahlte; gerade deshalb wirkte sie so überzeugend.

Die größte Gefahr sah sie in den militärischen Vorbereitungen des Faschismus.

»Wenn ihr freikommt, laßt euch ja nicht von seinen Friedenstönen einwickeln – Hitler will Krieg«, sagte sie den anderen.

»Und was dann?« fragte Gerti.

»Wenn er losschlägt, dann ist das der Anfang von seinem Ende – weil die Sowjetunion existiert.«

Die Mütterzelle besaß eine angebaute Toilette, die mit ihrer zweiten Wand an eine Nachbarzelle grenzte. Olga stellte fest, daß diese Zwischenwand leicht gebaut war. Wenn sie nun von der Toilette aus leise klopfte, stellte sich einer der Häftlinge im Nachbarraum mit dem Ohr an die Wand, während ein anderer den Türspion beobachtete, und Olga sagte die wichtigsten Nachrichten durch. Diese fünf Minuten bildeten für die politischen Gefangenen den Höhepunkt des Tages. Sie behielten Olgas Mitteilungen selbstverständlich nicht für sich, sondern suchten und fanden auch alle möglichen Wege, um sie an andere weiterzugeben.

Ebenso ließen sie Olga wissen, was sie von draußen erfuhren. Neueingelieferte politische Häftlinge brachten Nachrichten vom Kampf der Partei. Sie berichteten vom Widerstand der Genossen und von ihren Bemühungen, eine Volksfront aller Antifaschisten zu schaffen. Der Kampf draußen stärkte die Widerstandskraft der Frauen in der Haft.

Durch die Kameradinnen in der Nachbarzelle hörte Olga eines Tages von dem rohen Verhalten der Aufseherin »Tine«, die sie selber von Herzen haßte. Tine hatte zwei Genossinnen wegen angeblicher Aufsässigkeit in Dunkelhaft geschickt. Olga stand zwischen den engen grauen Wänden und starrte böse durch die Öffnung des ins Freie führenden Lüftungsrohrs auf den Hof. In dieser Sekunde ging die brutale Aufseherin in Begleitung des Gefängnisdirektors unten vorbei. Olga holte tief Luft, und plötzlich schallte es mit schaurig-unheimlicher Stimme über den Hof:

»Tine – doofe Trine!«

»Fenster zu«, kreischte es schrill herauf.

»Fenster zu«, brüllte auch der Direktor.

Scharfen Auges spähten die beiden mit zurückgelegten Köpfen die Reihen entlang.

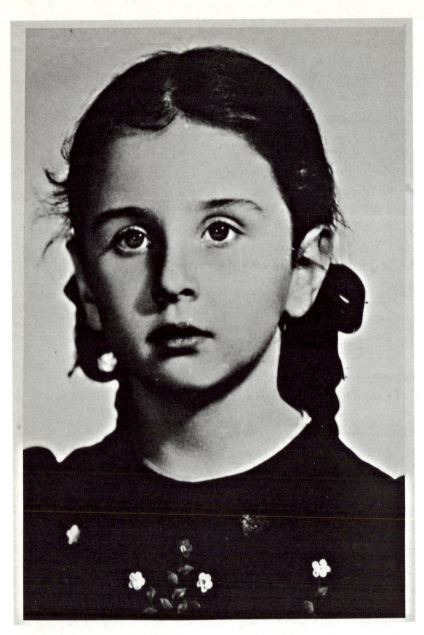

Anita Leocadia Prestes, 1941

242

Alle Fensterklappen hatten sich geschlossen.

»Tine – doofe Trine!« schallte es noch einmal dröhnend durch die Luft.

Soviel Lachen hatte es seit langem nicht in den Zellen gegeben. – Während des ganzen Winters nährte Olga das Kind. Die Mütter erhielten zusätzlich einen Becher Milch und Haferflockenbrei, in dem schwarze Mäusekötel schwammen.

»Ach was«, sagte Olga zu den anderen, »runter muß er – denkt an was recht Schönes – Augen zu – fertig los.« Die drei Mütter schlossen die Augen und schluckten.

Hart war für sie alle, daß Gertruds Junge noch immer nachts soviel schrie. Schwer sind die Tage im Gefängnis – noch schwerer die durchwachten Nächte.

Und doch gab es soviel Glück für Olga. Sie war unendlich stolz auf ihr Kind.

Anita hatte ein rundes, volles Gesichtchen und einen dichten schwarzen Haarschopf. Trotz der Gefängnisluft besaß sie blühende Farben, ihre Augen waren von dunklerem Blau als die der Mutter, ihre Wimpern lang und schwarz. Als einziges Mädchen in der Zelle wurde sie auch von den anderen beiden Müttern verwöhnt. Es gab ja kaum etwas im Gefängnis, um Kinder zu verwöhnen: ein gutes Lächeln, ein Streicheln des Kopfes und ein Spaziergang von Wand zu Wand.

Jede Äußerung des Kindes bereitete Olga Freude: der klare Blick der Augen, das Spiel von Händchen und Füßchen und der große Augenblick, als Anita das erste Mal lächelte – tausendfach empfunden in einer rohen, häßlichen Umgebung, in den endlos sich dehnenden Tagen, Wochen und Monaten der Haft. Ganz unfaßbar war es gewesen. Olga hatte das Kind mit dem selbstvergessenen, sanften Gesichtsausdruck, wie ihn nur junge Mütter besitzen, angesehen, sie hatte in zärtlichen Worten zu ihm gesprochen – erst lag die Antwort nur in den Augenwinkeln des Kindes, dann begann das Blau heller zu werden, kleine Falten bildeten sich ums runde Näschen, und dann – Olga sah es schon kommen und hielt den Atem an – öffnete sich das Pfennigmündchen und sein Lächeln enthielt alles, wonach sie sich qualvoll sehnte: Frohsinn, Wärme und Schönheit.

Olga umarmte die Freundinnen. »Habt ihr's gesehen – nein? Wartet, es kommt bestimmt wieder – nein, so was Wunderbares.«

Im stillen hatte Olga Angst gehabt – eine Angst, die sie selbst für dumm hielt, die aber dennoch geblieben war –, daß dies Kind, belastet mit den schweren Bedingungen der Vergangenheit, nicht lächeln lernen würde.

Wenn der Tag vorüber war und die Dämmerung die scharfen Konturen der Zelle verwischte, sang Olga für alle drei Babys Wiegenlieder aus der Heimat von Anitas Vater und für die Genossinnen Freiheitsgesänge Brasiliens.

»Warum hast du eben so froh ausgesehen, Olga?« fragte Margot. In der Haft war ja jedes Zeichen von Freude so kostbar.

»Ich dachte, vielleicht singen sie jetzt gerade im brasilianischen Gefängnis – ebenso leise wie wir – deutsche Kampflieder. Ich habe sie ihnen beigebracht – trotz Hitler und Vargas singen wir.«

»Erzähle uns noch mehr von Brasilien, das ist so schön.«

Olga erzählte – das eigene Leid verschwand, und das Herz wurde ihnen weit und groß.

»Gerade am Jahrestag des Aufstandes in Brasilien, am 27. November, ist meine Anita geboren – das hab ich gut hingekriegt«, sagte Olga.

»Aber du hast uns erklärt, der Aufstand sei nicht geglückt?« fragte Gerti zögernd.

»Jeder revolutionäre Aufstand bringt die Sache des Volkes weiter«, erwiderte Olga. –

In der Barnimstraße trugen die Häftlinge keine Nummer, sondern wurden beim Namen genannt. Wenn die Beamtin »Benario« rief, so sah Olga sie an und sagte:

»Ich bin verheiratet und heiße Prestes – nach meinem Mann.«

Es war nun schon sehr lange her, daß sie ihrer Neuköllner Freundin Hilde geantwortet hatte: Ich will immer frei bleiben und mich nicht durch Heirat binden.

»Warum hast du dein Mädel Anita Leocadia genannt?« fragte Margot, als sie gemeinsam einen Namen für Gertruds Sohn suchten.

»Leocadia nach seiner Mutter – er wird sich darüber freuen. Versteht ihr, daß ich sie liebe, ohne sie je gesehen zu haben – einfach aus seinen Erzählungen? Daß es mir weh tut, sie nicht zu kennen – wieviel könnte sie mir von ihm erzählen, von seiner Kinderzeit, und bestimmt sind sie sich in manchem ähnlich. Carlos ist der Inhalt ihres Lebens – sie ist krank, ich wage gar nicht daran zu denken, wie sie seine Haft erträgt.«

»Und Anita?«

»Das ist eine ganze Geschichte: In Italien lebte einmal ein tapferer Kämpfer, ein Sozialist, ein Führer des Volkes, leidenschaftlich und klug; er hieß Garibaldi. Nach einem mißlungenen Aufstand mußte er das Land verlassen und floh nach Brasilien. Als er vom Schiff an Land ging, da stand in der Menge eine Frau. Sie sahen sich an, er trat auf sie zu; als er ganz dicht bei ihr war, hob sie das Gesicht zu ihm auf, er küßte sie, nahm ihre Hand, und sie trennten sich nie wieder. Ihr Name war Anita. Garibaldi setzte den in seiner italienischen Heimat begonnenen Freiheitskampf in Brasilien fort, immer blieb Anita an seiner Seite. Das Volk liebte und verehrte beide.«

»Anita« – Gertrud nahm das kleine Bündel in die Arme –, »werde wie die, deren Namen du trägst, und wie deine Eltern.«

»Das war Anita Leocadia Prestes' Taufe«, sagte Margot.

Eine der ersten Nachrichten, die Olga von der Außenwelt erhielt, war die Mitteilung, daß ihr Vater nicht mehr lebte; sie forschte weiter nach, alles deutete darauf hin, daß er im Konzentrationslager umgekommen war. Sie war erschüttert. Lag es daran, daß sie selbst erfahren hatte, was Liebe zum eigenen Kind bedeutete – sie machte sich Vorwürfe, daß sie so wenig Verbindung zu ihm gehalten, erinnerte sich vieler guter Dinge aus der Kindheit und hatte Sehnsucht nach seiner mit Wehmut vermischten Freundlichkeit.

Sie verbarg ihren Kummer und sagte zu Gertrud: »Der arme Vater. – Die Nazis machen keinen Unterschied zwischen Kommunisten und Sozialdemokraten – die Nazis wären gar nicht zur Macht gekommen, wenn Sozialdemokraten und Kommunisten das Gemeinsame in den Vordergrund gestellt hätten. Gerade das wollte Vater nie begreifen.« Nach einer kleinen Pause fügte sie hinzu: »Der letzte Verwandte, der das Kind übernehmen konnte.«

Olga stellte erneut den Antrag auf Anerkennung von Prestes' Familie als Verwandte.

In diesen Tagen – das Kind war schon ein paar Monate alt – hatte sie wenig Milch. Dem Essen wurde kein Zucker mehr beigefügt. Zucker sei ohne jeden Nährwert, er bedeute lediglich eine überflüssige Geschmacksverbesserung, teilte die Gefängnisleitung den Häftlingen mit. Olga bestand darauf, daß immer alles aufgegessen wurde, damit die günstigsten Bedingungen zum Nähren geschaffen wurden. Wenn es Fisch gab, so hielten sie sich beim Essen die Nase zu, weil er schon roch; sie hatten Angst, sich und die Kinder zu vergiften.

»Eßt«, mahnte Olga, »der ist noch nicht richtig schlecht, der riecht nur ein bißchen. Gertrud, schäm dich!«

Gertrud schüttelte den Kopf und wandte sich ab.

»Der ist ja noch halb roh.«

»In Japan ißt man Fisch ganz roh; das ist da sogar Nationalgericht, Gerti.« –

Während einer Vernehmung durch die Gestapo erhielt Olga die Antwort auf ihren Antrag wegen Anita: »Brasilianer sind Menschen zweiter Klasse, sie rechnen nicht als Blutsverwandte – haben Sie keinen Verwandten hier, so kommt Ihre Tochter in ein deutsches Waisenhaus.«

Olga lief in der Zelle auf und ab – sie ballte die Fäuste und knirschte mit den Zähnen.

»Nein, das Kind von Carlos und mir kommt nicht in ein faschistisches Waisenhaus.« –

Margot und Gertrud hätten alles darum gegeben, Olga und dem Kind zu helfen. In der folgenden schlaflosen Nacht faßte Margot einen Entschluß, über den sie schon seit der Geburt ihres Sohnes gegrübelt hatte. Sie wußte, wie Olga litt. Konnte sie denn selbst den Gedanken ertragen, ihren geliebten Jungen bald weggeben zu müssen? Und Olga hatte es noch viel schwerer. Sie mußte befürchten, ihr Kind nie wiederzusehen, es würde namenlos – verschollen – in einem Waisenhaus aufwachsen, und »Heil Hitler« würden seine ersten Worte sein: vielleicht ließ man es auch einfach eingehen. Olga war so unerhört tapfer und eine bewundernswerte Kommunistin. Man mußte ihr helfen.

Doch wenn ihr Plan mißlang, hatte sie mit einer Strafe von mehreren Jahren Zuchthaus zu rechnen.

Konnte man da von ihr verlangen, daß sie solche Gefahren auf sich nahm?

Aber weil es Menschen wie Olga gab, mußte sie handeln.

Margots Plan begann damit, daß sie fromm wurde. Bei jeder Gelegenheit besuchte sie den Gefängnis-Gottesdienst. Schließlich äußerte sie den Wunsch, ihren kleinen Sohn taufen zu lassen.

Als Margot mit dem Kind im Arm, von der Beamtin begleitet, die kahle Kirche betrat, war ihr Mann, der zur Taufe erscheinen durfte, bereits anwesend. Der Pfarrer bat Mutter und Vater des Kindes, vor dem Taufbecken Aufstellung zu nehmen. Zum ersten Mal seit ihrer Verhaftung standen die Eltern so nahe nebeneinander. Das Kind blickte, im Arme der Mutter geborgen, mit großen, erstaunten Augen auf den Pfarrer, der es mit Weihwasser benetzte.

»Wer da glaubet und getauft wird, der wird selig werden. Wer aber nicht glaubet, der wird verdammt werden.«

Und während der Pfarrer von der Hilfe sprach, die der Glaube an Gott dem sündigen Menschen gab, bewies Margot die Treue eines Kommunisten zur Solidarität.

Sie blickte ihrem Mann mit großer Intensität in die Augen und begann zu wanken; es schien ihr schwerzufallen, das Baby noch länger zu halten. Sie legte es in seine Hände. In demselben Augenblick, da er das Gewicht des Kleinen fühlte, spürte er zwischen dem weichen Wickeltuch und der Innenfläche seiner Finger ein Stück Papier. Ein kaum merkliches Lächeln huschte über die Züge des Mannes – befreiende Antwort für Margot.

Erst auf der Straße, weit vom Gefängnis entfernt, entfaltete er den kostbaren Zettel. Er enthielt die Bitte, die Großmutter von der Gefahr zu benachrichtigen, in der das Kind schwebe. Sie solle alles in Bewegung setzen, damit sie Anita abholen könne.

Jeder politische Häftling in der Barnimstraße wußte von Olgas Schicksal, und manchmal traf der eine oder der andere Olga und ihr Kind auf dem Flur.

Nur einer Gefangenen, die sich mehr als alle anderen wünschte, Olgas Kind zu sehen, gelang dies nicht. Sabo wußte von der Geburt Anitas und stellte Antrag über Antrag, Olga besuchen zu dürfen. Sie hatte Verbindung mit Arthurs Schwester Minna, die von Paris nach London gegangen war, um von dort für die Befreiung Arthurs und Sabos zu arbeiten.

In einem Brief schrieb Sabo Anfang des Jahres 1937 nach London:

... Liebes Minnerl, nun noch eine andere Angelegenheit. Im November hat Frau Olga Benario-Prestes einem Töchterchen das Leben gegeben. Ich glaube, sie bekommt von keiner Seite Briefe, und da Briefe im Gefängnis wunderbar belebend wirken, wollte ich Dich bitten, ihr auch ein paar Zeilen zu schreiben. Die Adresse ist ebenso wie an mich (aber nicht Albrechtstraße, sondern Prinz-Albrecht-Straße). Sie hat die Kleine Anita Leocadia genannt.

... ich bin auch froh, daß Du an Arthur schreibst. Wenn ich an ihn denke, so, Minnerl, ich übertreibe nicht, wie an einen Helden und Heiligen, denn ich allein weiß, was er durchgemacht hat.

... Die Versicherung der Behörden, daß er bei guter Gesundheit ist, sagt natürlich gar nichts. Man hatte mir das immer wieder versichert, trotzdem ich positiv wußte, daß er schwer erkrankt war ... Ich werde erst über Arthurs Lage beruhigt sein, wenn ich von ihm selbst eine Nachricht habe ... ich sah ihn zum letztenmal am 7. 4. 1936. Es fiel mir auf, daß er sehr bleich und mager geworden war. Er war aber nicht nur bleich, sondern geradezu durchsichtig blaß, ganz gläsern. Er sagte mir noch, sein Nervensystem sei so kaputt, daß er manchmal richtige Halluzinationen habe ...

Minna Ewert schrieb nun an drei Gefangene: an den Bruder, die Schwägerin und an Olga; doch weder Arthur noch Olga erhielten ihre Briefe.

Wie Minna Ewert aus London, so schrieb Dona Leocadia aus Paris an Carlos und Olga. Dem Sohn schrieb sie täglich. Jeden Sonnabend brachte Lygia, Carlos' Schwester, sieben Berichte in einem Brief zusammengefaßt zur Post. Über dreihundertmal schrieb die Mutter, ohne daß Carlos eine einzige Zeile ausgehändigt wurde.

Die alte Frau schrieb nicht nur Briefe. Unermüdlich zog sie von Stadt zu Stadt und erzählte den Menschen vom Schicksal ihrer Kinder. Überall fand sie ein Echo. Im Londoner Parlament wurde der erste offizielle Protest einer Regierung gegen die Verurteilung von Carlos Prestes ausgesprochen und seine Freilassung gefordert. Heinrich Mann, Maxim Gorki, Romain Rolland protestierten. Anfragen über Olgas Schicksal gingen über den Völkerbund, das Rote Kreuz und viele internationale Organisationen an die deutschen Behörden. Die Gestapo beantwortete sie nicht. Endlich erhielt ein französischer Rechtsanwalt die Einreiseerlaubnis, fuhr nach Berlin und überbrachte die Forderungen zur Freilassung Olgas. Die Gestapo erwiderte, entlassen könne man sie nicht, dazu sei sie zu gefährlich. Er versuchte zu erfahren, ob ihr Fall wenigstens einem Gericht übergeben würde, und erhielt keinerlei Auskunft. Er verlangte vergebens, Olga zu sehen; wie hätte ihr die Tatsache geholfen, daß man von ihr wußte, sich um sie kümmerte, für sie kämpfte. Doch keine Nachricht – kein einziges Wort erreichte sie.

Olga schrieb viele Male die gleichen kurzen Zeilen an Prestes. Sie teilte ihm die Geburt des Kindes mit. Obwohl sie keine Antwort erhielt, glaubte sie tapfer daran, daß einmal ein Brief ankommen würde, besonders, seit man ihr endlich die Adresse Dona Leocadias gegeben hatte.

Die gleiche Hoffnung hielt Prestes' Mutter aufrecht; betrat der Briefträger das Haus, so wies sie ihre Tochter Lygia ins Zimmer und ging selbst hinunter zur Pförtnerin.

Im Februar 1937 hielt sie endlich einen Brief in den Händen, gezeichnet durch das Hakenkreuz und den Zensurvermerk der Gestapo. Der Umschlag riß beim Öffnen ein – so zitterten ihre Hände –, nun rief sie doch nach Lygia.

Olga schrieb von der Geburt der Tochter, wie sie hieß, wieviel sie wog, wie sie aussah.

Die Großmutter und Lygia weinten, sie lasen den Brief immer wieder und rechneten sich aus, daß das Enkelchen nun schon drei Monate alt war. Lange besprachen die beiden Frauen ihre Antwort, die vielleicht Olga erreichen würde – der erste Erfolg ihrer unermüdlichen Versuche.

Die Antwort sollte ihre Liebe der Frau gegenüber enthalten, die mit Carlos gekämpft, ihn glücklich gemacht und sein Kind geboren hatte. Als der Brief endlich fertig war, schrieb die Großmutter Anitas noch einen Nachsatz: sie habe bereits eine ganze Aussteuer von Kindersachen für das Enkelchen gestrickt, gehäkelt und genäht.

Dieser Brief erreichte Olga; sie hielt ihn wie einen großen Schatz in den Händen. Nun würde sie mit neuem Mut darum kämpfen, daß Anita vor einer grausamen Zukunft bewahrt wurde und zur Großmutter durfte. Sie antwortete mit einer langen, Beschreibung der kleinen Tochter und bedankte sich im voraus warmen Herzens für die Babysachen.

... Weißt Du, liebe Mutter, ich werde jedes Stück davon so hoch in Ehren halten, wie ich das bei Carlos gelernt habe, der alles, was von Dir war, als das Allerliebste aufbewahrte ... Ich bin sehr traurig, daß selbst Deine Briefe unseren lieben Carlos nicht erreichen ... Jetzt ist auch der Frühling hier in Berlin, und es fällt einem noch schwerer, so hinter verschlossenen Türen und Fenstern zu leben. Aber lasse den Mut nicht sinken – es werden auch wieder andere Zeiten kommen ...

... Ich muß Dir nun noch sagen, wie sehr ich mich freue, daß Du so mutig allen Widerwärtigkeiten des Augenblicks trotzt, und hoffe, daß bald der Tag kommen möge, wo unsere Familie vereint sein wird ...

Olga beunruhigte es sehr, daß auch die Mutter keine Verbindung zu Prestes besaß, doch immer wieder schrieb sie ihm – wenn nur einer der Briefe ankam, so war dies hundert vergebliche Versuche wert.

Sie schrieb von dem, was sie trotz der Schwere ihres Lebens glücklich machte – vom Baby. Sie hatte so sehr den Wunsch, daß Prestes ein Abglanz dieses Glückes erreichte:

Berlin, April 1937 ... Vor allem will ich Dir von unserer Kleinen erzählen. Jetzt ist Anita Leocadia schon über vier Monate alt. In ihrem Äußeren ist sie eine Mischung von uns beiden. Sie hat dunkle Haare, Deinen Mund und Deine Hände. Ihre Augen sind sehr groß und blau, aber nicht so hell wie die meinen, sondern eher veilchenblau. Dazu hat sie einen ganz zart-weißen Teint und schöne, rosige Bäckchen. Wie gerne wollt ich, daß Du sie sehen kannst! Das Schönste aber ist ihr Lachen. Sie kann das so gut, daß man darüber alles Schlechte in dieser Welt vergißt. Ich stelle mir vor, wie Du mit ihr spielen und sie ganz bestimmt immer an ihrem Haarschopf ziehen würdest, der ihr so lustig auf dem Kopf steht.

Unsere Mutter hat mir Deine Fotografie geschickt. Oft verbringe ich Stunden, die kleine Anita Leocadia auf dem Arm, Dich anschauend und in Gedanken bei Dir. Jetzt ist es über ein Jahr, daß wir getrennt sind. Sicher werde ich die Kraft finden, um den glücklichen Tag zu erwarten, an dem wir von neuem vereint sein werden ...

Prestes lebte noch immer allein in einer lichtlosen Zelle des Gefängnisses der Sonderpolizei – ohne jeden Kontakt mit der Außenwelt. Sie wollten seinen Willen brechen.

Es ist wahrscheinlich, daß die großen internationalen Solidaritätsaktionen seinen Tod verhinderten, vielleicht führten sie auch dazu, daß ihm nach einem Jahr zum ersten Mal ein Brief von seiner Mutter und Nachricht von Olga ausgehändigt wurden.

Seine Frau lebte! Er hatte ein Kind! Vier Monate war das Baby jetzt alt – ein wenig wie er, ein wenig wie Olga sah es aus. Prestes lächelte. Seltsamer Lichtschein im eingefallenen, blassen Gesicht.

Vielleicht war es auch ein Erfolg des Kampfes für Prestes in so vielen Ländern, daß nach vierzehn Monaten Haft endlich sein Prozeß, verbunden mit dem von Arthur Ewert, angesetzt wurde. Wie er durchgeführt wurde, davon erfuhr die Welt erst sehr viel später. Man gab Prestes und den anderen Gefangenen keine Möglichkeit, ihre Verteidigung vorzubereiten; nicht einmal Papier und Tinte erhielten sie. Prestes weigerte sich, unter solchen Bedingungen an dem Prozeß teilzunehmen.

Berlin, 11. April 1937

Luis Carlos Prestes,
Rio de Janeiro

Carlos, mein Lieber!

Mit Hilfe unserer Mutter versuche ich Dir diese Zeilen zu kommen zu lassen. Leider gestattet man mir nur deutsch zu schreiben u. so musst Du Dich eben mit der Übersetzung meines Briefes begnügen.

Vor allem will ich Dir von unserer Kleinen erzählen. Jetzt ist Anita Leocadia schon über 4 Monate alt. Sie entwickelt sich gut. Bei der Geburt war sie 3.800 kg, jetzt 6.380 kg u. gleichzeitig ist sie von 55 cm auf 64 cm gewachsen. In ihrem Äusseren ist sie eine Mischung von uns beiden. Sie hat dunkle Haare, Deinen Mund u. Deine Hände. Es ist niedlich, dass sie ihre kleinen Fingerchen ebenso bewegen kann, wie Du. Ihre Augen sind sehr gross u. blau, aber nicht so hell, wie die meinen, sondern eher veilchenblau. Dazu hat sie einen ganz zart weissen Teint u. schöne rosige Bäckchen. Wie gerne wollt ich, dass Du sie sehen kanntest! Sie ist jetzt schon gar nicht mehr der dumme kleine Säugling, sondern ein richtig kleines Mädchen. Sie trägt Kleidchen, Schuhe u. Strümpfe u. da liegt sie in ihrem Bettchen, spielt mit ihren Fingerchen u. Spielsachen u. versucht möglichst viel davon in ihr kleines Mündchen zu stecken. Sie wird wohl bald zu sprechen anfangen, denn sie lallt den ganzen Tag die komischsten Laute vor sich hin. Das Schönste aber ist ihr Lachen. Sie kann das so gut, dass man darüber alles Schlechte in dieser Welt vergessen kann. Ich stelle mir vor, wie Du mit ihr spielen u. sie ganz bestimmt immer an ihrem Haarschopf ziehen würdest, der ihr so lustig auf dem Kopf steht. —

Es ist wirklich erstaunlich, dass nach all dem, was ich durchgemacht habe, unser Kind so gesund ist. Viel dazu beitragen wird wohl, dass ich sie selbst nähre. Solange ich dazu im Stande bin, kann sie bei mir bleiben, denn wir befinden uns im Lazarett eines Frauengefängnisses. Mir selbst geht es gesundheitlich so einigermassen, wenn mich auch das Stillen unter diesen Verhältnissen ziemlich anstrengt. —

Lieber, unsere Mutter hat mir Deine Photographie

...kadia auf dem Arm, will anschauen... ist... in Gedanken bei dir. Jetzt ist es über ein Jahr, dass wir getrennt sind... wahr. Du weißt es, all diese schwere Zeit hat mir zur Verstärkung all meiner Gefühle Dir gegenüber geführt. Sicher werde ich die Kraft finden, um den glücklichen Tag zu erwarten, an dem wir von neuem vereint sein werden.

Wenn Du kannst, schreibe mir! Du kannst Dir ja denken, wie es mich beunruhigt, so gänzlich ohne Nachrichten von Dir zu sein u. welche Freude für mich einige Zeilen von Dir vorstellen würden.

Die kleine Anita Leocadia schickt ihrem Papa viele, viele Küsschen u. es umarmt Dich von ganzem Herzen

Deine
Olga

Adresse:
Olga Benario-Prestes
geheime Staatspolizei
B.-Nr. 2428/36. II A 1
Berlin, SW 11
Prinz Albrecht-Str. 8

2

Olga dachte am ersten Mai noch viel mehr als sonst an Carlos. Nie war der erste Mai ohne Feier vorübergegangen; auch in der Zeit der Illegalität in Brasilien war es ein schöner Tag für sie und Carlos gewesen. Nun feierten die Genossinnen in der Mütterzelle. Olga erzählte – wie an allen Gedenktagen der Arbeiterklasse – von der Sowjetunion. Die anderen beiden hörten zu, beneideten Olga um ihre Jahre dort und fanden, alles sei viel leichter zu ertragen, wenn man daran denke, daß es die Sowjetunion gibt und daß das Hitlerregime nicht von Dauer sein könne.

Anita war nun schon fünf Monate alt; es verging kaum ein Tag, an dem Olga nicht dachte – jetzt ist sie besonders süß, heute müßte Carlos sie sehen. Trat Olga an das Bettchen, so strahlte das Kind und streckte die Ärmchen aus. Beim Wickeln drehte es sich in einer unbewachten Sekunde schnell auf den Bauch, und wenn Olga große Überraschung äußerte, quietschte es vor Vergnügen. In den ersten Maitagen begann Anita, nach den Händen der Mutter zu greifen, und versuchte, sich zum Sitzen hochzuziehen. Welch beglückende Ereignisse in einer Zelle.

Nachdem Olga mehrere Tage lang keine Zeitung erhalten hatte, gab man ihr am 9. Mai die drei letzten Nummern des »Völkischen Beobachters« auf einmal und führte sie damit in die Wäschekammer. Sie ärgerte sich über diese Schikane der Verzögerung, weil die Zeit zum Lesen nicht verlängert wurde und es kaum möglich war, die Ereignisse von drei Tagen aufzunehmen und weiterzugeben.

Olga stand zwischen den schmutzigen Wäschebündeln und konzentrierte sich aufs Lesen.

Im spanischen Bürgerkrieg hatten deutsche Naziflugzeuge Guernica, eine der ältesten und geschichtlich berühmtesten Städte Spaniens, in Trümmer und Asche gelegt, Frauen und Kinder waren zu Tausenden umgekommen.

So stand es natürlich nicht im »Völkischen Beobachter«. Dort war zu lesen, daß die Bolschewiken die Bevölkerung erschossen und die Stadt zerstört hätten. Aber das Naziblatt schrieb empört über »Lügenberichte ausländischer Zeitungen«, die diese »barbarischen« Taten der Hitlerregierung zur Last legten. Auch Eden, Englands Außenminister, hätte sich von solchen Märchen beeinflussen lassen und behauptet, Guernica sei aus der Luft bombardiert worden. Diese Lüge sei schon dadurch widerlegt, daß gerade die Deutschen offiziell beim Internationalen Nichteinmischungsausschuß für »Humanisierung des spanischen Bürgerkrieges« eingetreten seien.

Olga hob den Kopf. Das ist es ja gerade, ihr verfluchten Heuchler: ihr badet in Worten wie »Friede – Verteidigung – Humanismus«, und eure Taten sind Überfall, Mord, Rassen- und Völkerhaß.

Weiter: Der Nazi-Außenminister war ins faschistische Italien gefahren. Was tat er in Rom? Er wollte »die Voraussetzungen für die politische Zusammenarbeit in der Abwehr gegen Bolschewismus und Anarchie, die Europa bedrohen, schaffen«.

Olga merkte sich: In Italien wird besprochen, wer die nächsten Flugzeuge und Soldaten zur Unterstützung des spanischen Faschisten-Generals Franco schickt.

Weiter – zum deutsch-japanischen Abkommen: »Um völlig unbegründete Mißverständnisse in ausländischen Kreisen zu widerlegen ... ausschließlicher Zweck ist die gemeinsame Verteidigung gegen die gefährliche zerstörerische Tätigkeit der Komintern.«

Olgas Gehirn notierte: Bündnis des Antikommunismus.

In Italien Vereinbarungen, um den Übungsfeldzug der Faschisten in Spanien zu verstärken; er gehört mit zur Vorbereitung des geplanten großen Krieges gegen die Sowjetunion.

In Japan Vereinbarungen zur Vorbereitung desselben Krieges.

Olga schlug die Sonntagszeitung auf: »Muttertag – ein völkischer Feier- und Gedenktag. Wollen wir unserem Schicksal danken, daß wir alle von deutschen Müttern geboren und erzogen sind.«

Welch Hochmut, welch Chauvinismus!

Aber siehe da, die Mütter hatten auch Pflichten: »Ohne biologisches Denken und rassisches Gebundensein ist keine Sicherung des deutschen Volksbestandes und des deutschen Ansehens möglich. Voraussetzung für unser völkisches Leben ist, daß unser Blutstrom sich erhält und möglichst erstarkt.«

Was für eine ekelhafte Sprache!

»Wir haben die Pflicht, diesen vom Geburtenschwund geschwächten Blutstrom wieder stark zu machen. – Liebe Mütter ... .«

»Liebe Mütter, gebärt Kinder für den nächsten Krieg«, sagte Olga laut.

Sie blätterte die Seiten um: Anzeigen – literarischer Teil – ein Foto – sie starrte auf das Bild, atmete die stickige Luft, die sie umgab, und sah das Bild noch einmal an – »Bank im Frühling«. Eine Weide neigte ihre Gertenzweige über das in der Sonne funkelnde Wasser, Osterglocken blühten am Wiesenrand, eine einsame Bank stand von Licht und Schatten überspielt am Ufer. Eins von tausend üblichen Frühlingsbildern, doch Olga schloß überwältigt die Augen. Alles war zum Greifen nahe: die Blumen, die Sonne, das Wasser, die Wiese – die Freiheit. –

Verdammt! Sie hatte kostbare Sekunden verträumt, statt zu lesen. Die Außenpolitik – wichtigste Seite des Sonntagsblattes – fehlte ihr noch. Hier wieder etwas über Spanien, und hier ... und hier ...

In der Zelle hatte Anita zu schreien begonnen. Margot nahm sie eilig auf, obwohl Olga, der Meinung, daß alle drei Mütter die Säuglinge zu sehr verwöhnten, dies den anderen untersagt hatte. Margot jedoch wiegte Anita im Arm, damit Olga nicht beim Zeitunglesen abgelenkt würde, und das Kind war auch sofort still.

Olga saß auf einem der schmutzigen Bündel, mit denen sie bisher peinlich jede Berührung vermieden hatte, und lehnte den Kopf gegen die Wand.

»Nanu, schon fertig?« Die Beamtin sah die Zeitung am Boden liegen, als sie die Kammer aufschloß. Sie war es gewohnt, daß dieser Häftling um Sekunden kämpfte und, die letzten Zeilen erhaschend, noch an der Tür innehielt.

»Stand heute viel drin?« fragte Gerti. »Erzähl alles gleich nach dem Nähren.«

Anita trank gierig. Als sie satt war, griff sie mit beiden Händen ins Haar der Mutter und zog sie zu sich herab, bis ihre Gesichter sich berührten. Da drückte Olga das Kind heftig an sich.

Nachdem die Kleinen versorgt waren und in ihren Bettchen lagen, berichtete Olga von den politischen Ereignissen: »Ich habe recht, wenn ich immer wieder von der Kriegsgefahr spreche ... .«

»Und was wird aus uns, wenn es zum Kriege kommt?«

Gertis Sohn weinte, sie nahm ihn noch einmal hoch.

»Was wird aus den Nazis? mußt du fragen. Es bedeutet ihre Vernichtung; nur – besser wäre es, ihr Ende zu erreichen, ohne daß es Millionen Opfer kosten wird.«

»Sorgst du dich heute mehr als sonst? Irgend etwas ist mit dir los.« Margot sah in Olgas blasses Gesicht.

»In der Zeitung stand, daß Carlos Prestes zu sechzehn und Arthur Ewert zu dreizehn Jahren Haft verurteilt wurden.«

Alle drei blickten auf die schlafende Anita.

»Nein«, sagte Olga, »er wird seine Tochter viel eher sehen – so lange hält sich die Diktatur in Brasilien nicht.«

Die beiden Kameradinnen schwiegen. Was konnten sie sagen? Auf Olga zugehen – sie umarmen? Sie wußten aus eigener Erfahrung, daß solches Tun es dem Betroffenen nur erschwerte, die Haltung zu wahren.

»Arme Sabo«, sagte Olga, »ich habe wenigstens noch das Kind. Für Carlos' Mutter wird es auch sehr schwer sein, ich muß gleich an sie schreiben.«

Der Brief an Leocadia war voll Liebe, Stolz und Unbeugsamkeit. –

Auch Sabo durfte als Schutzhäftling die Zeitung lesen. Nachdem sie die erste Verzweiflung überwunden hatte, schrieb sie an Minna Ewert.

Mai 1937 ... Am 9. 5. schlage ich die Zeitung auf, und mein Blick fällt sofort auf eine kleine Notiz: Die Nachricht von Arthurs und Prestes' Verurteilung. Einen Augenblick war ich wie erschlagen. 13 und 16 Jahre! Das ist doch ganz unglaublich. Dieses Strafmaß ist nicht beschlossen worden, weil man sie für schuldig hält, sondern weil sie sich als aufrechte und mutige Männer gezeigt haben. Und wenn es auch in meinem Kopf dauernd hämmert: 13 Jahre, 13 Jahre, so weiß ich doch, daß nicht alles so geht, wie manche Machthaber es sich wünschen. Die Brasilianer pflegen in solchem Falle zu sagen: »Heute ist's der Tag des Jägers, morgen des Gehetzten«, und dieses gehetzte Volk, das so mutig für seine Freiheit kämpft, wird seine Helden nicht sterben lassen. Davon bin ich ganz überzeugt. ... Selbst nach offiziellen Angaben hat Arthur dreißig Kilogramm Gewicht verloren, er wiegt also weniger als ich, was bei seiner Größe und Gestalt von einer furchtbaren Schwäche zeugt ... Von Frau Prestes habe ich seit langem nichts mehr gehört. Weißt Du, schlimm ist, daß auch ihr kleines Kind nicht einmal in den Genuß von Luft und Sonne kommt, die es ja haben müßte. Ich bin überzeugt, dieser Gedanke macht ihr viel Schmerzen. Sie wird auch sehr leiden bei dem Gedanken an das furchtbare Urteil gegen ihren Mann ...

Zur Zeit, als Sabo sich diese Gedanken machte; wurde Olga aus der Mütterzelle herausgeholt und erhielt ohne irgendeine Erklärung wieder Einzelhaft.

Allein mit dem Kind war es schwerer, sich zusammenzunehmen, schwerer, die Sorgen um die Zukunft zu bekämpfen, die Schatten zu verjagen, bevor sie ins Unheimliche wuchsen. Noch schmerzlich-süßer war das Glück, Anita bei sich zu haben. Sie versuchte nun schon zu krabbeln. Wenn Olga die Kleine auf die Pritsche legte, dann beugte sie die Knie, doch der Kopf war zu schwer, sie konnte ihn nicht zu gleicher Zeit heben, und das Gesichtchen wühlte sich in die rauhe Decke. Oder sie rutschte mit dem Kopf zuerst vorwärts, aber dann gelang es ihr nicht, die Beinchen unter den kleinen Po zu schieben. Nach solch mißlungenem Versuch sah sie so erstaunt und ärgerlich aus, daß Olga – wunderbare Hilfe, ausgeglichen zu bleiben – herzlich lachte, und gleich quietschte und krähte Anita vor Vergnügen mit.

»Wie schön, daß du ein fröhlicher Mensch wirst«, sagte Olga, »so gehört es sich, wenn wir auch alle drei im Gefängnis sind.«

Bisher hatte Anita nur eine halbe Stunde frische Luft am Tage genossen; während des Spazierganges durfte Olga sie in den Armen tragen. Jetzt wurde die Erlaubnis gegeben, das Kind ohne die Mutter drei Stunden im Hof zu lassen. Manchmal begann Anita draußen laut zu weinen, während Olga hinter verriegelter Tür saß. An einem ungewöhnlich heißen Maitag schrie das Kind so lange und qualvoll, daß die Frauen in den anderen Zellen sich die Ohren zuhielten. Das Schluchzen wurde angstvoll, wie erstickt – was war dem Kind geschehen? Olga biß die Zähne zusammen, um nicht zu rufen, nicht gegen die Wände zu hämmern. Aber so ein Schauspiel wollte sie nicht geben, und niemand würde deshalb nach dem Kind sehen. Anitas Schreie wurden schwächer. Olga sah an den schärferen Konturen des Gitters vor der blinden Fensterscheibe, daß die Sonne schien. Es gab ein Stück Rasen auf dem Hof, und jedesmal berechnete Olga genau, wie sie das Bettchen auf dieses Stück Grün stellen mußte, damit Anita in den drei Stunden nicht zu sehr der Sonne ausgesetzt sei und doch ein wenig von den Strahlen erhielte, die sie so nötig für ihre Gesundheit brauchte. Hatte sie heute das Kinderbett falsch gestellt? Brannte die Sonne nun drei Stunden lang auf das Köpfchen? Olga war vor Angst in Schweiß gebadet – endlos langsam verging die Zeit. Endlich drehte sich der Schlüssel im Schloß. Olga schlug das Herz, sie mußte sich bezähmen, nicht der Aufseherin davonzulaufen, den Korridor entlangzufliegen, die Treppen hinunter in den Hof.

Und dann hielt sie, mit Mühe die Tränen unterdrückend, ihr warmes, weiches, duftendes, geliebtes, schönes Kind im Arm.

Erst als sie wieder allein mit Anita in der Zelle war, weinte sie. Das geschah jetzt so leicht. Es hatte nicht nur mit dem Kind zu tun, sondern auch mit Carlos' Schicksal. Wenn sie nicht mit den Gedanken bei Anita war, dann war sie bei ihm, und beides gab Grund zu tiefer Traurigkeit. Aber wenn einer sie gelehrt hatte, tapfer zu sein, dann war es Carlos gewesen.

»Jetzt wird vier Wochen lang nicht mehr geweint – Anita, du paßt auf, daß ich's einhalte.« Sie beugte sich über das Bett und blickte auf das schlafende Kind.

Zwei Stunden später brach sie das sich selbst gegebene Versprechen. Sie weinte – Tränen des Glücks und der Freude! Sie hielt den ersten Brief von Prestes in den Händen; ein paar Sätze waren es nur, doch sie gaben ihr alles, was sie so sehr brauchte: seinen Mut, seine Unbesiegbarkeit, seine Liebe zu ihr, die Freude über das Kind, seine Hoffnung auf die Zukunft.

Olga nahm Anita aus dem Bett. »Töchterchen, mein Töchterchen!« Sie küßte das Haar, die Augen, die rosigen Wangen des Kindes. Ihre Hände zitterten noch, als sie Prestes antwortete:

Berlin, Mai 1937 ... Es fehlen mir die Worte, um Dir zu sagen, welche Freude mir Deine Zeilen vom 16. 3. bereitet haben. Es ist dadurch heller um mich geworden, und ich drücke mit noch größerer Liebe die kleine Anita Leocadia an mein Herz. Trotz der langen Monate des gänzlichen Nichtwissens voneinander gab es wohl keinen Tag, an dem ich nicht in Gedanken mit Dir war. All das, was uns beide verbindet, gibt mir auch die Kraft, die augenblickliche Lage zu ertragen ...

Lieber, ich will Dir von der Kleinen sprechen ...

Weißt Du, das eigene Leben steht in einem gewissen Reflex zu dem dieses kleinen Wesens. Der Maßstab meines eigenen Wohlbefindens hängt vom Zustande der Kleinen ab, und man vergißt, an sich selbst zu denken. Wie süß ist doch so ein kleines Kindchen! Täglich gibt es da neue Wunder zu entdecken, und täglich wächst es einem fester ans Herz. Es ist so schön, daß die Kleine bei mir trinkt, daß ich das Beste an Lebenskraft, das ich besitze, ihr geben kann ...

Meistens liegt sie in ihrem Bettchen, die Beine in der Luft, und dann nimmt sie in jede Hand ein Füßchen. Wenn man zu ihr kommt, so müßtest du sehen, wie ihr Gesichtchen strahlt. Am lustigsten sind ihre blauen Augen; die sind so blank und klar. Es ist erstaunlich, was für eine Mimik so ein kleines Wesen schon hat. Freude, Langeweile, Hunger, Müdigkeit – alles das kann man in diesem Gesichtchen lesen. Sie selbst versteht auch sehr genau, was man von ihr will, ob man scherzt oder ernst ist oder gar schimpft. Wenn ich ihr zu trinken gebe und sie auf den Schoß nehme, dann reißt sie schon ihr Mündchen wie ein hungriges Vögelchen auf. Oft, wenn sie beinahe satt ist, läßt sie die Brust los, lacht mich an, und dann dreht sie wieder schnell das Köpfchen, um sich noch den Rest der Milch zu holen. Wenn es dabei nicht rasch genug geht, wird sie ungeduldig und klopft mit ihren kleinen Händen auf mir herum. Wenn wir zusammen Gespräche führen, so packt sie mich an der Nase, an den Haaren, und ich würde Dir wünschen, daß sie Dir auch einmal ein Büschel Haare ausreißt, so wie sie es bei mir immer macht ...

Nun, es gibt noch viel anderes zu erzählen, zum Beispiel, wie wir turnen und Lieder singen, aber das will ich für einen nächsten Brief aufheben ... Im Hof steht ein Baum, und darauf nistet eine Vogelfamilie; es sind Stare. Zuerst haben sie gebrütet, und jetzt sind die Jungen da. Man sieht, wie sie immer wieder mit Würmchen und ähnlichem kommen, um ihre Kleinen zu nähren. Ich schaue ihnen zu und muß dabei immer an uns denken. Nur die ach so klugen Menschen bringen es wohl fertig, eine Familie so auseinanderzureißen, wie man es mit uns gemacht hat. Ein ganzes Meer liegt zwischen uns – und doch sind wir einander so nahe!...

Olga hatte gemerkt, daß ihre Fähigkeit zu Stillen nachließ, und während alle anderen Nachrichten an die Großmutter tapfer und tröstend klangen, hatte sie ihr nun voller Besorgnis geschrieben, daß Anita viel weine, nicht mehr an Gewicht zunehme und hungere, da die Milch versiege.

Die Großmutter bemühte sich in Paris um Hilfe, und Minna Ewert tat es in London. Das Geld strömte zusammen, und Pakete mit Trockenmilch und Lebensmitteln erreichten Olga. Herrlicher, unerhörter Segen in der grauen Zelle!

... Heute hat man mir Dein zweites Lebensmittelpaket ausgehändigt«, schrieb Olga im Juni an die Großmutter. »Du sagst, ich soll Dir nicht immer für alles danken – aber wie sonst kann ich Dir zu verstehen geben, was für eine riesige Freude Du mir mit Deiner liebenden Fürsorge bereitest?

Alles, was Du da wieder geschickt hast, schmeckt herrlich und ist natürlich für mein Nähren von größtem Nutzen. Wenn Du mir wieder ein Paket schicken solltest, so denke ich, daß die eingemachten Früchte ein zu großer Luxus sind und daß dafür Butter, Käse – überhaupt Brotbelag praktischer wären, da wir ja hier im allgemeinen nur trocknes Brot bekommen ...

Sie schrieb nun auch zum ersten Mal an Prestes über ihre Sorgen.

... Schon seit längerer Zeit steht die Frage, daß das Kind auf die Dauer nicht bei mir bleiben kann. Es ist mir ganz unausdenkbar, wie ich auch noch mit dieser Trennung fertigwerden soll ...

Aber ihre Tapferkeit siegte. In jedem Brief gab es etwas Gutes und Bejahendes:

... Doch haben all die Leiden, die vielen Monate einsamer Gefängnisstunden, auch Positives gegeben. Nicht wahr, man hat besser gelernt, Wesentliches von Unwesentlichem zu unterscheiden, und unsere schönsten und besten Gefühle haben sich vertieft und gefestigt ...

Als sie endlich, nach drei Monaten Wartezeit, den zweiten Brief von Prestes erhielt, antwortete sie:

... Manchmal, wenn ich unsere Kleine liebkose, liegt sie ganz still, und nur ein glückliches Lachen steht in ihrem Gesichtchen. Und genauso geht es mir bei Deinem lieben Brief ... Ich ertappe mich manchmal, daß ich Deinen Namen leise vor mich hin sage ...

Olga beschäftigte sich ernsthaft mit den Erziehungsproblemen des Babys, dessen »Dickkopf« ihr Sorgen machte. Sie schrieb an Prestes darüber und war glücklich, wenn sie aus der fernen Zelle eine Antwort auf ihre Fragen erhielt. Dankbar ließ sie ihn wissen:

... Ich bin völlig einverstanden mit dem, was Du über ihre Erziehung sagst, und möchte Dich nur bitten, mir mehr von Deinen Gedanken auf diesem Gebiet zu sagen. Ich handle, in Ermangelung eines Wissens in diesen Fragen, rein instinktiv und möchte, daß der ungeheure Verlust für unsere Kleine, nicht bei ihrem Vater sein zu können, wenigstens etwas durch Deine Ratschläge ausgeglichen wird ...

Und ein andermal schrieb sie:

... Was Du in Deinem Brief über die Erziehung der Kleinen sagst, hat mir gefallen. Du hast schon recht, wenn man andere erziehen will, muß man vor allem an sich selbst Ansprüche stellen. Und was das ›Nein‹-Sagen betrifft, so habe ich jetzt ein bißchen mehr Mut dazu, denn öfter habe ich ihr früher etwas erlaubt, einfach aus Mitleid, weil ihr ja so vieles fehlt, was andere Kinder haben ... Aber, Lieber, ich bin fast sicher, daß, wenn Du bei unserer kleinen Anita sein könntest, sie mehr ›manhosa‹ (das brasilianische Wort für verzogen) wäre, denn ich weiß, daß Du die wunderbare Gabe besitzt, andere zu verwöhnen ...

Prestes wußte, daß Olgas Liebe zum Kind keinesfalls ihr Leben als Kommunistin, ihre politischen Interessen, in den Hintergrund drängte.

Wenn sie nichts darüber schrieb, so zeigte dies die Disziplin einer Genossin, die illegale Arbeit gewohnt war und den Genossen im Gefängnis nicht politisch belasten durfte. Nur ihrem Wunsch, mehr über den politischen Kampf in Brasilien zu erfahren, gab sie vorsichtig Ausdruck:

... Die Veröffentlichungen des Ibero-Amerikanischen Institutes würden mich natürlich sehr interessieren. Vielleicht kann sie Mama für mich bestellen. Aber am brennendsten interessieren mich doch die brasilianischen politischen Ereignisse. Ich lese hier eine Tageszeitung, und Du wirst lachen, daß ich immer erst alle Seiten durchsuche, ob nicht etwas über Brasilien darin steht. Leider vergehen oft Wochen ohne die geringste Notiz. Darum versuche Du doch, mir ein paar interessante Informationen bzw. Ausschnitte aus Deinen Zeitungen mitzuschicken ...

Zugleich bat sie Dona Leocadia, ihr ein Lehrbuch der Mathematik und der portugiesischen Sprache zu senden.

3

Auch Sabo hörte von der Gefahr, die Olgas Kind drohte, und sorgte sich um die Freundin. Hartnäckig stellte sie jeden Monat erneut den Antrag, Olga besuchen zu dürfen. Sie hatte die Hoffnung schon aufgegeben, als sie plötzlich im August die Erlaubnis erhielt. Das Wiedersehen war ein großes Ereignis für beide, und Sabo ließ in ihrem nächsten Brief Minna daran teilhaben:

... Eine große Freude, die ich hatte, darf ich heute beschreiben: Man hat mir einen Besuch bei Frau Olga Prestes ermöglicht. Es kam mir sehr überraschend, aber ich kann Euch sagen, ich war glücklich.

Als Olga mich sah, war ihr erstes Wort: »Mädel, wie siehst du aus!« Sie hat mich nämlich niemals mit so langgewachsenem Haar gesehen; es ist inzwischen obendrein viel grauer geworden. Da ich aber, seit ich in Deutschland bin, noch keinen Spiegel gesehen habe, konnte ich auch die Verwilderung, die inzwischen mit mir vorging, nur ahnen, nicht wirklich ermessen.

Olga hingegen sieht sehr nett, ja schön aus im Vergleich zu der Zeit der letzten Monate ihrer Schwangerschaft, die sie sehr mitgenommen hatte. Das Gesicht ist zwar noch sehr schmal, aber die Figur ist etwas fülliger, da sie ja noch das Kind nährt. Und ihr Aussehen – das glattgescheitelte Haar und die klaren blauen Augen erinnern sehr an Madonnenbilder. Nun aber das Kind! Meine Lieben, ich habe nie etwas Niedlicheres gesehen: ganz runde, tief veilchenblaue Guckerln und eine hochstehende, widerspenstige Locke auf dem Schädel. Wie Fortuna. Das Gesichtchen ist ziemlich dunkel verbrannt, da Olga das Kind täglich drei Stunden im Freien lassen darf. Aber sie darf leider nicht dabeisein. So hört sie manchmal das Kind unten weinen, doch kann sie nicht zu ihm, sie ist eingeschlossen. Das ist gewiß schwer für eine Mutter ... Nur eines: Es kann noch nicht aufrecht sitzen. Die Knochenbildung ist wohl etwas rückständig. Die Muttermilch ist in ihrer Zusammensetzung nicht ganz vollwertig, denn die Gefängniskost entbehrt eben wichtiger Bestandteile. Olga möchte sehr, daß wir zusammen sein könnten. Es wäre uns beiden viel besser dabei, und vielleicht wird man das auch bewilligen. Sie sagt, ihre Zelle sei groß genug, ich könnte gut »mitwohnen«. Wir hatten uns beide so riesig gefreut über dieses Wiedersehen, und die Trennung fiel uns schwer. Aber was kann man machen ... Prestes erträgt nun wohl schon gemeinsam mit seinen Kameraden die Haft. Ach, welchen Empfang werden sie ihm bereitet haben! Du glaubst gar nicht, was für Stimmung unter den politischen Gefangenen herrschte, damals, als sich die Nachricht von seiner Verhaftung wie ein Lauffeuer verbreitete. Spontan ertönten aus allen Zellen Lieder, die die Gefangenen selbst verfaßten und zu bekannten Melodien sangen. Es war ergreifend und begeisternd. Kein Wärter erhob auch nur den leisesten Einspruch. Auch sie standen unter dem Eindruck, den diese Nachricht in allen Teilen des Gefängnisses hervorgerufen hatte: ... Was heißt, Arthur sei physisch gesund? Arthur war nicht nur organisch, sondern in allen Beziehungen, geistig und körperlich, ein Mann von strotzender Gesundheit, als er verhaftet wurde. Will man verheimlichen, daß man ihn ruiniert hat? Das alles wirkt recht beklemmend auf mich ...

So glücklich Olga gewesen war, Sabo das Kind zu zeigen, die Freundin wiederzusehen, so traurig machte sie Sabos Zustand. Politisch war die alte Kommunistin unbeugsam fest, und Olga wußte, daß es stets so bleiben würde; aber ihr ganzes Aussehen zeigte Resignation und Hoffnungslosigkeit dem eigenen Schicksal gegenüber. Sabo war Ende Vierzig. Sie besaß nach den furchtbaren Folterungen, die sie und Arthur in Brasilien durchgemacht hatten, nicht mehr die Spannkraft, an eine Zukunft für sich persönlich zu glauben. Dabei schienen Stunden der Apathie mit der alten geistigen Regsamkeit und dem Hunger nach allem, was sie in der Haft vermißte, abzuwechseln; das schmerzlichste war für Olga gewesen, als Sabos alter Humor durch einen hingeworfenen Satz schimmerte, der Hauch eines Lächelns über das faltige graue Gesicht huschte, die matten Augen glänzten und die gebeugte Gestalt sich ein wenig aufrichtete.

Olga schätzte Sabos Kraftreserven richtig ein. Sabo glaubte nicht mehr, daß sie den Faschismus überleben würde. Und doch, wie hing sie an allem, was gut und geistig hochstehend in der Welt war; wie hatte das Arbeiterkind, entgegen allen Grenzen, die ihr die kapitalistische Gesellschaft gesetzt hatte, zeitlebens gelernt, sich gebildet und an der echten Kultur erfreut. Wie hungrig war sie noch heute danach.

Die treue Lene, die ihr nicht allzu oft Briefe schicken konnte, weil Sabo nur eingeschränkt Post empfangen durfte, sandte ihr einmal Buchprospekte, und Sabo antwortete ihr:

... Die Bücherliste des Propyläen-Verlages habe ich erhalten. Es machte mir ein großes Vergnügen, mir vorzustellen, was man alles lesen könnte. Wie man in Freiheit manchmal durch die Straßen bummelt und sogenannten Schaufenstereinkauf betreibt, so lese ich jetzt die Inhaltsangaben und Beschreibungen der Bücher in der Verlagsliste und erlebe in der Phantasie ein Weilchen mit Goethe, ein Stündchen mit Hölderlin, oder ich blättere ein bißchen in der alten, ewig jungen Odyssee oder bin mit den anderen Griechen aus anderen Jahrtausenden und möchte sie alle haben.

Dir, Du liebe Leni, von Herzen Dank für Deine gute Tat. Es ist ein Hauch von Freiheit darin, sich mit diesen Dingen zu beschäftigen. Und wie das wohltut nach so vielen Jahren, das kann nur mitempfinden, der es selbst erlebt ...

Olga bemühte sich nach Sabos Besuch um Erlaubnis, öfter an sie schreiben zu dürfen, und jedesmal versuchte sie, ihr etwas Erfreuliches mitzuteilen. Im September saß Anita, die nun schon zehn Monate alt war, endlich allein auf der Pritsche und begann durch die Zelle zu krabbeln. Diese gute Nachricht schrieb Olga an Sabo und natürlich auch an die Großmutter und an Prestes.

Als Anita sich beim Krabbeln auf dem rauhen Boden der Zelle die Hände wundgerieben hatte, nahm Olga sie auf den Schoß und tröstete sie:

»Du wirst über weiches, duftendes Gras laufen und mit den Händchen Blumen pflücken. Du bringst mir eine Margerite. Sie hat einen weißen Sternenblütenkranz, und in der Mitte sitzen tausend gelbe Knöpfchen. Eine grüne Wiese mit Blumen – so etwas Schönes hast du noch nie gesehen. Die Butterblumen sind ganz golden und die Vergißmeinnicht hellblau. Wenn du müde bist vom Laufen, wird der Vater dich auf den Schultern tragen. – Du wirst bei den Demonstrationen in den Straßen der Stadt zwischen Mutter und Vater gehen – um dich ein Meer von roten Fahnen und überall Genossen. Wir singen zusammen: der Vater, die Mutter und du und zehntausend andere. Hör gut zu, Anita.« Olga sang, und Anita hörte zu, als ob sie alles verstünde – bis sie eingeschlafen war. So friedlich, so voll Vertrauen lag sie in den Armen der Mutter. Olga stöhnte; bald, bald wird die Zeit herum sein.

Aber noch nährte sie, und ganz erleichtert berichtete sie im September an Prestes:

... Glücklicherweise kann Anita noch immer bei mir sein. Der Gefängnisarzt hat neuerdings nochmals die Trennung abgelehnt, da ich noch immer imstande bin, das Kind selbst zu nähren. Ich habe nie gedacht, eine solche Fähigkeit zur »Milchkuh« zu haben. Sicher aber ist es diesem Umstand zu verdanken, daß die Kleine bis heute noch nicht mal einen Schnupfen gehabt hat. – Wie freue ich mich, daß Du selbst die Gewichtskurve der Kleinen verfolgst.

Olga beschrieb, wie sie den Abend mit dem Baby verlebte:

... Um 1/2 6 Uhr bekomme ich Abendbrot, und hinterher gebe ich auch der Kleinen zu trinken. Dann machen wir Plauderstündchen bis um 7 Uhr, wo die Kleine zum Schlafen ins Bett kommt. Da es um diese Zeit jetzt schon dunkel ist, und man kein Licht macht, bleibt auch mir nichts anderes übrig, als »mir was Schönes auszudenken« und zu schlafen. Um 10 Uhr gebe ich der Kleinen nochmals zu trinken (auch im Dunkeln), nun, und dann schlafen wir beide bis zum anderen Morgen ...

Du wolltest, daß Mama mich pflegen könnte; nun, ich möchte umgekehrt ein bißchen für sie sorgen können, denn auch sie hätte wahrlich ein wenig Ruhe und Glück verdient ... Du fragst, ob ich schon daran gedacht habe, wie unser Leben zu dritt sein wird. Aber Lieber, das ist das Hauptthema meines abendlichen »etwas Schönes ausdenken« ...

4

Prestes hatte Olga mitgeteilt, daß er noch immer in Einzelhaft sei. Sie kannte die Gruft mit ihrer tödlichen Stille, die in Brasilien Einzelhaft bedeutete. Doch sie wußte nicht, daß diese Stille für Prestes aufs entsetzlichste unterbrochen wurde, daß er Tag und Nacht dem Schreien, Toben und gellenden Rufen in deutscher Sprache aus der Nebenzelle ausgesetzt war, daß er dem Martyrium seines Freundes beiwohnen mußte. Er hörte einen Körper gegen die Wand fallen, Fäuste gegen die Tür hämmern – wieder begann das Schreien, immer wieder. –

Wie oft hatten sie Arthur Ewerts starken Körper, in dem ein mächtiger Wille wohnte, geschlagen, getreten, elektrisiert, an den Beinen aufgehängt und mit glühenden Eisen gebrannt, ohne ein Wort von ihm zu erfahren. Hundertmal sagten sie ihm, als sie merkten, daß seine Nerven zu versagen begannen: »Wir machen dich verrückt, dann wirst du schon sprechen.« Systematisch hatten sie es darauf angelegt.

Sie erreichten nur einen Teil ihres Zieles.

Er sah das Feuer, mit dem sie ihn gebrannt hatten, Tag und Nacht in der Zelle auflodern, und schrie. Er fühlte das Seil auf sich einschlagen, selbst wenn sie ihn in Ruhe ließen. Er wagte nicht, die Zellenwände, den Tisch und das Bett zu berühren, weil er glaubte, sie seien elektrisch geladen. Er schrie und schrie, aber wenn sie ihn nach dem Aufstand und seiner Vorbereitung fragten, nach den Adressen, wo Prestes sich überall verborgen gehalten hatte, nach Namen anderer Genossen – dann schüttelte er den Kopf und schwieg. Die Überzeugung des Kommunisten war stärker als der umnachtete Geist.

So wurde er als nutzlos für sie abgetan, bis die Polizei auf einen Gedanken kam: Wir legen ihn neben seinen Freund in die Zelle, vielleicht wird Prestes durch diesen Nachbar endlich mürbe.

Als Prestes am 8. September 1937 vor dem höchsten Militärtribunal zum zweiten Prozeßtermin erschien, herrschte im großen Raum betretenes Schweigen. Bleich, mager, schmutzig, die Kleider zerrissen, das Gesicht voll Blut – auf dem Wege zum Gericht hatten sie ihn mißhandelt –, stand er vor ihnen. Sein Körper schwankte, die Augen blinzelten aus tiefen Höhlen. Mancher senkte den Blick, weil er es als entwürdigend und peinlich empfand, Prestes in solchem Zustand zwischen den wohlgenährten uniformierten Wärtern, im Kreise gepflegter, glattrasierter Richter, Zeugen und Zuhörer zu sehen. Es lag ein infamer Sinn darin, ihn den Mitbürgern so heruntergekommen vorzuführen. Doch jene, die durch Gewalt an der Macht waren, täuschten sich wie so oft.

Als Prestes zu reden begann, erschraken sie vor dem tönenden Klang seiner Stimme. Sie vernahmen seine Worte und erkannten, daß dieser Mann unantastbare Würde, unbesiegbare Kraft und felsenfeste Zuversicht besaß. Dort stand ein Mensch, größer als sie, erfüllt von der Wahrheit und der Richtigkeit seines Glaubens, überzeugt vom Endsieg über jene, die heute seine Richter waren. Es sprach der Ritter der Hoffnung, Held des Volkes, Künder der Befreiung Brasiliens. Prestes erwiderte auf ihre Anklagen.

Mit Stolz gab er zu, Mitglied der Kommunistischen Partei zu sein und daher selbstverständlich zur Avantgarde jeder Befreiungsbewegung des Volkes zu gehören. Er übernahm die volle, alleinige Verantwortung für den Ausbruch des revolutionären Aufstandes im November 1935. Auf die Frage nach seinen Mitarbeitern und Helfern, nach Einzelheiten der Vorbereitung des Aufstandes schwieg er – wie er seit dem Tage seiner Verhaftung geschwiegen hatte.

Er benutzte die knapp bemessene Redezeit nicht, um zu den Richtern, sondern um zum Volk zu sprechen und ihm das zu sagen, was er für das wichtigste hielt:

»In der Lage, in der ich mich befinde, sollen alle wissen: Ich fahre fort, gegen jene zu kämpfen, die das Volk ausbeuten und unterdrükken.«

Prestes wurde zurück in die einsame Zelle geführt, sechzehn Jahre Haft vor sich und doch Sieger über sie alle.

Olga schrieb ihm:

... Vor mir liegt Dein lieber Brief vom 2. September und Mamas vom 21. September. Aus letzterem habe ich von dem feigen Überfall auf Dich erfahren, als man Dich zum Tribunal-Militär brachte. Meine Gedanken darüber und wie sehr ich darunter leide, brauche ich Dir wohl nicht zu sagen. Sage mir, ob Du dabei innere Verletzungen erlitten hast, ob die Wunden heilen und wie Du Dich fühlst ...

Dann gab Olga ihm, wie in allen anderen Briefen, das Beste, was sie ihm geben konnte, die Beschreibung des Kindes.

... Die üblichen fünf Schritt vor- und rückwärts in der Gefängniszelle sind bei Anita fünfzehn bis zwanzig. Und da trippelt sie, an beiden

Händen von mir geführt, auf und ab. Oft singe ich ihr dazu unser Lied (vom »Tok – Tok«). Erinnerst Du Dich daran? ...

Neuerdings bekommen wir bis acht Uhr abends Licht; als man es uns zum ersten Mal anmachte, hat sich Anita furchtbar erschrocken. Sie kannte das nicht und fing laut zu weinen an. Dann verkroch sie sich in meinen Schoß und blieb da, bis sie einschlief. Es war so rührend, und ich wurde sehr traurig, denn ich dachte daran, was für ein furchtbarer Schlag es für dieses Kind sein wird, eines Tags in eine ganz andere Welt gestoßen zu werden – und das ohne seine Mutter.

... Carlos, jetzt fehlen nur noch wenige Tage, und es wird ein Jahr, daß ich vom Schiff in Hamburg hier nach Berlin ins Frauengefängnis gebracht wurde. Und obwohl ich von keinem Gericht zu einer Strafe verurteilt worden bin, hält man mich weiterhin fest – in »Schutzhaft«. Jetzt fange ich an, mich auf längere Haft einzustellen. Deshalb brauchst Du aber nicht zu denken, daß ich alle meine Hoffnungen begraben habe. Es werden schon wieder bessere Tage kommen. Schau, was in China vor sich geht.

Am meisten beunruhigt mich Dein Ergehen. Ich hoffte schon, daß Du das Schlimmste hinter Dir hast, aber die letzten Vorfälle sprechen von anderem. Nicht wahr, man leidet wohl am meisten unter der Tatsache, daß man demjenigen, den man schätzt und liebt, nicht helfen kann, daß man zu dieser schrecklichen Ohnmacht gezwungen ist ...

»Anita, heute müssen wir feiern, es ist der 7. November – wie machen wir es bloß – ob ich dir ›Rot Front‹ beibringen kann?«

»Da-da«, sagte Anita.

Olga lachte.

In der Einzelhaft sprach sie mit Anita wie zu einer großen, verständnisvollen Tochter.

»Heute, meine winzige Genossin, gehen wir, weil's der siebente November ist, ins Leninmuseum in Moskau.

Siehst du, hier in dem Zimmer hat er als Junge gelebt ganz einfach ist es: ein Schreibtisch, ein Stuhl, das Bett und eine Landkarte mit den beiden Hälften der Welt darauf, und wenn du erst größer bist, Anita,

270

dann wirst du sehen, wie das, was Lenin lehrte, als er älter wurde, sich über die ganze Welt verbreitete.

Neben dem Bild von seinem Zimmer liegt sein Schulzeugnis, lauter Fünfen – das ist dort die beste Zensur. Als Erster seiner Klasse, mit einer Goldmedaille, schließt er die Schule ab – bestimmt war seine Mutter sehr stolz auf ihn; ich weiß jetzt schon, wie stolz ich auf dich sein werde, wenn du eine gute Schülerin bist. Nun beginnt Lenin zu studieren; aber was machen sie mit ihrem fähigsten Schüler? Sie schließen ihn vom Universitätsstudium aus, weil er seine Intelligenz benutzt, dem Volk zu helfen, das im Elend lebt, und sie stecken ihn ins Gefängnis. – Er ist nicht lange frei, da sperren sie ihn wieder ein. Siehst du: Ein Bild von seiner Zelle; diesmal bekam er zwei Jahre – auch in Einzelhaft –, da wiegen unsere paar Monate gar nichts. Wir beide sind Gefangene, weil wir für das gleiche kämpfen wie er, und unsere Zelle sieht seiner ähnlich – die Pritsche, das Bett, das vergitterte Fenster.

Hier stehen die Möbel aus seiner Stube, als er politischer Flüchtling war und in einem kleinen Dorf leben mußte. Siehst du, meine Anita, zwanzig Dinge dazwischen habe ich vergessen, aber diese Möbel nicht: ein grober Holztisch, das eine abgebrochene Bein hat der Bauer mit einem Eisenstück wieder befestigt, ein Stuhl mit einer blanken Holzsitzfläche, die etwas gespalten ist. Als ich damals die Möbel im Museum sah, dachte ich ganz erleichtert: Wie gut, daß der andere Stuhl ein bißchen gepolstert ist, bestimmt hat Lenin Stunden und Stunden darauf gesessen und gearbeitet. Einer der Gründe, warum wir Lenin so lieben, ist seine Einfachheit. Viele Zimmer, in denen er lebte, sind abgebildet, und alle – auch nach der Revolution – sind ohne jeden Luxus. Die wirklich großen Menschen sind bescheiden – und Anita, mein Kleines, mißversteh mich nicht, wenn ich dabei auch an deinen Vater denke. Er ist ein wirklich großer Mensch und so bescheiden in seinen persönlichen Wünschen, er hatte keine Bedürfnisse – aber auf mich paßte er auf, und wenn wir wenig hatten, achtete er darauf, daß ich mehr bekam als er. Ich nahm's dann nicht, und das war überhaupt der einzige Streit, den es zwischen uns gab. Aber ich bin vom Thema abgekommen.

Da ist ein Brief von Lenin an das Britische Museum, ob er dort lesen darf. Das war, als er illegal in London lebte, Jakob Richter ist sein Brief unterzeichnet. Er, der so ehrlich, so vollkommen aufrichtig war, wurde gezwungen, sich sein Wissen unter falschem Namen anzueignen. – Und sollte dir je ein Gegner sagen, deine Mutter hat die Gesetze Brasiliens übertreten und dort unter falschem Namen gelebt, dann denke daran: Wer dem Volk helfen will, muß die Gesetze der Volksunterdrücker umgehen.

Vieles aus dem Museum hab ich vergessen, aber an eine graue, auf billigem Papier geschriebene Eintrittskarte zu einer Versammlung, wo Lenin sprechen sollte, erinnere ich mich. Ich denke oft daran, weil unsere Einladungen zu KJ-Abenden ganz ähnlich aussahen – weil aus so kleinen Anfängen dann später die Sowjetunion entstand, weil aus unseren Anfängen trotz Hitler auch einmal ein kommunistisches Deutschland entstehen wird.

Und die Manuskripte Lenins! – Weißt du, ich staunte, wie wenig darin verbessert war. Lenin hatte alles so klar im Kopf, bevor er es niederschrieb. Wenn ich da an meine Vorbereitungen zu Referaten denke! Und gleich nach dem Besuch im Museum probierte ich's: Erst alles genau zu Ende denken und dann aufschreiben. Aber es ist mir mißlungen, bei mir kam das Denken erst beim Schreiben – und jetzt, siehst du, nun kann ich gar nichts aufschreiben, muß alles nur im Kopf behalten – und es geht.«

Olga sah auf die Uhr. »Beinahe hätten wir es verpaßt, jetzt ist es drüben gleich zehn Uhr. Die Glocken des Kreml schlagen, und die Demonstration auf dem ›Roten Platz‹ beginnt. Die Tore öffnen sich, der oberste Kommandeur der Roten Armee reitet auf einem Pferd ... Ach, Anita, nichts ist schöner als Reiten. Du fühlst, wie der Körper des Tieres bebt, du ziehst die Zügel an und galoppierst davon, die ziehenden Wolken am Himmel bleiben zurück, der Wind bläst dir ins Gesicht, du jagst davon, so glücklich, so gesund, daß du singen und jauchzen möchtest – am Waldrand mit den dunklen Tannen entlang, an Weizenfeldern vorbei, am Fluß springst du ab und – wo waren wir denn? Ja, der General reitet – natürlich langsam – aus dem Kremltor, gerade als die zehn Glockenschläge ertönen. Schau die vielen Menschen, die über den

272

Roten Platz ziehen! Jetzt singen sie: ›Vaterland, kein Feind soll dich gefährden ...‹ Wenn du groß bist, sollst du es miterleben, Anita.« –

Nicht lange nach ihrer »Novemberfeier« erfuhr Olga, daß man sie zwingen wollte, mit dem Stillen aufzuhören.

»Und wohin kommt das Kind?« fragte sie entsetzt. »Waisenhaus«, war die Antwort der Aufseherin. »Nein!« schrie Olga.

Sie wußte nicht, ob man sie mit dieser Auskunft nur quälen wollte, und bat die Großmutter, ihre Anstrengungen, das Kind abzuholen, zu verdoppeln. An Prestes schrieb sie:

... Als traurige Nachricht teile ich Dir mit, daß ich nun unsere Kleine abstillen muß, das heißt, daß es nicht mehr lange dauern wird, bis man sie mir wegnimmt. Manchmal schläft mir die Kleine jetzt abends im Schoß ein, und da sitze ich dann und halte unser Kindchen ...

Am Ende dieses Briefes schrieb sie mit rührender Tapferkeit:

Nun, ich muß schließen. Nicht wahr, Du weißt, daß mir schwere Wochen bevorstehen. Der Gedanke, daß Du mit mir auch dieses gemeinsam trägst, wird mir ein großer Trost sein ...

Sie besaß jetzt wunderschöne Sachen für ihr Töchterchen. Am 27. November, als Anita ein Jahr alt wurde, zog Olga ihr zum ersten Mal ein Kleidchen an.

»Der Hitler soll sich ärgern, wie eine Prinzessin soll sie aussehen« – hatten die Arbeiter beschlossen, die das Hilfskomitee für Prestes und seine Frau im Ausland unterstützten, und auch die Großmutter hatte für das Enkelchen gestichelt und genäht.

Das Kleidchen war hellblau mit Schleifen auf den Schultern und stand Anita sehr gut; die Zelle war zu kalt, sie lange so zu belassen, aber wenigstens ein paar Augenblicke sollte sie schön aussehen. Anita saß wie ein fröhlicher kleiner Schmetterling, der gar nicht wußte, daß er im Netz gefangen war, auf der grauen Decke. Olga hatte sich vorgenommen, diesen Tag zu feiern, doch es gelang ihr nicht. Sie lauschte auf jeden Schritt, zitterte vor jeder Stimme.

Die nächsten Wochen waren eine einzige Qual, Olgas Nerven waren ständig angespannt.

Sie wußte, daß die Großmutter noch immer vergeblich um das Kind kämpfte. Sie hörte vom schlechten Gesundheitszustand Dona Leocadias, die sich nicht von dem Schlag, daß ihr Sohn zu sechzehn Jahren Zuchthaus verurteilt war, erholen konnte, und sie fand die Kraft, trotz der eigenen großen Sorgen der Mutter Mut zuzusprechen; sie erinnerte sie:

... Denken wir an eine Lebensweisheit, die Carlos mich lehrte: Man tue in einer gegebenen Situation alles Mögliche, mit dem Rest muß man sich abfinden, ohne es sich zu stark zu Herzen zu nehmen, denn das schadet einem nur selbst. Ich weiß, daß das leichter gesagt ist als getan, aber liebe Mutter, ich versuche es hier auch in diesen vier engen Wänden ... Also, Mama, schone Deine Gesundheit – Du weißt ja, wie stolz Deine Kinder auf ihre starke Mutter sind ... Über die Zukunft der kleinen Anita Leocadia kann ich Dir leider nichts Neues sagen, da ich darüber noch immer völlig im ungewissen bin ...

Der Dezember begann, und das Kind war noch immer bei Olga. An einem klaren Wintertag stand es neben der Pritsche und blickte zum geöffneten Fenster. An der Wand erschien, durch ungewöhnliche Reflexe hervorgerufen, ein zitternder kleiner Sonnenfleck.

»Anita, schau«, sagte Olga aufgeregt. – Noch nie hatten sie Sonne in der Zelle gehabt. Anita löste die Hände von der Pritsche und lief – zum ersten Mal allein – auf den Sonnenfleck zu.

»Anita, mein Gutes«, Olga fing sie in den Armen auf, »mein großes Mädchen – nun läufst du schon.« Olga strahlte.

Von diesem Tag an war Anita nicht mehr zu halten, jauchzend und froh übte sie sich in der neuen Kunst, stolperte, fiel hin, verzog das Gesicht, weinte und begann von neuem, in der Zelle auf und ab zu laufen.

Am 21. Januar drehte sich der Schlüssel zu ungewohnter Zeit im Schloß, eine Beamtin trat ein.

»Geben Sie das Kind her.«

Olga stürzte auf Anita zu. »Nein! Weshalb?«

»Das Kind kommt fort.«

»Nein!«

»Stellen Sie sich nicht so an – Sie wissen es lange genug.«

Olga stand, das Kind im Arm, an der Wand.

Als die Wärterin es ihr nehmen wollte, schrie sie gellend: »Nein, nein, nein – ihr bekommt mein Kind nicht, eher schlag ich's tot – ihr bekommt es nicht!«

Olga schlug wie rasend um sich, sie schluchzte, zitterte, jagte mit dem Baby an der Diensthabenden vorbei in die Ecke zur Pritsche, in die nächste Ecke, an den Zellenwänden entlang. Das vor Angst halb besinnungslose Kind an sich pressend, verteidigte sie es wie ein Tier sein Junges.

Eine zweite Beamtin erschien; Olga wurde überwältigt.

»Sagt mir, wohin mein Kind kommt – bitte, bitte – nur das – nur das einzige – wohin wird es gebracht?«

Keine Antwort. Die Tür schloß sich.

Olga lag auf dem Boden der Zelle, sie kroch nicht einmal auf die Pritsche – Anita – Anita! –

Elende Folterknechte! – Freut ihr euch nun? – Jetzt habt ihr sie soweit, die tapfere Kommunistin, die ihr nicht beugen konntet, die euren Gemeinheiten und Quälereien ihren Stolz, ihren starken Willen entgegensetzte, die alle Gefangenen so hoch achten – nun kriecht sie am Boden, schluchzt und wehrt sich nicht mehr. Doch auch das ist euch noch nicht genug, ihr müßt sie noch weiter peinigen, ihre Not verlängern. Ein Satz hätte genügt, sie zu beruhigen – fünf Worte: Das Kind kommt zur Großmutter.

Während ihr Olga absichtlich in tiefster Verzweiflung beließet, habt ihr voll brutaler Schadenfreude auch noch eine alte weißhaarige Frau gequält, eine Greisin, die alle aufrechten Menschen verehrten, weil sie Mutter eines Helden war und selbst wie eine Heldin kämpfte. Ihr habt sie dazu gebracht, vor euch auf die Knie zu sinken.

Ihr ließet sie die Hände falten und betteln: »Ich bin krank, ich habe diese weite Reise gemacht, laßt mich nur eine Sekunde, einen Atemzug lang Olga Prestes sehen, die Frau meines Sohnes, dann werde ich sofort mit dem Kind abfahren.«

Stumm, hämisch grinsend habt ihr die Bitte abgeschlagen. Dies war eure Rache dafür, daß ihr das Kind nicht einfach – wie ihr es euch wünschtet – im Waisenhaus verschwinden lassen konntet. Die Weltöffentlichkeit, die Proteste von Regierungen, internationalen Behörden und Millionen Menschen ließen es nicht zu. So nahmt ihr Rache an einer jungen Mutter und an einer alten, gebrochenen Frau.

5

Für Olga begann die schwerste Zeit ihres Lebens. Sie konnte einfach nicht daran glauben, daß ihr Kind fort war. Früh, nach dem Aufwachen, hatte Anita über den Rand des Bettchens geschaut und, sobald sie die Mutter gesehen, mit strahlendem Lächeln die Ärmchen nach ihr ausgestreckt; dann hatte Olga sie aufgenommen, und die Zelle war einfach keine Zelle mehr gewesen. Wenn Olga die Sorgen bedrängten, hatte sie auf ihr Kind geblickt, das, zufriedene kleine Laute ausstoßend, an seinem Stoffhündchen gelutscht hatte. Sie hatte Anita an sich gedrückt und war glücklich gewesen. Olga hätte das Opfer der Trennung genauso tapfer ertragen wie andere Seiten ihres harten Daseins, aber der Gedanke daran, daß Anita in einem Waisenhaus zur Faschistin erzogen werden sollte und niemals wieder auffindbar sein würde – falls man sie überhaupt am Leben ließ – war unerträglich.

Olga konnte nicht mehr weinen. Die bisher so vorbildlich Tapfere saß stundenlang mit geschlossenen Augen auf dem Schemel und versank in stumpfe Gleichgültigkeit – gefährlichster Feind des Gefangenen in Einzelhaft, weil sie wohltuend erscheint, lindernd, als bester Weg, die Haft zu ertragen, und dennoch in den Abgrund führt. – Die Stunden verrinnen, sie döst vor sich hin, nichts berührt mehr das Innere; wozu sich waschen, wozu denken, wozu sich anstrengen und vielleicht das Datum festhalten – der Tag fließt in die Nacht, die Nacht in den Tag. Warum war sie nicht eher darauf gekommen, alles seinen Lauf nehmen zu lassen, keine Verantwortung mehr zu fühlen, anderen oder sich selbst gegenüber?

Es ist schwer zu sagen, ob ein bestimmtes Ereignis den Anstoß zum Erwachen gab. Die Tage der Stumpfheit glichen dem Niedergehen des Kämpfers im Ring nach hartem Schlag. Die Nazis hatten sich geirrt. Olga besaß viel mehr Kraft, als der Gegner ahnte. Sie erhob sich vor dem Auszählen.

»So geht das nicht weiter«, sagte sie eines Tages laut und erschrak vor der ihr gänzlich fremden Stimme, die sie so lange nicht benutzt hatte, »wie schlapp ich bin, ich muß wieder mal turnen.« Und als sie in die Kniebeuge ging, war sie von ihrer Schwäche überrascht. Sie überlegte, wie lange sie keine gymnastischen Übungen gemacht hatte, und stellte fest, daß sie das Datum nicht wußte. Sie turnte mit zusammengebissenen Zähnen, bis sie vor Erschöpfung schwankte. Als sie sich in der kalten Zelle den Schweiß von der Stirn trocknete, merkte sie, daß ihr Gesicht schmutzig war.

Sie kämmte sich das Haar, wusch sich mit großer Sorgfalt und stellte sich, als sie die Pflege beendet hatte, an die Wand, die zugleich Wand der Nebenzelle war, um den anderen Genossen näher zu sein.

Sie sah nun klarer, wie es um sie stand, und sagte sich: Du warst nahe daran, vor die Hunde zu gehen. Warum? Aus persönlichem Kummer. Was du anderen immer als die größte Gefahr gepredigt hast – Willensschwäche und Gleichgültigkeit –, hat dich gepackt. Seit wann läßt du zu, daß dich die Nazis auch nur vorübergehend besiegen? Das darf nie wieder vorkommen.

Anita! –

Nach der Vernichtung des Faschismus kann man alle Waisenhäuser durchsuchen, auch wenn das Kind schon älter ist; solch lange Wimpern, solche Augen und die trotzige Bewegung des Mündchens, wenn sie die Lippen vorschiebt ... Anita – meine Anita – wo bist du jetzt?

Olga schlug die Hände vors Gesicht – noch ehe die Tränen zu rinnen begannen, ballte sie die Hände zu Fäusten und sagte laut: »Verdammt noch mal, nimm dich zusammen!«

Anita würde sie überall erkennen. Und sollte ihr Kind umkommen, dann wäre sie eine der Mütter, wie es in diesen Tagen im spanischen Bürgerkrieg viele gab, wo Kinder unter den Händen der Faschisten starben. Sie durfte sich nicht zerbrechen lassen, sie mußte sofort den Kampf wiederaufnehmen.

Wie der Blinde sein Gehör ausbildet, wie sich beim Tauben der Blick schärft und er die feinsten Bewegungen zu deuten lernt, so werden für den Gefangenen in Einzelhaft jeder Laut, jede Bewegung von draußen zu großen Ereignissen.

Olga konnte den Schritt der einzelnen Wachtmeisterinnen auf dem Gang unterscheiden und die Art, wie sie mit dem Schlüsselbund klapperten. Sie wußte, ob der Kalfaktor oder eine Aufseherin vor der Zelle stand. Sie hörte, wenn jemand die Klappe am Türspion verschob, ein Laut, der normalerweise gar nicht wahrnehmbar war.

Sie vernahm die leisesten Rufe:

»Lilo Herrmann, Besuch«, und sie freute sich, daß jemand zu Lilo kam. Nur wenn Kinderweinen in ihre Zelle drang, hielt sie sich die Ohren zu.

Olga führte einen zermürbenden Kampf um die kleinsten Dinge, die in der Einzelhaft wertvoll und wichtig sind. Sie bekam vorübergehend nicht mehr die Zeitung zu lesen. Es war ein guter Tag, wenn das Toilettenpapier, das aus alten Zeitungen bestand, einen Fetzen politischer Nachrichten enthielt. Welche Freude, wenn das Buch aus der Bibliothek kein Schmarren, sondern eine Reisebeschreibung war. Ein Bleistiftstummel, ein Stück weißes Papier waren von größter Bedeutung, denn es ist furchtbar, wenn man den ganzen Tag nichts zu tun hat. Da wurde das selbstgeschaffene Programm zur Lebensnotwendigkeit.

Olga begann den Tag mit der Wiederholung ihrer Vernehmungen. Schon während des »Verhörs«, das aus Fragen, lügenhaften Feststellungen und Einschüchterungsversuchen bestand, teilte sie sich alles Gesagte in Punkte ein. Um nicht die Punktzahl zu verlieren, bog sie bei jedem Punkt einen Finger um. Eine alte, erfahrene Genossin hatte sie dies vor Jahren gelehrt. Nach der Vernehmung in die Zelle zurückgekehrt, wiederholte Olga, obwohl sie oft am ganzen Körper flog, die einzelnen Punkte, bis sie fest im Kopf saßen. Sie war sehr erleichtert, daß auch nach den Tagen der Gleichgültigkeit das Gedächtnis funktionierte und sie ihr »Gebet«, wie sie die Wiederholung morgens und abends nannte, noch aufsagen konnte. Dem Gebet folgte jeden Tag die Geographiestunde; Olga reiste von Berlin nach München, sie nannte alle Bahnstationen, an die sie sich erinnern konnte, sie beschrieb sich den Wechsel der Landschaft. Dann fuhr sie von Leningrad nach Moskau, von London nach Paris, von Rio de Janeiro nach Sao Paulo. Lange Zeit widmete sie der Militärwissenschaft, die sie früher so eifrig studiert hatte: Die aufständischen Revolutionäre sprangen mit Fallschirmen in den Wäldern um Berlin ab und nahmen die Verbindung zu den Berliner Genossen auf, die Nazis hielten nur noch drei Ausfallstraßen besetzt.

Die Arbeiter Rio de Janeiros stürmten das Gefängnis, um die Häftlinge zu befreien – von welcher Seite, mit welchen Methoden mußten sie angreifen?

Olga träumte nicht etwa – sie führte wissenschaftlich begründete Schlachten durch. Noch interessanter wurde es, wenn sie Bleistift und Papier zur Verfügung hatte und die Kämpfe aufzeichnen konnte. Als Abschluß rezitierte sie Gedichte. Am Nachmittag spielte sie Schach. Die Figuren hatte sie sich aus mit Speichel angefeuchtetem Brot geknetet, die des Partners mit Kopierstift lila gefärbt und die eigenen mit Zahnpasta geweißt. Doch jetzt ärgerte sie sich nicht über ein verlorenes Spiel, wie sie es so oft getan hatte, wenn Carlos Sieger geblieben war. Die einzige Unterhaltung, die sie mit anderen führen konnte, war das Klopfgespräch mit den Nachbarzellen – gefährlich und nur zu bestimmten Zeiten möglich.

Im Februar erhielt sie Post aus Paris.

»Jetzt bewähre dich«, sagte sie und dachte, während das Herz zitterte: Wenn die Großmutter das Kind nicht bei sich hat, werde ich ganz stark an Carlos denken. Sie zwang sich zur Ruhe und öffnete den Brief. – Anita – meine Anita – wen konnte sie umarmen, wem das Glück mitteilen – Anita lebte, sie war bei der Großmutter und Lygia. – Anita! Wir werden zusammen über Wiesen gehen, auf Demonstrationen singen ...

Schon am nächsten Morgen beantwortete sie die Nachricht von der Mutter und Lygia:

... Aus meinem Brief vom 20. 1. sowie den nassen Wäschestücken werdet Ihr hoffentlich verstanden haben, daß ich nicht auf die Trennung vorbereitet war. Ihr müßt deshalb entschuldigen, daß sich die Sachen Anitas in diesem Zustand befanden ... Aus Lygias Beschreibung, wie die Kleine sich tagelang an Euch klammerte, verstehe ich, wie verängstigt sie vor all dem Neuen war. Daß Anita nicht laufen wollte, hing wohl auch mit ihrer Verfassung zusammen ... Es wird auch eine große Schwierigkeit für sie gewesen sein, daß Ihr eine andere Sprache mit ihr sprecht. Ich weiß, dafür trifft mich die Schuld – ich hätte wenigstens französisch mit ihr sprechen können. Aber seht, ich kann die Kindersprache eben nur in meiner Muttersprache, und dann war wohl auch mein alter Optimismus daran schuld, der mich hoffen machte, daß es nicht zu dieser Trennung komme ...

Olga war glücklich über die Begeisterung, mit der die Großmutter und auch Lygia über das Kind geschrieben hatten, doch sie witterte eine Gefahr und warnte schon im ersten Brief nach der Trennung von Anita sehr ernst:

Mama, du hast fünf lebenstüchtige Kinder großgezogen, und auch das Anita-Kind darf kein »verzogenes Püppchen« werden. Bitte, laß da kein falsches Mitleid aufkommen, daß diesem Kindchen Vater und Mutter fehlen. In meinen früheren Briefen habe ich Euch erzählt von meinem Kampf mit Anitas Dickkopf. Sie muß lernen, daß man nicht alles haben kann, so wie sie gelernt hat, sich stundenlang alleine zu beschäftigen. Ich glaube auch, daß es sehr wichtig ist, ihr ein paar Spielkameraden zu beschaffen. Nur der Umgang mit Erwachsenen ist schlecht. Sie muß unter Kinder und lernen, sich in ein Kollektiv einzufügen. Lygia schreibt nicht, ob und wo Ihr mit Anita spazierengeht. Habt Ihr in der Nähe einen Park oder Anlagen? Denkt daran, daß für jede Stunde an der frischen Luft ich Euch besonders dankbar bin. Mein größter Kummer hier war, daß ich davon so wenig für Anita hatte.
... Dann möchte ich wissen, ob sie nachts durchschläft, wieviel sie wiegt, ob sie rote Bäckchen hat und ob und was sie spricht. Überhaupt

laßt uns ein für allemal festlegen: Ihr dürft mir nichts über Anita vorenthalten, aus irgendwelcher Rücksicht auf mich! Selbst wenn sie krank sein sollte, dann will ich zusammen mit Euch um sie bangen und wenigstens in Gedanken an ihrem Bettchen sein.

Küßt vieltausendmal das Anita-Kind von mir. Sie soll mir verzeihen, daß sie so alleine in die weite Welt hinaus mußte – es ist nicht meine Schuld ...

Nachdem sie den Brief an die Mutter beendet hatte, schrieb sie an Prestes:

... Ich darf wohl sagen, daß neben dem 5. März 1936 der 21. Januar 1938 zu den schwärzesten Tagen meines Lebens gehört. Angesichts solcher Ereignisse steht man vor der Alternative, daran zu zerbrechen oder hart zu werden. Und Du weißt, daß nur das zweite für mich in Frage kommt. Dabei hilft mir glücklicherweise, daß ich noch imstande bin, zu unterscheiden zwischen der Bedeutungslosigkeit der Fragen der eigenen kleinen Person und den allgemeinen weltgeschichtlichen Ereignissen unserer Zeit ... Aber an all dem Schweren ist doch noch etwas Gutes. All meine Liebe und Fürsorge konnten in diesem Alter der Kleinen nicht mehr ersetzen, was sie vom Leben braucht. Und wenn mir Lygia in ihrem Brief schreibt, wie sich Anita für ihre Handtasche und Puderdose, für Telefon und Türklinken interessiert, in einer Wohnung hin und her läuft und in einem Speisewagen frühstückt, so ist das für mich beinahe wie ein Märchen aus längst verflossenen Zeiten.

... Vielleicht gelingt es Mama, einmal ein Lächeln Anitas auf einem Bild für Dich festzuhalten. Lygia sagt davon, daß es alle entzückt. Weißt Du, ich habe schon manchmal daran gedacht, daß dieses süße Lächeln unserer Kleinen sicher einen Hauch des Glückes ihrer Eltern trägt ...

SECHSTES KAPITEL

1

»Heute kommt eine kommunistische Schwerverbrecherin, ein ganz gefährliches Biest«, sagte die Aufseherin, während sie die frierenden Lagerinsassen vom kleinen Eisenofen verjagte, der niemals den großen Tagesraum, in dem hundert Menschen lebten, wärmen konnte. Die vor Kälte zitternden Frauen sahen sich an.

»Nach der Beschreibung muß es eine sehr gute Genossin sein.«

»Wenn die ›Krähe‹ gerade uns das erzählt, bedeutet es, die Neue kommt auf diesen Saal.«

Die politischen Häftlinge dachten an die engstehenden, übereinandergebauten Schlafstätten. Wenn die Genossin gesundheitlich in schlechtem Zustand war, mußte man ihr ein gutes Lager geben, nicht zu nahe am Fenster – es war der 15. Februar, und eisige Kälte herrschte.

Olga fuhr durch das deutsche Land, ohne zu wissen, wo sie sich befand, wohin man sie brachte. Sie hatte keinen Grund, mit einer Wendung zum Guten zu rechnen, und doch erweckten die rollenden Räder ein Gefühl der Hoffnung – in der ungewohnten Bewegung lag ein Hauch der Freiheit.

Sie war erleichtert gewesen, als man sie in der Barnimstraße aus der Zelle geführt hatte, wo jeder Atemzug, jeder Blick, jeder Gedanke an das Kind erinnerte. Sie wußte, daß sie in ein Lager kam – doch dort würde sie mit anderen zusammenleben, Genossinnen um sich haben und Beschäftigung erhalten. Sie hatte große Sehnsucht nach Menschen, und die Arbeit, mochte sie auch schwer sein, würde von zu vielem Nachdenken und Grübeln ablenken. –

Den Häftlingen war es auf Umwegen gelungen zu erfahren, daß es sich bei der »Schwerverbrecherin« um Olga Benario handelte. Einige kannten sie persönlich, fast alle hatten von ihrem Schicksal gehört. Nun freuten sie sich, daß Olga gerade zu ihnen kommen würde. Die Festung Lichtenburg bei Torgau beherbergte mehrere hundert politische Gefangene.

»Bereiten wir ihr einen herzlichen Empfang«, sagte die älteste der Genossinnen, zu denen die Krähe gesprochen hatte. Die eine besaß noch ein paar Gramm Margarine, die andere ein Stück Brot, die dritte zwei Teelöffel Marmelade. »Machen wir eine Schichttorte!«

Das Brot wurde in dünne, abgerundete Scheiben geschnitten und abwechselnd eine Zucker-, Margarine- und Marmeladefüllung dazwischengelegt.

»Erwartet nicht die frühere Olga; dazu hat sie zuviel gelitten – unsere Aufgabe wird es sein, sie zu trösten, sie aufzurichten«, sagte die Saalälteste.

»Wir helfen ihr, wir gehen ganz behutsam mit ihr um.«

»Falls sie zu schwach ist, machen wir, soweit es geht, ihre Arbeit mit.«

»Kommt sie abends an, können wir vielleicht ein Lied zu ihrer Ankunft singen.«

Doch sie waren bei der Arbeit, als Olga das schwere Eingangstor des jahrhundertealten Baues durchschritt. Nur der auf der Mauer befestigte elektrisch geladene Zaun war eine technische Neuerung. Feuchtkalte Luft quoll neblig aus der Elbniederung und legte sich beklemmend auf die Brust.

»Hier kommst du rein, aber nicht wieder raus«, begrüßte die Lagerleitung den neuen Häftling. Olga schwieg. Sie hatte während vieler Vernehmungen solche Bemerkungen zu hören bekommen und war darauf geübt, sich nicht davon treffen zu lassen; sie versuchte, am Grad der Brutalität des Empfanges die zu erwartenden Maßnahmen einzuschätzen.

Olga wurde nach der »Begrüßung« durch die Lagerleitung in das dem Tor gegenüberliegende Gebäude geführt. Die Aufseherin stieg mit ihr die Steintreppe hinab, ging den schwacherleuchteten Kellergang entlang, blieb vor einer der schweren Türen stehen und öffnete sie.

Olga straffte sich, wie immer, wenn sie die Waffen des Gegners auf sich gerichtet fühlte.

Das Fenster des Bunkers lag in zwei Meter Höhe, es war nicht nur vergittert, sondern mit Metallplatten abgedichtet, deren kleine ausgestanzte Löcher nur wenig Licht durchließen. Lesen war in dieser Zelle ausgeschlossen. Das Bett aus Beton hatte ein Kopfende aus Holz. Die

Aufseherin informierte sie: Der Bunker bedeute eine Strafverschärfung, nachts gebe es eine Strohmatratze, die Kost bestehe aus Brot und Wasser, warmes Essen gebe es nur jeden dritten Tag. Die Aufseherin, die wegen ihrer krächzenden Stimme und der struppigen Haare »Krähe« genannt wurde, betrachtete gespannt Olgas Gesicht.

Sie war als unverheiratetes Mädchen von dreißig Jahren auf ein Zeitungsinserat hin, das Aufseherinnen für verwahrloste Frauen suchte, in die Lichtenburg gekommen. Während der ersten Wochen hatte sie sich unglücklich in der neuen Arbeit gefühlt, sie liebte weder Grausamkeit noch Tränen. Doch als es nun in ihrer Hand lag zu bestimmen, ob es bei Frauen, die gar nicht verwahrlost waren, sondern ihr weit überlegen, Tränen und Leid geben sollte, begann es ihr Spaß zu machen, die Macht auszuüben und gerade diese Frauen nach den Mißtönen ihrer Pfeife tanzen zu lassen.

Genugtuung bereitete ihr auch das Lob der SS-Männer im Lager über ihr forsches Durchgreifen. Sie begriff rasch, daß Brutalität gegenüber den KZ-Häftlingen die Karriere beschleunigen würde.

Als sich nun bei diesem neuen Häftling, wie schon oft bei den Politischen, weder Entsetzen noch Tränen zeigten, fügte sie giftig hinzu: »Die im Bunker werden meist in Ketten gelegt«, obwohl sie informiert war, daß dies bei Olga nicht der Fall sein werde. Da sie noch immer in der Zelle stehenblieb, begann Olga ein paar Fragen zu stellen. Und weil die Krähe neugierig war, sprach sie mit dem Häftling.

Inzwischen hatten die anderen von Olgas Einweisung in den Bunker erfahren.

Warum? Wie lange sollte das dauern?

Sie stellten sich die Kameradin vor, da unten in dem dunklen Loch, das Kind ihr entrissen, der Mann so weit fort und ebenfalls in Haft – eine vom Schicksal gebeugte Frau.

Als die Krähe erschien, fragten sie sofort nach Olga. Die ihnen verhaßte Aufseherin war durch ihre Schwatzhaftigkeit nützlich.

»So eine«, sagte die Krähe und stemmte empört die Hände in die Hüften, »die erlaubt sich noch, ganz frech mit mir zu diskutieren – als ob ich sie in ein Hotel gebracht hätte.«

Sie war zu dumm, um zu verstehen, warum die Augen der Häftlinge plötzlich so glänzten: Olga war nicht gebrochen, Olga war die alte Kämpferin geblieben – das erste, was sie in dem fürchterlichen Bunker tat, war, mit der Aufseherin zu diskutieren!

Die politischen Gefangenen in den Gemeinschaftsräumen, unter denen sich seit November 1937 auch Sabo befand, hatten es schwer. Je hundert Menschen lebten in einem Saal. Nachts gab es Kranke, die stöhnten, und Schlaflose, die schluchzten. Nie herrschte völlige Ruhe; nie war man allein – stets umgeben von Menschen, die man sich nicht aussuchen konnte. Daher gestaltete sich selbst unter Genossinnen das Zusammenleben manchmal schwierig. Der Tag begann mit dem Saubermachen der Räume. Das Frühstück bestand aus Brot und Kornkaffee, die Zeit war sehr knapp bemessen und der verbeulte Aluminiumbecher so heiß, daß man ihn nicht in den Händen halten und noch viel weniger daraus trinken konnte. Es blieb die Wahl, sich den Gaumen zu verbrennen oder auf die so nötig gebrauchte wärmende Flüssigkeit zu verzichten. Die Häftlinge mußten Kohlen stapeln, Wasser tragen und alle Räume der Festung sauberhalten. Sie hatten nur die Hände als Werkzeug, um in den Zimmern der Angestellten die Öfen zu entleeren, um Asche und den Unrat, den bösartige oder unkultivierte Aufseherinnen dort in Papier ablegten, zu entfernen.

Sie froren in den kalten Sälen und litten unter der rohen Behandlung. Doch die Kameradinnen pflegten nachts die Kranken, trösteten die Schluchzenden, nahmen den weniger Kräftigen die Arbeit ab. Nicht alle politischen Häftlinge waren moralisch stark und tapfer. Auch bei einigen Genossinnen bestand die Gefahr, daß die Not sie schwach mache. Aber die vielen Guten waren Vorbild, und manche Schwache hielt sich, weil die Besten im Saal die Atmosphäre bestimmten. Sie konnten miteinander sprechen, und solange es noch erlaubt war, sangen sie zusammen; Nachrichten reisten von Mund zu Mund, und es wurden sogar heimlich politische Kurse abgehalten. Sie waren ein Kollektiv; das bedeutete für jeden eine große Hilfe.

Olga war ganz allein. Nun gab es für sie nicht einmal mehr die ziehenden Wolken am Himmel, den Flug des Vogels, der am vergitterten

Fenster vorüberhuschte. Sie hörte keine Rufe auf dem Korridor, keine Schritte, die sie versuchen konnte zu unterscheiden, das Zeitunglesen fiel fort, sie durfte keine Handarbeiten machen. Sie war abgeschnitten von jedem menschlichen Kontakt, bis auf die Minuten, wenn die Aufseherin das elektrische Licht einschaltete und ein schweigender Häftling den Kübel abholte oder das Essen brachte.

Mehr denn je achtete Olga darauf, in der vollständigen Einsamkeit ein bestimmtes Tagesprogramm einzuhalten, aber der Tag war sechzehn Stunden lang; sechzehn Stunden, in denen sie ohne Beschäftigung im Halbdunkel saß, fror und Hunger hatte.

Frühmorgens, noch zwischen Schlummer und Wachwerden, wagte sie sich nicht zu rühren, weil sie im Schlaf etwas Wärme aufgespeichert hatte; die kleinste Bewegung unter der dünnen Decke, und die eisige Kälte packte zu. Beim Aufstehen waren die Finger klamm, und die blassen Lippen zitterten.

Wer konnte draußen ermessen, was ständiges Frieren bedeutet! War jemand in der Freiheit einmal für mehrere Stunden der Kälte preisgegeben, wußte er, wann der Zustand ein Ende nehmen, wann er einen warmen Raum betreten würde.

In der Zelle wußte Olga: So wie sie jetzt fror, blieb es den ganzen Tag und nachts auch und morgen wieder – es gab kein Ende, kein Ausweichen, keine Befreiung davon. Die Kälte war schlimmer als alles andere, sie überschattete in ihrer Qual den Hunger – und es gab nur eins, das ihr gleichkam: die Langeweile. Das Nichtstun, die leeren Stunden peinigten das Gehirn wie die Kälte den Körper.

In der Zelle gab es überhaupt keine Ablenkung. Die Langeweile, die Kälte und der Hunger füllten Gegenwart und Zukunft. Morgens, kurz nach dem Erwachen, war es am schlimmsten. Ihr graute davor, an den langen Tag zu denken, es schien unmöglich, ihn mit seinen Leiden, mit seiner Eintönigkeit zu überstehen – nur ein einziges Gutes besaß er, er brachte sie näher an den Tag heran, wo die Post ausgeteilt wurde, und diesmal mußte etwas für sie dabeisein.

Von der Großmutter über Anita, von Carlos ... Es stimmte nicht, daß ihr Dasein gleichmäßig grau verlief – ein Brief von Carlos, und sie würde

Kraft für Wochen laben. Nun war es Ende Februar, seit Dezember hatte sie nichts von ihm gehört, und dazwischen lag die schwere Trennung vom Kind ... Im grauenden Morgen, als ihr die Zähne vor Kälte aufeinanderschlugen und sich der Magen vor Hunger krümmte, stürmte es auf sie ein – vielleicht war er ermordet worden! Sie wollte nicht daran denken – und doch, mußte man nicht als Kommunist den Tatsachen ins Auge sehen? Die Polizei hatte bei der Verhaftung versucht, ihn umzubringen. Sie wollten ihn noch immer aus dem Wege haben – wieviel Möglichkeiten gab es dafür! Sein Leben hing mit davon ab, wie sehr draußen um ihn gekämpft wurde – nicht nur in Brasilien, sondern in allen Ländern, Vargas war empfindlich gegenüber der internationalen öffentlichen Meinung. Doch die Menschen in der Freiheit hatten andere Dinge im Kopf. Sie lebten ein normales Leben mit persönlichen Sorgen und Freuden. Da war wichtig, ob man sich einen Anzug aus braunem oder blauem Stoff kaufte, was für Zeugnisse die Kinder aus der Schule brachten ... Eine Welle von Bitterkeit und Verlassenheit überschwemmte Olga. Draußen ärgerten sie sich über eine verpaßte Straßenbahn und schiefgelaufene Stiefel; zwei Arbeiter betranken sich, vielleicht waren es sogar Genossen. Während sie und Prestes und Tausende an der Grenze des Todes lebten, lachte man und amüsierte sich, als ob keine Gefangenen existierten.

Wenn die Menschen nur zwei Stunden in diesem Bunker säßen, eine der Mahlzeiten hier zu fressen bekämen, ein paar Schläge ins Gesicht und was sonst noch zur Behandlung gehörte, dann wären sie aufgerührt und würden kämpfen. Aber hatten sie nicht genügend Herz und Einfühlungsvermögen, sich ohne eigenes Erlebnis die Lage der Gefangenen vorzustellen?

Warum traf gerade sie, Olga – die ihren Mann so liebte und ein kleines Kind besaß –, dieses harte Schicksal? Andere, die keine Familie hatten, die sich nichts aus der Natur machten, liefen frei umher und verschwendeten keinen Gedanken an die Eingekerkerten.

Carlos! Sein Bild stand vor ihr, seine lautere Selbstlosigkeit, seine Hingabe, seine Willenskraft – ihr blasses Gesicht rötete sich. Nun war sie nahe daran gewesen, sich vor ihm und allen Genossen schämen zu müssen. Aber das war das Gefährliche an der Einzelhaft unter so furchtbaren Bedingungen. Sie wirkte zersetzend, untergrub die Moral, sowie man sich gehen ließ – und darauf wartete der Feind. Es lag an ihr selbst, ob sie genügend Abwehrkräfte besaß. So etwas wie diesen Morgen, solche Gedanken, solch Einspinnen in das persönliche Schicksal durften einfach nicht mehr vorkommen. –

Oft gab sich Olga so intensiv ihren Erinnerungen hin, daß sie für Minuten die Umgebung vergaß.

... Ein Ausflug in die Berge hinter Rio de Janeiro. Sie liegen im Schatten der Bäume, das Meer glitzert unwahrscheinlich blau, ein leichter Wind hüllt sie in den Duft der vielfarbigen Blüten und lindert die Hitze. Carlos erzählt vom Urwald, und Olga lauscht wie einem Märchen; zugleich hört sie den Klang seiner Stimme, sieht auf seine Hände und überlegt, was sie am meisten an ihm liebt ...

Erst als sie sich, in Erinnerungen vergraben, bewegte, fing sie wieder vor Kälte zu zittern an und wußte, daß sie im Bunker war.

Einmal, als ihr Kamm frühmorgens im dichten, störrischen Haar zweifach zerbrach und sie sehr bedrückt über diesen Verlust war, spielte sie: Der Tag beginnt.

... Sie liegt auf einer Schlaraffiamatratze unter der warmen, weichen Daunendecke. Der Wecker klingelt. Statt aufzustehen, legt sie sich den Deckenzipfel um den Hals und bleibt mit geschlossenen Augen liegen. Dann schlüpft sie aus der Wärme, läuft über den Teppich in die Badestube und dreht den Hahn auf – wie wohltuend ist das heiße Bad! Sie hat Fichtennadelsaft hineingegossen, das Wasser sieht ganz grün aus, nun streckt sie sich – natürlich stößt sie bei ihrer Länge am anderen Ende der Wanne an –, wie köstlich entspannend das Naß sie umspült. Sie rubbelt sich mit einem großen gemusterten Frottiertuch trocken, sie steht nackt vor dem Spiegel, ihr Körper atmet Frische, Elastizität und Gesundheit. Sie fährt sich mit einem weißen Kamm durchs Haar, bürstet sich die Locken, bis sie glänzen. Kaum ist sie angezogen – leichte, duftige Unterwäsche, ein anliegendes hellblaues Kostüm –, greift sie zur Kaffeemühle. Wie die Bohnen duften – wie die Bohnen duften – das Wasser läuft ihr im Munde zusammen! ...

Und Olga ärgerte sich. Es war schlecht, wenn die Spiele und Erinnerungen es ihr schwerer statt leichter machten – sie durften nicht bei guten Mahlzeiten enden. Aber gab es überhaupt irgendwelche Gedanken, die die Sehnsucht nach draußen nicht erschwerten? Sie mußte auf einmal lachen. Wann hatte sie je mit Daunendecken und mit fließendem heißem Wasser gelebt? Waren das jetzt ihre Ideale? Was die Haft alles anrichtete! –

Dann flohen ihre Gedanken zu Anita. Wie oft verbot sie sich, an das Kind zu denken, weil die Sehnsucht so unerträglich war, doch immer wieder sah sie seine Augen vor sich, die dunklen Löckchen, das gelenkige Körperchen, fühlte seine Ärmchen, hörte sein Lachen und mußte sich hundertmal in Qual davon lösen. Aber wenn sie sich ihr Leben vorstellte, ohne daß es dieses Kind gäbe, dann fühlte sie den Reichtum, den sie besaß, dann spürte sie, daß gerade das Kind ihr Kraft und Zuversicht gab, und sie träumte von der Zukunft, in der es einmal leben würde.

Während der ersten Frühlingstage zog selbst in ihre düstere Zelle ein Hauch der milden Luft. – Sie schließt die Augen, geht durch den Englischen Garten in München und bleibt vor dem blühenden Kirschbaum stehen, der sich so leuchtend gegen den regengrauen Himmel abhebt, sie wandert mit der KJ am Werbellinsee. In einer versteckten stillen Ecke liegt ein Floß im Schilf – sie sonnen sich auf den nach Feuchtigkeit und Seepflanzen riechenden Holzplanken. Kleine silberne Fische springen aus dem Wasser und hinterlassen zitternde Ringe an der Oberfläche. Im Frühling zu reisen ist so schön. Sie fährt durch eine Landschaft mit Wiesen, Wäldern und kleinen Hügeln – das zarte Grün, die ersten Blumen und ...

Als sie die Tränen aufsteigen fühlte, griff sie nach einem feuchten Klümpchen Brot, das sie sich aufgespart hatte, und formte – weil Tätigkeit das beste Mittel gegen Tränen ist –, sich im Dunkeln mehr auf die Arbeit der Hände verlassend als auf die Augen, ein Züglein mit Lokomotive und vier Wagen. Während mittags bei der Brotausgabe das Licht brannte, stellte sie ihr Kunstwerk auf das Steinbett und freute sich, wie gut es gelungen war. In wieviel Zügen war sie schon in ihrem Leben gereist – würde sie noch reisen!

»Aber der Wagen, der rollt – in die Zukunft, in den Kommunismus ...«

Unter den Aufseherinnen gab es eine, zu der die Häftlinge guten Kontakt besaßen. Sie hatte, wie die Krähe, auf das Zeitungsinserat geantwortet. Doch als sie mit politischen Häftlingen in Berührung kam, hatte sie trotz der Information durch die SS, sie werde mit Verbrecherinnen zu tun haben, die man eisern anfassen müsse, auch festgestellt: Diese Frauen waren saubere, gute Menschen. Sie begann, sich mit ihnen zu unterhalten.

»Bei uns in der Verwaltung gibt es dauernd Zank und Krach und gegenseitiges Verpetzen – bei euch nicht«, sagte sie mit einem Seufzer. »Ihr helft euch, ihr wißt auch viel mehr als wir, von euch kann man was lernen – zu schade, daß ihr Kommunisten seid.«

An diese Aufseherin wandten sich die Häftlinge eines Tages und redeten lange auf sie ein. Nach mehrtägigem Zaudern, das für die Politischen eine starke Nervenprobe war, da man nicht sicher sein konnte, ob sie nicht doch der Lagerleitung den Vorschlag verraten hatte, stimmte sie zu:

Wenn sie das Essen in die Bunker bringen würde, sollte der Häftling Gerda als Helfer mit hinuntergehen. Die Aufseherin würde Gerda in Olgas Zelle mit einschließen, während sie selbst das Essen für die anderen Häftlinge austeilte.

Olga war jedesmal wie geblendet, wenn das Licht im Bunker anging, und erkannte nicht, wer zu ihr trat.

»Olga, weißt du nicht, wer ich bin?«

Olga rieb sich die Augen – die Genossinnen lagen sich lachend und schluchzend in den Armen.

Gerda war eins der Mädel aus dem vierten Stock in Moskau.

Nun überstürzten sich die Worte.

»Olga, weißt du noch – der Milizmann und die Fahrscheine auf der Straße?«

»Wie wir Schlittschuhlaufen waren?«

»Die Subbotniks im Chemiebetrieb?«

»In welchem Saal bist du – ist Sabo bei euch?«

»Sabo ist im Nebensaal. – Wie können wir dir helfen? Hier, Geschenke von den anderen.«

Zwei Taschentücher, ein Stück Brot, gekochte Kartoffeln und – größte Kostbarkeit – ein Spiegelchen. »Sag ihnen tausend Dank. Was ist politisch los?«

»Du weißt, daß vor ein paar Tagen Hitler in Österreich eingefallen ist – wir sind sehr bedrückt.«

»Ich weiß gar nichts – wie ist das möglich, erzähle mir ausführlicher ....« Die Tür knarrte. »Um Gottes willen, komm raus«, die Aufseherin zog Gerda am Ärmel, »das kann mich Kopf und Kragen kosten.«

»Gerda, grüß alle, sag ihnen, sie dürfen den Kopf nicht hängen lassen – es bleibt nicht ewig so.« –

Das Treffen mit der Genossin – schönstes Erlebnis für Olga während vieler Monate – wurde durch die politischen Ereignisse getrübt. Es war so schwer, nichts Näheres zu wissen und mit niemandem darüber sprechen zu können. Wie reagierte denn die Welt darauf, als Hitler Österreich mit Gewalt nahm? Selbst die kapitalistischen Länder mußten doch begreifen, daß er dabei nicht stehenbleiben würde, daß solche Eroberungen Teile seiner Kriegsvorbereitung waren wie seine militärische Unterstützung der Faschisten in Spanien; auch wenn er zehnmal behauptete, er tue alles für den Frieden und zur Stabilisierung der Weltlage.

2

Nicht lange nach Hitlers Einfall in Österreich trafen die ersten Häftlinge aus Wien im Lager ein, und in den Sälen wurde es immer enger.

Gerda erfuhr, daß Olga endlich aus der Einzelhaft kommen sollte. Noch einmal bereiteten sich die Genossinnen vor, sie aufzunehmen, doch zum zweitenmal warteten sie vergeblich. Der Bunker, in dem Olga bisher gelebt hatte, war leer; niemand wußte, wohin sie gekommen war. Die Aufseherinnen schwiegen. Gerüchte über ihre Freilassung, über ihren Tod schwirrten umher.

Die politischen Häftlinge wurden jetzt viel im Gefängnisgarten beschäftigt. Es tat gut, auf weicher Erde zu stehen und nicht nur während des kurzen Spazierganges die Frühlingsluft zu atmen. Nur Sabo zitterte jedesmal, wenn man ihr einen Spaten in die Hand drückte.

Einmal, als Gerdas Gruppe zur Mittagszeit zurückkehrte und den Hof überquerte, bemächtigten sich Unruhe und Flüstern des Zuges. »Weiter«, schrie die Aufseherin. »Wer sich umdreht, wird bestraft.« Aber sie hatten es schon alle gesehen: Auf dem Hof vor dem vielstöckigen gelben Zellenbau stand Olga, mit dem Rücken zur Gruppe. In den Händen hielt sie den langen, schweren Feuerwehrschlauch, dessen Strahl sich auf das gelbe Gebäude richtete. Selbst Männern kostete es Mühe, den starken Wasserstrahl zu lenken; der gefüllte Schlauch drohte Olga umzureißen.

Die Häftlinge marschierten schweigend vorüber. Es schnitt ihnen ins Herz, Olga so schwer arbeiten zu sehen. Sie hatte erst das oberste Stockwerk des Gebäudes mit Wasser abgespritzt.

Abends erfuhren sie, daß der gesamte Zellenbau für jüdische Häftlinge bestimmt war und man Olga ebenfalls dort hineingesteckt hatte. Sie wußten, wie schwer es die Genossin haben würde.

Olga wurde in eine kleine überbelegte Zelle geführt. Die Häftlinge wandten sich, nachdem sie den Eindringling finster betrachtet hatten, von ihr ab, als ob sie nicht existiere.

Zwei Frauen saßen in der Ecke; sie beteten in zischendem Flüsterton. Eine dritte hockte, den leeren Blick auf die Wand gerichtet, in völlig verschmutztem Zustand auf dem Boden und kratzte sich mit ständig gleicher Bewegung am Hals. Zwei junge Mädchen hielten sich zitternd vor Angst an den Händen.

Eine ältere Frau mit rotem Haar, das auf dem Scheitel weiß nachwuchs, fuhr plötzlich den beiden Betenden mit den Fingern ins Gesicht und begann laut zu kreischen: »Ihr Säuferinnen!« Olga glaubte, daß man sie mit Irrsinnigen zusammen eingesperrt habe. In Sekunden erschien die Aufseherin, wahllos Ohrfeigen verteilend. Nachdem sie verschwunden war, begann eins der beiden jungen Mädchen zu wimmern und wies auf ihr leeres Portemonnaie. Zwei Mark – ihr ganzer Besitz – fehlten. Die Rothaarige sei eine Prostituierte und Diebin, flü-

292

sterten die Betenden, und auf diese Beschuldigung hin entstand ein Kampf in der Zelle, der umso furchtbarer wirkte, als er sich schweigend abspielte und kurz unterbrochen wurde, sobald Schritte auf dem Flur zu hören waren.

Eine gutgewachsene Frau in elegantem Jackenkostüm blickte mit zusammengepreßten Lippen, das Gesicht von Hochmut und Ekel verzogen, auf die Szene und sagte: »Schweine.«

Das war Olgas Rückkehr zu den Menschen.

Die Hochmütige – Frau eines Warenhausbesitzers – glaubte, in dem Neuankömmling einen Bundesgenossen ihres Standes gefunden zu haben. Doch Olga schien den winkenden Finger und das verächtliche Gesicht gar nicht zu sehen. Sie blickte auf die Kämpfenden und sagte laut: »Was für ein Unsinn ist das.«

Ihre frische Stimme klang ruhig und furchtlos. Vor Erstaunen hielten die Streitenden inne.

»Das ist doch Unsinn«, wiederholte sie, »wenn wir uns untereinander zanken, gehen wir kaputt. – Wie heißt ihr denn?« Sie wandte sich an die beiden weinenden Jüngsten.

»Ich heiß Lea.« – »Ich bin die Lore.«

»Was für schöne Namen, ihr seid wohl Freundinnen?«

Die beiden nickten. Hier sprach jemand, der nicht jammerte, nicht flüsterte oder kreischte, es war, als ob sie auf einmal nicht mehr in der Zelle säßen, sondern sich auf der Straße unterhielten.

»Warum seid ihr hier?«

»Taschenzieher«, sagte die Hochmütige und rümpfte die Nase.

»Du bist wohl bös, weil sie bei dir im Warenhaus gestohlen haben – da ist noch genug übriggeblieben«, sagte die Rothaarige und wandte sich im gleichen Atemzug an Olga: »Was willst du hier? Du bist Deutsche, und wir sind Österreicher, wir bleiben nicht mit dir in einer Zelle. Die Deutschen haben uns weggeschleppt und haben uns eingesperrt.«

»Die deutschen Nazis, meint ihr«, sagte Olga, »sie haben auch mich weggeschleppt und eingesperrt, und deshalb müssen wir zusammenhalten. Ich bin schon länger hier als ihr, da weiß ich besser Bescheid, wie man sich das Leben einrichten muß, um durchzukommen. Zu allererst gehört dazu, daß wir uns nicht zanken, sondern gegenseitig helfen; wie eine Wand müssen wir dastehen.«

»Wieso Wand?« fragte Lea, und Olga mußte lachen. Wie lange hatte sie nicht gelacht.

»Na, sagen wir, wie ein Zaun; ein Zaun besteht aus vielen Latten, jede Latte allein kann die Aufseherin leicht umwerfen, aber die vielen Latten, zum Zaun verbunden, die stehen.«

»Ich verbiet Ihnen, mich mit einer Latte zu vergleichen«, flüsterte eine der Betenden und drohte mit ihrem kurzen, dicken Finger.

»Und ich – ich stell mich nicht als Latte und nicht als Zaun gegen die Krähe, sonst gibt's noch mehr Strafen; die ist ein Aas«, sagte die Rothaarige.

»Das wäre auch falsch«, sagte Olga, »im Gegenteil, wir werden die Regeln der Haft so genau befolgen, daß sie uns nichts am Zeuge flikken kann, und zugleich werden wir alle Möglichkeiten der Haft bis aufs letzte ausnutzen.«

»Wie denn?« fragte die Hochmütige.

»Zum Beispiel beim Spaziergang draußen tief atmen, beim Essen jeden Bissen lange kauen, eine halbe Stunde täglich turnen, uns Beschäftigungen ausdenken.«

»Na, wissen's, ich bin doch nicht verrückt«, sagte die Rothaarige, »vierzig Jahre lang hab ich nicht geturnt, höchstens im Bett zu zweit.« Sie kicherte.

»Nun, da bist du gelenkig, und es wird dir nicht schwerfallen«, sagte Olga.

Nur die schmutzige Frau trug kein Wort zur Unterhaltung bei.

Dies erste Gespräch fand nicht hintereinander statt, es wurde kaum hörbar mit vielen Unterbrechungen geführt, und als es beendet war, hielten Lea und Lore Olga untergehakt.

Am Abend besaß Olga bereits einen ungefähren Überblick. In den eng belegten Zellen des gelben Baus befanden sich fast ausschließlich jüdische Kriminelle: Diebinnen, Sexualverbrecherinnen, Prostituierte, Trinkerinnen. Es fehlte ihnen alles, was die politischen Gefangenen auszeichnete: die Stärke einer Weltanschauung, Gemeinschaftsgeist,

Disziplin, das Wissen, warum sie hier waren, und der Wille zu kämpfen.

Olga machte sich keine Illusion über den Erfolg dieses ersten Gesprächs. Es war ihr zum Beispiel nicht gelungen, herauszufinden, wer die zwei Mark gestohlen hatte.

Hier gibt es viel Arbeit, dachte sie kurz vor dem Einschlafen – aber Arbeit hab ich mir gewünscht. Sie nahm den Schal, ein Stück aus dem einzigen Paket, das man ihr hier ausgehändigt hatte – denn der Empfang von Paketen war verboten –, und legte ihn als Kopfkissen unter. – Sie schüttelte sich, zog den Schal hervor und bedeckte Mund und Nase damit. Die verschmutzte Frau mußte sich waschen, morgen schon, der Gestank in der Zelle war nicht zum Aushalten. Überhaupt galt es, den eigenen Ekel vor soviel Schmutz und Gemeinheit zu überwinden. Doch sie war mit Menschen zusammen, und das war hundertmal besser, als allein zu sein. –

Als Olga nach langer Pause endlich einen Brief von der Großmutter erhielt, trugen die fremden Marken mexikanische Stempel. Es traf sie wie ein Schlag. Sie hatte sich Anita in Paris vorgestellt: Lygia schiebt den Kinderwagen an der Seine entlang, geht mit Anita in den schönen Parks spazieren. Nun war das Kind so weit fort, lernte eine Sprache, die Olga nicht beherrschte, vielleicht konnten sie sich später gar nicht miteinander verständigen. Aber sie wußte, es war von großer Bedeutung, die Kampagne für Prestes in Südamerika zu unterstützen. Mexiko hatte eine fortschrittliche Regierung, es war ein schönes Land. Olga las, wie immer, jeden Satz über Anita viele Male; und doch erschien ihr alles so spärlich, so wenig, sie wollte viel mehr erfahren.

... Wissen möcht ich von Euch, ob Anitas Händchen noch immer denen von Carlos ähnlich sind und ob die vorderen Zähnchen sich in ihrer Form etwas mehr ausgeglichen haben. Wie ist jetzt ihr Schlaf, turnt sie täglich, ist sie braungebrannt? Kann sie schon Treppen steigen? Was spricht sie? Wieviel wiegt sie jetzt? Sicher hat sie ihre Mutter nun vergessen – aber das ist gut so, denn anders würde sie leiden ...

Wie furchtbar schwer war es für Olga, so klug zu denken, wieviel Tapferkeit gehörte dazu, einen solchen Satz zu schreiben.

Olga war der Großmutter unendlich dankbar für alles, was sie über Anita schrieb und für sie tat. Doch sie spürte wie schon zuvor voll Unruhe, daß Dona Leocadia, die ihre eigenen Kinder so streng erzogen hatte, der Schwäche aller Großmütter, das Enkelkind zu verwöhnen, besonders stark unterlag. Deshalb schrieb sie ihr:

... Es scheint mir nochmals nötig, Euch darum zu bitten, von Anfang an die Kleine so zu erziehen, daß sie weiß, daß sich die Welt nicht um sie dreht. Es ist so wichtig für ihr späteres Leben, zu wissen, daß man nicht alles haben kann und sich freiwillig einem Kollektiv unterordnen muß ...

Der April begann, und noch immer hatte Olga keine Post von Prestes erhalten. Wie fieberte sie dem Tag der Briefverteilung entgegen. Und als er endlich kam, kostete es sie viel, äußerlich ruhig zu erscheinen. Wenn Prestes noch lebte, mußte diesmal etwas dabeisein. Nein, es war besser, sich hartzumachen und nicht damit zu rechnen, sonst wäre die Enttäuschung ganz unerträglich. Fünf Monate ohne Post − noch drei Stunden Wartezeit − noch eine Stunde; aber sie teilten nicht immer pünktlich aus, manchmal warteten sie Tage damit.

Doch − sie kamen.

Die Namen wurden aufgerufen; das Herz klopfte, die Kehle trocknete aus − nichts − wieder nichts.

In den nächsten Stunden und Tagen schien es ihr selbst erstaunlich, daß sie den Anforderungen, die sieben hilflose Menschen in der Zelle an sie stellten, gewachsen war. Da gab es Tränen zu stillen, Streit zu schlichten, Intrigen zu klären, abzulenken, sich durchzusetzen, während sie selbst in so schlechter Verfassung war.

Nun war es Mitte April und der von allen ersehnte Schreibtag herangekommen. Immer schwerer wurde es Olga, die eigenen Briefe ins Ungewisse zu schicken.

War Carlos krank? Lebte er noch? Was konnte sie ihm sagen? Seine Briefe zur Beantwortung fehlten ihr. Sie blickte auf das leere Papier vor sich und erschrak, als ihr Name gerufen wurde.

Besondere Aufmerksamkeit der Nazis bedeutete selten etwas Gutes ...

Als Olga mit drei Briefen von Prestes in den Händen die Zelle betrat, ging eine so jubelnde, tränenschwere Freude von ihr aus, daß die anderen sich neugierig um sie scharten. Ihr fiel es schwer, nicht mit seinen Zeilen allein zu sein.

Natürlich war es einfach Schikane gewesen, die Post zurückzuhalten; die Nazis wußten, welche Unruhe und Qual sie ihr damit bereitet hatten. Sie mußte gleich antworten, denn es war ja Schreibtag. Wie sollte sie den Strom ihrer Gedanken und Gefühle eindämmen? Die Länge der Briefe war genau nach Zeilen vorgeschrieben. Sie wollte schreiben, solange die Zeit reichte, und hinterher die Zeilen abzählen und in Briefe aufteilen.

Während die frommen Trinkerinnen, die an niemanden zu schreiben hatten, ihre Gebete flüsterten und die schmutzige Frau sich unablässig kratzte, zwang Olga sich, ihre Umgebung zu vergessen.

April 1938 ... Heute erhielt ich, nach fünf Monaten zum ersten Mal, drei Briefe von Dir. Ich brauche Dir nicht zu sagen, was für eine Spannung es ist, nichts zu hören von den Menschen, die einem das Liebste auf der Welt sind. Aber ich habe gelernt, eine äußerste Selbstdisziplin aufzubringen und alles zu tun, um mir meine Gesundheit und Nerven zu bewahren.

... Am 14. Februar schreibst Du unter anderem, daß unser Anita-Kind in der Erinnerung an mich erzogen werden soll. Selbstverständlich ist auch in der Zeit unserer Trennung mein größtes Bestreben, mich so zu verhalten, daß weder Du noch unser Kind sich jemals meiner zu schämen brauchen. Aber beispielgebend für Anitas Entwicklung wirst selbstverständlich Du sein ... Ich will Dir gestehen, daß es mich die größte Anstrengung kostet, möglichst wenig an unsere Kleine zu denken – aber das ist der einzige Ausweg, um irgendwie mit diesem Schmerz fertig zu werden ... Die Sehnsucht ist so groß, daß ich fast böse bin auf meine eigenen Arme, die doch dazu geschaffen sind, unsere Anita zu tragen, mit meinen Händen, die sie liebkosen sollten.

... Du bittest mich um eine Handarbeit für Dich. Lieber, ich habe mir schon verschiedenes Schönes für Dich ausgedacht. In meinem Arbeitsprogramm steht eine gestrickte Krawatte für Dich, und Du brauchst gar nicht mißtrauisch zu schauen, sie wird sehr gut aussehen, so daß Du sie wirst tragen können ... Ich weiß aber nicht, ob diese Pläne nicht an der Unmöglichkeit des Absendens scheitern werden ...

Prestes hatte ihr, wie stets, Briefe voller Liebe und Zuversicht geschrieben. Er gab in seinen Zeilen häufig dem Vertrauen in die Stärke des brasilianischen Volkes Ausdruck, und sie antwortete ihm darauf:

... Ich hatte drüben im Gefängnis die Gelegenheit, den brasilianischen Menschen der verschiedensten Stufen, seine Stärke und seine Schwächen kennenzulernen. Nie werde ich eine Gedenkfeier zum Tag der Sklavenbefreiung, welche die gefangenen Arbeiter, Soldaten und Matrosen durchführten, vergessen. Solche Erinnerungen bestärken mich, Deinen Optimismus in der Einschätzung des brasilianischen Menschen zu teilen.
... Wie wunderschön sind auch die beiden brasilianischen Gedichte, die Du mir mitgeschickt hast. Ich verstehe so gut, daß Du für mich gerade diese beiden ausgesucht hast und was Du mir damit sagen willst. Wie beglückendd ist es zu wissen, daß die besten menschlichen Gefühle bei allen Völkern der Erde die gleichen sind und sie diese nur entsprechend ihrer Eigenart und Kultur verschieden zum Ausdruck bringen. Im übrigen habe ich die beiden Gedichte ins Deutsche übersetzt. Das Gedicht »Die alten Bäume« paßt zu vielen Gedanken, die ich in den letzten Monaten hatte. Man hat sich zu einem Grad innerlicher Reife durchgerungen, der einem erlaubt zu sagen: »Wollen wir lachend alt werden, so wie die starken Bäume altern« ...
Denk daran, wie reich wir im Grunde sind und daß wir besitzen, was vielen Menschen, selbst denen, die die Freiheit haben, fehlt. Als ich heute Deine Zeilen las, da kam mir dieses Gefühl besonders stark zum Bewußtsein ...

Olga hatte den anderen Frauen vorgeschlagen, eine halbe Stunde eher aufzustehen und Gymnastikübungen zu machen. Erst stimmten nur Lea und Lore zu; schließlich ließen sich die Rothaarige und auch die Beterinnen überzeugen. Nur die Hochnäsige hielt sich fern. Die schmutzige Frau hatten sie nicht gefragt, weil sie unfähig schien, überhaupt etwas zu begreifen. Doch zwischen Zustimmung und Ausführung lag der Abgrund der Willensschwäche. Früh, wenn alle noch schliefen und Olga sie wecken mußte, erntete sie Beschimpfungen.

»Leck mich«, sagte die Rothaarige wütend und drehte Olga ihr dickes Gesäß zu. Selbst Lea und Lore, die Olga von der ersten Stunde an verehrten, sahen sie bittend, mit verschlafenen Gesichtern an, die das Leid des neuen Tages noch nicht gezeichnet hatte.

Olga fiel es schwer, die anderen zu wecken – der Schlaf war die einzige Zeit des Vergessens der dunklen Gegenwart. Wie oft sah sie selbst Anita im Traum, aber nicht so, wie sie jetzt sein mußte, sondern so, wie sie war, als man ihr das Baby vor Monaten aus den Armen gerissen hatte. Doch sie blieb hart. Nur der Kampf gegen die eigenen Schwächen konnte die Häftlinge vor dem Untergang bewahren. Lea und Lore gehorchten ihr, die Rothaarige holten sie zu dritt aus dem Bett; nur die Hochmütige ließ Olga allein. Alle – die betenden Trinkerinnen, die jungen Taschendiebinnen und die Prostituierte – schienen ihr der Hilfe wert, doch die Hochmütige, die sich selbst unter den augenblicklichen Umständen etwas Besseres dünkte und, wenn sie überhaupt redete noch, davon sprach, daß ihre »Verbindungen« sie hier herausholen würden, haßte sie. Die wird am ehesten untergehen, dachte Olga, weil sie sich vom Kollektiv isoliert und nur ihren Hochmut als Halt hat. –

Die Häftlinge im gelben Bau hatten Arbeitsverbot, und Olga gab sich Mühe, alle zu beschäftigen und abzulenken.

Sie versuchte, die verschmutzte Frau, die am meisten den Schlägen der Krähe ausgesetzt war, zum Waschen zu bringen – ohne Erfolg. Es war unerträglich, mit ihr zusammen zu leben, und Olga verlangte immer wieder, diesen Häftling auf seinen Geisteszustand hin untersuchen zu lassen. Die Achtung vor Olga wuchs, als die Kranke endlich aus der Zelle entfernt wurde.

Nachdem die Insassen wochenlang zum Nichtstun verurteilt gewesen waren, wurde bestimmt, daß auch der »Judenbau«, wie die Nazis das gelbe Haus nannten, Arbeit zugeteilt bekam. Jetzt lernten die Häftlinge alle Gebäude kennen, sie scheuerten Küchen, Korridore, Zellen und Säle. Einmal lag Olga mit den anderen auf den Knien und bearbeitete – eine winzige Bürste in der Hand – den Fußboden des Saales im Verwaltungsgebäude, den sie zuvor mit kleinsten Metallspanknäueln abgezogen hatten. Mühsam rutschten die Frauen Stück um Stück auf dem Parkett vorwärts. Es dauerte Stunden, bis die Arbeit beendet war. Als Olga den schmerzenden Rücken streckte – sie befand sich noch immer auf den Knien –, da standen plötzlich ein Paar schwarze Stiefel neben ihr, und diese Stiefel begannen, mit den eisenbeschlagenen Absätzen neue Spuren ritzend, über den Boden zu fahren wie Schlittschuhläufer auf der Eisbahn.

»Fauler Sauhaufen – verfluchte Miststücke – noch einmal anfangen!«

Eine von hundert Schikanen, gegen die man sich einen inneren Panzer schaffen mußte, um nicht vor Haß und Erbitterung zu ersticken, um nicht dem Feind an die Kehle zu springen – um zu überleben.

3

Die Zahl der Häftlinge nahm ständig zu, Olga wurde eines Tages ohne Vorbereitung aus der Zelle geholt, mit ungefähr sechzig Frauen in einem Saal zusammengelegt und zur Saalältesten gemacht. Lore und Lea schluchzten herzbrechend, die Rothaarige und die Trinkerinnen umarmten Olga beim Abschied.

Alles, was sie mit soviel Mühe in der kleinen Zelle erreicht hatte, mußte sie nun bei einer großen Anzahl Frauen versuchen. Es war viel wert für die anderen, nun eine Saalälteste zu besitzen, die das Essen gerecht verteilte, darum kämpfte, die Kranken ins Revier zu schaffen und die Schwächsten von der schweren Arbeit zu befreien. Doch am meisten bedeutete es für die Frauen, daß ihre Stubenälteste immer mutig und voller Zuversicht war.

Für Olga gestaltete es sich sehr schwierig, bei sechzig Häftlingen

Disziplin und gemeinsames Handeln zu erreichen. Ihr fehlte auch der Kontakt mit Genossinnen, die es auf ihrem Saal nicht gab. Die zweihundert jüdischen Insassen des gelben Baus wurden streng isoliert von den Häftlingen der anderen Blöcke gehalten.

Einmal gelang es Sabo, ihre Freundin zu sehen, ohne daß Olga darum wußte. Es war gegen Abend, nachdem die Politischen von ihrer Arbeit zurückgekehrt waren. Auf dem Hof lag ein großer Berg Kohlen, den die Häftlinge vom gelben Bau in den Keller schaufeln mußten. Draußen setzte bereits die Dämmerung ein. Sabo stand am vergitterten Fenster ihres Saales und sah Olga zwischen den anderen ihr unbekannten Frauen arbeiten. Einmal hielt Olga inne, um sich das Haar aus der Stirn zu streichen. An ihrer Seite arbeiteten zwei junge Mädchen. Als die eine, ein dünnes, unentwickeltes Ding, die Schippe plötzlich fallen ließ und die kohleverschmutzten Hände vors Gesicht legte, sah Olga sich um, dirigierte die Kleine aus dem Blickfeld der Aufseherin und wies sie wohl an, nur ganz wenig Kohle auf die Schaufel zu laden.

In diesem Augenblick hörte Sabo, die sich sehr wünschte, Olgas Gesicht klarer zu sehen, wie aus dem Saal ein Stockwerk tiefer ein Lied erklang – unpolitische Verse, andere durften ja nicht gesungen werden. Doch Sabo wurde dabei warm ums Herz; es war das Lied, das sie sangen, wenn jemand aus dem Lager entlassen wurde. Selten genug kam es vor. Olga schien das Lied auch gehört zu haben. Sie stockte, wandte sich um, und im Schein der Laterne, die am Kellereingang hing, sah Sabo sie ganz deutlich.

> Hoch auf dem gelben Wagen
> sitz ich beim Schwager vorn.
> Vorwärts die Rosse traben,
> lustig schmettert das Horn.
> Felder und Wiesen und Auen,
> leuchtendes Ährengold.
> Möchte ja so gerne noch schauen,
> aber der Wagen, der rollt.

Olgas Augen glänzten heller denn je im schweißnassen, kohlegeschwärzten Gesicht. Sie schien überrascht und bewegt von der Melodie, der sie für Sekunden versunken lauschte.

Sabo blieb am Fenster stehen, bis es ganz dunkel war. Sie wußte, daß Olga nicht nur körperlich hart zu arbeiten hatte, sondern stellte sich vor, wie schwer ihr Leben unter den Kriminellen sein müßte, die, jeder Disziplin abhold, sich bespuckten, beschimpften, bestahlen und das Dasein gegenseitig zur Hölle machten.

Einmal geschah es, daß eine Genossin aus Sabos Saal Olga auf dem Wege zum Krankenrevier traf. Sie waren für Sekunden allein.

»Olga, wie schade, daß du nicht bei uns bist.«

»Aber da, wo ich bin, brauchen sie Hilfe. Was glaubst du, was sich aus den Frauen machen läßt, wenn man geduldig ist und es immer wieder versucht. Selbst wenn ich könnte, dürfte ich sie nicht im Stich lassen.«

Sabo lächelte, als sie davon hörte.

»Wo andere zu Menschenverächtern werden, findet Olga noch Goldkörner.«

Selbstverständlich entbehrte Olga trotzdem die Genossinnen, und es war ein erregender Tag für sie, als die ersten politischen Häftlinge in ihrem Saal eintrafen. Olga begrüßte sie mit solcher Herzlichkeit, daß die Genossinnen niemals diesen Empfang vergaßen. Zum ersten Mal, seit sie vor zwei Jahren die Mütterzelle verlassen hatte − dann war die lange Einzelhaft gefolgt −, konnte sie ein politisches Gespräch mit Gleichgesinnten führen. Ihre eigenen Gedanken wurden in diesen Unterhaltungen bestätigt und ergänzt.

Als das Gefährlichste erschien auch den anderen Genossen die Kriegsgefahr. Heute rechnete niemand mehr mit einem schnellen Ende des Faschismus. Schließlich war er die Form der Diktatur, die der Monopolkapitalismus gewählt hatte, um die Macht zu behalten.

Doch warum hatte man ihm die Möglichkeit zu dieser Wahl gelassen? War die Arbeiterklasse so schwach gewesen?

Nein, sie war nicht schwach gewesen; deswegen hatte ja gerade die herrschende Klasse zu einem Regime des Terrors, der Gewalt, der Lüge und des raffinierten Betruges gegriffen – sie fürchtete die Stärke der revolutionären Bewegung. Der Faschismus hätte in Deutschland niemals zur Macht kommen können, wenn die Einheit der Arbeiterklasse vorhanden gewesen wäre, wenn die SPD so, wie die KPD es getan, gegen die zunehmenden reaktionären Maßnahmen der Weimarer Republik gekämpft hätte. Nun kam es darauf an, daß die Arbeiterklasse für die Zukunft daraus lernte.

Das wichtigste Echo von der Welt außerhalb der Lagermauern waren Nachrichten über die Existenz illegaler Parteigruppen in den Betrieben, die gegen das Hitlerregime kämpften, Zeitungen und Flugblätter herausgaben. Olga wußte, bei jeder Aktion waren die Genossen draußen vom Tode bedroht, aber weder das feinmaschige Netz der Gestapo noch die grausamste Folterung der gefaßten Genossen konnte die Arbeit ganz ersticken. Immer wieder wurde neu begonnen.

An den Neuankömmlingen, die zum Teil noch keine Hafterfahrung besaßen, konnte Olga ermessen, wie sehr sie selbst durch den Kampf mit den schweren Lebensbedingungen gewachsen war. Sie nahm sich vor allem der jüngeren Menschen an, die bald von selbst zu ihr kamen, wenn sie Rat und Hilfe brauchten. Viele Gespräche führte sie mit der jungen österreichischen Genossin Lisbeth.

»Dir fehlen zwei Knöpfe am Rock, komm, näh sie an«, sagte Olga, als Lisbeth sonntags in der Freizeit, untätig vor sich hinstarrend, am Tisch saß.

»Warum? Ist doch eh alles egal«, erwiderte Lisbeth.

Olga holte Nadel und Faden.

»Schau, ich hab auch gleich eine Nagelfeile für deine Schaufeln mitgebracht – ich mach dir's. Was für hübsche Hände hast du – vielleicht finden wir ein bißchen Stoff, und dann nähst du was für deine Kleine.«

Am folgenden Sonntag saßen sie nebeneinander, und Lisbeth schneiderte ein einfaches Kleid für ihre zweijährige Tochter, von der man sie bei der Deportation gewaltsam getrennt hatte. Dabei sprach sie unaufhörlich davon, ob es wohl gelänge, das Kleid abzuschicken.

»Hör endlich auf zu grübeln«, sagte Olga. »Am besten ist, du wappnest dich von Anfang an gegen ein ›Nein‹, bis du weißt: Wenn es kommt, wirst du ihnen nicht den Gefallen tun zu weinen oder auch nur bestürzt auszusehen. Du mußt dir sagen, jede Kleinigkeit in bezug auf die Nazis ist antifaschistischer Kampf. Solange du imstande bist, keine Tränen, kein Jammern, kein Nachgeben zu zeigen, hast du gesiegt, und das hilft dir am besten.«

»So wie du werd ich's nie können.«

»Das kannst du genau wie ich, wenn du nur willst. Schon wieder Tränen! – Ein niedliches Kleid ist das; was für Farben hat die Kleine denn?«

»Meine Kleine? – Die Augen sind schwarz, und lichtes Haar hat sie.«

»Du solltest vorn was draufsticken.«

»Es gibt doch kein Garn.«

»Weißt du, ich hab damals, als sie meine Anita wegholten, ein Schürzchen zurückbehalten, bloß um irgend etwas von ihr zu besitzen. Ich hatte es auch selbst genäht und etwas draufgestickt – das trennen wir jetzt für dich ab. – Bei meiner Anita ist's umgekehrt, sie hat helle Augen und dunkles Haar. – Na siehst du, nun bin ich selbst dem Heulen nahe, und du hast vorhin behauptet, ich sei nicht sentimental.«

Beide beugten die Köpfe über die Arbeit und schwiegen, bis Lisbeth leise sagte: »Ob mir meine Tochter später Vorwürfe machen wird?«

»Wieso?« Olga sah sie verständnislos an.

»Wenn ich nicht Kommunist geworden wäre, säß ich nicht hier und sie hätte ihre Mutter um sich.«

Olga packte Lisbeth bei den Schultern.

»Mädel, wie kannst du nur, so darf man selbst in der größten Verzweiflung nicht denken. Die Faschisten sind daran schuld, daß du hier sitzt, sie haben dich gewaltsam von deinem Töchterchen getrennt, sie mußt du deshalb hassen. Dein Kind kann dir nur Vorwürfe machen, wenn du hier versagst, wenn du bereust, für etwas Großes gekämpft zu haben, das nun Opfer von dir fordert. Schau, unsere Ideen sind doch genauso richtig, so großartig wie zuvor, auch wenn die Nazis jetzt an der Macht sind, und eben weil unsere Weltanschauung richtig ist, werden die Faschisten nicht an der Macht bleiben – keine Form des Kapitalismus wird an der Macht bleiben. Ich war schon immer stolz darauf,

Kommunistin zu sein, in der KJ, in der Sowjetunion, in Brasilien – aber hier bin ich's am allermeisten.«

Olga schwieg einen Augenblick, dann nahm sie Lisbeths Hand.

»Ich hab genauso Sehnsucht nach Anita wie du nach deiner Kleinen, und doch stärkt mich gerade der Gedanke an das Kind. Wie oft träume ich davon, wieviel umwälzend Schönes die junge Generation erleben wird.«

»Ich danke dir«, sagte Lisbeth.

Olgas Stricknadeln klapperten. Lisbeth umsäumte das Kleid mit kleinen Stichen.

»Wenn's von der Schürze nicht reicht«, sagte Olga, »nehmen wir ein paar Fäden von der Krawatte für Carlos dazu. Er merkt das gar nicht, wenn sie ein bißchen kürzer wird. Hier hast du. – Achtung, die Krähe kommt!«

Sie sprangen, wie es die Regeln vorsahen, von ihren Stühlen auf.

Am darauffolgenden Montag mußten die Insassen des gelben Baus die Latrinengrube säubern, eine Arbeit, die an sich schon unangenehm war und durch das Verhalten der Krähe, die wegen ihrer »energischen Art« jetzt im »Judenbau« die Aufsicht führte, noch unerträglicher wurde.

Ein Häftling tauchte den Eimer in die stinkende Grube, und die nächste gab ihn weiter; Olga stand wegen ihrer Größe am Wagen, um die Eimer hinaufzureichen. Oben auf dem Wagen befand sich Lisbeth mit der Genossin Martha, einer Weberin aus einem Wiener Vorort, die sich sehr gut mit Olga verstand.

Die Krähe brüllte Lisbeth an: »Faules Luder, mach gefälligst schneller« und schlug ihr, da die Entfernung für eine Ohrfeige zu groß war, mit einem Stock ins Gesicht. Lisbeth schrie einmal kurz auf und arbeitete mit zusammengebissenen Zähnen weiter. Die Stimmung war gedrückt, alle litten unter der Krähe. Als Olga den Eimer an Martha gab, flüsterten sie miteinander. Martha drückte Olgas Finger, die um den Bügel des Eimers lagen. Die Krähe trat mit funkelnden Augen und schreiender Stimme auf die beiden zu, als Olga bereits den nächsten Eimer hinaufreichte. Martha rutschte auf dem glitschigen Brett aus, das quer über dem Wagen lag, und der Inhalt des Eimers ergoß sich über die Aufseherin. Eine Minute waren alle wie gelähmt vor Entsetzen, doch Olgas Augen verrieten den anderen Häftlingen, daß hier kein Versehen passiert war.

»Ich bin schuld«, sagte Olga laut, »ich habe den Eimer so ungeschickt hinaufgegeben.«

»Niemand hat dafür gekonnt«, sagte Martha, als sie vor der wütenden Krähe stand. »Ich bin ausgerutscht. Ich hab mich so erschrocken, wie Sie geschrien haben.«

Es hagelte Schimpfworte, doch die Stimmung der Häftlinge war wie umgewandelt. Olga sah den roten Striemen in Lisbeths Gesicht und sah, beim Lächeln hatte sie Grübchen.

4

Die größte persönliche Freude, die Olga im Herbst 1938 erlebte, war das Eintreffen zweier Fotos von Anita. Es tat weh, ein kleines, bald zweijähriges Mädchen vor sich zu sehen, das soviel Zeichen einer Entwicklung trug, an der sie, die Mutter, nicht mehr teilgenommen hatte. Und doch, wie glücklich und stolz war sie. Wie hungrig nahm sie die Bilder immer wieder zur Hand, blickte auf jede Linie, jeden Zug im Kindergesichtchen.

Als sich die Deportation aus Brasilien zum zweitenmal jährte, gelang es Olga, über einen Häftling im Krankenrevier Sabo einen Gruß zu senden. Auch Sabo hatte das Datum nicht vergessen – sie schrieb an die Schwägerin in London:

... Und da fällt mir so ein, daß es vor zwei Tagen, am 23. 9., zwei Jahre her war, als ich eines Abends unvermutet auf das Schiff in Rio gebracht wurde. Jetzt muß ich darüber lachen, wie ich im leichten Baumwollkleidchen und barfuß und nur ein Taschentuch in der Hand eine mehrwöchige Ozeanreise antrat mit der Aussicht, in diesem Aufzug Ende Oktober in Deutschland einzutreffen. Ich glaube, was »leichtes Gepäck« anbetrifft, habe ich damit wohl alle Rekorde geschlagen. Wie war ich glücklich, als vier Wochen nach meiner Ankunft in Deutschland Dein Paket mit den warmen Sachen eintraf ...

Die im Krankenrevier beschäftigte Kameradin hatte Olga mitgeteilt, daß es Sabo gesundheitlich nicht gut gehe. Sabo selbst erwähnte dies weder in dem Brief an Minna noch in ihrer Nachricht an Olga, die sehr beunruhigt war. Wenn sie Sabo nur einmal sehen könnte!

Ihr Wunsch wurde erst Monate später erfüllt, als der eisige Winterwind über den Hof blies, und es wäre besser für sie gewesen, sie hätte Sabo nicht gesehen.

Wie alljährlich, waren die Kellergewölbe der Festung vom Elbwasser überschwemmt, und Sabo stand, als Olga am Kellereingang vorüber ging, in einer langen Kette von Häftlingen, die das Wasser mit Marmeladeeimern ausschöpften, die Treppe hinaufreichten und aufs freie schneebedeckte Feld gossen. Eine unsinnige Arbeit, die zu den besonders quälenden Methoden der Lagerleitung gehörte, denn das Wasser lief, kaum ausgeschöpft, wieder in den Keller zurück. Olga erkannte Sabo zunächst nicht. Sie sah die kleine, gebückte Gestalt einer alten Frau, die, ohne aufzublicken, in großer Eile arbeitete; jedesmal, wenn ihr der Eimer übergeben wurde, verzog sie das Gesicht, weil der schmale, eiskalte Metallbügel in die Hand schnitt, und jedesmal schwappte erneut Wasser an ihren nassen, steifgefrorenen Rock. Selbst als Olga es schon wußte, fiel es ihr schwer, daran zu glauben, daß diese Frau ihre geliebte Sabo war. Langsam ging sie vorüber, ohne daß Sabo sie bemerkte. Das Bild ihrer Freundin verfolgte Olga noch lange, und sie war beinahe erleichtert, als sie hörte, daß Sabo nach einem Unfall die schwere Arbeit vorübergehend einstellen durfte.

Stets, wenn Olga durch Zufall mit den politischen Häftlingen in Berührung kam, fragte sie nach Sabo.

»Wenn man von Brasilien anfängt, preßt sie die Lippen zusammen und schweigt«, sagte eine Genossin, »aber politisch ist sie fest wie immer, und in ihren guten Stunden gibt sie uns viel. Wie sie die deutsche Literatur kennt! Wenn sie über Goethe spricht, kommen wir uns vor wie Waisenknaben.«

Sabos Lerneifer und ihre Liebe zu Büchern waren so stark, daß es sie trotz ihres schlechten Allgemeinzustandes immer wieder danach verlangte. In einem Brief an Minna schrieb sie:

... Wie langsam vergehen mir doch die dunklen Novembertage, immer wartend. Hat mir Nansens Nordpolfahrt im heißen Sommer Kühlung gebracht, so erfüllt es mich jetzt mit Freude, daß auch die längste, dunkelste arktische Nacht einmal endet.
Ich hatte mir kurz vor unserer Verhaftung den spanischen Roman von Cervantes »Don Quijote« zum Lesen vorgenommen, er wurde dann aber zusammen mit den anderen Büchern beschlagnahmt, und ich sah ihn nie wieder. Ich würde mich sehr freuen, wenn ich ihn noch einmal lesen könnte ...
Und nach ihrem Unfall schrieb sie:.

10. 2. 1939 ... Ich selbst benutze jetzt die größere Muße, die mir zur Verfügung steht, um Französisch zu lernen. Wenn ich auch nicht hoffen kann, die Sprache bis zur Beherrschung lernen zu können, so freue ich mich schon, wenn ich sie mit Verständnis lesen kann, und überhaupt macht mir das Lernen von Sprachen viel Freude. Es ist das erste Tor zum Verständnis anderer Völker...

Olga, die sich ständig um Sabo sorgte, wandte sich an Prestes:

… Im übrigen wollte ich Dich bitten, Dich erneut dafür zu interessieren, ob meine Freundin Nachrichten von ihrem Gatten erhält, und alles im Bereich Deiner Möglichkeiten liegende zu tun, damit sie wenigstens diese Beruhigung hat ...

Auch für Olga hatten Bücher größte Bedeutung. Nachdem sie ein Theaterstück von Bernhard Shaw gelesen, schrieb sie Prestes, wie sehr es ihr gefallen habe, doch sie setzte als Kritik hinzu: »Er stellt die Fragen und zeigt, wie nötig eine Lösung ist, aber eine Antwort gibt er nicht.« –

Als letzte Reserve habe ich nun »Gil Blas« von Lesage gelesen. Ich bin entzückt von der graziösen Darstellung der Personen und ihrer Geschichte. Dazu kommt, daß ich mir bei dieser Lektüre sogar vorstellen kann, was für ein Gesicht Du beim Lesen dieses Buches und welche Kommentare zu den verschiedenen Stellen Du machen würdest ... Deine Bemerkungen zu Deiner Lektüre machen mir viel Freude, aber damit dieser Brief nicht wieder wegen Überschreitung der mir vorgeschriebenen Zeilenzahl zurückgehalten wird, kann ich heute nicht mehr darauf eingehen ...

Prestes lernte im Gefängnis die deutsche Sprache und schickte Olga eine portugiesische Nachdichtung von Goethes »Heideröslein«.

Sie war sehr glücklich über die ersten Zeilen in seiner eignen Handschrift. Seine Briefe erreichten sie sonst nur in deutscher Übersetzung, die Leocadia in Mexiko anfertigen ließ; denn Olga durfte im KZ keine Post in fremder Sprache erhalten.

Olgas Geburtstag, der erste in Deutschland, den sie nicht in Einzelhaft verbringen mußte, wurde zum ungewöhnlichen Ereignis, weil so viele Frauen – auch unter den Kriminellen – ihr durch Gaben für ihre Hilfe und Kameradschaftlichkeit dankten.

Auch in Prestes' einsame Zelle fiel ein Glanz dieses Tages:

14. 2. 39 ... Denk Dir, als ich am Sonntagmorgen in unseren Tagesraum kam, hatten mir meine Kameradinnen einen richtigen Geburtstagstisch aufgebaut. Eine wollene gestrickte Bluse (Farbe natürlich hellblau!!), endlos viele Taschentücher, Deckchen, Toilettesachen, Süßigkeiten, eine gestrickte Mütze, Bastkörbchen, Gedichte, kurzum, es fällt schwer, Dir alles aufzuzählen – aber alles war mit soviel Liebe und Erfindungsgabe gemacht. Man erzählte mir nachher, daß ich vor all den Schätzen wie ein Kind gestanden hätte, und die Augen seien immer größer und glänzender geworden. Am meisten freut mich dabei, auch hier die Achtung und Zuneigung meiner Umgebung gewonnen zu haben. Nachmittags haben wir dann einen Kaffeeklatsch ohne Kaffee, aber mit belegten Broten, viel Phantasie und Humor gemacht. Du siehst, wir lassen den Kopf nicht hängen, und ich habe diesen Tag,

wenn auch fern von Dir und Anita, nicht so traurig wie die beiden Male zuvor verbracht. Und Du, mein Lieber, wie wünschte ich, daß Du nicht immer so allein sein müßtest, daß Deine Tage etwas abwechslungsreicher verlaufen ...

Kurz nach Olgas Geburtstag wurde Lisbeth aus dem Lager geholt; und niemand erfuhr von ihrem weiteren Schicksal.

Dem Einmarsch Hitlers in Österreich war im Herbst 1938 die Annexion des zur Tschechoslowakei gehörenden Sudetenlandes gefolgt. Dieser neue Gewaltakt wurde Hitler durch die Zusicherung der englischen und französischen Regierungen, sie würden bei einem solchen Schritt nicht eingreifen, gestattet.

Hitler habe garantiert, nun würde er keine weiteren Ansprüche in Europa stellen und auch die Tschechoslowakei nicht ein zweites Mal antasten, erklärte England. Durch die Zustimmung zur Annexion des Sudetenlandes sei der von Hitler angedrohte Revanchekrieg verhindert worden und der Friede erhalten geblieben.

Die Genossinnen im Lager hatten diese Einzelheiten durch neu eingelieferte Häftlinge erfahren und waren sehr niedergeschlagen.

»Es ist nicht zu fassen«, sagte Olga. »Nunmehr würde er keine weiteren Forderungen in Europa stellen – genau die gleichen Worte hat er schon bei Österreich gebraucht. Selbst der Dümmste kann ihm doch diese Lüge nicht zweimal glauben. Als ob er jetzt den Revanchegedanken aufgibt – der ist ihm zu nützlich, um das Volk zu verhetzen und den Krieg gegen die Sowjetunion vorzubereiten. Wenn England und Frankreich ihn machen lassen, was er will, so ist ihr Hintergedanke: Soll er die Sowjetunion schlagen. Sie irren sich alle nur in einem: Die Sowjetunion läßt sich nicht schlagen.« –

Mitte März 1939 folgte der zweite Einfall Hitlers in die Tschechoslowakei – diesmal besetzte er das ganze Land.

Und jedem neuen militärischen Gewaltakt folgten furchtbare Maßnahmen gegen die Kommunisten und alle fortschrittlichen Menschen der unterdrückten Nation sowie Pogrome gegen die Juden. Auch in

Deutschland selbst wuchs der Terror, die Konzentrationslager reichten nicht mehr aus, Hitlers Opfer aufzunehmen. Selbst bei engster Belegung wurde auch die Lichtenburg zu klein. Doch Hitler hatte vorgesorgt: Im Frühjahr 1939 wurden die ersten Transporte in das neue Frauen-Konzentrationslager in Ravensbrück bei Fürstenberg gebracht.

SIEBENTES KAPITEL

1

Olga und Martha unterhielten sich einmal darüber, welches der schönste Monat sei.

»Vielleicht ist der Mai noch schöner als der Juni und Juli«, sagte Olga, »da gibt es manchmal Tage, wo die Baumblüte noch nicht beendet ist und der Flieder schon aufbricht, oder weißt du, so ein See im Frühling – ein paar weiße Wolken spiegeln sich im Blau, und die hellen Weidenzweige hängen tief herunter, es ist, als ob die kleinen Wellen danach greifen ...«

Im dritten Jahr ihrer Gefangenschaft wurde diese Landschaft plötzlich zur Wirklichkeit für sie. An einem Sonntag des Mai 1939 stand Olga am See, die Wellen umspielten die zitternden Zweige der Weide an der schilfumrahmten Bucht, junge Linden sprossen im zarten Grün, die Sonne wärmte. Wäre sie frei, so würde sie jetzt in diesen See springen, hinüberschwimmen zum kleinen, verschlafenen Ort am anderen Ufer, dessen rote Häuserdächer sich um den spitzen Kirchturm scharten. – In solcher Landschaft kann das Leben nicht so grausam sein wie in der Lichtenburg – allein der Anblick des Sees würde zur Quelle heimlicher Freude werden, die ihr niemand nehmen könnte.

Neben Olga standen Lea und Lore, glücklich darüber, wieder mit ihr zusammen zu sein.

Die Holzbaracken auf dem großen Platz waren ärmlich und nüchtern, doch auch sie dünkten Olga weit besser als die düstere Festung mit den feuchten, dicken Steinmauern. Die Fenster lassen Licht und Luft herein, und beim Verlassen der einstöckigen Gebäude steht man auf weichem Sandboden statt auf gepflastertem Hof. Der Wald winkt hinter dem elektrisch geladenen Stacheldraht – und vor allem der schöne See ist so nahe, er gehört zum Gelände.

Obwohl die Grausamkeit der Nazis sich bisher ständig verschärft hatte und auch die politische Lage wenig Grund gab, mit einer baldigen Änderung zu rechnen, stahlen sich bei geringstem Anlaß Hoffnung und Frohsinn in Olgas Herz – doch da hörte sie schon das Bellen der Hunde. Die Tiere rasten mit gefletschten Zähnen auf die Häftlinge zu, die ersten Reihen der Frauen wichen zurück, Lea und Lore klammerten sich schreiend an Olga fest. In der letzten Sekunde vor dem Sprung an die Kehlen rief die Aufseherin: »Zurück!«

Da erst erkannte Olga die Krähe. In SS-Uniform, die Pistolentasche an der Seite, das Käppi auf dem straff zurückgekämmten Haar, die Füße in Schaftstiefeln, marschierte sie zackigen Schrittes auf die Häftlinge zu.

»Wer hat hier geschrien?«

Die locker gehaltene Peitschenschnur pendelte vor den Gesichtern der Frauen. »Die ist nicht nur für Hunde da.«

Sie streckte den Arm in Richtung der Baracken aus: »Jüdische Miststücke Block elf, Kommunistenschweine Block eins und folgende.«

Spiegelten sich die oalken da oben am Himmel nach immer im stillen See? Zirpte noch immer der kleine Vogel versteckt im dichten Schilf?

Die bloßen Füße versanken bei jedem Schritt im von der sengenden Sommersonne erhitzten Sand. Die Sohlen waren abgehärtet, doch Millionen brennender Körnchen rieselten über den Spann des Fußes. Die Frauen spürten es kaum. Selbst das Ziehen im Rücken, das bohrende Stechen im Kopf, das Pochen des Herzens schienen erträglich gegenüber dem Schmerz der blutenden Fingerkuppen.

Bei jedem Ziegelstein, den die wunden Hände halten mußten, war es, als ob jemand mit grobem Sandpapier die von der Haut entblößten Stellen rieb. Zu diesem Schmerz trat die Qual des stundenlangen Durstes. Die Frauen blickten zum flimmernden Himmel; die glühende Hitze hielt nun schon Tage an. Es war noch lange nicht Mittagszeit, und schon brannte die ausgedörrte Kehle, lag die Zunge schwer und groß im Munde.

»Wolken«, flüsterte Lore und schaute, während sie die Steine an Lea weitergab, zum flimmernden Horizont. Wenn sie nur rasch näher kämen.

Doch die Luft über dem Schwedter See war so klar, daß sich der mit Ziegelsteinen beladene Kahn bis in alle Einzelheiten im Wasser widerspiegelte.

»Wölkchen«, flüsterte Lore noch einmal.

Lea schien nicht zu hören. Sie stand einen einzigen Schritt vom Wasser entfernt.

Mit den brennenden Füßen in den See laufen, sich niederbeugen, die Hände zur Schale formen und trinken – trinken – trinken!

Lea leckte sich den salzigen Schweiß von den aufgesprungenen Lippen. Schon gestern war es furchtbar gewesen – heute würde sie es nicht aushalten. »In schweren Augenblicken müßt ihr an etwas Schönes denken«; hatte Olga ihnen geraten. Das schönste auf der Welt war ein Glas eiskalten Wassers. Als kleines Kind war sie einmal krank gewesen, da hatte sie auch solchen Durst gehabt und immerfort von Wasser geträumt. Sie wachte auf, und die Mutter stand mit dem Glas in der Hand am Bett. Sie besann sich noch ganz genau; es war ein dünnes Glas mit einem Glockenblumenmuster um den geschweiften Rand. Und als sie daraus trank, sagte die Mutter: Langsam, langsam, nicht so hastig.

Lea schrie auf – sie hätte die Augen offenhalten müssen. Nun war der Stein, den Lore ihr gereicht hatte, gegen die Wunden geprallt, die schon ohne Berührung unerträglich schmerzten. Lore liefen vor Mitleid die Tränen übers Gesicht.

Die Krähe brüllte: »Paßt auf, ihr Viecher!«

Lea zitterte am ganzen Körper. – Eine qualvolle Stunde verging. Lea stierte aufs Wasser: trinken, trinken und die Hände baden – aller Schmerz würde aufhören. Die Sonne, die über ihr gestanden hatte, lief plötzlich wie ein Rad über den Himmel und ließ sich kreisend ins Wasser hinab. Selbst die Sonne war durstig.

»Lea«, rief Lore angsterfüllt. Doch der Stein lag bereits zwischen ihnen am Boden.

Die Krähe löste Hasso von der Leine, blickte auf die erstarrte Lea und sagte nach einer kleinen Pause: »Hasso – trink!« Sie lachte schallend über ihren eigenen Witz. Natürlich hatten alle »Hasso, faß!« erwartet.

Der Hund war ins Wasser gesprungen und trank gierig schmatzend. Die durstenden Frauen wandten sich dabei stöhnend ab.

Die Krähe sah Lea an. »Na, hängt dir auch die Zunge zum Maule heraus? Willst du trinken?«

Lea nickte wortlos. Ihre schwarzen Augen hingen bittend am Gesicht der Krähe, die Lippen wagten den Anflug eines Lächelns, das rührend kindlich wirkte.

Die Krähe trat dicht an sie heran. »Das ist doch verboten, du willst also etwas tun, was verboten ist. Dafür verdienst du eine Strafe.« Sie hob die Peitsche. Der Schlag traf Lea nicht mehr – sie war, ehe Lore oder die anderen sie hindern konnten, ins Wasser geflüchtet, kniete nieder und trank.

»Hasso, faß!«

Die Frauen am Ufer schrien, um die gellenden Schreie des Mädchens nicht zu hören. –

In dieser Nacht teilte Olga ihr Lager mit Lore. Sie hielt – das schluchzende Mädel im Arm und streichelte ihr Haar. »Wein nicht, Kleines. Sie ist auf dem Krankenrevier, ich habe sie selbst dort hingebracht – die Unsrigen geben ihr heimlich Spritzen, heben ihr zu essen auf, ganz fein wird die Wunde im Gesicht genäht – sie kommt durch – , aber du mußt tapfer und ruhig sein, die anderen wollen auch schlafen, du darfst nicht mehr weinen, Anita.«

Lore kroch mit dem Gesicht unter die Decke, damit niemand sie hören könnte, und schmiegte das tränennasse Gesicht an Olgas Brust.

»Du hast eben Anita zu mir gesagt.«

»Schlaf, Töchterchen, schlaf.«

Olga hatte die Blutende auf den Armen ins Krankenrevier getragen. Man warf beide wieder hinaus und drohte ihnen mit dem Strafblock; für Jüdinnen gab es keinen Platz im Revier. Olga blieb mit Lea vor der Tür stehen – und wenn es ihr Leben kosten sollte, sie mußte das Mädchen retten. Das wichtigste war, an Doris heranzukommen, die – selbst Häftling – als Ärztin im Revier arbeitete. Doris war so tüchtig, daß sich Dr. Sonntag, ein Schuft, der Lagerleiter Kögel in nichts nachstand, häufig in fachlichen Dingen an sie wandte. Ihre heimliche Hilfe für die Kranken, bei der sie selbst schwerste Strafen riskierte, hatte schon mancher das Leben gerettet. Aber sie wußte nicht, daß Olga draußen wartete.

Da kam Jozka vorbei, die prächtige Genossin aus Prag.

»Olga, Liebe, was ist geschehen?«

In Sekunden hatte sie die auf dem Revier arbeitenden Genossinnen alarmiert. Die Schwerverletzte wurde untergebracht, doch es bestand noch die Gefahr, daß Dr. Sonntag am folgenden Tag davon erfuhr und Olga sowie die anderen Beteiligten in den Strafblock schickte. Wer fürchtete nicht diesen Folterplatz, wo die Grausamkeiten und Gemeinheiten bis zum Äußersten getrieben wurden, wo das Aushalten übermenschliche Kräfte forderte?

Furcht vor den Hunden, Furcht vor den Schlägen, vor Dr. Sonntags und Kögels Brutalitäten, wie hatte Sepp − lag es wirklich schon fünfzehn Jahre zurück − gesagt? Olga ist ohne Furcht geboren. Geboren vielleicht, aber das Leben hatte sie das Fürchten gelehrt, Sorge um Prestes, lähmende Angst vor der Trennung von Anita. Und hier im Lager ... Sie kannte jetzt das innere Zittern, die zugeschnürte Kehle, die Übelkeit im Magen, die weichen Knie; aber nur sie selbst, kein anderer wußte davon, denn sie hatte zugleich gelernt, sich in Sekunden zu überwinden, sie hatte trotz Furcht nicht aufgegeben, furchtlos zu handeln.

Olga hörte Regentropfen aufs Dach trommeln, langsam kühlte der Raum aus, eine Wohltat nach der heutigen Hitze.

Wie spät mochte es sein? Sie mußte jetzt einschlafen, doch das war schwer. Viele der von der Tagesarbeit tödlich Erschöpften lagen noch wach. Das Stöhnen ließ nicht nach; die Nacht steigerte das Wühlen, Pochen, Stechen und Brennen in den offenen Fingerkuppen. Für diesen Block gab es keine Verbände, nur Jod wurde abends über die Wunden gegossen.

Olga hatte als Blockälteste mit allen Mitteln darum gekämpft, daß wenigstens die älteren Häftlinge im Lager und nicht bei der harten Außenarbeit beschäftigt wurden. In den Fällen, wo ihr dies gelungen war, kam es einer Lebensrettung gleich.

Blockälteste!

Damit wollten die Nazis sie kaputt machen. Für dreihundert Frauen war sie verantwortlich, und für jeden Verstoß der Häftlinge gegen die strengen Regeln konnte die Blockälteste bestraft werden. Doch es war wichtig, daß statt Krimineller, die den Politischen das Leben zur Hölle machen konnten, Genossen diese Stellung innehatten.

Es gehörte ein starker Glaube an die Menschen dazu, den Schwierigkeiten der ersten Wochen standzuhalten. Im jüdischen Block waren nur wenige Genossinnen.

Viele der Häftlinge verstanden nicht, warum sie eingesperrt waren. Die Nazigesetze verboten zum Beispiel einer Jüdin, einen Nicht-Juden zu heiraten oder zum Freund zu haben. Wer gegen dieses Verbot verstieß oder zuvor, als das Gesetz noch gar nicht bestand, dagegen verstoßen hatte, konnte dafür ins Konzentrationslager geschleppt werden.

Bei den Mahlzeiten stürzten sich dreihundert halbverhungerte Frauen auf die fünf Kübel mit Essen und rissen sich im Kampf um Nahrung die Näpfe aus der Hand; sie stahlen Kleidung, Schuhwerk, Wäsche und die Decken für die Betten voneinander. Manche verfielen dem Stumpfsinn; sie hörten auf, von irgend etwas Notiz zu nehmen. Andere wieder versuchten, laut schreiend in den elektrisch geladenen Stacheldrahtzaun zu laufen, und mußten mit Gewalt zurückgehalten werden. Olgas Schützlinge Lea und Lore hatten diesen Szenen mit erschrockenen Augen zugesehen und hinterher gesagt: »Wir dachten, stehlen und sich schlagen tun nur Kriminelle.«

Sie war den beiden übers Haar gefahren. »Ihr seid längst schon keine Kriminellen mehr, ihr seid feine Mädel.« Sie hatte ihnen erklärt: An diesen Frauen zeige sich, daß die bürgerliche Moral nicht ausreiche, um gemeinsam zu handeln und an alle zu denken. Dabei spiele keine Rolle, daß es sich um Jüdinnen handelte; Nicht-Juden derselben Herkunft mit derselben Vergangenheit würden genauso reagieren.

Wie eifrig hatten gerade Lea und Lore geholfen, daß sich die vor Hunger Gepeinigten in Reihen zum Essen anstellten, die Schwachen und Alten ganz vorn. Wer von den Häftlingen stahl, wer unnötig jammerte, lernte, sich seiner Haltung zu schämen.

Hausfrauen, Gattinnen von Kaufleuten und Handwerkern, Lehrerinnen und Künstlerinnen begannen die Kommunisten zu respektieren. Frauen, die sich zuerst um ein Stück Brot geschlagen, brachten Olga rührende kleine Geschenke: eine Blume, bei der Außenarbeit gefunden, ein aus Halmen geflochtenes Körbchen, eine rohe Mohrrübe.

Die Frauen, deren Blockälteste Olga war, lernten nicht nur Strapazen aushalten, sondern sie lernten auch die Rolle des Faschismus erkennen, entwickelten neue Qualitäten des Charakters und hofften, noch eine bessere fortschrittliche Welt zu erleben – ja, daran mitzuarbeiten. Ein Teil von ihnen! Ein anderer Teil, der selbstverständlich auch den Faschismus haßte, hatte nur einen Wunsch: Es möge alles wieder so wie früher werden, als es ihnen gut ging. Wenn sich die Nazis nicht gegen die Juden gerichtet und damit sie persönlich getroffen hätten, wären sie gar nicht so heftig gegen einen Hitler gewesen. So wie früher ...! Und sie begriffen nicht, daß ihr geliebtes »Früher« ja das Nazisystem im Schoße getragen, daß man nach der Vernichtung des Faschismus nie wieder die alten Zustände, aus denen er geboren worden war, schaffen dürfe. –

Es war schon Mitternacht, als endlich in der Baracke Ruhe herrschte. Die Frauen lagen auf dem Rücken, die wunden Hände ruhten, mit der Innenfläche nach außen, flach auf den Decken. Olga zog vorsichtig ihren Arm unter Lores Schultern fort, strich dem Mädchen eine Haarsträhne aus der Stirn und legte sich auf die Seite.

Gute Nacht, Carlos – bitte, schreib mir. Schlaf süß, meine Anita – ich küsse euch, vergeßt mich nicht ...

Heulender Ton der Sirenen.

Olga fuhr auf. Um vier Uhr dreißig war Wecken. So spät konnte es noch nicht sein. – Es war zwei Uhr.

Sie ordnete die von Schmerz und Erschöpfung taumelnden Frauen in Reihen, während Kögels Stimme draußen brüllte.

»Appell!«

Tausende – die gesamten Insassen des Lagers – sammelten sich, von Scheinwerfern angestrahlt, auf dem großen Platz. Ein krimineller Häftling war aus dem Strafblock geflohen. Die Frauen standen frierend im strömenden Regen – wie lange zurück lag der Sommertag mit seiner glühenden Hitze. Endlose Stunden. Langsam wurde es hell. Kögel kam ab und zu heraus, blieb vor den grauen Gestalten stehen und verzog verächtlich das Gesicht.

Sie boten keinen schönen Anblick. Als die Sirenen schrillten, hatten sie schnell die Betten gemacht und die Jacke oder das gestreifte Gefängniskleid übers Nachthemd gezogen, zum Kämmen war keine Zeit geblieben. Die Tropfen rannen ihnen aus den strähnigen Haaren, die übermüdeten Augen mit den tiefen Schatten darunter waren entzündet.

»Ihr steht, bis wir das Luder gefunden haben.«

Der stundenlange Appell, bei dem man sich nicht rühren durfte, gehörte zu Kögels Lieblingsstrafen. Olga hatte mit ihrem Block geübt, wie man sich das Stehen durch Haltung, Gewichtsverlagerung und richtiges Atmen erleichtern konnte. Es half auch, an Schönes zu denken, um sich selbst und die Umgebung zu vergessen. Doch die Frauen begannen zu verzweifeln, ob es überhaupt noch etwas Schönes im Leben gab, wenn Kögel vor ihnen stand, wenn sie in die eingefallenen Gesichter der Kameradinnen blickten, auf die Wachtürme, die Hunde, den Zaun mit den SS-Totenkopfzeichen. Es war besser, die Augen zu schließen, doch dann fiel man eher um.

Olga kämpfte mit starken Schmerzen. In der Lichtenburg hatte sie Gallenanfälle gehabt, nun tat die Seite wieder weh; sie biß die Zähne zusammen, vielleicht war es nur der Hunger. Ihre Füße waren so geschwollen, daß sich die Haut spannte.

Der Morgen verging.

Es gab kein Frühstück, die letzte Mahlzeit war der halbe Liter Suppe am Abend zuvor gewesen. Der Regen fiel noch immer.

Viele brachen zusammen – es war verboten, die Ohnmächtigen fortzutragen.

Kögel kam schon wieder heraus, Olga sah ihn zu ihrem Block elf gehen und erstarrte. Sie war dafür verantwortlich, daß die Betten genau nach Vorschrift gemacht wurden, die Decken in exaktem Winkel von neunzig Grad eingeschlagen. Kögel inspizierte häufig persönlich, und selbst bei der Andeutung einer Falte gab es Strafen. Schlimmer als die Tiere wurden sie behandelt, doch die Bettdecken mußten glatt sein wie in einer Kaserne, und kein Stäubchen durfte den Fußboden der Barakken beschmutzen.

Kögel war imstande, dies auch heute, wo er sie nachts zum Appell gehetzt hatte, zu verlangen.

Wenn Olga andere leiden sah – wenn Kögel in ihrem Block Fußtritte austeilte oder sie mit Häftlingen zu Dr. Sonntag gehen mußte, um ihm die offenen Wunden zu zeigen, die unbedingt Verbände benötigten, und er mit seinem Stöckchen daraufschlug –, dann glaubte sie ersticken zu müssen vor Haß.

Später in der Freiheit möchte sie so einige von ihnen vor sich haben: die Krähe, Kögel, Sonntag. Sie würde sie nicht gleich erschießen, das wäre zu einfach, ginge zu schnell, sie würde sie ohrfeigen, immer wieder ohrfeigen – nein, allein ihre Gesichter zu berühren, wäre ekelhaft; sie würde sie drei Tage ohne Wasser in der Sonne liegen lassen, einen großen Hund daneben, der zupackt, sobald sie auch nur den Kopf heben. Appell sollten sie stehen, bis sie umfielen – und dann ihnen mit der Peitsche eins überziehen.

Ach, Olga, verlier dich nicht in Racheplänen, die Menschenschinder wird man vor Gericht stellen und die Schlimmsten wird man erschießen, aber du wirst anderes zu tun haben, als Ohrfeigen zu verteilen.

Wieder sanken zwei aus ihrer Reihe zu Boden. Olga beobachtete die Aufseherinnen und drehte vorsichtig den Kopf zur Seite – wer auch nur ein Glied rührte, wurde bestraft.

Rosel Menzer stand noch, aber ihr Oberkörper schwankte wie von einem sanften Wind bewegt hin und her, eine graue Haarsträhne, die sie vergeblich zurückzuwerfen versuchte, hing ihr ins Gesicht. Neben ihr stand Ruth Grünspan. So jung wie Ruth, die sie »Vögelchen« nannten, mußte man sein, um das zu tun, was jetzt geschah.

Ruth sah sich um, hob blitzschnell die Hand und strich Rosel die Haarsträhne zurück. So hätten auch andere gehandelt, aber das Mädel steckte nach vollbrachter Tat der Aufseherin die Zunge heraus. Olga war entsetzt über diese sinnlose Frechheit und nahm sich vor, ernst mit Ruth zu sprechen.

Und doch – sie fühlte sich besser, der eigene Schmerz und das lähmende Elend um sie herum verblaßten für Sekunden, weil es Ruth noch fertigbrachte, auf ihre Weise aufzutrumpfen.

Sie war auch eine von jenen, die sich nie unterkriegen ließen. Als junge Sozialistin hatte Ruth im Berliner Wedding gearbeitet, war von den Nazis verhaftet, zu mehreren Jahren Zuchthaus verurteilt worden und nach Beendigung der Strafe ins Lager Ravensbrück gekommen. Wenn Rosel nur durchhielt. Sie gehörte zu den älteren Genossinnen auf Block elf, war von Jugend an politisch aktiv, und Vögelchen hing an ihr wie an einer Mutter.

Qualvoll langsam vergingen die Stunden. Niemand wußte, wie spät es war, vom grauen Himmel konnte man die Zeit nicht ablesen. Endlich hieß es: »Weggetreten!«

Sie holten die Ohnmächtigen aus dem Schlamm und legten sie auf den Boden der Baracke, denn die Betten durften nicht beschmutzt werden. Sie knieten nieder und zogen die Kameradinnen aus. Es gab kein Mittag- und Abendessen – sie blieben sechsunddreißig Stunden ohne Nahrung und waren schon vor sechsunddreißig Stunden so hungrig gewesen.

2

Berlin, August 1939

Liebe Mama, liebe Lygia,

... Wenn Ihr mir schreibt, so sendet die Briefe vorläufig wieder an die alte Adresse: Geheime Staatspolizei, Berlin, Prinz-Albrecht-Straße – fügt am besten noch Abteilung II A I hinzu.

Nun bin ich wieder allein mit meinen Gedanken und meiner Sehnsucht nach Euch allen. Die Tage sind wieder ohne Ende, aber seid beruhigt, ich lasse den Mut nicht sinken ... Was wißt Ihr über Carlos? Es ist nun schon ein halbes Jahr her, seit er mir das letztemal geschrieben hat. Eure ständige Redewendung in den Briefen, er sei gesund, könne aber nicht schreiben, fängt an, mich ins Maßlose zu beunruhigen. Liebe Mama, ist er krank oder sonstwas? Ihr dürft es mir nicht verschweigen.

Meiner süßen kleinen Anita sagt, daß ihre Mutter viel an sie denkt und sich jeden Abend vor dem Einschlafen ausmalt, wie es wäre, ihre kleinen Händchen zu halten und ihre Bäckchen zu küssen ...
Es umarmt Euch in aller Liebe Olga. –

Sie war plötzlich nach Berlin gebracht worden, selbst ihren teuersten Besitz, die Bilder von Anita und Carlos, mußte sie zurücklassen. Bei den Verhören, die sich über Stunden erstreckten, war sie zunehmenden Brutalitäten ausgesetzt.

Vor ihrem Abtransport von Ravensbrück hatte sie ein schweres Erlebnis gehabt, das sie nun in der Einsamkeit verfolgte.

Beim Antreten der Häftlinge im Strafblock, der ihrer Baracke gegenüberlag, hatte sie Sabo in der letzten Reihe stehen sehen. Immer wieder hatte sie entsetzt durch den Stacheldraht geblickt, der diesen Block von den anderen isolierte. Martha, die zur Reparaturkolonne gehörte und daher viel herumkam, erzählte ihr später, daß eine von Sabo organisierte Zusammenkunft der Genossinnen verraten worden war. Im Lager hing eine Bekanntmachung: Auf die Verbreitung lügenhafter Gerüchte und Agitation im Sinne der kommunistischen Idee steht Todesstrafe.

Selbst wenn Sabo nicht danach verurteilt werden sollte – die im Strafblock wurden auch ohne Urteil zu Tode gequält.

Es hatte keinen Zweck, daran zu denken, sagte sich Olga in der Zelle des Berliner Gefängnisses und legte die Hände auf die Augen, um die Bilder fortzuwischen. Es gelang ihr nicht. Sie sah Sabo keuchend im Dauerlauf beim Schleppen der schweren, langen Bordsteine zum Straßenbau. Sabo sinkt um ... Und sie war so weit fort von ihr.

Olga schob ihre neuen Vernehmungen durch die Gestapo auf die von Hitler verursachte bedrohliche politische Lage.

Sie erhielt in der Einzelhaft den »Völkischen Beobachter«. »Krieg«, schrie es aus allen Zeilen. Es schien ihr nur eine Frage von Tagen, bis Hitler den Befehl zum Marschieren geben würde. Klein und unwichtig war das Einzelschicksal gegenüber den erschütternden politischen Ereignissen.

Nichts, weder die Niederlage der Antifaschisten im spanischen Bürgerkrieg noch Hitlers räuberische Überfälle auf andere Länder, nahm Olga die Zuversicht an den Sieg des Kommunismus. Doch ihre Überzeugung schloß nicht mehr den Glauben ein, daß sie jene Zeit miterleben würde. Darüber hatte sie nun schon oft nachgedacht. Diese innere Auseinandersetzung änderte nichts an ihrer Auffassung vom Sinn des Daseins. Als Kommunist handeln – das war der Reichtum, den sie besaß. Mit ruhiger Hand schrieb sie kurz nach Ausbruch des Krieges an Dona Leocadia:

... Für mich selbst wird es wohl schwerer denn je. Aber denkt nun nicht, daß ich den Kopf hängen lasse. Ich bemühe mich, mich stets so zu verhalten, daß einstmals mein Anita-Kind sich nicht ihrer Mutter zu schämen braucht. – Aber in mir selbst wächst von Tag zu Tag mehr die Vorstellung, es könnte sein, daß ich mein Kind niemals wiedersehen werde. Nun, jeder muß sein Schicksal tragen, und ich verstehe, es geht um andere Dinge als um ein Mutterherz voll Sehnsucht ...

Olga sah auf. Nasse Streifen rannen seit dem frühen Morgen über die trüben Scheiben.

Ganz Deutschland war in Regen eingehüllt. Die Ähren auf den Feldern hingen wasserübersättigt zur Erde.

Auf der Lagerstraße in Ravensbrück vereinigten sich die Pfützen zu kleinen Seen. Es war Sonntag, doch der Strafblock wurde trotzdem zum Steineschleppen hinausgejagt.

Sabo ging in der letzten Reihe. Zwei Kameradinnen stützten sie. Als der Aufseherin Sabos fiebrige Erkältung in der Frühe gemeldet worden war, hatte sie mit der Faust auf den Tisch geschlagen und geschimpft: »Wieder so eine Sau, die sich drücken will – kommt gar nicht in Frage.«

Sabo arbeitete zwei Stunden – immer langsamer wurden die Schritte, immer schwerer rasselte der Atem in der Brust.

»Los, Dauerlauf« – die Aufseherin trat neben sie –, »dir werd ich Beine machen.«

Mit letzter Kraft lief Sabo torkelnd am Rande des Weges entlang – dann brach sie zusammen.

Ihr Körper lag quer über dem Stein, den sie getragen, ihr Kopf hing vornüber, die Haare schwammen in einer Wasserlache.

Erst Stunden später durften die Genossinnen sie zurücktragen. Doris stellte eine schwere Lungenentzündung fest und sagte den beunruhigten Kameradinnen, daß viel von Sabos eigenem Willen zum Leben abhinge.

Die Freundinnen besuchten sie heimlich und atmeten auf, als Sabo die Augen öffnete. Zuerst wußte die Kranke nicht, wo sie sich befand, hob die geschundenen Hände und bat: »Ich habe solchen Durst – gebt mir eine Zitrone.« Die Genossinnen senkten hilflos den Blick. Nachdem Sabo ihre Umgebung erkannt hatte, entschuldigte sie sich wegen ihrer Bitte, sah alle der Reihe nach an und nahm Abschied. Die Freundinnen sprachen ihr Mut zu – sie schüttelte den Kopf. »Arthur, mein Arthur«, ihre Augen waren schon wieder geschlossen.

Sabo wollte nicht mehr leben – die Faschisten Brasiliens und die Faschisten Deutschlands hatten sie zu Tode gequält.

Als Olga ein paar Wochen nach Sabos Tod im Herbst 1939 ins Lager zurückkehrte, war Jozka die erste Genossin, die ihr begegnete. –

Die Nazis hatten Jozka am Tage nach Hitlers Überfall auf Prag im März 1939 verhaftet. Sie war es gewohnt, ihren Feinden mutig entgegenzutreten. In ihrer Arbeit als kommunistische Stadträtin in Prag und als Verantwortliche für die revolutionäre Frauen-Zeitschrift »Die Säerin«, bei Streiks und auf Demonstrationen hatte sie ihre Tapferkeit hundertfach bewiesen. Auch unter den Folterungen der Gestapo fügte sie sich nicht. Ihre Antworten sprachen von unerhörtem Mut, und dafür wurde sie bis aufs Blut gequält. Sie gehörte zu den ersten drei tschechischen Genossinnen, die bereits im Jahre 1939 nach Ravensbrück kamen. Man brachte sie auf den politischen Block eins, und die niedrigsten Arbeiten wurden von der Aufseherin für sie ausgesucht.

Jozka, ein Arbeiterkind mit einer schweren Jugend, litt an Kopfschmerzen, die sich durch die Mißhandlungen bei der Gestapo noch verschlimmert hatten. Der fast unerträgliche Schmerz überfiel sie eines Tages beim Toilettenreinigen. Sie spülte versehentlich den Lappen zum Auswischen mit hinunter, wodurch sich die Kanalisation verstopfte.

Um schwere Strafen für alle zu verhüten, meldete sie sich zum Rapport und mußte viele Stunden allein Appell stehen. Es war merkwürdig – oder vielleicht auch nicht, vielleicht war es ganz natürlich –, daß alle starken Kommunisten zu dem gleichen Mittel griffen, um Schweres zu überstehen: Sie dachten an etwas Gutes, denn das Gute enthielt stets die Zukunft.

Jozka träumte vom Tage, wo Deutschland und die Tschechoslowakei sozialistisch sein würden, von der geliebten Stadt Prag, von ihrem herzensguten Mann und Genossen, der ihr so nahe stand und über dessen Schicksal sie noch nichts wußte.

Während sie damals allen sichtbar auf dem großen Platz stand, ging Olga vorüber und grüßte sie mit den Augen ... Ihr Lächeln, ihre Wärme und Herzlichkeit entströmten dem Wunsch, der unbekannten Frau mit dem roten Winkel der Politischen an der Lagerkleidung Mut und Kraft zu geben. Jozkas schweigender Antwortgruß enthielt freudige Überraschung. Sie hatte die Genossin Benario sofort erkannt. Auf Block eins war Olgas Name mehrfach gefallen, und Jozka erinnerte sich des Kampfes für die Freilassung im Jahre 1937. Eine Postkarte mit dem Porträt der jungen Mutter und ihres Kindes hinter Gitterfenstern war damals als Solidaritätsbeitrag verkauft worden.

Nach dieser ersten schweigenden Begegnung hatten sie Wege gesucht, sich zu treffen, und als geschickte Genossinnen sie auch gegen alle Lagerregeln gefunden. –

Nun freute sich Olga, daß sie bei der Rückkehr aus Berlin gleich auf Jozka stieß.

»Wie geht es allen? Hat sich die Lage mit Kriegsbeginn verändert? Sind noch alle am Leben?« fragte Olga voll Ungeduld.

Jozka senkte den Blick. Olga wußte noch nichts von Sabos Tod.

»Wir hoffen, daß die Sowjetunion nicht mit hineingezogen wird – die Westmächte haben sich diesen Krieg selbst auf den Hals gejagt, weil sie Hitler bis zur letzten Minute unterstützten.« Jozka zögerte einen Augenblick und sprach dann von Sabo. –

»Ich war darauf vorbereitet.« Olga wiederholte mehrmals mechanisch diesen einen Satz, und Jozka fühlte mit ihr die Leere, den Schmerz, den Haß.

»Gut, daß du wieder da bist«, sie nahm Olgas Arm, »es wartet soviel Arbeit. Eine Gruppe tschechischer Häftlinge ist eingetroffen – monatelang waren sie in den Händen der Gestapo, Tag und Nacht haben sie keine anderen Deutschen gesehen als diese Bestien. Sie haben einfach den Glauben daran verloren, daß es noch Menschen unter den Deutschen gibt; sogar die Politischen sind davon angesteckt.« Jozka sprach schnell und ohne Unterbrechung. »Du mußt uns helfen, damit sie wieder klarsehen, red mit ihnen in der Freistunde auf der Lagerstraße. Wir haben auch kleine Gruppen unter den Genossinnen zum Studium der internationalen Arbeiterbewegung organisiert, vielleicht kann man es einrichten, daß du ihnen etwas von deinen Erfahrungen erzählst.«

3

Der Wind pfiff durch die kalten Schlafsäle in Ravensbrück; der lockere Sand setzte sich zwischen die Fensterrahmen.

»Steh doch still, Vögelchen, sie wird gleich kommen«, sagte Olga, doch Ruth trat von einem Fuß auf den anderen. »Was sie noch so Wichtiges draußen wollte?«

Im Dunkel des bereits wintrigen Abends schlich eine Frau auf dem schmalen Weg zwischen den Baracken und dem elektrisch geladenen Zaun entlang. Bevor sie die Baracke betrat, schüttelte sie den Staub aus dem graumelierten Haar. Die Tür öffnete sich, und Ruth schoß heraus: »Warum kommst du so spät?«

»Ich hab noch etwas Schönes geholt.« Rosel Menzer richtete sich auf. »Dreht euch um.« Olga und Ruth verließen den Tisch – Ruth legte wie ein Kind, das sich selbst vor der Versuchung der Neugier schützen will, die Hände auf die Augen. »Bei hundert guck ich.« Doch schon als sie bei siebzig war, sagte Rosel: »Umdrehen!«

Neben den zwei roten Mohnblumen, die ihnen die Genossinnen aus dem politischen Block herübergeschickt hatten – sie waren aus mit Rübensaft gefärbtem Papier angefertigt –, lag Rosels Überraschung: »7. November« – ein Mosaik, aus Würfelzucker gelegt. Zur Jahreszahl 1939 hatte der Zucker nicht mehr gereicht, aber auf jedem Würfel klebte ein fünfzackiges rotes Papiersternchen.

»Das ist ja herrlich, Rosel, wo hast du es her, das Papier und vor allem den Zucker?« Ruth umarmte sie.

»Die Hilde in der Küche hat mir jeden Sonntag zwei Stück zugesteckt, und ich hab sie gespart.«

»Rosel«, sagte Olga, »erzähl mal Vögelchen, wie du mit deinen beiden Mädeln jedes Jahr den siebenten November gefeiert hast.«

Rosel nickte. »Ich hab mir gesagt, warum Weihnachten? Der siebente November hat doch mehr Fleisch und Blut, da weiß ich, was geschehen ist und was ich feiere. Wie habe ich jedes Jahr gebacken und meiner Ruth und Ilse etwas geschenkt. Am siebenten November kamen bald alle Genossen von der Gruppe Striesen – das ist der Teil von Dresden, wo wir wohnen – zu uns. So feierlich und schön ist's immer gewesen; im Wohnzimmer hab ich eine rote Ecke gemacht mit Lenins Bild, der Samowar hat gesummt, und wir haben Lieder gesungen.« Rosel schwieg; dann sagte sie: »Bestimmt feiern meine Mädchen auch heute, trotz Nazis.«

»Wir haben in Moskau auch einen Samowar gehabt«, sagte Olga.

»Erzähl noch mehr von früher, das ist so interessant«, bat Ruth.

»Olga weiß das doch schon alles – ein andermal.«

»Nein«, sagte Olga, »ich weiß noch gar nicht alles, außerdem kann ich's immer wieder hören.«

»Daß ich aus Litauen bin, wißt ihr ja. Zehn Kinder waren wir, oft hat's bei uns nicht mal zum trocknen Brot gereicht, und zur Schule gingen wir auch nicht. Bis heute hab ich nicht richtig lesen und schreiben gelernt, das ist's, was ich nie verwinden werde. Ich war noch jung, als ich aus Litauen fort bin nach Berlin. Dort haben sie mich als lästige Ausländerin hinausgeworfen, und ich bin nach Dresden. Mit Schneidern hab ich mir mein Brot verdient. Ganz wild war ich aufs Lernen, und doch ist's mir so schwergefallen. Zu allen Veranstaltungen vom Arbeiterbildungsverein bin ich gegangen. Da hat ein Lehrer zu uns gesprochen, der wußte alles – mir kam es wenigstens so vor. Zitate von Marx und Gedichte von Goethe hat er auswendig gekonnt und kluge Vorträge gehalten, ich hörte ihm so gerne zu.« Rosel lachte. »Wißt ihr, damals waren so lange Halsketten modern, das muß um 1910 gewesen sein, und wie ich dem Lehrer zuhöre – ein Vortrag über den Sozialismus und die Literatur –, da war ich so aufgeregt vor Begeisterung, daß ich gar nicht merkte, wie ich immerfort mit der Kette spielte, und plötzlich lagen die Perlen lose am Boden. Nach dem Vortrag – alle anderen waren schon gegangen – bin ich mit meiner Freundin Liesel herumgekrochen, sie aufzusammeln. Da kommt als letzter der Lehrer vorbei – er war bald doppelt so alt wie ich – und will uns suchen helfen. Aber ich hab mich geschämt, stoß die Perlen unter den Sitz und sag ihm in meinem schrecklichen Deutsch, wie gerne ich lernen will und wie ich ihn beneide um sein Wissen und daß ich nicht mal ein Buch lesen könne. Nun, um es kurz zu machen: Ich bewundere ihn sehr, er lehrt mich lesen und schreiben, und ich heirate ihn.«

Sie lachten alle drei; wie gut tat es, von anderen, dem Lager fernen Dingen zu hören.

»Ein paar Jahr' später, da schien er mir nicht mehr in allem recht zu haben.« Rosel seufzte.

»Wieso?« fragte Ruth.

»Aber nein, hier wollen wir November feiern, und ich rede von mir.«

»Erzähl weiter«, bat Olga, »wenn man dir zuhört, lernt man immer was.«

»Von mir lernen – nicht mal heute kann ich einen richtigen Brief schreiben.«

»Erzähl, erzähl« – Ruth klatschte in die Hände.

»Ja, da hatte nämlich der Weltkrieg begonnen, und ich konnte und konnte nicht begreifen, warum unsere Partei – seit 1912 war ich organisiert –, warum wir Sozialdemokraten diesen Krieg vom Kaiser und von den Kapitalisten unterstützten. Ganz unglücklich und verwirrt war ich, schließlich bin ich mit Liesel zur Dresdner Olga gegangen, das war auch eine Arbeiterin und eine kluge Genossin – dieselbe Olga, die später unsere Abgeordnete im Reichstag geworden ist. Na ja, und jetzt sitzt sie hier im Block eins. Damals, als wir zu ihr gegangen sind, war sie jung und lustig, einen Schopf roter Haare hatte sie. Ich war so froh, daß sie dachte wie Liesel und ich. Nun kam es so: Wir drei haben zusammengehalten, sind in die USPD und später in die KPD – aber mein Mann, der ist bei den Sozialdemokraten geblieben.«

»Hat es nun dauernd Zank bei euch zu Hause gegeben? Ich kann mir das gar nicht vorstellen«, sagte Ruth.

Rosel lächelte.

»Nein, es gab viele Diskussionen, aber keinen Zank, vielleicht, weil der Max so gut war. Einmal, ich weiß es noch wie heute, da hatte ich gerade große Wäsche und stand in der Waschküche am Zober – plötzlich brauchte mich die Partei. ›Ich hab‹ alles stehen- und liegenlassen und bin los. Den nächsten Tag war schon jemand anderes dran zum Waschen, ich mußte meine Wäschestücke zu Haus fertigmachen. Die Laken hingen im Wohn- und im Schlafzimmer – da war der Max einmal böse. Vielleicht hatte ich mich beim Weglaufen aus der Waschküche ins Freie erkältet, mitten in seiner Rede mußte ich niesen, und er wurde noch ärgerlicher. ›Man macht nicht so’n Lärm dabei, daß es die Menschen auf der Straße hören‹, sagte er. ›Das Niesen ist doch sonst gar kein Genuß‹, hab ich geantwortet und mußte lachen, weil er so komisch aussah, wie er mit seinem strengen Gesicht zwischen den Wäschestücken auf der Leine durchguckte. – Aber laßt man, es hat viele glückliche Stunden gegeben. Wir sind so gerne sonntags mit den beiden Mädeln in den Wald gezogen, oft waren Liesel und Olga mit ihren Kindern dabei, und nie hat er protestiert; auch wenn die Wohnung voller Genossen war, ist's ihm immer recht gewesen. Ja – und nun sitzen die Jungen von der Dresdner Olga im Konzentrationslager und sie sorgt sich mehr um die beiden als um sich selbst.«

»Wenn ich heirate, kaufe ich mir einen Samowar, das steht fest«, sagte Ruth verträumt.

»Rosel«, sagte Olga, »wir wollen es halten wie du mit deinen Mädeln. Ich hab ein Geschenk für dich zum siebenten November.«

Olga hatte in einem Müllhaufen, den sie fortschippen mußte, einen alten Schuh gefunden, und daraus war die Gabe – ein kleines, aus Lederstreifen geflochtenes Portemonnaie – entstanden.

Rosel umarmte Olga. Plötzlich hatte sie Tränen in den Augen.

»So ist das nun, dich umarm ich, und zu meinen Mädchen war ich nie richtig zärtlich, selten haben sie einen Kuß bekommen, selten auf meinem Schoß gesessen; das Leben war doch hart und entbehrungsreich allein mit ihnen, ich hatte nie Zeit, und es lag mir auch nicht, meine Liebe so nach außen zu zeigen – glaubst du, sie haben verstanden ...«

»Aber Rosel, aus jedem Brief, den sie dir schreiben, spricht ihre Liebe.«

Rosel sah Olga dankbar an.

»Weißt du, als mich die Nazis 1934 das erste Mal eingesperrt haben, da hat mir meine Ruth – sie war ja noch ein Kind – ein Gedicht gemacht. Das war so schön – ganz kann ich's nicht mehr auswendig, aber so ging es:

›Wenn unsre Mutter mal nicht hier, so sagten oft in Bangen wir, wie wird's uns da ergehn? Wer wird denn unsre Sachen nähn? Wer übernimmt die ganzen Sorgen, von früh bis abends, heut und morgen? Wer sagt uns all das Rechte, das Gute und das Schlechte? ... Doch liebes

Herze, sei nicht bange, unsre Mutter, die hält die Stange ... Sie nähet in verschlossner Klause und schickt uns Kleider noch nach Hause. Sie sorgt sich auch um alle Sachen, die wir zu Hause nicht richtig machen. Und hat's dabei doch selbst nicht leicht, doch das sie aus dem Sinne streicht ... So hoffen weiter wir das Beste heut zu ihrem Wiegenfeste, und wünschen wir ein beßres Jahr, obgleich an Freiheit es noch rar ...‹«

Rosel kämpfte mit den Tränen. »Siehst du, damals waren sie schon im Kommunistischen Jugendverband. Die Nazis hatten mich nach Waldheim ins Gefängnis gesteckt, das ist nicht weit von Dresden, und bald darauf wurde auch meine Ruth verhaftet – mit sechzehn Jahren! Kannst du dir das vorstellen, den Schock, als die Aufseherin mir sagte: ›Ihre Tochter sitzt unten, einen Stock tiefer.‹ Die Ruth ist eine ganz Schlaue. Sie hat mich durch Ilse, die uns beide besuchte, wissen lassen, ihre Zellentür hat einen winzigen Spalt, ich soll auf dem Weg zum Spaziergang auf der vierten Stufe der Treppe an der Wand stehenbleiben, und sie wird husten, wenn sie mich sieht. Ich hab den nächsten Tag gar nicht erwarten können. Auf der vierten Stufe halt ich an und beug mich hinunter, als ob mir das Schuhband aufgegangen wär – mir zitterten vor Aufregung die Knie –, da hustet meine Ruth. Wißt ihr, die Vorstellung, das Kind, zum Greifen nahe, allein hinter der schweren Tür in der Zelle zu wissen – ich hätte mit den Fäusten die Wände aufschlagen können; ja, da hätte ich sie in den Armen wiegen, hinaustragen und ihr kleines, rundes Gesicht küssen mögen – aber gut hat sie sich gehalten, meine Tochter, über zehn Monate war sie drin.«

»So will ich meine Anita erziehen.«

»Ich freue mich, daß ich wie deine Tochter heiße,« Ruth schmiegte sich an Rosels Schulter.

Den ganzen Winter über, selbst in der schärfsten Frostperiode, gingen die Außenarbeiten weiter. In den eisigen Januartagen mußten die Häftlinge bei Temperaturen von mehr als zwanzig Grad in einer dünnen Jacke, die sie über dem gestreiften Kleid trugen, Schnee schippen. Olga wußte, in welchem Zustand die Frauen zurückkommen würden. Es war ihr gelungen, drei Stück Kohle zu stehlen; sie hielt sie sorgsam verborgen. Die Baracke würde damit für eine kurze Frist um ein paar Grad wärmer sein. Nun wollte sie versuchen, von Häftlingen, die im Krankenrevier arbeiteten, etwas Frostsalbe zu erhalten. Sie war froh, als Nebel kam – im Nebel wurden die Frauen manchmal zurückgeholt, da Fluchtgefahr bestand.

Aber heute verstärkte man nur die Bewachung. Kögel erschien in pelzgefüttertem Mantel und in dicken Handschuhen vor den Häftlingen. »Die Ohnmächtigen reintragen und Spritzen geben.«

Sie lagen bewußtlos vor Kälte kreuz und quer in den Zimmern, auf den Gängen und in der Halle des Reviers. Immer mehr Frauen wurden hereingebracht. Sobald sie sich wieder bewegten und aufrichteten, mußten sie das Revier verlassen, und am nächsten Morgen wurden sie erneut zur Arbeit getrieben.

Olga hatte versucht, Lea, die mit gelähmter Gesichtshälfte, das eine Auge erblindet, zu ihnen zurückgekehrt war, vor der Außenarbeit zu bewahren – ohne Erfolg. –

Wie viele Tote hatte es in diesem Winter schon bei der Arbeit gegeben! Wie oft zählten die Überlebenden die Tage bis zur warmen Jahreszeit. Was der Sommer auch bringen würde – Sonnenglut und unerträglichen Durst –, es war besser als diese Qual. Und als der Winter ein Ende nahm, da hofften sie alle, daß es ihr letzter in Ravensbrück gewesen war; sie konnten sich einfach nicht vorstellen, daß sie noch einmal eine so furchtbare und opferreiche Zeit überstehen würden.

4

Im Frühjahr fand Martha zwischen einem Haufen Makulatur den zweiten Band von Tolstois »Krieg und Frieden«. Sie brachte Olga das Buch. Der Deckel fehlte, die Seiten waren angeschimmelt, doch Olga drückte es an sich wie einen guten alten Freund und organisierte sogleich einen kleinen Lesezirkel – fünf Genossinnen, darunter Jozka, kamen zusammen. Sie hockten versteckt hinter den Strohsäcken, die nachts in den

Tagesraum geschleppt wurden, weil die Pritschen im Schlafsaal für die vielen Häftlinge nicht mehr ausreichten, und lasen abwechselnd; die sechste hielt Wache, während die anderen tiefbewegt den Worten lauschten. So eine schöne Sprache gab es noch!

Jozka standen Tränen in den Augen.

Knapp sieben Jahre Schule im Bergarbeiterbezirk von Mährisch-Ostrau, dann Dienstmädchen im Haushalt und Botin in der Fabrik – dabei fällt es bitter schwer, sich selbst zu bilden. Wie hatte sie sich später als Chefredakteur der »Säerin« um eine klare, zu Herzen gehende Sprache und um einen guten Stil bemüht. Es war ein großes Glück für sie gewesen, daß Genosse Fu˘cik (Julius Fu˘cik, Journalist, tschechischer Widerstandskämpfer) in demselben Gebäude arbeitete. Er half ihr stets mit großer Geduld und Gründlichkeit bei ihren Artikeln, obwohl er selbst genug anderes zu tun hatte. Eine weitere Hilfe waren ihr die Bücher gewesen, Werke von Barbusse, Gorki und Tolstoi. Jozka warf einen Blick zu Olga hinüber, die so gepackt war von dem Erlebnis, in dieser unmenschlichen, brutalen Umgebung Tolstoi zu hören, daß sie alles um sich vergessen hatte.

Als Martha mit dem Lesen an der Reihe war, erhob sie voll Begeisterung die Stimme, leidenschaftlich hallte es durch den Raum:

»Die sind schuld daran, daß wir alle zugrunde gehen ... die Räuber!«

Noch an demselben Tage wurde Martha zum Rapport gerufen: »So, wir sind Räuber und richten euch zugrunde – viel zu langmütig sind wir.« Sie wurde für mehrere Monate in eine der Zellen des Bunkers gesperrt, wo die Behandlung noch härter war als im Strafblock. Olga stellte sich selbst als Beteiligte und versuchte vergeblich, die Nazis davon zu überzeugen, daß Tolstoi diese Worte vor sechzig Jahren geschrieben hatte.

Im Sommer ordnete die Aufseherin bei über dreißig Grad im Schatten an, die Fenster des jüdischen Blocks zu vernageln. Die Sonne brannte aufs Dach des überbelegten Blocks, der jetzt vierhundert Frauen beherbergte. Als die Handwerkskolonne, zu der Martha nach der Strafzeit im Bunker gehörte, diesen Auftrag erhielt, berieten sie über einen Weg, den jüdischen Frauen so furchtbare Qual zu ersparen. Sie verwirklichten Marthas Vorschlag und benutzten für einen Teil der Fenster die zu kurzen Teerpappennägel, die es erlaubten, das Fenster heimlich einen Spalt breit von innen zu öffnen.

Martha war eine der einfachen Genossinnen, die nie im Vordergrund standen und im Stillen Heldenhaftes leisteten. Nur die Ravensbrücke selbst konnten ermessen, was es bedeutete, nach Aufenthalt im Bunker diese Strafe erneut zu riskieren, um anderen zu helfen.

Ende des Sommers überlegte sich Olga mit einigen anderen Genossinnen, was man tun könne, um die schweren Depressionen, die viele Häftlinge aus Angst vor dem Winter niederdrückten, zu überwinden. Warum nicht den Hunger nach Freude und Schönheit sättigen und einen bunten Abend organisieren? Es war ein kühner Gedanke, doch alle, die man einweihte, waren Feuer und Flamme, und Hertha, eine österreichische Genossin, erklärte sich bereit, ein Stück dafür zu schreiben.

Es handelte von der Verfolgung der Buschneger und gefiel den Schauspielern sehr. In tiefster Verschwiegenheit, hungrig, abgespannt, in steter Angst, entdeckt zu werden, übten sie. Die Tische im Tagesraum wurden zur Bühne zusammengerückt. Für die Kostüme hatten sie Schilf vom Schwedter See, Stück für Stück, verborgen unter der Lagerkleidung, in die Baracke geschleppt. Wie unerwartet wirkten in dieser Umgebung die kurzen Röckchen aus Schilf. Es ist wahr, darunter schauten magere, mit Wunden und Narben bedeckte Beine hervor, aber wen konnte das stören?

Sie nannten das Theaterstück »Schum-Schum«. In der Hauptszene retteten sich zwei Menschen bei einem Schiffsunglück auf eine Holzplanke. Die Frau fiel in Ohnmacht, der Mann versuchte verzweifelt, sie mit allen ihm bekannten Methoden zu erwecken. Nichts fruchtete, bis er plötzlich eine Idee hatte. Er rief ein einziges Wort: »Zählappell!« Im Nu stand die Ohnmächtige auf. Wieviel unterdrücktes Gelächter gab es bei den Zuschauern. Als Olga dann Gedichte von Heine, Möricke und Hölderlin vortrug, flossen Tränen der Ergriffenheit.

Doch auch hier machte der Verrat nicht halt. Es war ein einträgliches Geschäft, antifaschistische Häftlinge anzuzeigen. Eine alte Prostituierte hatte von der Veranstaltung gehört und den Nazis Mitteilung gemacht. Es hagelte Strafen. Genossinnen wurden in den Bunker geschickt, und drei Tage lang gab es für den gesamten jüdischen Block kein Essen. Der politische Block mußte Hunger und Risiko auf sich nehmen, um die Kameradinnen heimlich zu ernähren.

Ein paar Tage zuvor war ein neuer Transport aus Polen und der Tschechoslowakei ins Lager gekommen. Ganz junge Genossinnen befanden sich darunter. Sie wurden im Block eins untergebracht. Jozka erklärte ihnen die Lage im Block elf und teilte ihnen den Entschluß der Politischen mit, eine Tagesration Brot an den jüdischen Block abzugeben.

Fassungslos blickten die Neuankömmlinge Jozka an. Die Nahrung, von der sie nachts träumten, auf die sie so sehnlich warteten!

Sie zögerten und erklärten schließlich ihr Einverständnis: »Den Polen und Tschechen und Österreichern auf elf ja – aber nicht den Deutschen.«

Jozka hätte das Brot so einteilen können, wie es die Mädchen wünschten, aber sie tat es nicht. Es kam ihr nicht nur auf Nahrung für die Hungernden an, sondern auf die Haltung der jungen Genossinnen. Jozka wollte erreichen, daß die Häftlinge ganz bewußt auch für deutsche Kommunisten Opfer brachten. Erst damit wäre ein wichtiger Schritt zum Widerstand getan, und die Nazis würden ihr Ziel, die internationale Solidarität zu brechen, nicht erreichen.

Jozka erzählte, wie sie vor zehn Jahren am Wilsonbahnhof in Prag gestanden habe, um einen Transport von vierhundert deutschen Arbeiterkindern abzuholen. Blaß und unterernährt seien die Jungen und Mädel gewesen. Prager Arbeiterfrauen hätten sie aufgenommen, ihre Kronen geopfert, den Kleinen besseres Essen gegeben, als sie selber hatten, und vier Wochen später seien die Kinder, die Rucksäcke vollgepackt, von Kopf bis Fuß neu eingekleidet, zurückgefahren. – Jozka blickte auf die jungen Menschen, die ihr zuhörten.

»Auch heute bereue ich diese Hilfe nicht, mir wird noch jetzt heiß vor Freude, wenn ich an die runden Gesichter der Kinder denke und an die Briefe des Dankes, die deutsche Arbeiterfrauen geschrieben haben. Umgekehrt war es das gleiche. Die deutschen Arbeiter spendeten für die streikenden tschechischen Bergarbeiter, und gerade von jenen, die selber kaum etwas zu essen hatten, kamen die Gaben. Seht ihr, das setzen wir hier fort. Im Lager riskieren Genossinnen aller Nationen ihr Leben füreinander.«

Die jungen Kommunisten – Mädel von siebzehn, achtzehn Jahren, brachten ihr Brot. »Für alle im Block elf.« Manche schluchzten dabei, weil es so schwerfiel, selbst hungrig zu bleiben.

Die Nazis versuchten, Haß unter den jüdischen Kleinbürgerinnen gegen die Kommunisten zu säen, und sagten ihnen: »Da habt ihr es, ihr werdet bestraft, weil die Kommunistenbrut unter euch heimlich eine Veranstaltung gemacht hat.« Aber die Saat ging nicht auf, zu oft hatte der politische Block dem jüdischen Block beigestanden, Strafen, Hunger und Prügel auf sich genommen, um den noch schwerer Betroffenen zu helfen. Vierzig jüdische Frauen und zwanzig Genossinnen aus dem politischen Block wurden wegen dieses bunten Abends unter Androhung von fünfundzwanzig Stockhieben sechs Wochen lang in den Bunker gesperrt. Das offizielle Prügeln hatte Himmler, der für alle Konzentrationslager verantwortlich war, im Dezember 1939 als Weihnachtsgeschenk eingeführt. Die Geprügelten mußten die Schläge selbst mitzählen, versäumten sie dies, wurde der Schlag nicht angerechnet. Neben dem Lagerkommandanten und anderen SS-Angehörigen mußte auch ein Arzt zugegen sein – so human war man! Seine Aufgabe bestand darin, den Frauen, die unter den Schlägen auf dem Holzbock ohnmächtig wurden, den Puls zu fühlen. Brachte sie auch ein über den Kopf geschütteter Eimer Wasser nicht ins Bewußtsein zurück, so wurde die Strafe an einem anderen Tage fortgesetzt. Die Folgen dieser Folterungen – aufgeplatzte Haut, tiefe Wunden und qualvoll schmerzende Beschädigungen der Nieren – behandelte der Arzt nicht.

Olga wurde als Blockälteste abgesetzt. Sie litt darunter, daß andere in den Bunker mußten und sie selbst eine geringere Strafe erhielt, obwohl sie den bunten Abend ins Leben gerufen und aktiv daran teilgenommen hatte; doch Vorwürfe wegen der Veranstaltung machte sie sich nicht. Die Nazis straften wahllos und hart auch ohne jeden Grund. Das Lesen des Tolstoi-Buches, der bunte Abend, auch das gehörte zum Widerstand gegen die faschistische Barbarei.

Am 7. November fiel es ihnen diesmal schwer zu feiern, weil so viele Genossinnen noch immer im Bunker saßen. Olga hatte für den politischen Block eine kleine Zeitung als Geschenk vorbereitet. Sie enthielt einen Artikel zur politischen Lage.

Die Hitlerarmee hatte innerhalb eines Kriegsjahres Polen, Dänemark, Norwegen, Belgien und Frankreich überrannt. Hitlers Flugzeuge warfen Nacht für Nacht Bomben auf die Städte Englands ab, die Tausende Kinder und Mütter töteten.

Die Sowjetunion hatte bis kurz vor Kriegsausbruch die Westmächte immer wieder aufgefordert, durch eine gemeinsame Front gegen Hitler die Aggression des Faschismus zum Halten zu bringen. Doch die Westmächte hatten nicht nur abgelehnt, sondern ein Abkommen mit Hitler unterzeichnet, das ihm gestattete, in die Tschechoslowakei einzumarschieren. Erst nach wiederholter Weigerung Englands und Frankreichs, die Vorschläge der Sowjetunion zur Sicherung des Friedens anzunehmen, war die Sowjetunion auf den von Deutschland angebotenen Nichtangriffspakt eingegangen.

Diese Ereignisse waren für die von der Außenwelt abgeschlossenen Häftlinge sehr schwer zu verstehen. Olgas internationale politische Erfahrungen, die sorgfältige Sammlung von Nachrichten, die neu eintreffende Genossinnen mitbrachten, und das Studium der vereinzelten Nazizeitungen, die sie erreichten, ermöglichten ihr, ein Bild der Lage zu geben. Ihre Zeitung zum 7. November war in winziger Schrift in stundenlanger Arbeit geschrieben worden.

»Auf kommunistische Agitation steht Todesstrafe!«

Am Vormittag des 7. November wurde Olga unerwartet zur Verwaltung gerufen. Als sie sich in der verlangten strammen Haltung zur Stelle meldete, fragte der Beamte:

»Sie haben eine Tochter?«

Eisiger, entsetzlicher Schreck. War Anita etwas geschehen?

»Teilen Sie Ihren Verwandten gefälligst mit, daß es nicht erlaubt ist, Fotografien zu schicken.«

Der Beamte drehte das Foto eine Weile in den Händen und starrte dabei Olga an. Dann riß er es in zwei Teile.

Die Sekunden der tödlichen Angst, die Erleichterung, daß Anita nichts geschehen war, die Spannung, als sie das Foto in den Händen des Beamten sah, und nun die Enttäuschung machten es Olga schwer, sich zu beherrschen.

Wenn er sie doch gehen ließe!

Aber nein, das zerrissene Bild lag vor ihm auf dem Tisch, und er sah es sich an.

»Nein so was, Lackschuhe und ein schönes Kleid – die geht ja besser angezogen als meine Gören.«

Olga schluckte. »Sie haben selbst Kinder – darf ich das Bild sehen?«

Noch nie war sie so weit mit einer Bitte an die Nazis gegangen.

»Na gut«, sagte der Beamte.

Olga war so überrascht, daß sie einen Atemzug lang stehenblieb, bevor sie mit zwei großen Schritten zum Schreibtisch trat. Der Riß ging nicht durch das Gesicht. Ihre Anita! Runde Bäckchen, große Augen, dichte Locken, stramme, gerade Beinchen. Sie saugte sich fest an dem Bild, das sie nicht in die Hand nehmen durfte. Sie überhörte, daß der Beamte »abtreten« sagte. Sie stand noch da, nachdem er die Fotografie in den Papierkorb geworfen hatte, und starrte auf die leere Tischplatte.

An diesem Tage dachte sie unaufhörlich an das Kind. Schon verschwammen die Züge, die sie nur für Sekunden auf dem Bild gesehen hatte. Wann würde sie wohl mit Anita und ihrem Vater zusammen feiern? Was machte Carlos heute, am 7. November? Wieviel besser ging es ihr – trotz aller Qual – als ihm, der allein in der Einzelzelle saß.

Sie hatten Prestes aus dem Gefängnis geführt und zum drittenmal vor das Tribunal gebracht. Er sah noch elender aus als bei der Verurteilung, die nun schon über drei Jahre zurücklag. Seine Richter verstanden nicht, welche Kraft ihn aufrecht hielt; sie konnten es nicht verstehen, weil sie selbst Menschen des Wohllebens und der persönlichen Interessen, Vertreter einer korrupten Gesellschaftsordnung waren. Prestes, der Jahre des Schweigens hinter sich hatte und nach dem neu anberaumten Prozeß in die dunkle Gruft zurückkehren würde, sagte wiederum das, was ihm am wichtigsten erschien:

»Ich möchte die Gelegenheit, die sich mir hier bietet, benutzen, einem der größten Daten in der Geschichte der Menschheit, dem dreiundzwanzigsten Jahrestag der Großen Russischen Revolution, die das Volk von der Tyrannei befreit hat, Ehre zu bezeigen.«

Sie hatten aus Wut über seine Unbeugsamkeit, und weil noch immer Millionen Menschen Südamerikas seinen Namen auf den Lippen trugen, einen neuen Haufen Lügen als Belastungsmaterial zusammengetragen und verurteilten ihn nun zu weiteren dreißig Jahren Haft.

»Ob sechzehn oder sechsundvierzig Jahre, das ist doch dasselbe. Es bedeutet Todesurteil, das kann kein Mensch überleben«, sagte ein Journalist beim Verlassen des Gerichtssaales.

»Ob sechzehn oder sechsundvierzig Jahre, das macht keinen Unterschied, weil sie ihn doch eher freilassen müssen; der Faschismus wird sich nicht halten«, sagte Olga, als sie Wochen später durch Prestes' Mutter von dem Urteil erfuhr.

Dies war seit langem der erste Brief, den man ihr ausbändigte, und Wochen vergingen, es wurde März 1941, bevor sie die Erlaubnis erhielt, an Dona Leocadia zu schreiben.

»Liebe Mama, liebe Lygia,
heute kann ich Euren Brief vom 27. 12. beantworten. Wie sehnsüchtig ich darauf gewartet habe, brauche ich Euch nicht zu sagen. Was die Lage von Carlos anbetrifft, so teile ich vollkommen Eure Meinung. Die Hauptsache ist nur jetzt, daß er gesund bleibt, und Mama soll sich nicht zu sehr sorgen, denn er verfügt über eine unendliche Willenskraft, und die ist fast entscheidend für unsere Lage. Sehr bedrückt bin ich über Mamas Erkrankung. Ihr könnt Euch kaum vorstellen, wie unruhig ich durch das Fehlen von Nachrichten werde, denn ich fürchte dann sehr für ihre Gesundheit. Glücklich machen mich die Berichte über meine Anita. Also Zöpfchen hat sie, und nun werden sie abgeschnitten. Ich bin schon damit einverstanden und am meisten, daß sie nun in den Kindergarten kommt. Daß sie wilder als zehn Knaben ist, beunruhigt mich nur insofern, als daß sie zu sehr Mama stören könnte ...«

Anita und die Großmutter; links Tante Lygia, 1942

Lustig, lebhaft und mit anderen Kindern zusammen – so sollte sie aufwachsen. Vier Jahre und vier Monate war sie nun schon alt. Beim Rechnen fiel Olga ein, daß man sie vor fünf Jahren verhaftet hatte. Jahre, die ihr niemand wiedergeben konnte.

»Olga, du starrst ja so.« Lea legte ihr die Hand auf die Schulter.

»Ich danke dir.«

Lea staunte über die Worte und den Ton.

Olgas Blick war auf die graue Mauer gerichtet gewesen.

Sie hatte geglaubt, dort ein Wort zu sehen, wie sie es einmal auf der Filmleinwand verfolgt hatte, ein Wort, mit kleinen Buchstaben beginnend und immer größer wachsend, bis es die ganze Leinwand ausfüllte. Das Wort hieß: »Flucht«.

Olga hatte die Möglichkeit des Entkommens so oft erwogen, daß die Ausführung in Gedanken nur Sekunden in Anspruch nahm – atemberaubende, glückliche Sekunden. Die Genossinnen hätten ihr bei der Vorbereitung und sorgfältigen Ausführung geholfen, das wußte sie. Sie wäre nicht, wie der geflohene kriminelle Häftling, auf sich selbst angewiesen; die eine oder andere Genossin hatte sogar selbst davon zu spre-

340

chen angefangen. Sie war militärisch und sportlich ausgebildet, sie konnte klettern, rennen, schwimmen, schießen, sich im Gelände orientieren – sie sah trotz aller Leiden nicht wie ein Häftling aus, verstand es, aufzutreten, sprach mehrere Sprachen. Nach Polen könnte sie sich durchschlagen und von dort in die Sowjetunion. Sie glaubte an die Möglichkeit der Flucht, aber sie wußte auch, daß sie nicht fliehen würde. Sie hatte es in vielen Nächten genau erwogen, und wenn sie nun doch daran dachte, dann geschah es, weil das Ausmalen des Planes unwiderstehlich war, weil er Aktion, Mut und so vieles einschloß, das zu ihrem Wesen gehörte. In den Nächten hatte sie sich überlegt, daß andere im Lager zurückgelassene Genossinnen wohl für ihre Flucht sterben müßten; die Strafen würden noch viel härter sein als damals bei der Flucht der Kriminellen, weil ihr wahrscheinlich die Flucht gelingen würde. Essenentzug und viele endlose Stunden Strafestehen – schon damit allein konnte man die Kameradinnen töten.

Fünf Jahre! Hätte sie damals gewußt, was diese Zeit ihr alles an Grausamkeit und Leiden bringen würde, dann wäre es vielleicht doch zuviel gewesen, um mutig zu bleiben. Und doch hatten diese fünf Jahre ihr Erkenntnisse gegeben, die unvergeßlich und wertvoll waren. überall im Leben konnte ein Mensch seine Eigenschaften verbergen, etwas vortäuschen, sich nicht ins Herz gucken lassen; aber hier entging niemand der Prüfung. Im Lager, wo es täglich um Leben und Tod ging, um Solidarität oder persönlichen Vorteil, da zeigte jeder, was er wert war, und hier hatte sie miterlebt, wie Frauen zu Helden wurden. Im KZ war ein Held, wer sich nicht die Menschenwürde rauben ließ, ein Held, größer, tapferer und stärker, als sie sich je ein Heldenbild erträumt hatte. Es waren Frauen darunter, die kaum lesen und schreiben konnten, und andere, die viele Sprachen und eine Wissenschaft beherrschten; es waren zarte, kränkliche Frauen und kräftige, robuste. Sie besaßen alle etwas gemeinsam: den Haß gegen den Faschismus und den Glauben, daß er besiegt würde. Erst im Lager hatte Olga eine Seite des Faschismus erkannt, die vielleicht seine furchtbarste war. Hier hatte sie begriffen, was ein System wie der Faschismus aus den Menschen machen kann. Die Krähe und selbst ein Kögel waren doch nicht mit dem Revolver in der Hand, mit der Lust am Mord zur Welt gekommen. Sie hatte die Entwicklung ja selbst miterlebt. Was wäre denn ohne das System des Faschismus aus der Krähe geworden? Jedenfalls nicht das abnormale, gemeine Vieh, das sie jetzt war. Selbstverständlich trug jeder einzelne Nazi die Verantwortung für seine Handlungen. Niemand sollte sie einmal freisprechen, weil das System und nicht sie selbst schuld wären. Aber noch gefährlicher und schlimmer als die Einzelfälle war, daß es ein System gab, welches die Menschen zur Gemeinheit, zur Lüge und zum Mord erzog – sie so beeinflußte, daß sie Bestien wurden!

Fünf Jahre! Die Behandlung war immer schlimmer geworden. Grausamer ging es doch gar nicht mehr: hungern, frieren, bis zur letzten Kraft arbeiten und täglich Tote – beim Prügeln, Strafestehen, heim Essensentzug, im Bunker, im Strafblock.

Selbst die Häftlinge, die soviel litten, konnten sich – weil sie Menschen waren – nicht vorstellen, daß alles Bisherige für die Faschisten erst der Beginn war.

5

»Es wird gewünscht, daß wir schneller arbeiten«, sagte Dr. med. Irmfried Eberle zu seinem Assistenten, als er den Nummernstempel 17500 betrachtete. »Jetzt haben wir März. – In hundert Tagen 17 500 Stück.« Er strich sich mit dem Finger über das Bärtchen auf der Oberlippe. »Vielleicht kommen wir auf zweitausend pro Tag.«

Es schlug Mitternacht, bevor ihre Arbeit beendet war.

Noch schneller! Das wird nicht einfach sein, dachte Eberle. Er hatte die gesamte Arbeit hier organisiert, und bisher war die Sache gut gelaufen. Himmler hatte ihm persönlich seine Anerkennung ausgesprochen.

Zur Wahl des Ortes durfte er sich gratulieren. Bernburg war ein stilles, friedliches Städtchen. Die Saale schäumte unter den alten Brücken und der achtundvierzig Meter hohe Schornstein des Kesselbaus von »Mein Sanatorium«, wie er gern zu sagen pflegte, gehörte ebenso zum Bild der Stadt wie das Schloß, der Bärenzwinger und die weltberühmten Solvay-Werke mit ihren chemischen Produkten.

Die seit fünfundachtzig Jahren bestehende Landesheil- und -pflegeanstalt lag an der Peripherie des Ortes. Der ausgedehnte Gebäudekomplex für vierhundert Patienten war von einem parkähnlichen Garten umgeben, in dem die Geistesgestörten arbeiteten. Eine hohe Mauer trennte sie von der Außenwelt. Niemandem im Städtchen würde eine Veränderung innerhalb der Anstalt auffallen.

Die »Heil- und Pflegeanstalt Bernburg« – eine der sechs zentralen Euthanasie-Anstalten in Deutschland

Als der SS-Mann Dr. Eberle im Herbst 1940 mit seinem Stab eintraf, isolierte er ein größeres Doppelgebäude von den anderen Häusern, die für die Patienten bestimmt blieben. Mit Stolz nahm er im Dezember 1940 sein Werk in Betrieb, und nur kleine Verbesserungen erwiesen sich später als nötig.

Die Ankömmlinge – je achtzig an der Zahl – hatten die großen Reiseomnibusse mit den undurchsichtigen Glasscheiben bereits im Garten neben dem Männergebäude II verlassen. Sie waren abends eingetroffen, während die Patienten schon in den Betten lagen. Doch aus den oberen Stockwerken der Häuser in der Nachbarschaft hatten Bürger die regelmäßige Ankunft der Autobusse und die vielen aussteigenden Menschen beobachtet. Daraufhin wurde eine neue große Garage am Kesselhaus errichtet. Die Omnibusse fuhren nun auf dem hinteren Weg in den Garten ein und hielten erst in der Garage, deren große Flügeltüren sich rasch schlossen. Während die letzten der achtzig Insassen ausstiegen, wurden die ersten bereits durch eine zweite, kleinere Pforte in das Gebäude geführt. – Ein langer Korridor – eine Treppe aufwärts – eine Reihe Türen. Sie betraten den Entkleidungsraum und danach das Zimmer des Arztes, der sie untersuchte. Hier erhielten sie den Nummernstempel zwischen die Schulterblätter. Nun ging es wieder die Treppe hinunter, zweimal acht Stufen, und den gewölbten Kellergang

entlang bis zu einem gekachelten Raum von ungefähr drei mal vier
Meter Größe. Dr. Eberle hatte sich mit seinen SS-Kumpanen darüber
gestritten und recht behalten: Wenn man sie so dicht wie möglich an-
einanderpreßte, gingen die achtzig aus dem Autobus hinein.

Es war sehr eng in dem luftdicht abgeschlossenen Raum, der Brau-
sedüsen an der Decke, aber keinen Wasserabfluß am Boden besaß.
Eberle grinste – der Aufenthalt dort dehnte sich nicht lange aus. Ein
Druck auf den Hebel im abgetrennten Nebenraum, die Gasflasche öffnete sich, der Inhalt strömte durch die Rohre und entwich durch die
sechs Düsen. Minuten später trafen bereits die nach den Nummern-
stempeln ausgesuchten Leichen, die den Doktor medizinisch interessier-
ten, im Sezierraum ein. Die anderen Toten wurden, auf Loren gepackt,
über die Schienen zu den Verbrennungsöfen gefahren.

Einen Anblick konnte selbst der geschickte Irmfried Eberle den Einwohnern Bernburgs nicht verbergen – den dicken, qualmenden Rauch,
der aus dem Schornstein stieg.

6

Schreibtag im Winter 1941.

Wieviel Tränen wurden in diesen Stunden vergossen, wieviel Sehnsucht, Liebe, Tapferkeit und Größe füllten die einfachen Briefe der
Mütter, der Ehefrauen, der Töchter an ihre Liebsten.

In der Baracke elf war es an diesem Sonntag nach dem Mittagessen
still; man hörte nur das leise Kratzen der Federhalter, verstohlene Seufzer, ein unterdrücktes Schluchzen und das Flüstern von Rosel. Sie fürchtete, ihre selbstgeschriebenen Briefe könnten als unleserlich vernichtet
werden; deshalb diktierte sie Olga, die selbst keine Briefe schreiben durfte.

Olgas Lage hatte sich seit Hitlers Überfall auf die Sowjetunion im Juni
1941 noch mehr verschlechtert. Von der Gestapo aus Berlin war eine Anweisung gekommen, ihr die schwersten Außenarbeiten zuzuweisen. Sie
erhielt außerdem Postverbot. Nun schrieb sie in ihrer klaren, geraden
Schrift Rosels Brief an die beiden Töchter. Es war der übliche vorge-
schriebene Bogen mit dem Abdruck aus der Lagerordnung am Kopf.

»Jede Schutzhaftgefangene darf im Monat einen Brief oder eine Karte absenden und empfangen. Briefe dürfen zwei Seiten je 15 Zeilen nicht überschreiten ... Pakete jeglichen Inhalts dürfen nicht empfangen werden ... Schlecht lesbare Briefe können nicht zensiert werden und werden vernichtet ... Entlassungsgesuche an das Lager sind zwecklos.«

»Meine lieben Kinder,
ich bin mit meinen Gedanken stets bei Euch. Besonders denke ich oft an die Zeiten, da Ihr kleine Kinder wart. Vielleicht war ich etwas hart zu Euch, aber das liegt schon in meinem Wesen, daß ich nicht viel Zärtlichkeit äußern kann. Mein einziger Wunsch war und bleibt, aus Euch gute Menschen zu machen. Ich hoffe, daß es mir gelungen ist. Ilse, ich möchte, daß Ihr mir alles mitteilt und nichts verschweigt, ich will nicht aus Eurem Leben ausgeschaltet werden. Ich freue mich, daß Ihr Euch in geistiger Beziehung so gut entwickelt. Ruth, liest Du viel? Das ist natürlich sehr wichtig. Man kann nie genug lernen, ich beneide alle Leute, die viel Wissen besitzen. Ich freue mich auch sehr, daß meine Lieblingsoper Dir so Eindruck macht, Ruth. Ich sehe mit mütterlichem Stolz, daß meine Töchter reife und intelligente Menschen sind.«

»Welche Oper denn?« unterbrach Olga die Freundin.
»Fidelio‹. Ach, wie hab ich die Musik geliebt! – Na, schreib weiter.«
»Haltet schön Schränke und Betten in Ordnung und mottet ein. Wenn ich wiederkomme, will ich doch noch Euer Kostüm fertigmachen. Ruth, gehst Du in die Chorstunde?«
»Rosel, denk an die dreißig Zeilen.«
»Schreib eng, das Wichtigste kommt noch. Ich hab im Brief von Ruth gemerkt, wie unglücklich sie über die Erfolge der Hitlerarmee in der Sowjetunion ist, also sag ihr:
»Meine liebe Ruth, ich begreife ganz gut, daß Du Dir Deines Kindes wegen soviel Sorgen machst, und es freut mich, daß Du mit soviel Liebe an ihm hängst.«
»Sie weiß, wer das Kind ist«, unterbrach Rosa ihr Diktat. »Aber Du bist jung und unerfahren, bei Kindern muß man mit Fieber rechnen.

Ich bin überzeugt, daß das Mädel genug Kräfte hat, die Krankheit zu überwinden. Ich verliere nicht die Hoffnung, daß wir noch einmal glücklich sein werden.«

»Wieviel Namen«, Olga lächelte, »Sabo hat immer von ›Großvater‹ gesprochen, du schreibst ›Mädel‹, Martha schreibt ›mein Bruder‹. Bei Jozka heißt es ›Ruda‹, das bedeutet Rudolf und rot zugleich, alle meinen dasselbe Land damit, und alle Empfänger wissen dabei, welches Land gemeint ist.«

Während Olga Namen, Absender und Rosas Häftlingsnummer 2928 eintrug, sagte sie: »Ich bin soweit.«

Ruth Grünspan ging zum Ausgang, Lore verschwand hinter der Baracke, Rosa sah sich vorsichtig um und nickte. Olga verschob den Briefbogen, ein leeres Blatt kam zum Vorschein; sie begann zu zeichnen. Sie pauste, wenn es anderen Häftlingen gelungen war, ihr eine Nummer des »Völkischen Beobachters« zuzustecken, die Karten vom Kriegsschauplatz durch und hob sie auf. Ihr winziger Atlas zeigte nichts

Olgas Weltatlas

346

Erfreuliches. Die Naziarmeen standen im Winter des Jahres 1941 weit in der Sowjetunion. Olga war sicher, daß im Rücken des faschistischen Heeres russische Partisanen kämpften. Als die Stimmung im Lager durch den Vormarsch Hitlers immer gedrückter wurde, sagte sie zu ihren Freundinnen:»Ich weiß, daß die Nazis nicht ungehindert in den besetzten Gebieten leben, ich geb euch mein Wort drauf, die Bevölkerung verhält sich nicht passiv. Es gibt Widerstand in den Dörfern und in den Wäldern militärische Aktionen. Niemand kann mir einreden, daß der Sowjetmensch sich nicht wehrt.«

Heute, am Schreibtag, sollte ihr Atlas, der unter den Genossinnen von Hand zu Hand ging, um ein kostbares Blatt reicher werden – ein Blatt, das überall Freude und Begeisterung auslösen würde. Olga wußte jetzt, in welchen Gebieten die Partisanen kämpften.

Janina, eine tapfere polnische Genossin, die in der Schneiderei arbeitete – im Saal, wo die Uniformen verwundeter und toter Soldaten geflickt wurden –, hatte beim Annähen einer zerrissenen Tasche ein Papier gefunden. Sie entfaltete das vierfach gekniffte Blatt. Nachdem sie die ersten Zeilen gelesen, schob sie die Jacke mit den dunklen Blutflecke hoch bis zur Brust, öffnete den Knopf des Kleides und versteckte ihren kostbaren Fund. Freude rötete ihr Gesicht; es war gar nicht zu fassen: Über dem Herzen, dessen Pochen ihr nun verräterisch laut schien, trug sie ein Flugblatt der Roten Armee. Es wandte sich an die deutschen Soldaten und berichtete vom erfolgreichen Kampf sowjetischer Patrioten im Hinterland.

Dieses Flugblatt lag nun vor Olga. – In der Ukraine und in vielen Bezirken zwischen der polnischen Grenze und Moskau waren die Partisanenverbände erfolgreich tätig. Der Bleistift fuhr ohne Vorlage mit sicheren Linien über das Papier. Olga hatte die Landkarte der UdSSR im Kopf. Die Gebiete, wo die Partisanen kämpften, trug sie mit rotem Stift ein.

Der Winter 1941 brachte den Häftlingen noch größere Qualen als das Jahr zuvor. An einem der schlimmen Frosttage berieten sich Rosel, Martha, Jozka und Ruth flüsternd auf der Lagerstraße.»Olga schafft es nicht mehr, gestern ist sie draußen umgefallen«, sagte Rosel. Die vier blickten voll Haß auf eine zwei Meter hohe Mauer aus Schnee. Olga hatte beim Außenkommando schon größere Anstrengungen hinter sich, aber das Schneeschippen war härter für sie, als Zentnerlasten Kohle zu schleppen, die Heide auszustechen oder Häuser zu erbauen, denn es war sinnlos. Den Häftlingen wurde befohlen, den Schnee von einem Platz zum anderen zu schaufeln, und am nächsten Tag mußten sie ihn auf die alte Stelle zurückschippen, eine Arbeit, die nur einen Zweck erfüllte: sie zu peinigen.

»Olgas Willenskraft kann niemand brechen, aber ich glaube, sie wird körperlich zugrunde gehen.« Rosel sah die anderen mit Tränen in den Augen an.

»Das darf nicht geschehen«, sagte Jozka, »sie gehört zu den Frauen, die am meisten im Lager geachtet werden, und jetzt, wo die Rote Armee in einer so schweren Lage ist, hat ihr Glaube an die Stärke der Sowjetunion und ihre prächtige Art, diese Zuversicht auf andere zu übertragen, ganz besondere Bedeutung.«

»Selbst die SS-Schweine haben Respekt vor ihr, ich merke das immer an der besonderen Wut der Krähe und auch des Sonntags ihr gegenüber«, sagte Ruth. »Aber – wie kann man ihr helfen?«

Sie schwiegen und zitterten in der eisigen Kälte.

Die Kameradinnen hatten schon öfter nach dem Abzählen gefährdete Häftlinge kurz vor dem Tor heimlich gegen andere ausgetauscht; nie hatten unter den entkräfteten Frauen Freiwillige gefehlt, die bereit waren, zwölf Stunden am Tage die schwersten Arbeiten zu übernehmen, um andere am Leben zu erhalten. Doch Olga war zu bekannt, als daß man sie austauschen konnte.

Auch die Strafappelle wurden von den Nazis in der entsetzlichen Kälte fortgesetzt. Als die Aufseherin der Wäschekammer, die streng auf das Sprechverbot für Jüdinnen achtete, zwei flüsternde Frauen vom Block elf bemerkte, mußten alle Häftlinge dieses Blocks von Mittag an draußen stehen. Der eisige Wind blies ihnen die Schneeflocken ins Gesicht, Tränen liefen ihnen aus den Augen; wer es wagte, die Hand zum Gesicht zu heben, wurde geprügelt und mit Füßen getreten. Als sie endlich im Dunkel des Abends abtreten durften, kostete es große Mühe, die fünfzig ohnmächtigen, am Boden festgefrorenen Frauen loszueisen.

Wenige Tage später wurde Olga trotz Briefverbots – vielleicht durch das Geschick eines Häftlings, vielleicht durch einen Fehler der Verwaltung – Post von Prestes ausgehändigt. Mit den von Frostwunden bedeckten Fingern strich sie den Bogen glatt. Kaum hatte sie zu Ende gelesen, lief sie zu Rosel und umarmte die Freundin. Alle Politischen, die in der Nähe waren, kamen zu Olga, denn es war offensichtlich, daß sie gute Nachricht hatte.

»Stellt euch vor, er hat Besuch gehabt, richtigen Besuch, und noch dazu von einem Genossen.«

Olga sah es vor sich ... Prestes wird aus der Zelle geholt, ein alter Freund und Kampfgefährte tritt auf ihn zu, sie schütteln sich lange die Hände, wollen einander gar nicht loslassen, und dann tun sie es in demselben Augenblick, um sich zu umarmen – falls keine Barriere, kein Gitter zwischen ihnen ist. Sie unterhalten sich in Andeutungen, der Genosse berichtet Prestes über die Weltlage, ohne daß der Wärter etwas von politischen Gesprächen merkt. Und Carlos sagt seine Gedanken dazu. Der Genosse ist erstaunt und tief bewegt, weil Prestes nach jahrelanger Isolierung in einsamer Zelle die Dinge richtig sieht.

Wie schön wäre es gewesen, wenn Olga gewußt hätte, daß der Besucher Blas Roca, der Sekretär der Kommunistischen Partei Kubas war. Als Olga den Brief von Prestes empfing, da stand Genosse Roca bereits in der Hauptstadt Uruguays, Montevideo, im überfüllten Saal und berichtete den Kameraden vom Generalsekretär der Kommunistischen Partei Brasiliens, dem Mitglied des Exekutivkomitees der Kommunistischen Internationale Luiz Carlos Prestes, von seinem unverwüstlichen Optimismus, seiner bewundernswerten Fähigkeit, sich hinter den Gitterstäben in der Einzelhaft ein klares politisches Weltbild zu formen.

Olga las den Freundinnen aus dem Brief von Prestes vor und sagte dann mit strahlendem Gesicht: »Paßt auf, er kommt noch eher frei als wir, anscheinend ist die Stimmung der Bevölkerung in Brasilien derart, daß Vargas seinen reaktionären Kurs nicht fortsetzen kann und seine Politik jetzt mehr in die Richtung der gegen Hitler kämpfenden Länder lenken muß.«

Sie sprach über Brasilien, bis die anderen anfingen zu lachen.

»Was habt ihr denn?« fragte sie erstaunt.

»Es ist, als ob du dabeigewesen wärst«, antwortete Rosel, »und der kurze Brief von Prestes wird bei dir ein politisches Lehrbuch.«

»Ich war nicht dabei, aber ich hab's tausendmal nacherlebt; Carlos schreibt mir nun schon bald sechs Jahre aus dem Gefängnis, da weiß ich die Bedeutung der kleinsten Wendung. Aber seit wann endet ein Lehrbuch: ›Es küßt Dich in tiefer ...‹ – ach, das geht euch gar nichts an.« Olga war rot geworden.

Noch immer konnte sie rot werden, weil sie ihren Mann wie am ersten Tage liebte, weil sie sich ihre innere Sauberkeit bewahrt hatte. Keine Demütigung, kein Versuch der Nazis, sie zu beschmutzen, zu erniedrigen, erreichte das Ziel. –

Nackt und frierend standen sie in langer Reihe. Olga sah sich um. Wen hatte man zu dieser plötzlichen ärztlichen Untersuchung geholt? Alle Häftlinge vom Block elf – viele Schwerkranke und jene, die nach furchtbarer Behandlung im KZ wahnsinnig geworden waren. Wozu gerade diese: die Juden und die Kranken? Dr. Sonntag, Dr. Herta Oberheuser, die sie alle fürchteten, und unbekannte Ärzte waren dabei.

Dr. Sonntag – wahrscheinlich war er wieder angetrunken – zog mit seinem am Griff gebogenen Stöckchen diese und jene Frau, die ihm gefiel, aus der Reihe, befahl ihr, sich rechts und links zu drehen, begutachtete sie grinsend und erging sich in gemeinen Witzen.

Olga, du bist noch immer schön. Als infame Erniedrigung war es gedacht, doch dein Blick bleibt stolz und ruhig, auch jetzt senkst du nicht den Kopf, und alle richten sich an deiner Haltung auf. –

Als sich im Lager Unruhe über die Untersuchung verbreitete, ließ die Verwaltung durchsickern, daß diese Häftlinge zu einem Arbeitstransport gehörten, und manche Hoffnung knüpfte sich daran. Die Frauen hatten viel Furchtbares in Ravensbrück erlebt. Häftlinge starben Hungers, sie erfroren, das Prügeln wurde zum Mord, es fielen wahllos Schüsse, Kranke wurden durch Spritzen umgebracht, aber noch wußte niemand etwas von der systematischen Vernichtung in Gaskammern und Verbrennungsöfen.

Olga bewies an ihrem Geburtstag am 12. Februar den anderen, die bebend vor Kälte mit ihr feierten, daß nun das Ärgste überstanden sei und der Winter praktisch hinter ihnen liege, denn im März könne man doch nicht mehr von Kälte reden, also knapp vierzehn Tage, und es sei geschafft.

»Wißt ihr, ich sage mir oft, wenn ich hier so elend friere: Du Dummkopf, du denkst, der Winter sei dein schlimmster Feind, aber er ist bestimmt noch viel furchtbarer für die Faschisten, die verdammt weit – zu weit für ihr Glück in der Sowjetunion stecken, und dann bibbere ich und freu mich dabei.«

»Und die Rote Armee, der macht's doch auch zu schaffen«, warf jemand ein.

»Die sind ganz anders vorbereitet und tüchtig abgehärtet – ach, Kinder, jetzt bei der Roten Armee sein oder bei den Partisanen, im Rücken der Nazis, Tag und Nacht im Walde leben und den Faschisten, solchen wie Kögel und Sonntag, das Fürchten beibringen.«

»Vielleicht könnte es hier tauen und in der Sowjetunion frieren«, schlug Vögelchen als Kompromiß vor.

Rosel blickte auf Ruths mit Tuchfetzen umwickelte Zehen, die so vom Frost geschwollen waren, daß selbst die großen Holzschuhe nicht mehr paßten, die ihr sonst fast von den Füßen fielen.

»Für all das werden sie einmal zahlen.« Sie legte den Arm um Ruths Schulter.

»Sie zahlen jetzt schon«, sagte Ruth und dachte an die Verbindung, die sie während des Außenkommandos mit Zivilarbeitern angeknüpft hatte.

»Die Überlebenden unter uns werden viel Arbeit haben«, sagte Olga. Die Kameradinnen waren still. – Ich hätte nicht »die Überlebenden« sagen dürfen, dachte sie und fügte rasch hinzu: »Also in vierzehn Tagen feiern wir Frühlingsfest.«

»Doch erst am 21. März«, sagte Ruth.

»Ach wo, warum so lange warten? Wir verlegen das vor.«

In diesem Augenblick trat Jozka zu ihnen. Sie lief auf Olga zu und umarmte sie: »Beinahe wäre ich zu spät gekommen, ich hatte kein Papier.«

Jozka zog eine eingerissene Mehltüte unter dem Sträflingskittel hervor.

»Mein Geschenk.«

Schriftzeichen bedeckten das zerknitterte Papier. Jozkas Märchen waren unter den Häftlingen so berühmt, daß jeder ihr Geschenk erriet.

»Im Block spreche ich ein solches Durcheinander von Tschechisch, Polnisch, Russisch und Deutsch, um mit allen reden zu können, daß die eigene Sprache darunter leidet, aber ich muß sie mir doch für später erhalten, wenn ich wieder die Säerin übernehme«, hatte sie gesagt. »Das ist das eine gute Übung.«

Doch ihre Märchen waren viel mehr als eine Übung. Sie fingen ihre Träume von der Landschaft ein, von der Heimat, von der Natur, die sie so liebte, sie sprachen von den herrlichen Eigenschaften echter Helden, und brachten den Häftlingen Trost und Schönheit. Für Tilde Klose, die tapfere deutsche Genossin, die sich in den Jahren der Haft Tuberkulose zugezogen hatte und schwerkrank war, schrieb Jozka eine ganze Serie kleiner Erzählungen.

»Jozka, das Märchen mußt du uns selbst vortragen, du machst das so schön.« Olga gab ihr die Tüte zurück, und Jozka begann zu lesen.

Sie sahen phantastisch aus, wie sie mit den umgehängten Decken, mit selbst angefertigten Ohrenwärmern oder um den Kopf gebundenen Lappen hinter dem Wall von Strohsäcken verborgen hockten.

Sie merkten nicht, daß Jozkas Atem beim Lesen wie Wolken in den Raum drang, denn sie hatten die Augen geschlossen.

»Es war einmal ...«

Sie lauschten dem Märchen von dem mutigen, schönen Mädchen, das böse Mächte in einem Käfig, von reißenden Wölfen bewacht, gefangen hielten. Das Mädchen war so stolz, so tapfer, so sicher ihrer Unschuld, daß niemand sie zerbrechen konnte. Nach sechs Jahren furchtbarer Haft war sie noch genauso aufrecht und kühn, wie sich der Ritter der Hoffnung, den die Bösen, durch Meere, Wälder und Flüsse von ihr getrennt, gefangen hielten, seiner Liebsten erinnerte. Doch nach langer Zeit im dunklen Verlies gelang ihm mit Hilfe seiner – Knappen, die gerechte, edeldenkende Menschen waren, die Befreiung. Er schlug seine Feinde und zog über die Meere, Berge, Wälder und Flüsse, um sein Mädchen zu retten.

Sie hörte von dem Gerücht, daß der Ritter mit seinen Scharen durch die Lande zog, und eine solche Kraft erfüllte sie, daß sie die Eisengitter ihres Käfigs aufbog und die Wächter in Ketten legte, die Wölfe erschlug und dem Ritter entgegeneilte.

Jozkas Stimme war leise geworden. Der Kopfschmerz hatte sie plötzlich wieder übermannt, ein Schleier legte sich über die sonst so klaren Augen, das schmale, feingeschnittene Gesicht mit der hohen Stirn verzerrte sich vor Schmerz.

Es war Jozkas letztes Märchen:

Ihr Gesundheitszustand verschlechterte sich. Monate hindurch gelang es den Kameradinnen, dies vor der gefährlichsten Feindin der Häftlinge, der Lagerärztin Dr. Herta Oberheuser, zu verbergen. Die Spritzen der Oberheuser dienten entweder dazu, mit Injektionen zu experimentieren oder einen Häftling für immer zum Schweigen zu bringen.

Einmal, als Jozka mit Fieber auf ihrer Pritsche lag, hörte sie Gesang. Aus vielen Kehlen stieg es klar und stark zum Himmel – ein sowjetisches Lied. Jozka schrie auf: Das konnte nur eins bedeuten – die Rote Armee war gekommen! Sie lief ans Fenster, der Hof stand voller Frauen; ruhig, selbstbewußt, stark und gesund, den Blick geradeaus gerichtet, sangen sie. Jozka erkannte nicht, daß es sich um einen Transport von Gefangenen handelte, und fiel jubelnd mit ein. Sie sang noch, als die Oberheuser mit der Spritze kam. In letzter Sekunde wehrte sie sich. Vergeblich – man warf sie in eine Dunkelzelle des Bunkers. Die Genossen sahen sie nicht lebend wieder.

Solange Jozkas Herz noch schlug, glaubte sie daran, ihren Mann, Prag, die Genossen wiederzusehen, und als an Olgas Geburtstag die Kameradinnen sie zu ihrem Lager begleiteten, drehte sie sich noch einmal trotz ihrer Schmerzen um. »Dem Ritter der Hoffnung erzählen wir von den tapferen Taten seiner Frau.«

Der Frühling kündigte sich an. Hätte es in der Macht der Nazis gelegen, so wäre befohlen worden, eine dunkle Decke vor die Sonne zu hängen, weil ihre Strahlen, die bald Wärme spenden würden, einen Schein von Freude und Gelöstheit auf den grauen Gesichtern der Frauen hervorlockten.

Schon früh am Morgen wehte ein linder Märzwind. Wer von den Häftlingen es sich erlauben konnte, hielt sich draußen auf. Niemand achtete auf das Lastauto mit der dunklen Zeltplane, das ins Lager einfuhr. Selbst dem Geräusch der quietschenden Bremsen schenkten die Häftlinge keine Aufmerksamkeit.

»Fertigmachen zum Transport – Fertigmachen zum Transport!«

Für Sekunden schien das Lager erstarrt.

Zahl folgte auf Zahl – Jüdinnen, Kranke, geistig Gestörte –, Häftlingsnummern aus der Liste jener, die im Dezember von den Ärzten untersucht worden waren.

Olga, Ruth und Rosel befanden sich nicht unter den Aufgerufenen.

Die Betroffenen schluchzten. »Was machen sie mit uns?« Olga setzte sich mit den anderen Antifaschistinnen in Verbindung.

»Wir müssen eine Panik verhindern. Schenken wir der Auskunft der Verwaltung Glauben; es heißt, ein Teil kommt ins Krankenhaus, die anderen in ein Arbeitslager – da wird es besser sein als hier.«

Die dunkle Plane des Lastwagens wurde zurückgerollt. Freundinnen, die viele Male das Leben füreinander eingesetzt hatten, umarmten sich schluchzend, bevor sie getrennt wurden. Nun kamen die Kranken. Eine Frau mit schwerer Lähmung wurde auf einer Trage aus dem Revier gebracht.

Als sie die Kameradinnen versammelt sah, bewegte sie die Augen zum lächelnden Gruß. In derselben Sekunde ergriffen zwei von der SS die Kranke und warfen sie über die Seitenwand des Lastwagens; das Lächeln in den Augen verwandelte sich in Entsetzen. Olga knirschte mit den Zähnen. Soviel sie schon erlebt hatte, diesen Blick – erst das tapfere kindliche Lächeln, als die Gelähmte die Genossinnen sah, und dann ...

Das werde ich nie vergessen, dachte sie, aber das »Nie« ist bei mir wohl nur kurz bemessen.

»Dieser Transport geht weder ins Krankenhaus noch ins Arbeitslager«, sagte Olga zu Martha und den Genossinnen vom politischen Block, die nicht auf der Liste standen.

»Wohin – wohin?« fragte Martha, die Freundin verzweifelt anblickend.

»Kinder, warum drum herumreden, wir sind doch Kommunisten: in die Vernichtung.«

Martha widersprach: »Das können sie nicht tun. Sie lassen uns ja hier auch nach Möglichkeit sterben, aber ins Auto setzen und irgendwo hinfahren, um uns systematisch totzuschlagen – das ist zu ungeheuerlich.«

An diesem Abend sprach Olga zu den schluchzenden Frauen des jüdischen Blocks.

»Nun sagt mal, was ist bloß los mit euch – so ein Wehgeschrei –, unser Leben ist immer gefährdet, darüber haben wir offen gesprochen, aber solange wir nicht Beweise haben, nehmen wir an, es sind normale Transporte. Die Enge hier ist ja auch kaum mehr auszuhalten. Sie müssen welche woanders unterbringen. Im übrigen – ihr wißt: Wer jammert, geht eher vor die Hunde, also Schluß damit.«

Und doch rannten die Frauen, als der Wagen das zweitemal ins Lager kam, weinend in die Baracken und versteckten sich hinter den Betten.

Olga ging hinaus.

Es war dasselbe Lastauto, aber kein Ruf zum Transport erscholl.

»Seht ihr«, sagte Olga, als sie in den Block zurückkehrte, »es hat niemanden mitgenommen.«

»Warum ist es dann gekommen?«

»Hat Material gebracht.«

Olga schwieg über die Art des Materials ...

Ein Ballen gebrauchter Häftlingskleidung, Dutzende Paare Schuhe, Brillen, Zahnprothesen, kleine persönliche Andenken, darunter ein besticktes Lesezeichen: »Der lieben Mutti«. Wie stolz war die Kameradin auf die Arbeit der kleinen Tochter gewesen – sie trennte sich nie davon. Selbst als sie den Wagen bestieg, trug sie das Lesezeichen in der Hand.

Als Olga an diesem Abend Carlos und Anita ihren Gutenachtgruß sandte, da weinte sie.

Der Wagen kam wieder – ein zweiter Transport ins Ungewisse verließ das Lager. Unter den Zurückgebliebenen befanden sich Rosel, Olga, Ruth, Lea und Lore.

Die Stimmung im jüdischen Block war verzweifelt.

Olga hatte wenig Zeit, an sich selbst zu denken; es kam darauf an, der schweren Depression der Häftlinge Einhalt zu gebieten.

Obwohl Olga klarer als manche der unpolitischen Frauen mit dem Ende rechnete, dachte sie weniger daran. Solange sie dem Tod nicht gegenüberstand, lebte sie weiter mit dem Ziel, den Faschismus zu überdauern, und hielt auch die anderen dazu an, genauso zu denken. Ihre Ruhe und die Haltung der anderen Genossinnen im Block elf half, die Frauen vor dem gänzlichen Zusammenbruch zu bewahren. Es half auch, daß der Wagen mit der dunklen Plane nicht noch einmal kam.

Neue Hoffnung regte sich. Vielleicht lebten die anderen noch. Man konnte doch nicht das ganze Lager, Tausende, Zehntausende, in den Tod transportieren. –

Ostern stand vor der Tür – an Feiertagen wurde meist gleich nach dem morgendlichen Zählappell die Erlaubnis zum Spaziergang auf der Lagerstraße gegeben; zwei Tage ohne Arbeit und mit besserer Verpflegung lagen vor ihnen. Die Sonne schien, die Stimmung hob sich.

Am Ostersonnabend geschah es, daß Olga durch eine falsche Anweisung der Verwaltung ein paar Augenblicke allein am See stand.

Fast drei Jahre war sie nun schon hier – der Himmel leuchtete ebenso blau wie damals bei ihrer Ankunft. Inzwischen hatte sie furchtbare Stunden an diesem See erlebt; statt daß er ihr Glück brachte, war sie an seinem Ufer beim Kohlenausladen und Ziegelsteinschleppen zusammengebrochen.

»Ich hasse ihn – ich hasse ihn«, hatte eine junge Genossin einmal wild ausgerufen.

Olga war ihr sanft übers Haar gefahren. »Du haßt das Falsche – der See wird noch dasein, wenn es längst keine Nazis mehr gibt. Dann kommst du mal her, nimmst dir da drüben im Ort ein Boot, ein hübsches Sommerkleid hast du an, richtige Schuhe und Strümpfe, und vom Wasser aus siehst du hier eine rote Fahne wehen.«

»Vielleicht esse ich dabei ein Eis«, hatte die Genossin träumerisch gesagt.

»Na sicher, so eins mit Schokolade drum rum.«

»Und zur Verkäuferin sag ich ›danke schön, Genossin!‹ – Ganz laut und deutlich sag ich's: ›danke schön, Genossin!‹«

Olga blickte über den See. Wie sie die jungen Menschen liebte – vielleicht war es ein Zeichen des eigenen Älterwerdens, daß sie gerade die Jungen, Lea und Lore und diese Genossin, vor noch Schlimmerem, als sie schon erlebt hatten, schützen wollte – aber sie waren ja auch die Wichtigsten, die heranwachsende Generation.

Auf der ruhigen Wasseroberfläche zogen Ringe um einen Fisch – nur draußen am Horizont glitzerten kleine Wellen. Sie hatte sich oft vorgestellt, wie sie mit Anita zusammen schwimmen würde ... Das Kind steht neben ihr, das Gesicht von den zum Kopfsprung erhobenen Armen eingerahmt, die Wassertropfen glänzen auf dem festen, braungebrannten Körper.

»Also bei drei springst du.«

»Ich trau mich nicht, Mutti.«

»Na komm, wir beide zusammen!«

Und der Jubel, als es gelingt – Anita – meine Anita. Am Ostersonntag mußten die Häftlinge beim Morgenappell weit über die übliche Zeit hinaus stehen. Als sie sich endlich bewegen durften und nur den einzigen Gedanken hatten, mit den Kameradinnen auf der Lagerstraße zusammen zu sein, andere Gesichter als die im eigenen Block zu sehen, heimlich mit anderen Menschen zu sprechen, sich Briefe und kleine Gaben zuzustecken, da hieß es: Alle Häftlinge in die Baracken, und sechs Sonntage Essenentzug wegen verstopfter Kanalisation!

Erst nach Stunden wurden sie herausgelassen. Auf der Lagerstraße erfuhren sie von Kameradinnen, die Zugang zur Küche hatten, wieso die Strafe verhängt worden war. Die Kanalisation diente nur als Vorwand; am Ostermontag sollte ein SS-Kameradschaftsabend in großem

Ausmaß stattfinden, und dazu wurde die Fleischration der Häftlinge von sechs Sonntagen gebraucht.

Am Ostermontag hatten die Nazis mit der Vorbereitung zu ihrem Gelage zu tun. Achtzig Torten wurden gebacken und die Räume hergerichtet. Die Häftlinge waren mehr als sonst sich selbst überlassen. Die Sonne schien noch immer, die Frauen gingen den geraden Weg zwischen den Baracken auf und nieder und waren trotz des leeren Magens glücklich. Sie wagten es sogar, sich in Gruppen zu unterhalten, und die Politischen sangen leise eins ihrer Lieblingslieder, das aus dem spanischen Bürgerkrieg stammte, das Lied des Thälmannbataillons.

»Bei uns ist es wie bei den Vögeln«, sagte Ruth, »wenn wir hungrig sind, singen wir am besten. – Olga, da ruft dich wer.«

»Warum tust du nicht mit?« fragte Rosel verwundert, als sich Olga wieder bei ihrer Gruppe einfand.

Und Olga sang wie die anderen.

Erst nachdem die Häftlinge in die Baracken zurückgekehrt waren, rief sie die Genossinnen des Blocks zu sich.

Die Frauen blickten sie an und wußten, daß ihnen Schweres bevorstand. Olga schwieg. Und als sie endlich sprach, da war es schon fast nicht mehr nötig.

»Morgen kommt der Wagen mit der dunklen Plane – wir sind alle dabei.«

Sie hatten sich untergehakt und standen still im Halbkreis am Fenster. Es gab nur noch acht Genossinnen im Block.

Rosel sprach zuerst: »Glaubst du – es ist das Ende?«

»Man soll nie an das Ende glauben, bis es da ist.«

Abends fanden sie sich noch einmal auf der Lagerstraße mit den Genossinnen aus den politischen Baracken zusammen. Sie beschlossen, jene Schwerkranken im Revier, die es ebenfalls betraf, nicht zu informieren.

Während das trunkene Grölen der Nazis, deren Fest in vollem Gange war, herüberscholl, sagte Olga: »Am wichtigsten ist, alle davon zu überzeugen, daß die Sowjetunion trotz der schweren Lage siegen wird. Schon jetzt muß man sich damit befassen, wieviel Arbeit dann vor uns steht.« Sie wurde sich des Wortes »uns« bewußt und ergänzte mit klarer Stimme: »Ich sage bis zum letzten Augenblick ›wir‹.«

Sie waren zu erschüttert, um viel zu sagen. – Rosel umarmte ihre Dresdner Freundin, holte das Täschchen, das Olga aus Lederstreifen geflochten hatte, und die Gabe einer anderen Genossin hervor. »Jetzt ist es soweit – gib dies Ilse und dies Ruth. Küsse sie von mir, sie sollen fest zusammenhalten und gute Kommunisten werden.«

Olga ging mit ihren Freundinnen aus den politischen Baracken auf und ab. Sie war ganz ruhig, übergab ihnen das Stück vom blauen Taschentuch der brasilianischen Frauen, einen kleinen Sowjetstern, den Lea aus dem Stiel der Zahnbürste geschnitzt hatte, und andere winzige, ihr teure Geschenke. Die Bilder von Carlos und Anita behielt sie bei sich. Als Olga zum letzten »Gute Nacht« die Genossinnen in die Arme schloß, sagte sie: »Bis zum Schluß muß man um sein Leben kämpfen.« Sie hatte mit ein paar anderen gemeinsam die Möglichkeit der Flucht während des Transports erwogen und einen entsprechenden Plan festgelegt. Jetzt, wo es für alle auf dem Wagen in die Vernichtung ging, schien ihr dies gerechtfertigt.

Nachts auf der Pritsche hielt sie zum letztenmal Zwiesprache mit Anita und Carlos.

Ihr Lieben, morgen brauche ich meine ganze Kraft und Willensstärke, da darf ich nicht an Dinge denken, die mir das Herz zerreißen, die mir teurer sind als das eigene Leben, und deshalb nehme ich schon jetzt Abschied von euch.

Es ist ganz unausdenkbar, dich, mein kleines Mädchen, nicht wiederzusehen, dich niemals mehr in die sehnsüchtigen Arme zu schließen. Ich wollte dir das Haar kämmen, die Zöpfchen flechten – ach nein, sie haben sie abgeschnitten –, das ist auch schöner, wenn dein Haar ein bißchen freier und wilder ist. Zuallererst werde ich dich tüchtig abhärten, du sollst in Sandalen oder barfuß laufen, mit mir draußen herumtoben – die Großmutter wird erst nicht ganz einverstanden sein, aber dann werden wir uns wunderbar verstehen; du sollst sie dein Leben lang achten und ehren, wie es dein Vater und ich tun;

jeden Morgen werden wir turnen ... Siehst du, da träum ich schon wieder wie so viele Abende und habe vergessen, daß dies mein Abschied ist – und jetzt, wo ich's wieder weiß, ist der Gedanke, dein warmes lebendiges Körperchen niemals mehr an mich drücken zu können, schon der Tod.

Carlos, Lieber, Lieber – muß ich für immer auf dein Gutsein verzichten? Selbst wenn du mich gar nicht berühren würdest, wenn nur deine Augen noch ein einziges Mal auf mir ruhen könnten, dein Lächeln – ich liebe euch beide so sehr, ich bin dem Leben dankbar, daß es mir euch gegeben hat – nur unser glückliches Zusammensein zu dritt, das ich mir tausendmal ausgemalt habe, hätte ich so gerne noch in der Wirklichkeit erlebt. Soll ich nie sehen, wie stolz und froh du über unser Mädelchen bist? – Geliebte Anita, mein lieber Mann, mein Garoto – heute weine ich, unter der Decke, daß es niemand hört, heute ist es, als ob die Kraft nicht ausreicht, so Furchtbares zu ertragen, und gerade deshalb will ich versuchen, schon jetzt von euch Abschied zu nehmen, damit es mich nicht in den letzten schweren Stunden überkommt. Nach dieser Nacht will ich für die kurz bemessene Zukunft leben; ich habe von dir, mein Lieber, gelernt, was die Kraft des Willens bedeutet, besonders, wenn sie aus solchen Quellen kommt wie bei uns. Ich habe für das Richtige, das Gute, das Beste auf der Welt gekämpft. Ich verspreche jetzt beim Abschiednehmen, daß ihr euch meiner bis zur letzten Minute nicht zu schämen braucht. Mißversteht mich nicht, die Vorbereitung auf den Tod bedeutet nicht, daß ich nun aufgebe, sie bedeutet nur, daß ich ihm gewachsen sein werde, wenn er kommt. Aber so vieles kann noch dazwischentreten, den festen Willen, am Leben zu bleiben, behalte ich bis zum Schluß. Ich werde jetzt schlafen, damit ich morgen stark bin. Ich küsse euch zum letzten Mal.

Olga zwang sich, an nichts zu denken – das Herz begann ruhiger zu schlagen, sie fühlte dankbar, wie der Schlaf die Sinne umfing.

Da fuhr sie plötzlich auf.

Wie konnte sie denn die letzten kostbaren Stunden, die sie zu leben hatte, verschlafen – wie würde es morgen um diese Zeit sein? Das Gehirn denkt nicht mehr, der Mund, der heute noch atmet, steht offen, die Augen, jetzt noch voller Tränen, werden gläsern – das Leben ist zu Ende, nicht irgendein Leben, das eigene! Nein! Nein! Nein! Sie will weiterleben, sie darf nicht einfach tot sein, sie möchte brüllen, schreien, fliehen, sich verstecken.

Es gibt keinen Ausweg.

Dann ist es besser, den Nazis zuvorzukommen, selbst ein Ende zu machen, sofort in den Stacheldraht zu laufen ...

Da ist ihr, als ob sie den Ruf der Krähe hört, wie sie ihn schon oft vernommen: »Elektrizität ausschalten!« Der verkrampfte Körper wird aus dem Draht gelöst, und die Krähe sagt: »Gut so, wieder ein Fresser weniger.«

Als sie das Gesicht der Krähe vor sich sah, an Kögel und Sonntag dachte, wurde sie wieder ruhig. Sie wischte sich den Schweiß vom Gesicht: Was war eben gewesen? – Todesfurcht!

Carlos, Anita – verzeiht mir!

Sie flüsterte ihre Zauberworte: Sabo – die Partei – Solidarität – die Rote Armee ...

Olga hielt Lea und Lore umschlungen. Die Mädel hatten geschrien und um sich geschlagen, als sie den Wagen besteigen mußten.

Nun saßen sie reglos, die Köpfe an Olgas Schulter gelegt, als ob sie schliefen. Wenn Olga so ruhig und freundlich war, wenn sie lächeln konnte und Geschichten erzählen, dann ging es bestimmt nicht in den Tod. Sie hatte es ihnen ja gesagt, in ein neues Lager fuhr der Wagen – Olga würde sie niemals belügen ...

Die Räder drehten sich schon viele Stunden. Zweimal hatten sie haltgemacht, und beide Male hatte Olga im Halbdunkel des Wagens vorsichtig Bleistift und Papier hervorgeholt: Wir sind in Buch bei Berlin – Soeben von Dessau abgefahren – Keine schlechte Behandlung. Wenn der Wagen die Kleider zurückbringt, würden die Ravensbrücke Genossinnen auf die Häftlingsnummer achtgeben, den Zettel aus dem Saum nehmen und den Weg, den der Transport genommen hat, erfahren.

Beim dritten Halt konnte Olga nicht feststellen, wo sie sich befanden, sie waren im Dunkeln, ohne Aufenthalt, in eine Garage gefahren.

Dort stiegen sie aus und betraten durch eine kleine zweite Tür ein Gebäude. Als ihnen im Vorzimmer des Arztes befohlen wurde, die Kleider abzulegen, gelang es Olga, nur noch schnell das Stück Papier mit der unvollendeten Reiseroute in den Saum zu schieben. –

Und sie hätte doch so gern ihre letzte Aufgabe bis zu Ende erfüllt.

EPILOG

1

Ein Buch über Olga darf nicht abschließen, ohne von den Menschen zu sprechen, die sie am liebsten auf der Welt hatte.

Weder Prestes hinter den Kerkermauern in Brasilien noch jene, die Anita großzogen, erfuhren von Olgas Tod. Als Anita sechs Jahre alt war, starb die Großmutter, an der das Kind mit inniger Liebe hing. Am Tage der Beisetzung Dona Leocadias ruhte die Arbeit in der Hauptstadt von Mexiko; das Volk begleitete die Frau, der es den Namen »heldenhafte Mutter« verliehen hatte, zu ihrer letzten Ruhestätte. Nur einer fehlte im Trauerzug der Hunderttausenden – der geliebte Sohn. Mitglieder der mexikanischen Regierung hatten sich als Geisel angeboten, wenn man Prestes gestatten würde, von seiner Mutter Abschied zu nehmen, doch die brasilianische Regierung lehnte die Bitte ab. Knapp zwei Jahre später, im April 1941, öffneten sich unter dem Druck der Volksbewegung gegen die reaktionäre Regierung die Tore des Gefängnisses für Prestes. Als er nach neun Jahren Haft zum ersten Mal das Meer, die Berge und den Himmel grüßte, da versank die furchtbare Vergangenheit, und er dachte an Olga und Anita, an »das Leben zu dritt«.

Prestes, der körperlich sehr geschwächt war, gönnte sich keine Ruhe; er arbeitete pausenlos. »Carlos hat keinen Kalender«, sagten die Genossen von ihm, weil er nie merkte, wann Sonntag war. Zur Zeit seiner Entlassung aus dem Gefängnis zählte die viele Jahre geschundene und verfolgte Kommunistische Partei Brasiliens nur dreitausend Mitglieder. Sechs Monate später fanden Wahlen statt; die Partei erhielt sechshunderttausend Stimmen, und Prestes wurde als Senator in das Parlament gewählt. Erst um diese Zeit erreichte ihn die Nachricht, daß Olga ermordet worden war. Er wollte es nicht glauben. Er kannte ihren Mut, ihre Fähigkeit, in schwierigen Situationen einen Ausweg zu finden, und hatte fest damit gerechnet, daß sie den Nazis entkommen würde. Fünfzehn Jahre war er nun schon von ihr getrennt, und doch traf ihn dieser Schlag, als wäre sie bis zu dieser Stunde an seiner Seite gewesen. Er empfand eine Zukunft ohne sie als furchtbare Veränderung seines Lebens.

Nur eine kleine Zeitungsnotiz erwähnte die bevorstehende Ankunft Anitas in Brasilien. Doch sie genügte, daß sich am 28. Oktober 1945 Tausende auf dem Flugplatz einfanden, um die Tochter von Prestes zu begrüßen. Die Anwesenheit so vieler Menschen drang nicht in sein Bewußtsein; Prestes schritt fern von allem, was um ihn her geschah – dem Flugzeug entgegen.

Die Besatzung blickte voll Unruhe auf die unübersehbare Menschenmenge. Sie beriet sich, und die Reisenden wurden zurückgehalten – bis auf ein kleines Mädchen, dem alle Platz machten. Es lief, die letzte Stufe überspringend, die herangeschobene Treppe hinab, Olgas Stirn, ihr Mund, ihr Gang: Er hielt es in den Armen, das Kind, das Olga geboren, geliebt und geherzt hatte – sein Kind.

»Töchterchen«, sagte er.

Sie preßte den Kopf an seine Schulter, rieb das Gesicht am rauhen Jackenstoff, und er fühlte an der Bewegung des kleinen Körpers, den er in den Armen hielt, daß sie weinte.

Schweigend senkten die Menschen den Blick.

Eine schöne gemeinsame Zeit begann. Wann immer sich Prestes von der Arbeit frei machen konnte, ging er mit Anita zum Hafen, in die Berge, an die kleinen silbernen Wasserfälle, Wege, die er mit Olga gegangen war. Ihre Hand ruhte in der seinen, sie stellte viele Fragen, und er beantwortete sie ernsthaft und gründlich, wie die Fragen Erwachsener. Doch am liebsten war ihm, wenn sie fröhlich war, den Hügel hinunterrannte oder mit dem Hündchen tollte, das er ihr in Erinnerung an Olgas Zeilen, wie sehr das Baby Tiere liebe, geschenkt hatte.

Im Mai 1947 wurde die Kommunistische Partei erneut verboten. Prestes mußte sich verbergen, und Anita fragte täglich nach dem Vater.

»Er ist verreist, er wird bald wiederkommen, lerne fleißig in der Schule, dann wird er sich freuen«, sagte Lygia zu der Zehnjährigen, an der sie Mutterstelle vertrat. Die Genossen wollten Prestes die Freude machen, seine Tochter einmal heimlich zu sehen, doch wo Anita war, da war die Polizei. Auf allen Wegen wurde sie verfolgt – durch die Tochter wollten sie den Vater fangen.

Es war ein unruhiges, schweres Leben für das Kind; der Vater wünschte sich eine fröhliche, lebensbejahende Umgebung für sie und schlug daher Lygia vor, mit Anita in die Sowjetunion zu fahren.

Neun Jahre mußte Prestes in der Illegalität leben. Neun Jahre suchte die Polizei unaufhörlich und erfolglos nach dem »Ritter der Hoffnung«.

Erst 1956 wurde die Lage für die noch immer verbotene Partei etwas leichter, und Prestes, den die Behörden schon mehrmals totgesagt hatten, um ihre Unfähigkeit, den Gesuchten zu finden, vor der Welt zu verbergen, konnte sein Versteck verlassen.

Anita befand sich in Moskau im letzten Schuljahr. Es war ein stolzer Tag für den Vater, als er die Nachricht erhielt, sie habe die Abschlußprüfung bestanden und sei mit der Goldmedaille ausgezeichnet worden. Wie beglückt wäre Olga gewesen, dachte er, ohne zu wissen, daß sie einmal im Gefängnis ihr Kind in den Armen gehalten und von dieser Auszeichnung geträumt hatte.

Anita hätte nun nach Brasilien kommen können – aber sollte man sie aus dem Leben, das sie gewohnt war, herausreißen und einer schwierigen, für Kommunisten noch immer gefährlichen Atmosphäre aussetzen? Anita entschied selbst – sie sandte einen Brief. »Ich möchte zurückkommen und Dir helfen, Vater.« Als die Neunzehnjährige die brasilianische Heimat betrat, war ihre erste politische Arbeit eine Kampagne für Prestes, der sich schon wieder vor den Drohungen der Polizei verbergen mußte: Wie einst die Mutter für den Sohn gekämpft hatte, kämpfte jetzt die Tochter für den Vater. Sie zog von Versammlung zu Versammlung, forderte volle Freiheit für Prestes und erreichte mit Unterstützung aller fortschrittlichen Menschen Brasiliens ihr Ziel.

Nun konnte der Vater offen mit ihr und Lygia zusammen in Rio de Janeiro leben.

Berlin, Dezember 1959 Junge Gesichter blicken zum Redner auf, dessen Worte mehr als nur den Verstand zum Klingen bringen.

Ein großes Transparent hängt an der Wand des überfüllten Saales: »Brüderlichen Gruß dem Führer des kämpfenden brasilianischen Volkes, dem ›Ritter der Hoffnung‹.«

Genosse Prestes ist nach Deutschland gekommen und spricht zu unseren Studenten. Er ist in Ravensbrück gewesen, hat an dem See gestanden, der so oft Olgas Sehnsucht wachgerufen, an der schilfumstandenen Bucht, wo sie so schwer arbeiten mußte. Er ist auch in Friedrichsfelde gewesen, an der Grabstätte seines vor einem halben Jahr verstorbenen Freundes Arthur Ewert. Er hat unsere Betriebe besucht, die schönsten unserer Städte und sich am aufblühenden neuen Leben erfreut. Seinen letzten Abend in Deutschland widmet Genosse Prestes dem Buch über Olga. Er erzählt von seinen Erinnerungen an sie, ergreifend einfach, herzlich und bescheiden. Er stellt Olgas Briefe, soweit er sie im Gefängnis erhalten hat, für das Buch zur Verfügung.

Ein Jahr später, im Januar 1961, schließe ich Anita in die Arme. Noch immer gleicht sie beiden, dem Vater und der Mutter. Sie besitzt Prestes' Blick und seine Art zu sprechen, sie ist groß und schlank und hat Olgas dichtes, störrisches Haar, den raschen Wechsel des Ausdrucks im Gesicht und die schönen weißen Zähne. Ein wenig still ist sie, doch wenn das Gespräch auf Brasilien kommt, auf die Verhältnisse ihres Landes, wird sie lebhaft.

Anita, vielleicht verstehst du nicht ganz die Rührung der alten Genossen. Es ist genau dreiundzwanzig Jahre her, daß die Wärterinnen im Frauengefängnis Barnimstraße Olga das vor Furcht gelähmte Baby entrissen. Das, was sich die Mutter am sehnlichsten für dich wünschte, hat sich erfüllt – eine junge Kämpferin für die Freiheit ihres Volkes steht vor mir.

2

Ich möchte allen Freunden danken, die Olga nahe standen und mir von ihr erzählt haben. Frühere Mitglieder des Kommunistischen Jugendverbandes aus dem Bezirk Berlin-Neukölln folgten meiner Bitte, Erinnerungen auszutauschen. Über dreißig Genossen trafen sich. Einer von ihnen trat vor uns hin und entfaltete einen Wimpel. Wir grüßten ihn still. Es war der Wimpel der Gruppe »Budjonny«, den Olga so gern gehabt hatte.

Die Vergangenheit wurde lebendig. Olga in der ersten Reihe der Demonstration – auf dem Landsonntag – während der Schulung. Fröhlich, klug, tapfer und immer dabei. Ich bat jene, die sie noch besser gekannt hatten als ich, auch auf ihre Schwächen einzugehen, um ein lebenswahres Bild von ihr zu erhalten. Die Genossen stimmten zu. Doch dann schwiegen sie, dachten nach und schwiegen weiter. Sie konnten sich keiner Schwäche erinnern.

In Moskau traf ich Olgas Freunde aus der Zeit, als sie Mitarbeiterin der Kommunistischen Jugendinternationale war. Die Wohnung des alten Wissenschaftlers war fast zu eng, alle aufzunehmen. Sie sprachen von der Tagung des Komsomolaktivs, als Olga zum ersten Mal vor ihnen stand, von ihrer politischen Arbeit, sie sahen sie vor sich, wie sie beim Subbotnik fleißig Ziegelsteine transportierte.

Von anderen Ziegelsteinen, die zwölf Stunden lang unter der Peitsche der Aufseherinnen aus den Lastkähnen entladen wurden, berichteten Olgas Kameradinnen, die das Konzentrationslager überlebt haben. Erika Buchmann, die in dem Werk »Frauen von Ravensbrück« Tatsachen über das Lager gesammelt hat und Olga schon in München als junges Mädel gekannt hatte, erzählte von ihr. Maria Kuhn stellte Aufzeichnungen über die Zeit mit Olga im Lager zur Verfügung. Martha schickte ihre Beiträge aus Österreich; Margot, die mit Olga die Mutterzelle in der Barnimstraße geteilt hatte, erzählte.

Minna Ewert hörte bewegungslos meinen Erinnerungen an Sabo und Arthur zu. Dann begann sie selbst von der schweren Vergangenheit zu sprechen. Sie berichtete auch davon, wie sie im Mai 1947 endlich die Einreiseerlaubnis nach Brasilien erhielt, um den kranken Bruder abzuholen, der trotz aller Bemühungen der deutschen Ärzte nicht wieder gesund wurde. Erst als sie aufhörte, von Arthur zu reden, um die Briefe von Sabo herauszusuchen, zitterten ihre Hände, und Tränen rannen über ihr gutes altes Gesicht.

So viele prächtige Menschen, die Olga liebten! – Sie setzen die Arbeit fort, für die Olga lebte und starb – und darum ist dieses Buch kein trauriges Buch.

Zu den Kostbarkeiten, die aus der schweren Zeit der Konzentrationslager erhalten geblieben sind, zählt eine kleine Eisenbahn – aus Brot geformt, in der Einsamkeit der Dunkelhaft.

Aber der Wagen, der rollt, in die Zukunft – in den Kommunismus.

INTERVIEW

mit dem Filmemacher Galip Iyitanir

Galip Iyitanir brachte 2004 den Dokumentarfilm »Olga Benario – ein Leben für die Revolution« heraus. Der 1950 in Ankara geborene Filmemacher kam 1973 nach West-Berlin, studierte nach einer Sprachausbildung ab 1974 Deutsche Philologie und war gleichzeitig als Dozent für türkische Literatur an der Volkshochschule Neukölln tätig. Nach dem Studium arbeitete er zunächst als Cutterassistent und später als Cutter für zahlreiche Kino- und Fernsehfilme. Für seinen ersten Film »Olga Benario« schrieb er das Drehbuch und führte Regie. Galip Iyitanir lebt heute in Köln.

Herr Iyitanir, als Ihr Film »Olga Benario – ein Leben für die Revolution« herauskam, ist Ihnen von Journalisten die Frage gestellt worden, wie Sie überhaupt auf die Person der Olga Benario aufmerksam geworden sind. Das Buch von Ruth Werner stand am Anfang, sagten Sie. Nun würde diese Auskunft sicher genügen, wenn Sie aus der DDR stammten, wo das Buch weit verbreitet war und zwischen 1961 und 1989 in neunzehn Auflagen erschien. Sie leben in Köln, die Frage sei erlaubt, auf welche Weise Sie an das Buch gekommen sind?

Da ich als Student politisch aktiv war, interessierte ich mich natürlich für alles Politische und hörte zum erstenmal von Olga Benario in den Siebzigern, als die RAF einen ihrer Genossen aus dem Gefängnis in Berlin befreite. Diese Aktion war nach dem Muster der Befreiungsaktion von Olga Benario geplant. Olga Benario hatte nämlich am 11. April 1928 mit fünf anderen Genossen ihren Geliebten Otto Braun in einer aufsehenerregenden Aktion aus dem Moabiter Gefängnis befreit. Ein Coup, der sie schlagartig berühmt machte. Damals schenkte ich dem Namen Olga Benario keine große Aufmerksamkeit, bis ich fast zehn Jahre später meine Frau, Tessa de Oliveira Pinto, eine Brasilianerin, kennenlernte, die mir das Buch von Ruth Werner in die Hand drückte. Sie hatte das Buch mit großem Interesse gelesen, denn Olga Benario war und ist die bekannteste deutsche Frau in Brasilien, während sie hierzulande vor allem in den alten Bundesländern so gut wie unbekannt ist. Das Buch von Ruth Werner war meine erste richtige Bekanntschaft mit Olga Benario. Ihre außergewöhnliche Lebensgeschichte hat mich im wahrsten Sinne des Wortes gepackt und nicht mehr losgelassen. Und ich wußte sofort, daß ich irgendwann mal einen Dokumentarfilm daraus machen würde, damit noch mehr Menschen von Olga Benario und ihrer Lebensgeschichte erfahren sollten. Da ich damals als angehender Filmcutter am Anfang meiner Karriere stand und einiges noch lernen mußte, verschob ich das auf später. Als ich dann den ersten Versuch machte, einen Dokumentarfilm über Olga Benario zu planen, fiel die Mauer. Im Westen wollte man von einer Kommunistin und Jüdin nichts wissen und zeigte auf den desolaten Zustand des Sozialismus. Ich ging daraufhin zu den Sendern in den neuen Bundesländern. Die hatten gerade 40 Jahre Sozialismus hinter sich und wollten sich anderen Themen des Lebens widmen. Das war mein Pech oder vielleicht mein Glück.

Was Olgas Lebensgeschichte betrifft, kommt Ruth Werners Buch der Wahrheit am nächsten. Ich stieß bei meinen fast dreijährigen Recherchen immer wieder auf Dokumente über Personen und Orte, die bei Ruth Werner im Buch eingebaut sind. Das ist für mich der Hinweis zur Wahrheit gewesen. Als sie das Buch schrieb, lebte Otto Braun noch (bei Ruth Werner »Kurt« – Anm. d. Verlags). Ich glaube, sie hat Otto Braun interviewt und ihn auch um Korrekturen am Text gebeten. Überhaupt lebten viele Genossen von Olga damals noch. Ruth Werner hat sie aufgesucht und sich lange und ausführlich mit ihnen unterhalten, um die Lebensgeschichte von Olga und die Geschichte der KJ wahrheitsgetreu wiedergeben zu können. Hinzu kommt, daß sie auch Luiz Carlos Prestes für das Buch interviewt und seinen Segen bekommen hat. Das Buch hat leider einen Schönheitsfehler, die erzählerische Linie ist unter dem Banner des Sozialismus etwas pathetisch und parteiisch ausgefallen.

Ruth Werners Buch erzählt nicht nur das ergreifende Schicksal einer Anti-
faschistin, ich glaube, man darf sagen, sie wollte in menschlichen wie poli-
tischen Dimensionen ein Vorbild zeichnen. Der Begriff ist abgenutzt, ver-
pönt. Und doch, war dergleichen für Sie ein Beweggrund, sich dieser Frau
zuzuwenden. Wofür steht Olga Benario für Sie?

Es gibt nicht viele solche Frauen wie Olga Benario in der politischen
Geschichte Deutschlands. Nach Rosa Luxemburg fällt mir da spontan
fast niemand ein. Es gab natürlich großartige Schriftstellerinnen und
Künstlerinnen wie Anna Segers, Käthe Kollwitz u.a. Aber in der politischen Landschaft gab es nicht viel. Mutige Frauen wie Che Guevaras
Kampfgefährtin Tamara Bunke oder, ganz anders, die unpolitische Geliebte Marita Lorenz von Fidel Castro hat es auch gegeben. Aber sie
standen immer im Schatten der großen Männer und wurden nur in Verbindung mit diesen Männern erwähnt. Olga dagegen war selbständig,
unabhängig, organisierte und leitete selber die Aktionen. Sie war dieje-
nige, die ihren Männern das Leben rettete. Sie war selbstbewußt, stark
und mutig, aber auch gefühl- und liebevoll. Für mich ist Olga Benario
eine faszinierende politische Persönlichkeit mit einer außergewöhnli-
chen Lebensgeschichte. Daher wollte ich mit meinem Film dazu beitragen, daß diese außergewöhnliche Frau ihren Platz in der deutschen
Geschichte einnimmt. Ob sie für mich ein Vorbild war, kann ich Ihnen,
offen gesagt, nicht beantworten, denn zum einen habe ich sie viel zu spät
kennengelernt, zum anderen habe ich im Westen gelebt. Dort kannte
man sie wenig. Deshalb hat sich die Frage für mich nie gestellt. Da sie
in der ehemaligen DDR bekannt war, war sie sicherlich dort für viele
ein Vorbild, und zwar mit Recht.

Es »fällt niemandem eine Perle aus der Krone«, sagte Bundespräsident
Roman Herzog 1994, »wenn er zugibt, daß auch Kommunisten dem
Widerstand angehörten, ja, daß sie sogar Widerstandskämpfer gewesen sind«
– ein perfider Satz. Antifaschistischer Widerstand – ein (Film-)Thema, bei
dem leider auch gelegentlich der Kommunismus in Kauf genommen werden
muß? Ist das die aktuelle Situation?

Von Äußerungen des Herrn Roman Herzog habe ich nie viel gehalten. Er sagte nach der gescheiterten ersten Runde seiner Wahl zum Bundespräsidenten zur Integrationsfrage der Immigranten, um die Erzkonservativen bei der zweiten Wahl für sich zu gewinnen, sinngemäß: »Wer nicht Deutscher werden will, kann Deutschland verlassen.« Dann wurde er gewählt. Das ist signifikant für erzkonservative Politiker. Für ihn und seinesgleichen waren die Retter Deutschlands von Hitler einzig und allein die Amerikaner. Dabei wäre es nicht möglich gewesen, Hitler ohne Stalin und die Rote Armee zu besiegen. Diese ignorante Haltung gegenüber den Kommunisten hat bis heute ihre Gültigkeit. Alles, was linkspolitisch oder nur im entferntesten kommunistisch klingt, ist heute noch infam, feindselig und suspekt. Daher werden wir in naher Zukunft weder im Fernsehen noch im Kino eine(n) Widerstandskämpfer(in) oder Antifaschiste(i)n sehen, der Kommunist war. Abgesehen von einigen kommunistischen Schriftstellern und Künstlern wie Bertolt Brecht oder Hanns Eisler, die die ganze Welt bereits anerkannt hat, scheint sich allgemein für Kommunisten bis heute kein nennenswerter Platz in der deutschen Geschichte gefunden zu haben. Dabei kämpften sie an vorderster Front als Antifaschisten und Widerstandskämpfer gegen Hitler. Die Lebensgeschichte von Olga Benario wirft ein Licht auf die Probleme, die man in den alten Bundesländern beim Umgang mit deutschen Widerstandskämpfern, Antifaschisten und Revolutionären hat, zumal mit jüdischen und kommunistischen.

Olga Benario ist gebürtige Münchnerin. Nun hat diese Stadt keinen Mangel an bedeutenden historischen Persönlichkeiten, nach denen – beispielsweise – Straßen benannt werden können. Es gibt keine Olga-Benario-Straße, aber gäbe es eine, wüßten die Münchner etwas mit dem Namen anzufangen? Oder anders gefragt, hat ein Münchner in seiner Heimatstadt die Chance, irgendwo auf Zeugnisse über Olga Benario zu stoßen?

Es wäre schön für München, wenn eine Straße nach Olga Benario benannt werden würde. So würden viele Leute auf sie und einen Teil der deutschen Geschichte aufmerksam werden, denn ihre Lebensgeschichte ist ein Teil der jüngsten deutschen Geschichte. Soweit ich weiß, gibt es nichts, was in München an Olga Benario erinnert. Wenn ich in München bin, denke ich immer an das ehemalige Mädchengymnasium (heutige Luisen Gymnasium) in der Luisenstraße, das Olga besuchte. Dort in der Schule wäre es angebracht, eine Tafel mit einem kurzen Lebenslauf von Olga Benario zu plazieren.

Es gibt einen brasilianischen »Olga«-Film, der demnächst in deutschen Kinos laufen wird. Im Pressematerial ist zu lesen: »Ihrer aller Dank (gemeint ist die Filmcrew) gilt besonders Anita, der Tochter von Olga und Prestes, die seit der Rettung durch ihre Großmutter in Rio de Janeiro lebt und für OLGA erstmals einem Spielfilm-Team mit persönlichen Briefen und Erinnerungen beratend zur Seite stand.« In einem Artikel des Berliner Journalisten Klaus Hart, der in Rio de Janeiro lebt, las ich hingegen, Anita Prestes lehne jedes Interview über den Film ab, »er mache sie sprachlos«. Was wissen Sie darüber, und warum ist es Ihnen für Ihren Film nicht gelungen, Anita zu gewinnen?

Ich habe Anita Leocadia Prestes bei einer Veranstaltung in der Galerie Olga Benario in Berlin kurz kennengelernt, als sie nach dem Mauerfall in Deutschland war. Ich habe ihr erzählt, daß ich einen Dokumentarfilm über ihre Mutter drehen will. Sie freute sich, drückte mir ihre Visitenkarte in die Hand und sagte ihre Unterstützung zu. Ich solle mich bei ihr melden, wenn ich in Rio de Janeiro wäre. Ich habe ihr später einige Briefe geschrieben, um sie über die Entwicklung des geplanten Films zu informieren. Eine Antwort erhielt ich nie. Sie ist keine einfache Person. Als ich einige Jahre später in Rio de Janeiro war, um den Film zu drehen, rief ich sie an, um sie um ihre zugesagte Unterstützung zu bitten. Sie wollte von ihrem Versprechen nichts wissen und lehnte ein Gespräch und ein Interview strikt ab, sagte, daß sie keine Zeit habe, denn sie müsse sich um ihre kranke Tante Lygia kümmern und außerdem bald verreisen. Ich muß dazu sagen, daß zwischen der mir gemachten Zusage und meiner Ankunft in Rio de Janeiro fast zehn Jahre lagen. In dieser Zeit hatten einige brasilianische Filmemacher Dokumentarfilme über die gescheiterte Revolution in Brasilien und den Retter der Hoffnung, Luiz Carlos Prestes, gedreht, in denen Prestes' führende Rolle fast immer dilettantisch und als von Moskau gesteuert dargestellt wurde. Auch über Olga wurde nicht besonders heldenhaft und enthusiastisch berichtet. Das alles hat Anita geärgert, wurde mir berichtet. Die Filmemacher sollen ihr versprochen haben, objektiv und positiv (gemeint aus linkspolitischer Sicht) über ihre Eltern zu berichten, was sie dann doch nicht gemacht haben. Es sollen noch etliche negative Artikel über ihre Eltern, vor allem über ihren Vater geschrieben worden sein. Daher war und ist sie gegenüber den Filmemachern und Journalisten sehr mißtrauisch. So habe ich nicht in den Genuß eines Interviews mit Anita und ihrer Tante Ligia kommen können. Allein der Gedanke, ihre Tante Lygia zu interviewen, die mit Dona Leocadia zusammen in ganz Europa versucht hatte, Olgas Auslieferung an Nazi-Deutschland zu verhindern, war für mich großartig und aufregend. Noch dazu hätte mir Anita viele Dokumente aus ihrem Privatarchiv für den Film zur Verfügung stellen und mir vieles erzählen können, was wir bis heute nicht kennen und wissen. Deshalb war ich sehr traurig und wütend auf Anita. Sie hätte mich zumindest als einen weitgereisten Gast empfangen und mit mir persönlich einige Worte wechseln können. Nicht mal das hat sie gemacht. Dennoch versuchte ich, sie zu verstehen, denn auch ihr Leben war sehr schwer. Sie hat erst mit neun Jahren ihren Vater kennengelernt, und mit 16 mußte sie Brasilien verlassen, weil ihr Leben in Gefahr war. Ohne Vater mußte sie mit ihrer Tante Ligia ins Exil nach Moskau gehen, um dort ihre in Rio abgebrochene Schulbildung fortsetzen zu können. Später in Brasilien wurde sie von der Polizei verfolgt, mußte zuerst in die Illegalität und dann wieder ins Exil gehen. Das war sicherlich nicht einfach für sie. Trotz ihres Mißtrauens gegenüber den Filmemachern hat sie einer Produktionsfirma in Brasilien ihr Einverständnis für einen Spielfilm gegeben, was sie schwer bereut haben muß, denn sie hat sich von dem Spielfilm »Olga«, der jetzt bei uns in die Kinos kommt, voll und ganz distanziert und ihre Enttäuschung und ihr Ärgernis über den Film öffentlich kundgetan.

Was sie über meinen Film denkt, weiß ich nicht, ich glaube, sie hat meinen Film auf dem Internationalen Filmfestival in Rio gesehen, und ich denke, er hat ihr gefallen. Sonst hätte sie sich zu Wort gemeldet. Die Aufführungen meines Films waren immer ausverkauft, er wurde nach dem Festival wegen der großen Nachfrage noch zweimal gezeigt. Auch in der Presse kam er gut an. Ich hoffe, Anita hat den Unterschied zwischen mir und den anderen Filmemachern erkannt.

Einige Zeit danach hat sie mir geschrieben und angefragt, ob ich ihr Dokumente über ihre Mutter, die sie nicht besitzt, zur Verfügung stellen kann. Ich bin bis jetzt nicht dazu gekommen, werde das aber noch in diesem Jahr tun, aus Liebe zu Olga Benario.

Während des Festivals in Rio lief der brasilianische Spielfilm »Olga« in den Kinos. Ich bin natürlich von Journalisten gefragt worden, was ich von dem Spielfilm halte. Ich bin schon am selben Tag ins Kino gegangen, um die Fragen der Journalisten beantworten und meine Neugierde stillen zu können. Es ging ja schließlich um Olga Benario, mit der ich fast zehn Jahre meines Lebens verbracht habe. Ich war ziemlich enttäuscht über den Film, denn er erzählt von einer leidenden, weinerlichen Olga, die ich nicht kenne und die mit der wahren Olga überhaupt nichts zu tun hat.

Natürlich gibt es einen großen Unterschied zwischen einem Dokumentarfilm und einem Spielfilm. Bei einem Dokumentarfilm muß man bei der Wahrheit bleiben, sich an die Fakten halten und versuchen, möglichst objektiv zu sein. Beim Spielfilm dagegen hat der Regisseur die Freiheit, die Geschichte kommerziell erfolgreich und marktgerecht zu erzählen. Und das ist richtig so, denn niemand will einen Film drehen, der floppen soll. Aber das, was der Regisseur hier gedreht hat, ist zuviel des Guten. Die brasilianische Geschichte und Olga sind ziemlich verwässert. Olga weint und leidet pausenlos, wie eine betrogene, verlassene, kleinbürgerliche Ehefrau. Man bewundert sie nicht, man hat Mitleid mit ihr. Jaime Monjardim, der Regisseur, kommt von den Daily Soaps, die täglich nachmittags über die Mattscheiben in Brasilien laufen. In solchen Serien wird viel simplifiziert, entpolitisiert, dramatisiert, romantisiert und verkitscht. Genau so hat der Regisseur den Spielfilm »Olga« gedreht. Die Brasilianer lieben solche Daily Soaps und gingen deshalb in Scharen ins Kino und weinten mit Olga zusammen.

Die Presse und die Intelligencia Brasiliens verrissen den Film einstimmig. Aber das Fernsehvolk liebte ihn. Man kann dem Regisseur nicht allein die Schuld geben. Er hat Wünsche, Erwartungen und Anweisungen des Produzenten zu erfüllen und muß sich möglichst daran halten. Der Produzent und das Drehbuch spielen dabei eine große Rolle. Ich weiß, daß die brasilianische Produktionsfirma in Deutschland lange einen Koproduzenten für den Film gesucht hat und nicht fündig wurde. Ich glaube, das Drehbuch war nicht besonders gut. Aus einem schlechten Drehbuch kann man keinen guten Film machen. Trotzdem hat der Regisseur einen großen Einfluß auf die künstlerische und dramaturgische Gestaltung des Films und hätte einen besseren Film machen können. Brasiliens führender mächtigster Medienkonzern Globo ist, soweit ich weiß, an der Produktion beteiligt und zuständig für den Vertrieb des Films. Ich denke, Globo kann man da keinen Vorwurf machen. Er hat dem Produzenten das Geld für die Herstellung des Films zur Verfügung gestellt und ihn damit beauftragt, einen schönen Film zu machen. Die Verantwortung für den Rest haben Produzent, Regisseur und Drehbuchautor zu tragen. Ob Globo mit dem Endprodukt zufrieden ist, ist eine andere Geschichte. Der Konzern hat versucht, den Film gut zu vermarkten, um sein investiertes Geld wieder rauszuholen. Und das ist sein gutes Recht. Ob der Film bewußt so gemacht wurde, da bin ich mir nicht sicher. Vielleicht liegt es eher am Unvermögen des Regisseurs, des Drehbuchautors und des Produzenten. Es gibt viele peinliche Fehler im Film. Z.B. ist im Film beim KZ Ravensbrück über dem Tor der berühmte Satz »Arbeit macht frei« angebracht. Das ist offensichtlich aus einem Buch über Auschwitz abgeguckt und einfach in den Film übernommen. So was hat es in Ravensbrück nicht gegeben. Und was mich am meisten gestört und enttäuscht hat: Immer wenn von Deutschland die Rede ist und Bilder gezeigt werden, ist es Winter, und es schneit. Um die politische und menschliche Kälte von damals in Deutschland zu zeigen, kann man sich anderer Mittel bedienen, die es zur Genüge gibt. Man muß das nicht so primitiv und plump gestalten. Ich kann nur sagen, sie haben versäumt, über Olga Benario einen schönen, würdigen Spielfilm zu drehen.

Das Gespräch führte der Verlag im Sommer 2006; er dankt Galip Iyitanir für seine Bereitschaft.

»Thälmann ist zu exekutieren« ... In Himmlers Nachlaß fand sich ein Zettel mit diesem Satz, notiert in Vorbereitung eines Gesprächs mit Hitler. Im August 1944 wurde der Mord ausgeführt – und weil ein Häftling die Tat beobachtete, waren die Mörder bekannt. Was die bundesdeutsche Justiz tat oder unterließ, ist ein makabres, bis heute spannend zu lesendes Stück deutscher Rechtsgeschichte.

Friedrich Karl Kaul, **... ist zu exekutieren**
Hrsg. von Ralph Dobrawa
192 S., brosch., 12,90 Euro
ISBN-10: 3-355-01724-8

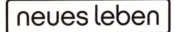

www.verlag-neues-leben.de

Es ist eine der ungewöhnlichsten Lebensgeschichten des 20. Jahrhunderts, die zugleich symptomatisch ist für die politischen Gegensätze dieser Zeit; eine Geschichte von Spionage, Emigration, Liebe, Verrat. Jetzt erscheint erstmals die ungekürzte Fassung in Deutschland.

Ruth Werner, **Sonjas Rapport**
384 S., geb., mit zahlreichen Fotos, 19,90 Euro
ISBN-10: 3-355-01721-3

www.verlag-neues-leben.de

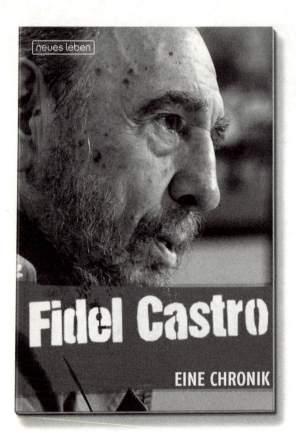

Albert Schweitzer in Selbstzeugnissen, Dokumenten und Erinnerungen von Zeitgenossen – Die darin gegebenen Orientierungshilfen, wie man leben soll, was sinnvoll und was unnütz für unser Dasein ist, wo und wie man sich in der Gemeinschaft engagieren muß, haben unverändert Gültigkeit. So enthält dieser Band das Vermächtnis des großen Humanisten.

Was heißt Ehrfurcht vor dem Leben?
Begegnungen mit Albert Schweitzer, mit zahlreichen Fotos und Dokumenten
224 S., geb. mit Schutzumschlag, 19,90 Euro
ISBN-10: 3-355-01709-4

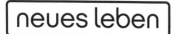

www.verlag-neues-leben.de

Der Roman »Der Gymnasiast« erschien erstmals 1958 und war eines der ersten Erfolgs-
bücher Jurij Brežans im Verlag Neues Leben. Die Geschichte des Jungen Felix Hanusch,
der die erste Liebe erlebt und seinen Weg in den politischen Wirrnissen des Dritten Reiches finden muß, hat Generationen von Lesern bewegt.

Jurij Brežan, **Der Gymnasiast**
Roman
240 S., geb., 12,90 Euro
ISBN-10: 3-355-01714-0

www.verlag-neues-leben.de

Eine Geschichte über Freundschaft und Mut – Ede lernt auf dem Rummelplatz das Zigeunermädchen Unku kennen. Und die beeindruckt selbst den pfiffigen Ede. Nicht nur, weil sie ein helles Mädchen ist … Ede freundet sich mit Unku und ihrer Familie an, und Unku erfährt von Edes Problemen … Die Geschichte von Ede und Unku war das erste Buch der großen Kinderbuchautorin Alex Wedding.

Alex Wedding, **Ede und Unku**
128 S., brosch., mit Schutzumschlag, 9,90 Euro
ISBN-10: 3-355-01707-8

www.verlag-neues-leben.de

ISBN-10: 3-355-01729-9
ISBN-13: 978-3-355-01729-9

1. Auflage dieser Ausgabe

© 2006 (1961) Neues Leben Verlags GmbH & Co. KG
Neue Grünstr. 18, 10179 Berlin
Umschlagentwurf: ansichtssache – Büro für Gestaltung,
unter Verwendung eines Fotos von Olga Benario
Die Dokumente und Fotos erscheinen mit freundlicher Genehmigung
der Stiftung Archiv der Parteien und Massenorganisationen
im Bundesarchiv (SAPMO-BArch, NY 4502/ vorl. K. 16)
Druck und Bindung: Salzland Druck, Staßfurt

Die Bücher des Verlags Neues Leben
erscheinen in der Eulenspiegel Verlagsgruppe.

www.verlag-neues-leben.de